21세기 지식 정보화 시대
대한민국의 IT 인재로 만드는 비결!

Information Technology Qualification

엑셀 2016

발 행 일 : 2022년 11월 01일(1판 1쇄)
개 정 일 : 2024년 09월 02일(1판 8쇄)
I S B N : 978-89-8455-094-0(13000)
정   가 : 17,000원

집   필 : KIE 기획연구실
진   행 : 김동주
본문디자인 : 앤미디어

발 행 처 : (주)아카데미소프트
발 행 인 : 유성천
주   소 : 경기도 파주시 정문로 588번길 24
홈페이지 : www.aso.co.kr / www.asotup.co.kr

MEMO

CONTENTS

➡️ **"제1작업"** 시트를 이용하여 조건에 따라 ≪출력형태≫와 같이 작업하시오.

≪조건≫

(1) 차트 종류 ⇒ 〈묶은 세로 막대형〉으로 작업하시오.

(2) 데이터 범위 ⇒ "제1작업" 시트의 내용을 이용하여 작업하시오.

(3) 위치 ⇒ "새 시트"로 이동하고, "제4작업"으로 시트 이름을 바꾸시오.

(4) 차트 디자인 도구 ⇒ 레이아웃 3, 스타일 1을 선택하여 ≪출력형태≫에 맞게 작업하시오.

(5) 영역 서식 ⇒ 차트 : 글꼴(굴림, 11pt), 채우기 효과(질감-분홍 박엽지)
　　　　　　　　　그림 : 채우기(흰색, 배경1)

(6) 제목 서식 ⇒ 차트 제목 : 글꼴(굴림, 굵게, 20pt), 채우기(흰색, 배경1), 테두리

(7) 서식 ⇒ 월 기부금액 계열의 차트 종류를 〈표식이 있는 꺾은선형〉으로 변경한 후 보조 축으로 지정하시오.
　　　　계열 : ≪출력형태≫를 참조하여 표식(마름모, 크기 10)과 레이블 값을 표시하시오.
　　　　눈금선 : 선 스타일-파선
　　　　축 : ≪출력형태≫를 참조하시오.

(8) 범례 ⇒ 범례명을 변경하고 ≪출력형태≫를 참조하시오.

(9) 도형 ⇒ '모서리가 둥근 사각형 설명선'을 삽입한 후 ≪출력형태≫와 같이 내용을 입력하시오.

(10) 나머지 사항은 ≪출력형태≫에 맞게 작성하시오.

≪출력형태≫

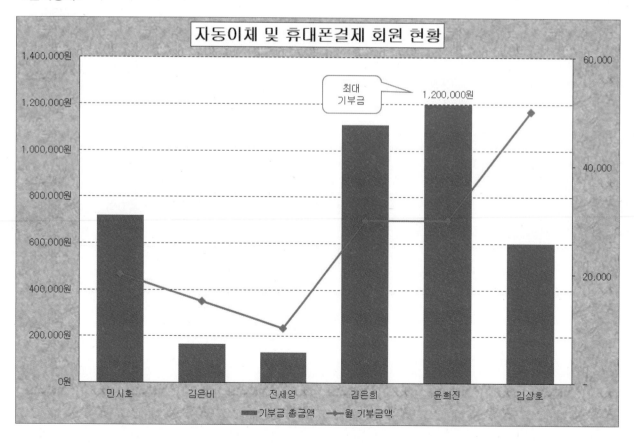

주의 ➡️ 시트명 순서가 차례대로 **"제1작업", "제2작업", "제3작업", "제4작업"**이 되도록 할 것.

PART 01

ITQ 시험 안내 및 자료 사용 방법

[제2작업] 필터 및 서식　　80점

➡ **"제1작업"** 시트의 「B4:H12」 영역을 복사하여 **"제2작업"** 시트의 「B2」 셀부터 모두 붙여넣기를 한 후 다음의 조건과 같이 작업하시오.

≪조건≫
　(1) 고급 필터 – 기부금 총금액이 '200,000' 이하 이거나 기부방법이 '지로'인 자료의 성명, 기부금 총금액, 기부방법, 성별 데이터만 추출하시오.
　　　　　　　 – 조건 범위 : 「B14」 셀부터 입력하시오.
　　　　　　　 – 복사 위치 : 「B18」 셀부터 나타나도록 하시오.

　(2) 표 서식 – 고급 필터의 결과 셀을 채우기 없음으로 설정한 후 '표 스타일 보통 6'의 서식을 적용하시오.
　　　　　　　 – 머리글 행, 줄무늬 행을 적용하시오.

[제3작업] 피벗 테이블　　80점

➡ **"제1작업"** 시트를 이용하여 **"제3작업"** 시트에 조건에 따라 ≪출력형태≫와 같이 작업하시오.

≪조건≫
　(1) 가입일자 및 기부방법별 성명의 개수와 기부금 총금액의 평균을 구하시오.
　(2) 가입일자를 그룹화하고, 기부방법을 ≪출력형태≫와 같이 정렬하시오.
　(3) 레이블이 있는 셀 병합 및 가운데 맞춤 적용 및 빈 셀은 '**'로 표시하시오.
　(4) 행의 총합계는 지우고, 나머지 사항은 ≪출력형태≫에 맞게 작성하시오.

≪출력형태≫

가입일자	개수 : 성명 (휴대폰결제)	평균 : 기부금 총금액 (휴대폰결제)	개수 : 성명 (지로)	평균 : 기부금 총금액 (지로)	개수 : 성명 (자동이체)	평균 : 기부금 총금액 (자동이체)
2019년	1	1,110,000	***	***	2	960,000
2020년	1	130,000	2	244,000	***	***
2021년	1	600,000	***	***	1	165,000
총합계	3	613,333	2	244,000	3	695,000

ITQ 시험 안내

- ◎ 정보기술자격(ITQ) 시험의 응시 자격 및 시험 과목
- ◎ 합격 결정기준 및 시험 시간

1. 정보기술자격(ITQ) 시험이란?

정보화 시대의 기업, 기관, 단체 구성원들에 대한 정보기술능력 또는 정보기술 활용능력을 객관적으로 평가하는 시험입니다. 정보기술 관리 및 실무능력 수준을 지수화, 등급화하여 객관성을 높였으며, 과학기술정보통신부에서 공식 인증하는 국가공인자격 시험입니다.

2. 응시 자격 및 시험 과목

❶ 정보기술자격(ITQ) 시험은 정보기술실무능력을 평가하는 시험으로 국민 누구나 응시가 가능합니다.

❷ ITQ 시험은 동일 회차에 아래한글/MS워드, 한글엑셀/한셀, 한글액세스, 한글파워포인트/한쇼, 인터넷의 5개 과목 중 최대 3과목까지 시험자가 선택하여 신청할 수 있습니다.

※ 단, 한글엑셀/한셀, 한글파워포인트/한쇼, 아래한글/MS워드는 동일 과목군으로 동일 회차에 응시 불가
 (자격증에는 "한글엑셀(한셀)", "한글파워포인트(한쇼)"로 표기되며 최상위 등급이 기재됨)

자격종목		등급	ITQ시험 프로그램 버전		
			시험 S/W	공식버전	시험방식
ITQ 정보기술자격	아래한글	A/B/C 등급	한컴오피스	기존과 동일	PBT
	한셀				
	한쇼				
	MS워드		MS오피스	MS오피스 2021 / 2016 선택 응시	
	한글엑셀				
	한글액세스				
	한글파워포인트				
	인터넷		내장 브라우저 : IE8.0이상		

※ 아래한글 : 2020/NEO 중 선택 응시(시험지 2020/NEO 공용), 한쇼/한셀 : NEO 단일 응시

※ MS오피스 : 2021/2016 중 선택 응시(시험지 2021/2016 공용)

3. 합격 결정기준

❶ 합격 결정기준

ITQ 시험은 500점 만점을 기준으로 A등급부터 C등급까지 등급별 자격을 부여하며, 낮은 등급을 받은 수험생이 차기시험에 재응시하여 높은 등급을 받으면 등급을 업그레이드 해주는 방법으로 평가를 합니다.

A등급	B등급	C등급
400~500점	300~399점	200~299점

(500점 만점이며 200점 미만은 불합격)

➜ 다음은 '사랑의 나눔 회원 현황'에 대한 자료이다. 자료를 입력하고 조건에 맞도록 작업하시오.

≪출력형태≫

회원ID	성명	가입일자	기부금총금액	월 기부금액	기부방법	성별	순위	가입연수
						확인	사원	대리	과장

사랑의 나눔 회원 현황

회원ID	성명	가입일자	기부금총금액	월 기부금액	기부방법	성별	순위	가입연수
M-1142	민시호	2019-05-03	720,000	20,000	자동이체	남성	(1)	(2)
K-2411	김은비	2021-07-21	165,000	15,000	자동이체	여성	(1)	(2)
B-5234	박민재	2020-04-08	238,000	17,000	지로	남성	(1)	(2)
J-1334	전세영	2020-05-30	130,000	10,000	휴대폰결제	여성	(1)	(2)
K-6364	김은희	2019-04-25	1,110,000	30,000	휴대폰결제	여성	(1)	(2)
Y-5126	윤희진	2019-01-12	1,200,000	30,000	자동이체	여성	(1)	(2)
H-2159	한현호	2020-05-01	250,000	10,000	지로	남성	(1)	(2)
K-4583	김상호	2021-08-03	600,000	50,000	휴대폰결제	남성	(1)	(2)
김상호의 월 기부금액			(3)		휴대폰결제 건수			(5)
남성들의 월 기부금액 합계			(4)		성명	민시호	기부방법	(6)

≪조건≫

○ 모든 데이터의 서식에는 글꼴(굴림, 11pt), 정렬은 숫자 및 회계 서식은 오른쪽 정렬, 나머지 서식은 가운데 정렬로 작성하며 예외적인 것은 《출력형태》를 참조하시오.

○ 제 목 ⇒ 도형(모서리가 둥근 직사각형)과 그림자(오프셋 위쪽)를 이용하여 작성하고 "사랑의 나눔 회원 현황"을 입력한 후 다음 서식을 적용하시오(글꼴-굴림, 24pt, 검정, 굵게, 채우기-노랑).

○ 임의의 셀에 결재란을 작성하여 그림으로 복사 기능을 이용하여 붙이기 하시오(단, 원본 삭제).

○ 「B4:J4, G14, I14」 영역은 '주황'으로 채우기 하시오.

○ 유효성 검사를 이용하여 「H14」 셀에 성명(「C5:C12」 영역)이 선택 표시되도록 하시오.

○ 셀 서식 ⇒ 「E5:E12」 영역에 셀 서식을 이용하여 숫자 뒤에 '원'을 표시하시오(예 : 720,000원).

○ 「G5:G12」 영역에 대해 '기부방법'으로 이름정의를 하시오.

➜ **(1)~(6) 셀은 반드시 주어진 함수를 이용하여 값을 구하시오(결과값을 직접 입력하면 해당 셀은 0점 처리됨).**

(1) 순위 ⇒ 기부금 총금액의 내림차순 순위를 1~3까지만 구하고 그 외에는 공백으로 구하시오(IF, RANK.EQ 함수).

(2) 가입연수 ⇒ 「2022-가입일자의 연도」로 구한 결과값에 '년'을 붙이시오(YEAR 함수, & 연산자)(예 : 1년).

(3) 김상호의 월 기부금액 ⇒ (INDEX, MATCH 함수)

(4) 남성들의 월 기부금액 합계 ⇒ 조건은 입력데이터를 이용하시오(DSUM 함수).

(5) 휴대폰결제 건수 ⇒ 정의된 이름(기부방법)을 이용하여 구하시오(COUNTIF 함수).

(6) 기부방법 ⇒ 「H14」 셀에서 선택한 성명에 대한 기부방법을 구하시오(VLOOKUP 함수).

(7) 조건부 서식의 수식을 이용하여 기부금 총금액이 '1,000,000' 이상인 행 전체에 다음의 서식을 적용하시오(글꼴 : 파랑, 굵게).

❷ 등급별 수준

등급	수준
A등급	주어진 과제의 80~100%를 정확히 해결할 수 있는 능력
B등급	주어진 과제의 60~79%를 정확히 해결할 수 있는 능력
C등급	주어진 과제의 40~59%를 정확히 해결할 수 있는 능력

4. 시험 배점 및 시험 시간

시험 배점	문항 및 시험방법	시험 시간
과목당 500점	5~10문항 실무작업형 실기시험	과목당 60분

5. 시험출제기준(한글엑셀/한셀)

문항	배점	출제기준
❶ 표작성	100점	출력형태의 표를 작성하고 조건에 따른 서식변환 및 함수 사용 능력 평가 • 데이터 입력 및 셀 편집 • 도형을 이용한 제목작성 및 편집 • 그림으로 복사, 이름정의, 유효성 검사 등
	140점	• 함수 (*함수 출제 범위 참조)를 이용한 수식작성 • 조건부 서식
❷ 필터, 목표값 찾기, 자동서식	80점	[유형1] 필터 및 서식 기본 데이터를 이용한 데이터 필터 능력과 서식작성능력 평가 • 고급필터 : 정확한 조건과 추출 위치 지정 • 자동서식(표스타일) : 서식 적용
		[유형2] 목표값 찾기 및 필터 원하는 결과값을 구하기 위해 변경되는 값을 구하는 능력과 데이터 필터 능력 평가 • 목표값 찾기 : 정확한 목표값 산출 • 고급필터 : 정확한 조건과 추출위치 지정
❸ 부분합 /피벗테이블	80점	[유형1] 부분합 기본 데이터를 이용하여 특정 필드에 대한 합계, 평균 등을 구하는 능력을 평가 • 항목의 종류별 정렬/부분합 조건과 추출결과
		[유형2] 피벗테이블 데이터 자료 중에서 필요한 필드를 추출하여 보기 쉬운 결과물을 만드는 능력을 평가 • 항목의 종류별 정렬/부분합 조건과 추출 결과
❹ 차트	100점	기본 데이터를 이용하여 보기 쉽게 차트로 표현하는 능력을 평가 • 차트종류 • 차트위치 및 서식 • 차트 옵션 변경

※ 함수 출제 범위 : https://license.kpc.or.kr/ 홈페이지 접속 → [자격소개–정보기술자격(ITQ)]–[시험출제기준]–[한글엑셀/한셀]
※ 응시료 확인 : https://license.kpc.or.kr/ 홈페이지 접속 → [자격소개–정보기술자격(ITQ)]

과목	코드	문제유형	시험시간	수험번호	성명
한글엑셀	1122	A	60분		

MS오피스

·수험자 유의사항·

● 수험자는 문제지를 받는 즉시 문제지와 **수험표상의 시험과목(프로그램)이 동일한지 반드시 확인**하여야 합니다.

● 파일명은 본인의 "수험번호–성명"으로 입력하여 답안폴더(내 PC₩문서₩ITQ)에 하나의 파일로 저장해야 하며, 답안 문서 파일명이 "수험번호–성명"과 일치하지 않거나, 답안파일을 전송하지 않아 미제출로 처리될 경우 실격 처리합니다 (예 : 12345678–홍길동.xlsx).

● 답안 작성을 마치면 파일을 저장하고, '답안 전송' 버튼을 선택하여 감독위원 PC로 답안을 전송하십시오. 수험생 정보와 저장한 파일명이 다를 경우 전송되지 않으므로 주의하시기 바랍니다.

● 답안 작성 중에도 **주기적으로 저장하고, '답안 전송'**하여야 문제 발생을 줄일 수 있습니다. 작업한 내용을 저장하지 않고 전송할 경우 이전에 저장된 내용이 전송되오니 이점 유의하시기 바랍니다.

● 답안문서는 지정된 경로 외의 다른 보조기억장치에 저장하는 경우, 지정된 시험 시간 외에 작성된 파일을 활용할 경우, 기타 통신수단(이메일, 메신저, 네트워크 등)을 이용하여 타인에게 전달 또는 외부 반출하는 경우는 부정 처리합니다.

● 시험 중 부주의 또는 고의로 시스템을 파손한 경우는 수험자가 변상해야 하며, 〈수험자 유의사항〉에 기재된 방법대로 이행하지 않아 생기는 불이익은 수험생 당사자의 책임임을 알려 드립니다.

● 문제의 조건은 MS오피스 2021 버전으로 설정되어 있으며 MS오피스 2016은 【 】에 표기되어 있습니다. 이와 관련하여 작성한 답안의 출력형태가 문제지와 다를 수 있습니다.

● 시험을 완료한 수험자는 답안파일이 전송되었는지 확인한 후 감독위원의 지시에 따라 문제지를 제출하고 퇴실합니다.

·답안 작성요령·

● 온라인 답안 작성 절차
수험자 등록 ⇒ 시험 시작 ⇒ 답안파일 저장 ⇒ 답안 전송 ⇒ 시험 종료

● 문제는 총 4단계, 즉 제1작업부터 제4작업까지 구성되어 있으며 반드시 제1작업부터 순서대로 작성하고 조건대로 작업하시오.

● 모든 작업시트의 A열은 열 너비 '1'로, 나머지 열은 적당하게 조절하시오.

● 모든 작업시트의 테두리는 《출력형태》와 같이 작업하시오.

● 해당 작업란에서는 각각 제시된 조건에 따라 《출력형태》와 같이 작업하시오.

● 답안 시트 이름은 "제1작업", "제2작업", "제3작업", "제4작업"이어야 하며 답안 시트 이외의 것은 감점 처리됩니다.

● 각 시트를 파일로 나누어 작업해서 저장할 경우 실격 처리됩니다.

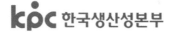

kpc 한국생산성본부

ITQ 회원 가입 및 시험 접수 안내

02
시험안내

- ◎ 회원 가입하기
- ◎ 시험 접수 안내

1. 회원 가입하기

(1) ITQ 자격 검정 사이트 접속하기

❶ ITQ 자격 검정 사이트(license.kpc.or.kr)에 접속한 후 화면 위의 〈회원가입〉 단추를 클릭합니다.

❷ [회원가입]에서 '전체 약관(필수항목)에 동의합니다.' 체크 박스를 클릭합니다.

❸ '개인정보 수집 · 이용 내역 (필수사항)'에 '동의합니다' 체크 박스가 선택되어 있는지 확인한 후 〈개인회원(어린이)
가입 만 14세 미만〉 단추를 클릭합니다.

※ 응시자가 만14세 이상일
경우에는 〈개인회원가입
만14세이상〉 단추를 눌러
가입을 진행합니다.

※ 회원 가입 절차는 시험 주관사에 의해 변경될 수도 있습니다.

➡ **"제1작업"** 시트를 이용하여 조건에 따라 ≪출력형태≫와 같이 작업하시오.

≪조건≫

(1) 차트 종류 ⇒ 〈묶은 세로 막대형〉으로 작업하시오.

(2) 데이터 범위 ⇒ "제1작업" 시트의 내용을 이용하여 작업하시오.

(3) 위치 ⇒ "새 시트"로 이동하고, "제4작업"으로 시트 이름을 바꾸시오.

(4) 차트 디자인 도구 ⇒ 레이아웃 3, 스타일 1을 선택하여 ≪출력형태≫에 맞게 작업하시오.

(5) 영역 서식 ⇒ 차트 : 글꼴(굴림, 11pt), 채우기 효과(질감–분홍 박엽지)
　　　　　　　　　그림 : 채우기(흰색, 배경1)

(6) 제목 서식 ⇒ 차트 제목 : 글꼴(굴림, 굵게, 20pt), 채우기(흰색, 배경1), 테두리

(7) 서식 ⇒ 신청인원 계열의 차트 종류를 〈표식이 있는 꺾은선형〉으로 변경한 후 보조 축으로 지정하시오.

　　　　계열: ≪출력형태≫를 참조하여 표식(세모 , 크기 10)과 레이블 값을 표시하시오.

　　　　눈금선: 선 스타일–파선

　　　　축 : ≪출력형태≫를 참조하시오.

(8) 범례 ⇒ 범례명을 변경하고 ≪출력형태≫를 참조하시오.

(9) 도형 ⇒ '모서리가 둥근 사각형 설명선'을 삽입한 후 ≪출력형태≫와 같이 내용을 입력하시오.

(10) 나머지 사항은 ≪출력형태≫에 맞게 작성하시오.

≪출력형태≫

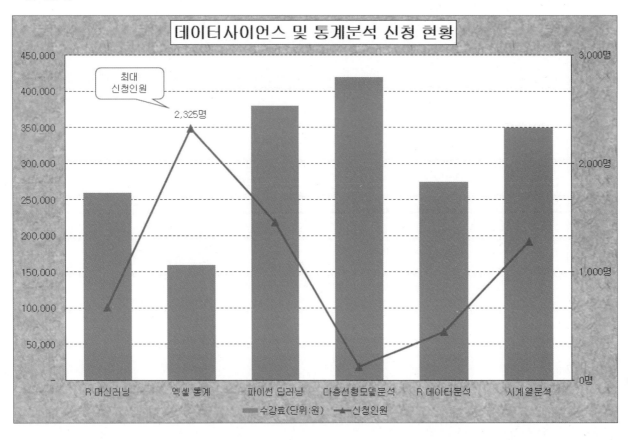

주의 ➡ 시트명 순서가 차례대로 "제1작업", "제2작업", "제3작업", "제4작업"이 되도록 할 것.

❶ [회원가입 (만14세 미만 개인회원)]의 [보호자(법적대리인) 본인인증]에서 '수집·이용 내역(필수사항)'의 '동의합니다.' 체크 박스를 클릭합니다. 이어서, [보호자(법적대리인) 본인인증]에서 〈휴대폰 본인인증〉 단추를 클릭합니다.

❷ '이용 중이신 통신사를 선택하세요' 창에서 보호자가 현재 이용 중인 통신사를 선택합니다. 이어서, 각각의 동의 내용을 클릭하여 체크한 후 〈시작하기〉 단추를 클릭합니다.

❸ '문자인증'을 선택하여 필요한 개인 정보와 보안문자를 입력한 후 〈확인〉 단추를 클릭합니다.

❹ 보호자의 휴대폰 문자로 전송된 '인증번호'를 입력한 후 〈확인〉 단추를 클릭합니다.

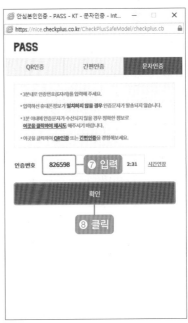

➡ **"제1작업"** 시트의 「B4:H12」 영역을 복사하여 **"제2작업"** 시트의 「B2」 셀부터 모두 붙여넣기를 한 후 다음의 조건과 같이 작업하시오.

≪조건≫

  (1) 목표값 찾기 – 「B11:G11」 셀을 병합하여 "데이터사이언스의 수강료(단위:원) 평균"을 입력한 후 「H11」 셀에 데이터사이언스의 수강료(단위:원) 평균을 구하시오. 단, 조건은 입력데이터를 이용하시오 (DAVERAGE 함수, 테두리, 가운데 맞춤).
             – '데이터사이언스의 수강료(단위:원) 평균'이 '310,000'이 되려면 R 머신러닝의 수강료(단위:원)가 얼마가 되어야 하는지 목표값을 구하시오.

  (2) 고급 필터 – 분류가 '통계분석'이거나 수강료(단위:원)가 '350,000' 이상인 자료의 데이터만 추출하시오.
             – 조건 범위 : 「B14」 셀부터 입력하시오.
             – 복사 위치 : 「B18」 셀부터 나타나도록 하시오.

➡ **"제1작업"** 시트의 「B4:H12」 영역을 복사하여 **"제3작업"** 시트의 「B2」 셀부터 모두 붙여넣기를 한 후 다음의 조건과 같이 작업하시오.

≪조건≫

  (1) 부분합 – ≪출력형태≫처럼 정렬하고, 강좌명의 개수와 신청인원의 평균을 구하시오.
  (2) 개요【윤곽】 – 지우시오.
  (3) 나머지 사항은 ≪출력형태≫에 맞게 작성하시오.

≪출력형태≫

A	B	C	D	E	F	G	H
1							
2	과목코드	강좌명	강사명	분류	개강일	신청인원	수강료 (단위:원)
3	C-3315	엑셀 통계	박정우	통계분석	2022-02-01	2,325명	160,000
4	M-3145	다층선형모델분석	이덕수	통계분석	2022-05-02	125명	420,000
5	G-3234	시계열분석	정유진	통계분석	2022-05-02	1,280명	350,000
6				통계분석 평균		1,243명	
7		3		통계분석 개수			
8	P-2421	빅데이터기사 필기	강석원	자격증	2022-04-01	550명	280,000
9	S-2432	빅데이터기사 실기	이경호	자격증	2022-03-02	458명	300,000
10				자격증 평균		504명	
11		2		자격증 개수			
12	A-1431	R 머신러닝	김혜지	데이터사이언스	2022-06-01	670명	260,000
13	T-1341	파이썬 딥러닝	홍길순	데이터사이언스	2022-03-02	1,455명	380,000
14	D-2514	R 데이터분석	임홍우	데이터사이언스	2022-07-01	450명	275,000
15				데이터사이언스 평균		858명	
16		3		데이터사이언스 개수			
17				전체 평균		914명	
18		8		전체 개수			

※ 14세미만 본인인증은 '8페이지의 휴대폰(본인 명의의 휴대폰이 있는 경우)' 또는 '10페이지의 I-PIN(본인 명의의 휴대폰이 없는 경우)' 중 하나를 선택하여 진행할 수 있습니다.

(3)-1. 14세미만 본인인증(휴대폰 인증절차)

❶ [14세미만 본인인증]에서 〈휴대폰 본인인증〉 단추를 클릭합니다.

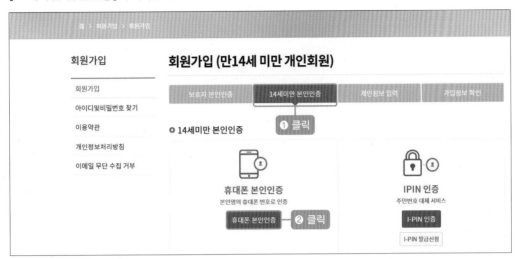

❷ '이용 중이신 통신사를 선택하세요' 창에서 14세미만이 현재 이용 중인 통신사를 선택합니다. 이어서, 각각의 동의 내용을 클릭하여 체크한 후 〈시작하기〉 단추를 클릭합니다.

❸ '문자인증'을 선택하여 필요한 개인 정보와 보안문자를 입력한 후 〈확인〉 단추를 클릭합니다.

❹ 본인의 휴대폰 문자로 전송된 '인증번호'를 입력한 후 〈확인〉 단추를 클릭합니다.

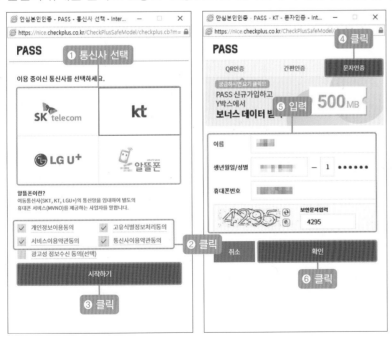

➡ 다음은 '데이터분석 교육 온라인 신청 현황'에 대한 자료이다. 자료를 입력하고 조건에 맞도록 작업하시오.

≪출력형태≫

과목코드	강좌명	강사명	분류	개강일	신청인원	수강료 (단위:원)	수강기간	신청인원 순위
						확인 담당	팀장	부장
A-1431	R 머신러닝	김혜지	데이터사이언스	2022-06-01	670	260,000	(1)	(2)
C-3315	엑셀 통계	박정우	통계분석	2022-02-01	2,325	160,000	(1)	(2)
P-2421	빅데이터기사 필기	강석원	자격증	2022-04-01	550	280,000	(1)	(2)
T-1341	파이썬 딥러닝	홍길순	데이터사이언스	2022-03-02	1,455	380,000	(1)	(2)
S-2432	빅데이터기사 실기	이경호	자격증	2022-03-02	458	300,000	(1)	(2)
M-3145	다층선형모델분석	이덕수	통계분석	2022-05-02	125	420,000	(1)	(2)
D-2514	R 데이터분석	임홍우	데이터사이언스	2022-07-01	450	275,000	(1)	(2)
G-3234	시계열분석	정유진	통계분석	2022-05-02	1,280	350,000	(1)	(2)
자격증 강좌 개수			(3)		최대 수강료(단위:원)			(5)
데이터사이언스 강좌의 신청인원 합계			(4)		강좌명	R 머신러닝	신청인원	(6)

≪조건≫

○ 모든 데이터의 서식에는 글꼴(굴림, 11pt), 정렬은 숫자 및 회계 서식은 오른쪽 정렬, 나머지 서식은 가운데 정렬로 작성하며 예외적인 것은 ≪출력형태≫를 참조하시오.

○ 제 목 ⇒ 도형(십자형)과 그림자(오프셋 위쪽)를 이용하여 작성하고 "데이터분석 교육 온라인 신청 현황"을 입력한 후 다음 서식을 적용하시오(글꼴-굴림, 24pt, 검정, 굵게, 채우기-노랑).

○ 임의의 셀에 결재란을 작성하여 그림으로 복사 기능을 이용하여 붙이기 하시오(단, 원본 삭제).

○ 「B4:J4, G14, I14」 영역은 '주황'으로 채우기 하시오.

○ 유효성 검사를 이용하여 「H14」 셀에 강좌명(「C5:C12」 영역)이 선택 표시되도록 하시오.

○ 셀 서식 ⇒ 「G5:G12」 영역에 셀 서식을 이용하여 숫자 뒤에 '명'을 표시하시오(예 : 670명).

○ 「H5:H12」 영역에 대해 '수강료'로 이름정의를 하시오.

➡ (1)~(6) 셀은 반드시 **주어진 함수를 이용**하여 값을 구하시오(결과값을 직접 입력하면 해당 셀은 0점 처리됨).

(1) 수강기간 ⇒ 과목코드 세 번째 글자가 1이면 '240일', 2이면 '120일', 3이면 '90'일로 구하시오(CHOOSE, MID 함수).

(2) 신청인원 순위 ⇒ 내림차순 순위를 구한 결과에 '위'를 붙이시오(RANK.EQ 함수, & 연산자)(예 : 1위).

(3) 자격증 강좌 개수 ⇒ (COUNTIF 함수)

(4) 데이터사이언스 강좌의 신청인원 합계 ⇒ 반올림하여 십명 단위까지 구하시오. 단, 조건은 입력데이터를 이용하시오 (ROUND, DSUM 함수)(예 : 5,327 → 5,330).

(5) 최대 수강료(단위:원) ⇒ 정의된 이름(수강료)을 이용하여 구하시오(LARGE 함수).

(6) 신청인원 ⇒ 「H14」 셀에서 선택한 강좌명에 대한 신청인원을 구하시오(VLOOKUP 함수).

(7) 조건부 서식의 수식을 이용하여 신청인원이 '1,000' 이상인 행 전체에 다음의 서식을 적용하시오 (글꼴 : 파랑, 굵게).

❺ [개인정보 입력]에서 '이름'과 '아이디'를 입력한 후 〈중복확인〉 단추를 클릭합니다. 이어서, '사용 하실 수 있는 ID 입니다' 메시지 창이 나오면 〈Close〉 단추를 클릭합니다.

　※ 아이디를 입력하고 〈중복확인〉 단추를 클릭하여 내가 입력한 아이디를 다른 사용자가 사용하고 있는지 반드시 확인합니다.

❻ 아이디 입력이 완료되면 '비밀번호'와 '비밀번호 확인'을 입력합니다.

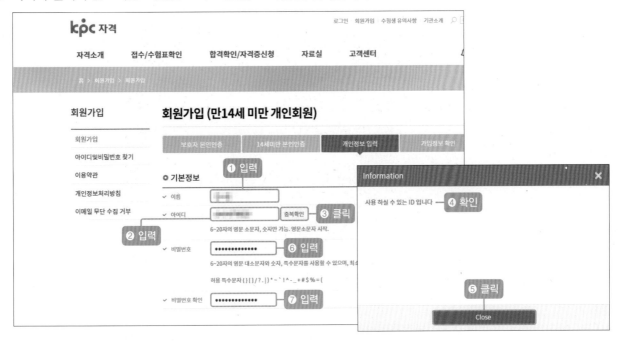

- **이름** : 본인의 이름을 입력합니다.
- **아이디** : 6~20자의 영문 소문자, 숫자만 가능, 영문 소문자로 시작합니다.
- **중복확인** : 입력한 아이디를 다른 사용자가 사용하고 있는지 〈중복확인〉 버튼을 클릭해서 반드시 확인합니다.
- **비밀번호** : 6~20자의 영문 대소문자와 숫자, 특수문자를 사용할 수 있으며, 최소 2종류 이상을 조합해야 합니다.
- **비밀번호 확인** : 입력한 비밀번호를 똑같이 한 번 더 입력합니다.

❼ 기본정보 입력이 완료되면 [추가정보]에 내용을 입력한 후 〈가입하기〉 단추를 클릭합니다.

　※ 휴대전화 및 이메일에 '수신 동의합니다'를 클릭하여 체크할 경우 수험 정보를 받을 수 있으며, 비밀번호를 잊어 버렸을 경우 비밀번호 찾기에 사용되므로 체크 박스를 클릭합니다.

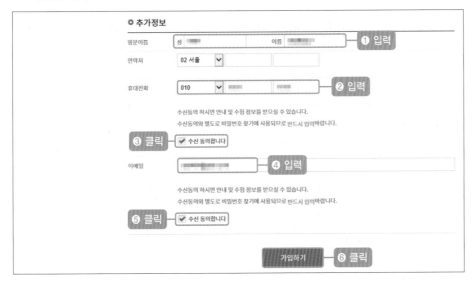

과목	코드	문제유형	시험시간	수험번호	성명
한글엑셀	1122	A	60분		

MS오피스

·수험자 유의사항·

- 수험자는 문제지를 받는 즉시 문제지와 **수험표상의 시험과목(프로그램)이 동일한지 반드시 확인**하여야 합니다.

- 파일명은 본인의 "수험번호-성명"으로 입력하여 답안폴더(내 PC₩문서₩ITQ)에 하나의 파일로 저장해야 하며, 답안 문서 파일명이 "수험번호-성명"과 일치하지 않거나, 답안파일을 전송하지 않아 미제출로 처리될 경우 실격 처리합니다 (예 : 12345678-홍길동.xlsx).

- 답안 작성을 마치면 파일을 저장하고, '답안 전송' 버튼을 선택하여 감독위원 PC로 답안을 전송하십시오. 수험생 정보와 저장한 파일명이 다를 경우 전송되지 않으므로 주의하시기 바랍니다.

- 답안 작성 중에도 **주기적으로 저장하고, '답안 전송'**하여야 문제 발생을 줄일 수 있습니다. 작업한 내용을 저장하지 않고 전송할 경우 이전에 저장된 내용이 전송되오니 이점 유의하시기 바랍니다.

- 답안문서는 지정된 경로 외의 다른 보조기억장치에 저장하는 경우, 지정된 시험 시간 외에 작성된 파일을 활용할 경우, 기타 통신수단(이메일, 메신저, 네트워크 등)을 이용하여 타인에게 전달 또는 외부 반출하는 경우는 부정 처리합니다.

- 시험 중 부주의 또는 고의로 시스템을 파손한 경우는 수험자가 변상해야 하며, 〈수험자 유의사항〉에 기재된 방법대로 이행하지 않아 생기는 불이익은 수험생 당사자의 책임임을 알려 드립니다.

- 문제의 조건은 MS오피스 2021 버전으로 설정되어 있으며 MS오피스 2016은 【 】에 표기되어 있습니다. 이와 관련하여 작성한 답안의 출력형태가 문제지와 다를 수 있습니다.

- 시험을 완료한 수험자는 답안파일이 전송되었는지 확인한 후 감독위원의 지시에 따라 문제지를 제출하고 퇴실합니다.

·답안 작성요령·

- 온라인 답안 작성 절차
  수험자 등록 ⇒ 시험 시작 ⇒ 답안파일 저장 ⇒ 답안 전송 ⇒ 시험 종료

- 문제는 총 4단계, 즉 제1작업부터 제4작업까지 구성되어 있으며 반드시 제1작업부터 순서대로 작성하고 조건대로 작업하시오.

- 모든 작업시트의 A열은 열 너비 '1'로, 나머지 열은 적당하게 조절하시오.

- 모든 작업시트의 테두리는 ≪출력형태≫와 같이 작업하시오.

- 해당 작업란에서는 각각 제시된 조건에 따라 ≪출력형태≫와 같이 작업하시오.

- 답안 시트 이름은 "제1작업", "제2작업", "제3작업", "제4작업"이어야 하며 답안 시트 이외의 것은 감점 처리됩니다.

- 각 시트를 파일로 나누어 작업해서 저장할 경우 실격 처리됩니다.

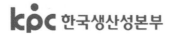

kpc 한국생산성본부

⑧ 회원가입이 완료되면 회원가입 정보를 확인한 후 〈확인(홈으로 이동)〉 단추를 클릭합니다.

(3)-2. 14세미만 본인인증(I-PIN 인증절차)

❶ [회원가입 (만 14세 미만 개인회원)]의 [14세미만 본인인증]에서 〈I-PIN 인증〉 단추를 클릭합니다.

➡ **"제1작업"** 시트를 이용하여 조건에 따라 ≪출력형태≫와 같이 작업하시오.

≪조건≫

　(1) 차트 종류 ⇒ 〈묶은 세로 막대형〉으로 작업하시오.

　(2) 데이터 범위 ⇒ "제1작업" 시트의 내용을 이용하여 작업하시오.

　(3) 위치 ⇒ "새 시트"로 이동하고, "제4작업"으로 시트 이름을 바꾸시오.

　(4) 차트 디자인 도구 ⇒ 레이아웃 3, 스타일 1을 선택하여 ≪출력형태≫에 맞게 작업하시오.

　(5) 영역 서식 ⇒ 차트 : 글꼴(굴림, 11pt), 채우기 효과(질감-파랑 박엽지)

　　　　　　　　　　그림 : 채우기(흰색, 배경1)

　(6) 제목 서식 ⇒ 차트 제목 : 글꼴(굴림, 굵게, 20pt), 채우기(흰색, 배경1), 테두리

　(7) 서식 ⇒ 신청인원 계열의 차트 종류를 〈표식이 있는 꺾은선형〉으로 변경한 후 보조 축으로 지정하시오.

　　　　　　계열 : ≪출력형태≫를 참조하여 표식(마름모, 크기 10)과 레이블 값을 표시하시오.

　　　　　　눈금선 : 선 스타일-파선

　　　　　　축 : ≪출력형태≫를 참조하시오.

　(8) 범례 ⇒ 범례명을 변경하고 ≪출력형태≫를 참조하시오.

　(9) 도형 ⇒ '모서리가 둥근 사각형 설명선'을 삽입한 후 ≪출력형태≫와 같이 내용을 입력하시오.

　(10) 나머지 사항은 ≪출력형태≫에 맞게 작성하시오.

≪출력형태≫

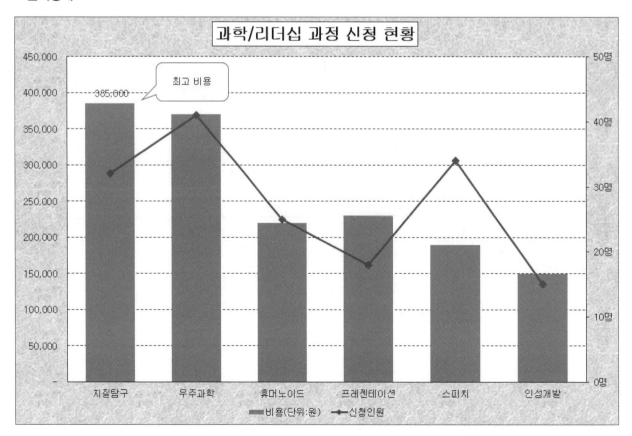

주의 ➡ 시트명 순서가 차례대로 "제1작업", "제2작업", "제3작업", "제4작업"이 되도록 할 것.

❷ [메인 화면] 창에서 〈신규발급〉 단추를 클릭합니다.

❸ [발급 전 확인사항] 창에서 〈발급하기〉 단추를 클릭합니다.

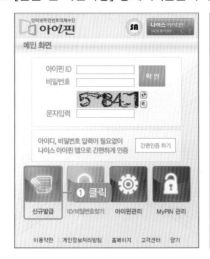 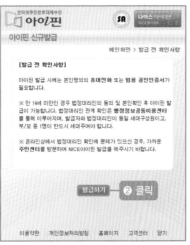

❹ [약관동의] 창에서 모든 항목에 '동의' 체크 박스를 클릭한 후 〈확인〉 단추를 클릭합니다.

❺ [아이핀 사용자정보] 창에서 발급자 '성명'과 '주민번호', '문자입력'을 입력합니다. 사용할 '아이핀 ID'를 입력한 후 〈ID 중복확인〉 단추를 클릭하여 사용가능한 아이디인지를 확인합니다.

❻ '비밀번호'를 입력한 후 〈비밀번호 검증〉 단추를 클릭하여 비밀번호 사용가능 여부를 확인합니다. 비밀번호 검증이 완료되면 '비밀번호 확인'에 비밀번호를 한 번 더 입력합니다.

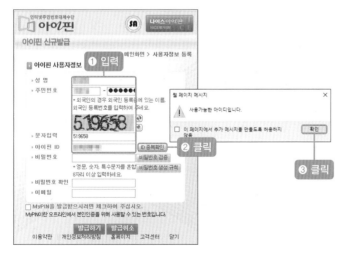 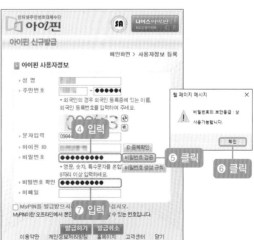

[제2작업] 필터 및 서식　80점

➜ **"제1작업"** 시트의 「B4:H12」 영역을 복사하여 **"제2작업"** 시트의 「B2」 셀부터 모두 붙여넣기를 한 후 다음의 조건과 같이 작업하시오.

≪조건≫
(1) 고급 필터 - 과정이 '체험'이 아니면서 신청인원이 '30' 이상인 자료의 관리번호, 캠프명, 시작일, 비용(단위:원) 데이터만 추출하시오.
　　　- 조건 범위 : 「B14」 셀부터 입력하시오.
　　　- 복사 위치 : 「B18」 셀부터 나타나도록 하시오.

(2) 표 서식 - 고급 필터의 결과 셀을 채우기 없음으로 설정한 후 '표 스타일 보통 7'의 서식을 적용하시오.
　　　- 머리글 행, 줄무늬 행을 적용하시오.

[제3작업] 피벗 테이블　80점

➜ **"제1작업"** 시트를 이용하여 **"제3작업"** 시트에 조건에 따라 ≪출력형태≫와 같이 작업하시오.

≪조건≫
(1) 신청인원 및 과정별 캠프명의 개수와 비용(단위:원)의 평균을 구하시오.
(2) 신청인원을 그룹화하고, 과정을 ≪출력형태≫와 같이 정렬하시오.
(3) 레이블이 있는 셀 병합 및 가운데 맞춤 적용 및 빈 셀은 '***'로 표시하시오.
(4) 행의 총합계는 지우고, 나머지 사항은 ≪출력형태≫에 맞게 작성하시오.

≪출력형태≫

| 신청인원 | 과정 ↕ | | | | | | |
| | 체험 | | 리더십 | | 과학 | |
	개수 : 캠프명	평균 : 비용(단위:원)	개수 : 캠프명	평균 : 비용(단위:원)	개수 : 캠프명	평균 : 비용(단위:원)
15-24	***	***	2	190,000	***	***
25-34	1	200,000	1	190,000	2	302,500
35-44	1	295,000	***	***	1	370,000
총합계	2	247,500	3	190,000	3	325,000

⑦ '이메일'을 입력한 후 'MyPIN을 발급받으시려면 체크하여 주십시오'의 체크 박스를 클릭하고 〈발급하기〉 단추를 클릭합니다.

⑧ [법정대리인 동의] 창에서 법정대리인 '성명'과 '주민번호'를 입력한 후 〈실명등록 및 아이핀 발급〉 단추를 클릭합니다.

⑨ [아이핀 신원확인] 창에서 '휴대폰'이나 '범용 공인인증서'를 선택한 후 정보를 입력하고 〈인증번호 요청〉 단추를 클릭합니다.

⑩ 휴대폰 문자로 전송된 '인증번호'를 입력한 후 〈확인〉 단추를 클릭합니다.

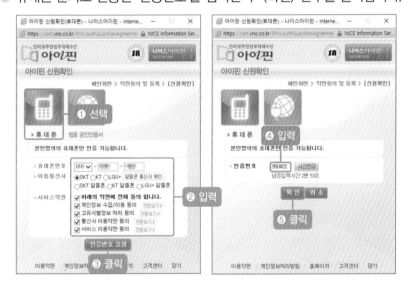

➡ 다음은 '천곡중학교 캠프 참가 현황'에 대한 자료이다. 자료를 입력하고 조건에 맞도록 작업하시오.

≪출력형태≫

A	B	C	D	E	F	G	H	I	J
1							결재	담당	대리	과장
2	천곡중학교 캠프 참가 현황									
3										
4	관리번호	캠프명	과정	담당자	시작일	신청인원	비용 (단위:원)	캠프 장소	시작월
5	T65-1	지질탐구	과학	김은지	2022-06-01	32	385,000	(1)	(2)
6	S79-2	우주과학	과학	송은하	2022-05-05	41	370,000	(1)	(2)
7	N65-2	낙농체험	체험	방성준	2022-05-13	29	200,000	(1)	(2)
8	S45-1	휴머노이드	과학	박준금	2022-04-05	25	220,000	(1)	(2)
9	R17-1	프레젠테이션	리더십	고혜진	2022-05-26	18	230,000	(1)	(2)
10	S38-3	스피치	리더십	정유희	2022-05-29	34	190,000	(1)	(2)
11	F25-2	진로진학	체험	김민정	2022-06-08	43	295,000	(1)	(2)
12	N42-3	인성개발	리더십	윤지혜	2022-04-01	15	150,000	(1)	(2)
13	과학 과정 신청인원 평균			(3)			최저 비용(단위:원)		(5)
14	리더십 과정 총 신청인원			(4)		관리번호	T65-1	담당자	(6)
15										

≪조건≫
○ 모든 데이터의 서식에는 글꼴(굴림, 11pt), 정렬은 숫자 및 회계 서식은 오른쪽 정렬, 나머지 서식은 가운데 정렬로 작성하며 예외적인 것은 ≪출력형태≫를 참조하시오.
○ 제 목 ⇒ 도형(평행 사변형)과 그림자(오프셋 오른쪽)를 이용하여 작성하고 "천곡중학교 캠프 참가 현황"을 입력한 후 다음 서식을 적용하시오(글꼴-굴림, 24pt, 검정, 굵게, 채우기-노랑).
○ 임의의 셀에 결재란을 작성하여 그림으로 복사 기능을 이용하여 붙이기 하시오(단, 원본 삭제).
○ 「B4:J4, G14, I14」 영역은 '주황'으로 채우기 하시오.
○ 유효성 검사를 이용하여 「H14」 셀에 관리번호(「B5:B12」 영역)가 선택 표시되도록 하시오.
○ 셀 서식 ⇒ 「G5:G12」 영역에 셀 서식을 이용하여 숫자 뒤에 '명'을 표시하시오(예 : 32명).
○ 「H5:H12」 영역에 대해 '비용'으로 이름정의를 하시오.

➡ (1)~(6) 셀은 반드시 **주어진 함수를 이용**하여 값을 구하시오(결과값을 직접 입력하면 해당 셀은 0점 처리됨).
  (1) 캠프 장소 ⇒ 관리번호의 마지막 글자가 1이면 '경기도', 2이면 '대전', 3이면 '서울'로 구하시오 (CHOOSE, RIGHT 함수).
  (2) 시작월 ⇒ 시작일의 월을 추출하여 '월'을 붙이시오(MONTH 함수, & 연산자)(예 : 2022-06-01 → 6월).
  (3) 과학 과정 신청인원 평균 ⇒ 반올림하여 정수로 구하되, 조건은 입력데이터를 이용하시오 (ROUND, DAVERAGE 함수)(예 : 12.3 → 12).
  (4) 리더십 과정 총 신청인원 ⇒ (SUMIF 함수)
  (5) 최저 비용(단위:원) ⇒ 정의된 이름(비용)을 이용하여 구하시오(MIN 함수).
  (6) 담당자 ⇒ 「H14」 셀에서 선택한 관리번호에 대한 담당자를 구하시오(VLOOKUP 함수).
  (7) 조건부 서식의 수식을 이용하여 비용(단위:원)이 '200,000' 이하인 행 전체에 다음의 서식을 적용하시오 (글꼴 : 파랑, 굵게).

⑪ [2차 비밀번호 설정] 창에서 2차 비밀번호를 두 번 입력한 후 〈확인〉 단추를 클릭합니다.

⑫ [아이핀/My-PIN 발급완료] 창에서 발급 완료를 확인한 후 〈확인〉 단추를 클릭합니다.

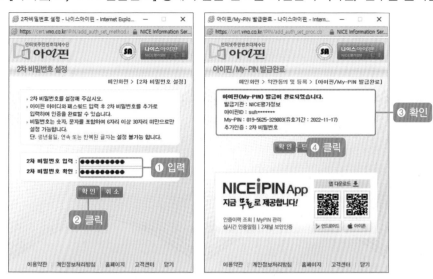

⑬ [메인 화면] 창에서 '아이핀ID', '비밀번호', '문자입력'을 입력한 후 〈확인〉 단추를 클릭합니다.

⑭ [2차 비밀번호 입력] 창에서 2차 비밀번호를 입력한 후 〈확인〉 단추를 클릭합니다.

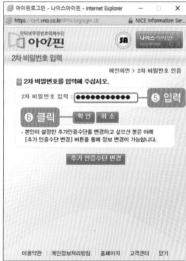

과목	코드	문제유형	시험시간	수험번호	성명
한글엑셀	1122	A	60분		

MS오피스

·수험자 유의사항·

- 수험자는 문제지를 받는 즉시 문제지와 **수험표상의 시험과목(프로그램)이 동일한지 반드시 확인**하여야 합니다.

- 파일명은 본인의 "수험번호–성명"으로 입력하여 답안폴더(내 PC₩문서₩ITQ)에 하나의 파일로 저장해야 하며, 답안 문서 파일명이 "수험번호–성명"과 일치하지 않거나, 답안파일을 전송하지 않아 미제출로 처리될 경우 실격 처리합니다 (예 : 12345678–홍길동.xlsx).

- 답안 작성을 마치면 파일을 저장하고, '답안 전송' 버튼을 선택하여 감독위원 PC로 답안을 전송하십시오. 수험생 정보와 저장한 파일명이 다를 경우 전송되지 않으므로 주의하시기 바랍니다.

- 답안 작성 중에도 **주기적으로 저장하고, '답안 전송'**하여야 문제 발생을 줄일 수 있습니다. 작업한 내용을 저장하지 않고 전송할 경우 이전에 저장된 내용이 전송되오니 이점 유의하시기 바랍니다.

- 답안문서는 지정된 경로 외의 다른 보조기억장치에 저장하는 경우, 지정된 시험 시간 외에 작성된 파일을 활용할 경우, 기타 통신수단(이메일, 메신저, 네트워크 등)을 이용하여 타인에게 전달 또는 외부 반출하는 경우는 부정 처리합니다.

- 시험 중 부주의 또는 고의로 시스템을 파손한 경우는 수험자가 변상해야 하며, 〈수험자 유의사항〉에 기재된 방법대로 이행하지 않아 생기는 불이익은 수험생 당사자의 책임임을 알려 드립니다.

- 문제의 조건은 MS오피스 2021 버전으로 설정되어 있으며 MS오피스 2016은 【 】에 표기되어 있습니다. 이와 관련하여 작성한 답안의 출력형태가 문제지와 다를 수 있습니다.

- 시험을 완료한 수험자는 답안파일이 전송되었는지 확인한 후 감독위원의 지시에 따라 문제지를 제출하고 퇴실합니다.

·답안 작성요령·

- 온라인 답안 작성 절차

  수험자 등록 ⇒ 시험 시작 ⇒ 답안파일 저장 ⇒ 답안 전송 ⇒ 시험 종료

- 문제는 총 4단계, 즉 제1작업부터 제4작업까지 구성되어 있으며 반드시 제1작업부터 순서대로 작성하고 조건대로 작업하시오.

- 모든 작업시트의 A열은 열 너비 '1'로, 나머지 열은 적당하게 조절하시오.

- 모든 작업시트의 테두리는 ≪출력형태≫와 같이 작업하시오.

- 해당 작업란에서는 각각 제시된 조건에 따라 ≪출력형태≫와 같이 작업하시오.

- 답안 시트 이름은 "제1작업", "제2작업", "제3작업", "제4작업"이어야 하며 답안 시트 이외의 것은 감점 처리됩니다.

- 각 시트를 파일로 나누어 작업해서 저장할 경우 실격 처리됩니다.

kpc 한국생산성본부

⑮ [메인 화면] 창이 나오면 〈인증 완료〉 단추를 클릭합니다.

⑯ [개인정보 입력]에서 '이름'과 '아이디'를 입력한 후 〈중복확인〉 단추를 클릭합니다. 이어서, '사용 하실 수 있는 ID 입니다' 메시지 창이 나오면 〈Close〉 단추를 클릭합니다.

※ 아이디를 입력하고 〈중복확인〉 단추를 클릭하여 내가 입력한 아이디를 다른 사용자가 사용하고 있는지 반드시 확인합니다.

⑰ 아이디 입력이 완료되면 '비밀번호'와 '비밀번호 확인'을 입력합니다.

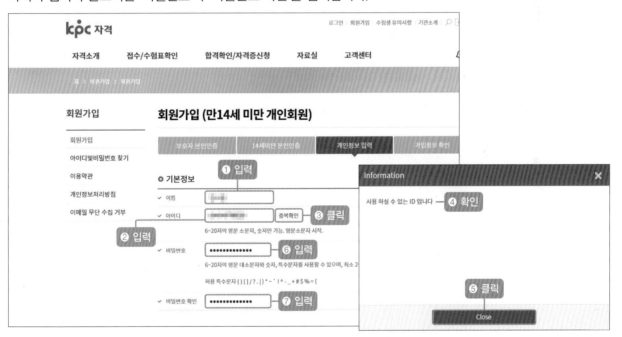

• **이름** : 본인의 이름을 입력합니다.
• **아이디** : 6~20자의 영문 소문자, 숫자만 가능, 영문 소문자로 시작합니다.
• **중복확인** : 입력한 아이디를 다른 사용자가 사용하고 있는지 [중복확인] 버튼을 클릭해서 반드시 확인합니다.
• **비밀번호** : 6~20자의 영문 대소문자와 숫자, 특수문자를 사용할 수 있으며, 최소 2종류 이상을 조합해야 합니다.
• **비밀번호 확인** : 입력한 비밀번호를 똑같이 한 번 더 입력합니다.

100점

➡ **"제1작업"** 시트를 이용하여 조건에 따라 ≪출력형태≫와 같이 작업하시오.

≪조건≫

(1) 차트 종류 ⇒ 〈묶은 세로 막대형〉으로 작업하시오.

(2) 데이터 범위 ⇒ "제1작업" 시트의 내용을 이용하여 작업하시오.

(3) 위치 ⇒ "새 시트"로 이동하고, "제4작업"으로 시트 이름을 바꾸시오.

(4) 차트 디자인 도구 ⇒ 레이아웃 3, 스타일 1을 선택하여 ≪출력형태≫에 맞게 작업하시오.

(5) 영역 서식 ⇒ 차트 : 글꼴(굴림, 11pt), 채우기 효과(질감-파랑 박엽지)

　　　　　　　 그림 : 채우기(흰색, 배경1)

(6) 제목 서식 ⇒ 차트 제목 : 글꼴(굴림, 굵게, 20pt), 채우기(흰색, 배경1), 테두리

(7) 서식 ⇒ 점수(5점 만점) 계열의 차트 종류를 〈표식이 있는 꺾은선형〉으로 변경한 후 보조 축으로 지정하시오.

　　　　 계열 : ≪출력형태≫를 참조하여 표식(세모, 크기 10)과 레이블 값을 표시하시오.

　　　　 눈금선 : 선 스타일-파선

　　　　 축 : ≪출력형태≫를 참조하시오.

(8) 범례 ⇒ 범례명을 변경하고 ≪출력형태≫를 참조하시오.

(9) 도형 ⇒ '모서리가 둥근 사각형 설명선'을 삽입한 후 ≪출력형태≫와 같이 내용을 입력하시오.

(10) 나머지 사항은 ≪출력형태≫에 맞게 작성하시오.

≪출력형태≫

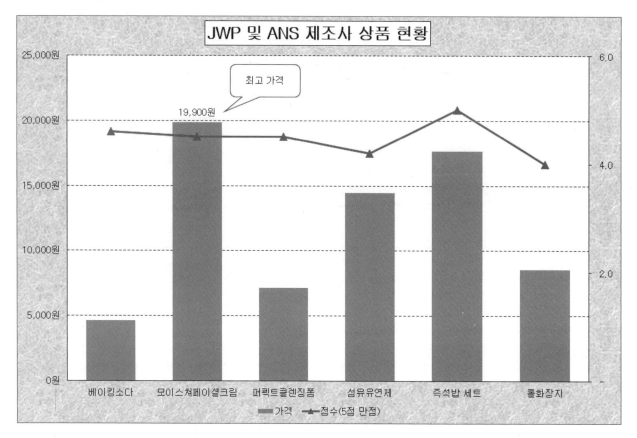

주의 ➡ 시트명 순서가 차례대로 "제1작업", "제2작업", "제3작업", "제4작업"이 되도록 할 것.

⑱ 기본정보 입력이 완료되면 [추가정보]에 내용을 입력한 후 〈가입하기〉 단추를 클릭합니다.

※ 휴대전화 및 이메일에 '수신 동의합니다'를 클릭하여 체크할 경우 수험 정보를 받을 수 있으며, 비밀번호를 잊어버렸을 경우 비밀번호 찾기에 사용되므로 체크 박스를 클릭합니다.

⑲ 회원가입이 완료되면 회원가입 정보를 확인한 후 〈확인(홈으로 이동)〉 단추를 클릭합니다.

➜ **"제1작업"** 시트의 「B4:H12」 영역을 복사하여 **"제2작업"** 시트의 「B2」 셀부터 모두 붙여넣기를 한 후 다음의 조건과 같이 작업하시오.

≪조건≫

(1) 목표값 찾기 – 「B11:G11」 셀을 병합하여 "제조사 JWP 상품의 가격 평균"을 입력한 후 「H11」 셀에 제조사 JWP 상품의 가격 평균을 구하시오. 단, 조건은 입력데이터를 이용하시오(DAVERAGE 함수, 테두리, 가운데 맞춤).
　　　　– '제조사 JWP 상품의 가격 평균'이 '9,500'이 되려면 베이킹소다의 가격이 얼마가 되어야 하는지 목표값을 구하시오.

(2) 고급 필터 – 상품코드가 'P'로 시작하거나 조회수가 '100,000' 이상인 자료의 상품명, 제조사, 가격, 점수(5점 만점) 데이터만 추출하시오.
　　　　– 조건 범위 : 「B14」 셀부터 입력하시오.
　　　　– 복사 위치 : 「B18」 셀부터 나타나도록 하시오.

➜ **"제1작업"** 시트의 「B4:H12」 영역을 복사하여 **"제3작업"** 시트의 「B2」 셀부터 모두 붙여넣기를 한 후 다음의 조건과 같이 작업하시오.

≪조건≫

(1) 부분합 – ≪출력형태≫처럼 정렬하고, 상품명의 개수와 가격의 평균을 구하시오.
(2) 개요【윤곽】 – 지우시오.
(3) 나머지 사항은 ≪출력형태≫에 맞게 작성하시오.

≪출력형태≫

A	B	C	D	E	F	G	H
1							
2	상품코드	상품명	제조사	분류	가격	점수 (5점 만점)	조회수
3	QA4-548	샘물 12개	MB	식품	6,390원	4.5	174,320
4	PF4-525	멸균흰우유 10개	MB	식품	17,800원	4.2	18,222
5	PF4-122	즉석밥 세트	ANS	식품	17,650원	5.0	30,763
6				식품 평균	13,947원		
7		3		식품 개수			
8	EA4-475	베이킹소다	JWP	생활용품	4,640원	4.6	23,869
9	DA7-125	섬유유연제	JWP	생활용품	14,490원	4.2	52,800
10	WF1-241	롤화장지	JWP	생활용품	8,560원	4.0	12,870
11				생활용품 평균	9,230원		
12		3		생활용품 개수			
13	SF4-143	모이스쳐페이셜크림	ANS	뷰티	19,900원	4.5	10,967
14	KE4-124	퍼펙트클렌징폼	ANS	뷰티	7,150원	4.5	14,825
15				뷰티 평균	13,525원		
16		2		뷰티 개수			
17				전체 평균	12,073원		
18		8		전체 개수			

2. 시험 접수 안내

❶ 응시원서의 입력 항목에 따라 지역 및 고사장 선택, 신상명세입력, 본인사진을 등록합니다.
  – 사진 등록을 위한 이미지 파일은 온라인 편집이 가능합니다.

❷ 응시원서 작성이 끝나면 결제화면에서 신용카드 및 온라인 이체로 응시료를 결제합니다.
  – 결제 금액은 응시료+인터넷 접수 건별 소정의 수수료가 산정됩니다.

❸ 응시원서 작성과 온라인 결제가 끝나면 ITQ 시험 접수확인증이 화면에 출력되고 인쇄 기능이 지원됩니다.

인터넷 접수		방문 접수
⇩		⇩
인터넷 원서접수 기간확인		방문접수 기간확인
⇩		⇩
단체회원 로그인 / 개인회원 가입확인		지역센터 위치확인
⇩		⇩
접수방법선택 / 개인정보확인		개인회원 가입확인
⇩		⇩
지역/고사장/응시회원편집 / 지역/고사장/과목선택		지역별 방문접수(원서작성)
⇩		⇩
결제 / 결제		응시료 입금
⇩		⇩
접수완료/확인 / 접수증확인(출력)		수험표 확인
⇩		⇩
수험표 확인(시험일 2일전까지 사진등록)		시험응시
⇩		
시험응시		

➡ 다음은 '관심 상품 TOP8 현황'에 대한 자료이다. 자료를 입력하고 조건에 맞도록 작업하시오.

≪출력형태≫

상품코드	상품명	제조사	분류	가격	점수 (5점 만점)	조회수	순위	상품평 차트
						담당	대리	팀장
	관심 상품 TOP8 현황					결 재		
EA4-475	베이킹소다	JWP	생활용품	4,640	4.6	23,869	(1)	(2)
SF4-143	모이스쳐페이셜크림	ANS	뷰티	19,900	4.5	10,967	(1)	(2)
QA4-548	샘물 12개	MB	식품	6,390	4.5	174,320	(1)	(2)
PF4-525	멸균흰우유 10개	MB	식품	17,800	4.2	18,222	(1)	(2)
KE4-124	퍼펙트클렌징폼	ANS	뷰티	7,150	4.5	14,825	(1)	(2)
DA7-125	섬유유연제	JWP	생활용품	14,490	4.2	52,800	(1)	(2)
PF4-122	즉석밥 세트	ANS	식품	17,650	5.0	30,763	(1)	(2)
WF1-241	롤화장지	JWP	생활용품	8,560	4.0	12,870	(1)	(2)
최저 가격			(3)			생활용품 조회수 합계		(5)
뷰티 상품 개수			(4)			상품코드	EA4-475	점수 (5점 만점)	(6)

≪조건≫

○ 모든 데이터의 서식에는 글꼴(굴림, 11pt), 정렬은 숫자 및 회계 서식은 오른쪽 정렬, 나머지 서식은 가운데 정렬로 작성하며 예외적인 것은 ≪출력형태≫를 참조하시오.

○ 제 목 ⇒ 도형(평행 사변형)과 그림자(오프셋 오른쪽)를 이용하여 작성하고 "관심 상품 TOP8 현황"을 입력한 후 다음 서식을 적용하시오(글꼴-굴림, 24pt, 검정, 굵게, 채우기-노랑).

○ 임의의 셀에 결재란을 작성하여 그림으로 복사 기능을 이용하여 붙이기 하시오(단, 원본 삭제).

○ 「B4:J4, G14, I14」 영역은 '주황'으로 채우기 하시오.

○ 유효성 검사를 이용하여 「H14」 셀에 상품코드(「B5:B12」 영역)가 선택 표시되도록 하시오.

○ 셀 서식 ⇒ 「F5:F12」 영역에 셀 서식을 이용하여 숫자 뒤에 '원'을 표시하시오(예 : 4,640원).

○ 「E5:E12」 영역에 대해 '분류'로 이름정의를 하시오.

➡ (1)~(6) 셀은 반드시 <u>주어진 함수를 이용</u>하여 값을 구하시오(결과값을 직접 입력하면 해당 셀은 0점 처리됨).

(1) 순위 ⇒ 가격의 내림차순 순위를 1~3까지만 구하고 그 외에는 공백으로 표현하시오(IF, RANK.EQ 함수).

(2) 상품평 차트 ⇒ 점수(5점 만점)를 반올림하여 정수로 구한 값의 수만큼 '★'을 표시하시오
　　　　　　　(REPT, ROUND 함수)(예 : 4.5 → ★★★★★).

(3) 최저 가격 ⇒ (MIN 함수)

(4) 뷰티 상품 개수 ⇒ 정의된 이름(분류)을 이용하여 구한 결과값에 '개'를 붙이시오
　　　　　　　(COUNTIF 함수, & 연산자)(예 : 1개).

(5) 생활용품 조회수 합계 ⇒ 조건은 입력데이터를 이용하시오(DSUM 함수).

(6) 점수(5점 만점) ⇒ 「H14」 셀에서 선택한 상품코드에 대한 점수(5점 만점)를 구하시오(VLOOKUP 함수).

(7) 조건부 서식의 수식을 이용하여 가격이 '8,000' 이하인 행 전체에 다음의 서식을 적용하시오
　　(글꼴 : 파랑, 굵게).

ITQ 자료 사용 방법

03
시 험 안 내

◎ 자료 다운로드 방법　　　◎ 온라인 답안 시스템
◎ 자동 채점 프로그램　　　◎ 자동 채점 프로그램 Q&A
◎ 엑셀 2016 화면 구성

1. 자료 다운로드 방법

❶ 크롬 브라우저를 실행하여 아카데미소프트(https://aso.co.kr) 홈페이지에
접속합니다.

❷ 왼쪽 상단에 [컴퓨터 자격증 교재]를 클릭합니다.

❸ [ITQ 자격증]-[2023 이공자 ITQ 엑셀 2016(상철)] 교재를 클릭합니다.

과목	코드	문제유형	시험시간	수험번호	성명
한글엑셀	1122	A	60분		

MS오피스

·수험자 유의사항·

- 수험자는 문제지를 받는 즉시 문제지와 **수험표상의 시험과목(프로그램)이 동일한지 반드시 확인**하여야 합니다.

- 파일명은 본인의 "수험번호-성명"으로 입력하여 답안폴더(내 PC₩문서₩ITQ)에 하나의 파일로 저장해야 하며, 답안 문서 파일명이 "수험번호-성명"과 일치하지 않거나, 답안파일을 전송하지 않아 미제출로 처리될 경우 실격 처리합니다 (예 : 12345678-홍길동.xlsx).

- 답안 작성을 마치면 파일을 저장하고, '답안 전송' 버튼을 선택하여 감독위원 PC로 답안을 전송하십시오. 수험생 정보와 저장한 파일명이 다를 경우 전송되지 않으므로 주의하시기 바랍니다.

- 답안 작성 중에도 **주기적으로 저장하고, '답안 전송'**하여야 문제 발생을 줄일 수 있습니다. 작업한 내용을 저장하지 않고 전송할 경우 이전에 저장된 내용이 전송되오니 이점 유의하시기 바랍니다.

- 답안문서는 지정된 경로 외의 다른 보조기억장치에 저장하는 경우, 지정된 시험 시간 외에 작성된 파일을 활용할 경우, 기타 통신수단(이메일, 메신저, 네트워크 등)을 이용하여 타인에게 전달 또는 외부 반출하는 경우는 부정 처리합니다.

- 시험 중 부주의 또는 고의로 시스템을 파손한 경우는 수험자가 변상해야 하며, 〈수험자 유의사항〉에 기재된 방법대로 이행하지 않아 생기는 불이익은 수험생 당사자의 책임임을 알려 드립니다.

- 문제의 조건은 MS오피스 2021 버전으로 설정되어 있으며 MS오피스 2016은 【 】에 표기되어 있습니다. 이와 관련하여 작성한 답안의 출력형태가 문제지와 다를 수 있습니다.

- 시험을 완료한 수험자는 답안파일이 전송되었는지 확인한 후 감독위원의 지시에 따라 문제지를 제출하고 퇴실합니다.

·답안 작성요령·

- 온라인 답안 작싱 절차

  수험자 등록 ⇒ 시험 시작 ⇒ 답안파일 저장 ⇒ 답안 전송 ⇒ 시험 종료

- 문제는 총 4단계, 즉 제1작업부터 제4작업까지 구성되어 있으며 반드시 제1작업부터 순서대로 작성하고 조건대로 작업하시오.

- 모든 작업시트의 A열은 열 너비 '1'로, 나머지 열은 적당하게 조절하시오.

- 모든 작업시트의 테두리는 ≪출력형태≫와 같이 작업하시오.

- 해당 작업란에서는 각각 제시된 조건에 따라 ≪출력형태≫와 같이 작업하시오.

- 답안 시트 이름은 "제1작업", "제2작업", "제3작업", "제4작업"이어야 하며 답안 시트 이외의 것은 감점 처리됩니다.

- 각 시트를 파일로 나누어 작업해서 저장할 경우 실격 처리됩니다.

kpc 한국생산성본부

④ 화면 아래에 [커뮤니티]−[자료실]을 클릭합니다.

⑤ [2023 이공자 ITQ 엑셀 2016(상철)_학습 자료]를 클릭합니다.

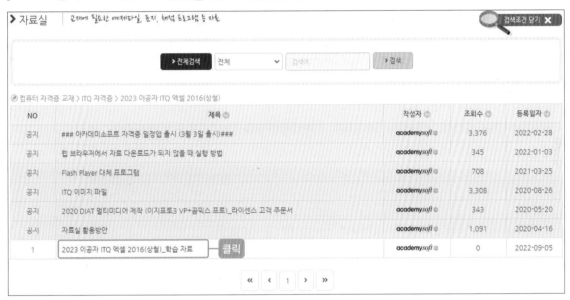

⑥  단추를 클릭하여 자료를 다운로드 받으시면 됩니다.

➡ **"제1작업"** 시트를 이용하여 조건에 따라 ≪출력형태≫와 같이 작업하시오.

≪조건≫

(1) 차트 종류 ⇒ 〈묶은 세로 막대형〉으로 작업하시오.

(2) 데이터 범위 ⇒ "제1작업" 시트의 내용을 이용하여 작업하시오.

(3) 위치 ⇒ "새 시트"로 이동하고, "제4작업"으로 시트 이름을 바꾸시오.

(4) 차트 디자인 도구 ⇒ 레이아웃 3, 스타일 1을 선택하여 ≪출력형태≫에 맞게 작업하시오.

(5) 영역 서식 ⇒ 차트 : 글꼴(굴림, 11pt), 채우기 효과(질감-분홍 박엽지)

　　　　　　　그림 : 채우기(흰색, 배경1)

(6) 제목 서식 ⇒ 차트 제목 : 글꼴(굴림, 굵게, 20pt), 채우기(흰색, 배경1), 테두리

(7) 서식 ⇒ 판매수량 계열의 차트 종류를 〈표식이 있는 꺾은선형〉으로 변경한 후 보조 축으로 지정하시오.

　　　계열 : ≪출력형태≫를 참조하여 표식(세모, 크기 10)과 레이블 값을 표시하시오.

　　　눈금선 : 선 스타일-파선

　　　축 : ≪출력형태≫를 참조하시오.

(8) 범례 ⇒ 범례명을 변경하고 ≪출력형태≫를 참조하시오.

(9) 도형 ⇒ '모서리가 둥근 사각형 설명선'을 삽입한 후 ≪출력형태≫와 같이 내용을 입력하시오.

(10) 나머지 사항은 ≪출력형태≫에 맞게 작성하시오.

≪출력형태≫

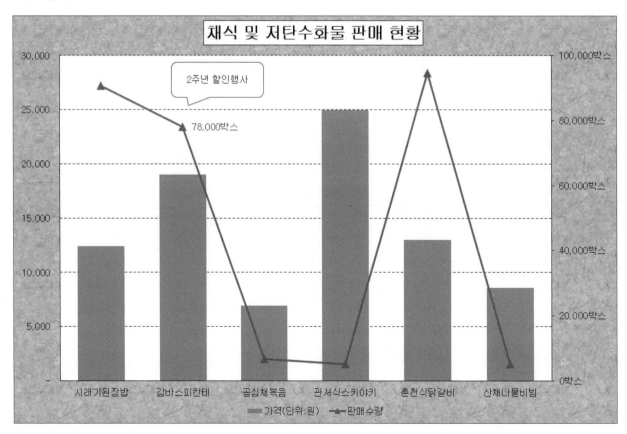

주의 ➡ 시트명 순서가 차례대로 "제1작업", "제2작업", "제3작업", "제4작업"이 되도록 할 것.

2. 온라인 답안 시스템

❶ 온라인 답안 시스템

[KOAS-온라인 답안 시스템] 프로그램은 **수험자 연습용 답안 전송 프로그램**이기 때문에 서버에서 제어가 되지 **않는 개인용 버전**입니다. 실제 시험 환경을 미리 확인하는 차원에서 테스트하시기 바랍니다.

※ 해당 '온라인 답안 시스템'은 변경된 ITQ 시험 버전에 맞추어 수정된 최신 버전의 프로그램입니다.

❷ 필요한 자료를 다운받아 압축을 해제했다면 바탕화면의 [2023 이공자 ITQ 엑셀 2016_학습 자료]-[온라인 답안 시스템] 폴더에서 **'온라인 답안 시스템(연습용).exe'**을 더블 클릭하여 실행합니다.

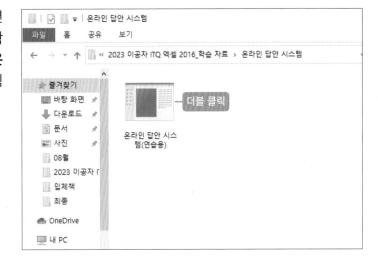

❸ 원하는 **시험 과목**을 선택하고 **수험자 성명**을 입력한 후 〈선택〉 단추를 클릭합니다.

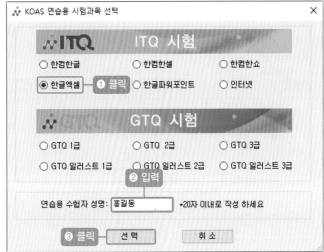

➔ **"제1작업"** 시트의 「B4:H12」 영역을 복사하여 **"제2작업"** 시트의 「B2」 셀부터 모두 붙여넣기를 한 후 다음의 조건과 같이 작업하시오.

≪조건≫

(1) 고급 필터 – 코드가 'K'로 시작하거나, 판매수량이 '10,000' 이상인 자료의 코드, 제품명, 가격(단위:원), 전월대비 성장률(%) 데이터만 추출하시오.
- 조건 범위 : 「B14」 셀부터 입력하시오.
- 복사 위치 : 「B18」 셀부터 나타나도록 하시오.

(2) 표 서식 – 고급 필터의 결과 셀을 채우기 없음으로 설정한 후 '표 스타일 보통 6'의 서식을 적용하시오.
- 머리글 행, 줄무늬 행을 적용하시오.

[제3작업] 피벗 테이블　　　　　　　　　　80점

➔ **"제1작업"** 시트를 이용하여 **"제3작업"** 시트에 조건에 따라 《출력형태》와 같이 작업하시오.

≪조건≫

(1) 가격(단위:원) 및 분류별 제품명의 개수와 전월대비 성장률(%)의 평균을 구하시오.
(2) 가격(단위:원)을 그룹화하고, 분류를 《출력형태》와 같이 정렬하시오.
(3) 레이블이 있는 셀 병합 및 가운데 맞춤 적용 및 빈 셀은 '**'로 표시하시오.
(4) 행의 총합계는 지우고, 나머지 사항은 《출력형태》에 맞게 작성하시오.

≪출력형태≫

가격(단위:원)	분류						
	채식		저탄수화물		글루텐프리		
	개수 : 제품명	평균 : 전월대비 성장률(%)	개수 : 제품명	평균 : 전월대비 성장률(%)	개수 : 제품명	평균 : 전월대비 성장률(%)	
1-10000	2	28	**	**	**	**	
10001-20000	1	16	2	33	2	127	
20001-30000	**	**	1	25	**	**	
총합계	3	24	3	30	2	127	

④ **수험번호**를 입력하고 정상적인 시험인지 또는 재시험자인지를 선택한 후 〈확인〉 단추를 클릭합니다. 이어서, [수험 번호 확인] 창이 나오면 수험번호와 구분 내용을 확인한 후 〈확인〉 단추를 클릭합니다.

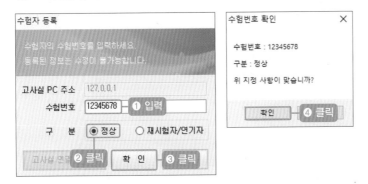

⑤ 다음과 같이 수험자 정보가 맞는지 확인한 후 〈확인〉 단추를 클릭합니다.

※ 새롭게 변경된 ITQ 시험의 답안 폴더 경로는 [내 PC]–[문서]–[ITQ]입니다.

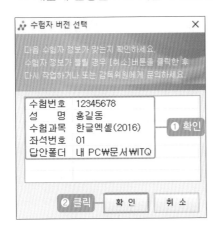

⑥ 온라인 답안 시스템이 실행되면 모니터 오른쪽 상단에 답안 전송 프로그램이 나타납니다.

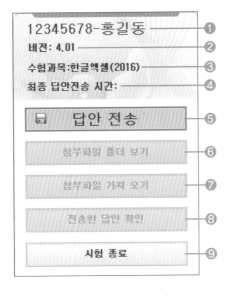

❶ 답안 저장 파일명으로 '수험번호–수험자명'으로 구성
❷ 온라인 답안 시스템 업그레이드 번호
❸ 사용자가 선택한 시험 과목
❹ 답안을 마지막에 전송한 시간
❺ 수험자가 작성한 답안을 감독위원 PC로 전송
❻ 답안 작성시 필요한 그림의 폴더 보기
❼ 답안 작성시 필요한 그림 파일 등을 감독위원 PC에서 수험자PC로 전송
❽ 수험자가 전송한 답안을 다시 불러옴
❾ 시험 종료

➡ 다음은 '밀키트 베스트 판매 현황'에 대한 자료이다. 자료를 입력하고 조건에 맞도록 작업하시오.

≪출력형태≫

	밀키트 베스트 판매 현황						확인	MD	팀장	본부장
코드	제품명	분류	판매수량	출시일	가격(단위:원)	전월대비 성장률(%)	제조공장	순위
K3237	시래기된장밥	채식	90,680	2020-10-25	12,400	15.7	(1)	(2)
E2891	구운폴렌타	글루텐프리	7,366	2021-10-31	12,000	152.0	(1)	(2)
E1237	감바스피칸테	저탄수화물	78,000	2020-12-01	19,000	55.0	(1)	(2)
C2912	공심채볶음	채식	6,749	2021-07-08	6,900	25.0	(1)	(2)
J1028	관서식스키야키	저탄수화물	5,086	2021-05-10	25,000	25.0	(1)	(2)
E3019	비건버섯라자냐	글루텐프리	5,009	2021-10-05	15,000	102.5	(1)	(2)
K1456	춘천식닭갈비	저탄수화물	94,650	2020-07-08	13,000	10.0	(1)	(2)
K2234	산채나물비빔	채식	5,010	2021-01-05	8,600	30.5	(1)	(2)
채식 제품 수			(3)		최대 판매수량			(5)
저탄수화물 전월대비 성장률(%) 평균			(4)		코드	K3237	판매수량	(6)

≪조건≫

○ 모든 데이터의 서식에는 글꼴(굴림, 11pt), 정렬은 숫자 및 회계 서식은 오른쪽 정렬, 나머지 서식은 가운데 정렬로 작성하며 예외적인 것은 ≪출력형태≫를 참조하시오.

○ 제 목 ⇒ 도형(순서도: 화면 표시)과 그림자(오프셋 오른쪽)를 이용하여 작성하고 "밀키트 베스트 판매 현황"을 입력한 후 다음 서식을 적용하시오(글꼴–굴림, 24pt, 검정, 굵게, 채우기–노랑).

○ 임의의 셀에 결재란을 작성하여 그림으로 복사 기능을 이용하여 붙이기 하시오(단, 원본 삭제).

○ 「B4:J4, G14, I14」 영역은 '주황'으로 채우기 하시오.

○ 유효성 검사를 이용하여 「H14」 셀에 코드(「B5:B12」 영역)가 선택 표시되도록 하시오.

○ 셀 서식 ⇒ 「E5:E12」 영역에 셀 서식을 이용하여 숫자 뒤에 '박스'를 표시하시오(예 : 90,680박스).

○ 「D5:D12」 영역에 대해 '분류'로 이름정의를 하시오.

➡ (1)~(6) 셀은 반드시 **주어진 함수를 이용**하여 값을 구하시오(결과값을 직접 입력하면 해당 셀은 0점 처리됨).

(1) 제조공장 ⇒ 코드의 두 번째 글자가 1이면 '평택', 2이면 '정읍', 3이면 '진천'으로 표시하시오(CHOOSE, MID 함수).

(2) 순위 ⇒ 전월대비 성장률(%)의 내림차순 순위를 구하시오(RANK.EQ 함수).

(3) 채식 제품 수 ⇒ 결과값에 '개'를 붙이시오. 단, 조건은 입력데이터를 이용하시오 (DCOUNTA 함수, & 연산자)(예 : 1개).

(4) 저탄수화물 전월대비 성장률(%) 평균 ⇒ 정의된 이름(분류)을 이용하여 구하시오(SUMIF, COUNTIF 함수).

(5) 최대 판매수량 ⇒ (MAX 함수)

(6) 판매수량 ⇒ 「H14」 셀에서 선택한 코드에 대한 판매수량을 구하시오(VLOOKUP 함수).

(7) 조건부 서식의 수식을 이용하여 판매수량이 '90,000' 이상인 행 전체에 다음의 서식을 적용하시오 (글꼴 : 파랑, 굵게).

⑦ 답안 파일 이름은 수험자 자신의 **'수험번호-성명(12345678-홍길동)'** 형태로 [내 PC]-[문서]-[ITQ] 폴더에 저장합니다.

※ 새롭게 변경된 ITQ 시험의 답안 폴더 경로는 [내 PC]-[문서]-[ITQ]입니다.

⑧ 답안 전송 프로그램에서 [□ 답안 전송] 단추를 클릭한 후 메세지 창이 나오면 〈확인〉 단추를 클릭합니다

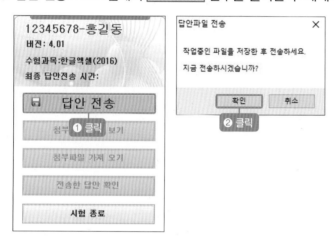

⑨ 전송할 답안파일이 맞는지 확인(파일목록과 존재 유무)한 후 [□ 답안 전송] 단추를 클릭합니다. 이어서, 메시지 창이 나오면 〈확인〉 단추를 클릭합니다.

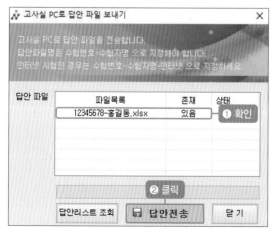

과목	코드	문제유형	시험시간	수험번호	성명
한글엑셀	1122	A	60분		

MS오피스

·수험자 유의사항·

● 수험자는 문제지를 받는 즉시 문제지와 **수험표상의 시험과목(프로그램)이 동일한지 반드시 확인**하여야 합니다.

● 파일명은 본인의 "수험번호-성명"으로 입력하여 답안폴더(내 PC₩문서₩ITQ)에 하나의 파일로 저장해야 하며, 답안 문서 파일명이 "수험번호-성명"과 일치하지 않거나, 답안파일을 전송하지 않아 미제출로 처리될 경우 실격 처리합니다 (예 : 12345678-홍길동.xlsx).

● 답안 작성을 마치면 파일을 저장하고, '답안 전송' 버튼을 선택하여 감독위원 PC로 답안을 전송하십시오. 수험생 정보와 저장한 파일명이 다를 경우 전송되지 않으므로 주의하시기 바랍니다.

● 답안 작성 중에도 **주기적으로 저장하고, '답안 전송'**하여야 문제 발생을 줄일 수 있습니다. 작업한 내용을 저장하지 않고 전송할 경우 이전에 저장된 내용이 전송되오니 이점 유의하시기 바랍니다.

● 답안문서는 지정된 경로 외의 다른 보조기억장치에 저장하는 경우, 지정된 시험 시간 외에 작성된 파일을 활용할 경우, 기타 통신수단(이메일, 메신저, 네트워크 등)을 이용하여 타인에게 전달 또는 외부 반출하는 경우는 부정 처리합니다.

● 시험 중 부주의 또는 고의로 시스템을 파손한 경우는 수험자가 변상해야 하며, 〈수험자 유의사항〉에 기재된 방법대로 이행하지 않아 생기는 불이익은 수험생 당사자의 책임임을 알려 드립니다.

● 문제의 조건은 MS오피스 2021 버전으로 설정되어 있으며 MS오피스 2016은 【 】에 표기되어 있습니다. 이와 관련하여 작성한 답안의 출력형태가 문제지와 다를 수 있습니다.

● 시험을 완료한 수험자는 답안파일이 전송되었는지 확인한 후 감독위원의 지시에 따라 문제지를 제출하고 퇴실합니다.

·답안 작성요령·

● 온라인 답안 작성 절차

  수험자 등록 ⇒ 시험 시작 ⇒ 답안파일 저장 ⇒ 답안 전송 ⇒ 시험 종료

● 문제는 총 4단계, 즉 제1작업부터 제4작업까지 구성되어 있으며 반드시 제1작업부터 순서대로 작성하고 조건대로 작업하시오.

● 모든 작업시트의 A열은 열 너비 '1'로, 나머지 열은 적당하게 조절하시오.

● 모든 작업시트의 테두리는 ≪출력형태≫와 같이 작업하시오.

● 해당 작업란에서는 각각 제시된 조건에 따라 ≪출력형태≫와 같이 작업하시오.

● 답안 시트 이름은 "제1작업", "제2작업", "제3작업", "제4작업"이어야 하며 답안 시트 이외의 것은 감점 처리됩니다.

● 각 시트를 파일로 나누어 작업해서 저장할 경우 실격 처리됩니다.

⑩ '**상태**' 항목이 '**성공**'인지 확인한 후 〈닫기〉 단추를 클릭합니다. 이어서, 감독위원의 지시를 따릅니다.

※ 해당 '온라인 답안 시스템'은 개인이 연습할 수 있도록 만들어진 프로그램으로 실제 답안 파일이 전송되지는 않습니다.

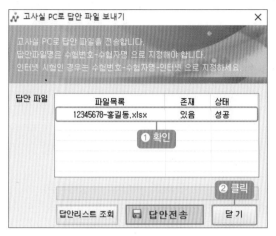 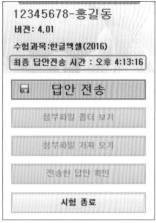

3. 자동 채점 프로그램

❶ 자동 채점 프로그램은 작성한 답안 파일을 정답 파일과 비교하여 틀린 부분을 찾아주는 프로그램입니다. 오피스 프로그램상의 한계로 100% 정확한 채점은 어렵기 때문에 참고용으로 사용하시기 바랍니다.

❷ 필요한 자료를 다운받아 압축을 해제한 후 [채점프로그램_20220801]-[채점폴더]-'ITQ 엑셀 2016' 파일을 더블 클릭하여 채점프로그램을 실행합니다.

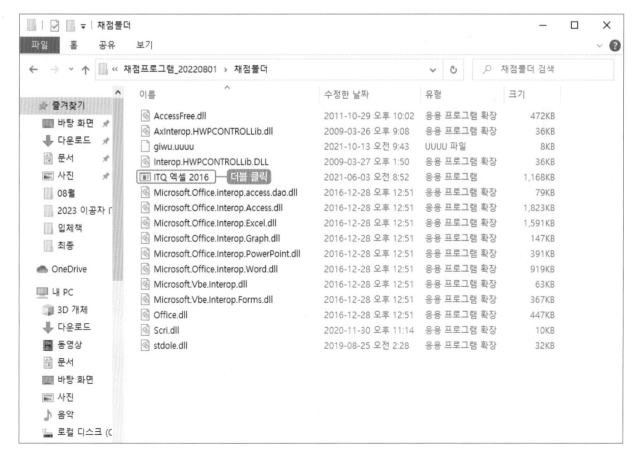

➜ **"제1작업"** 시트를 이용하여 조건에 따라 ≪출력형태≫와 같이 작업하시오.

≪조건≫

(1) 차트 종류 ⇒ 〈묶은 세로 막대형〉으로 작업하시오.

(2) 데이터 범위 ⇒ "제1작업" 시트의 내용을 이용하여 작업하시오.

(3) 위치 ⇒ "새 시트"로 이동하고, "제4작업"으로 시트 이름을 바꾸시오.

(4) 차트 디자인 도구 ⇒ 레이아웃 3, 스타일 1을 선택하여 ≪출력형태≫에 맞게 작업하시오.

(5) 영역 서식 ⇒ 차트 : 글꼴(굴림, 11pt), 채우기 효과(질감-분홍 박엽지)
　　　　　　　　그림 : 채우기(흰색, 배경1)

(6) 제목 서식 ⇒ 차트 제목 : 글꼴(굴림, 굵게, 20pt), 채우기(흰색, 배경1), 테두리

(7) 서식 ⇒ 판매 가격 계열의 차트 종류를 〈표식이 있는 꺾은선형〉으로 변경한 후 보조 축으로 지정하시오.
　　　계열 : ≪출력형태≫를 참조하여 표식(마름모, 크기 10)과 레이블 값을 표시하시오.
　　　눈금선 : 선 스타일-파선
　　　축 : ≪출력형태≫를 참조하시오.

(8) 범례 ⇒ 범례명을 변경하고 ≪출력형태≫를 참조하시오.

(9) 도형 ⇒ '모서리가 둥근 사각형 설명선'을 삽입한 후 ≪출력형태≫와 같이 내용을 입력하시오.

(10) 나머지 사항은 ≪출력형태≫에 맞게 작성하시오.

≪출력형태≫

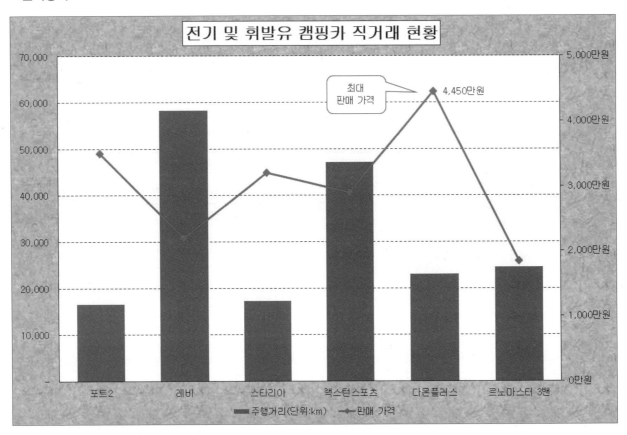

주의 ➜ **시트명 순서가 차례대로 "제1작업", "제2작업", "제3작업", "제4작업"이 되도록 할 것.**

❸ 자동 채점 프로그램이 실행되면 〈정답 열기〉 단추를 클릭합니다. 이어서, [열기] 창이 나오면 채점에 사용할 정답 파일을 선택한 후 〈열기〉 단추를 클릭합니다.

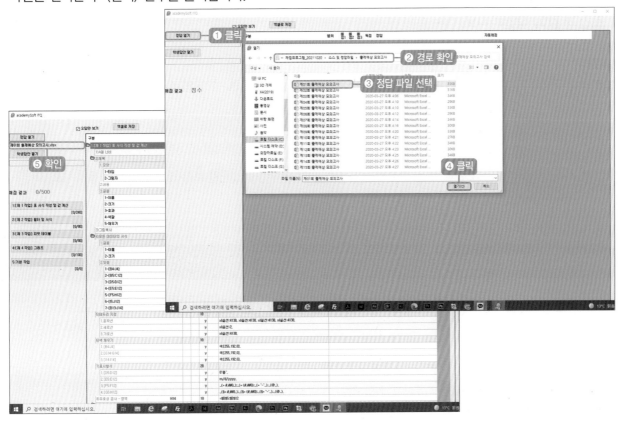

❹ 정답 파일이 열리면 〈학생답안 열기〉 단추를 클릭합니다. 이어서, [열기] 창이 나오면 정답 파일과 비교하여 채점할 학생 답안 파일을 선택한 후 〈열기〉 단추를 클릭합니다.

[제2작업] 필터 및 서식   80점

➡ **"제1작업"** 시트의 「B4:H12」 영역을 복사하여 **"제2작업"** 시트의 「B2」 셀부터 모두 붙여넣기를 한 후 다음의
   조건과 같이 작업하시오.

≪조건≫

  (1) 고급 필터 – 연료가 '전기'가 아니면서 주행거리(단위:km)가 '50,000' 이하인 자료의 모델명, 판매자, 출고일, 판매
     가격 데이터만 추출하시오.
       – 조건 범위 : 「B14」 셀부터 입력하시오.
       – 복사 위치 : 「B18」 셀부터 나타나도록 하시오.
  (2) 표 서식 – 고급 필터의 결과 셀을 채우기 없음으로 설정한 후 '표 스타일 보통 6'의 서식을 적용하시오.
       – 머리글 행, 줄무늬 행을 적용하시오.

[제3작업] 피벗테이블   80점

➡ **"제1작업"** 시트를 이용하여 **"제3작업"** 시트에 조건에 따라 ≪출력형태≫와 같이 작업하시오.

≪조건≫

  (1) 출고일 및 연료별 모델명의 개수와 주행거리(단위:km)의 평균을 구하시오.
  (2) 출고일을 그룹화하고, 연료를 ≪출력형태≫와 같이 정렬하시오.
  (3) 레이블이 있는 셀 병합 및 가운데 맞춤 적용 및 빈 셀은 '***'로 표시하시오.
  (4) 행의 총합계는 지우고, 나머지 사항은 ≪출력형태≫에 맞게 작성하시오.

≪출력형태≫

연료	휘발유		전기		경유	
출고일	개수 : 모델명	평균 : 주행거리(단위:km)	개수 : 모델명	평균 : 주행거리(단위:km)	개수 : 모델명	평균 : 주행거리(단위:km)
2018년	1	58,290	1	24,548	1	54,091
2019년	1	47,169	1	16,537	1	89,500
2020년	1	23,000	1	17,280	***	***
총합계	3	42,820	3	19,455	2	71,796

제 05 회 **238** 최신유형 기출문제

❺ 채점이 완료되면 화면 오른쪽의 채점 결과에서 틀린 부분을 확인합니다. 이어서, 작성한 학생 답안 파일을 실행한 후 채점 프로그램의 [정답] 항목과 비교하여 틀린 부분을 다시 확인합니다.

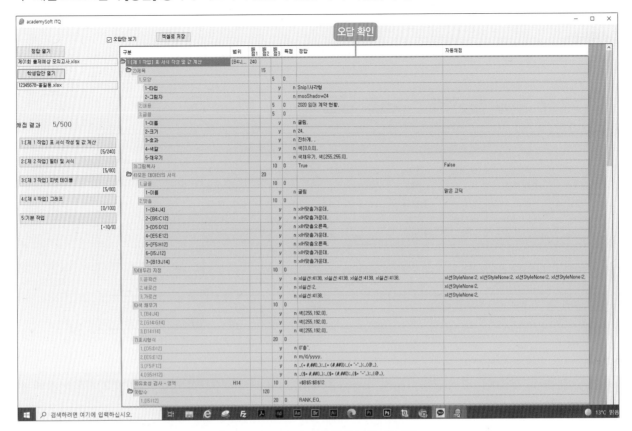

▲ 학생 답안 파일 실행

➡ 다음은 '인증 중고 캠핑카 직거래 현황'에 대한 자료이다. 자료를 입력하고 조건에 맞도록 작업하시오.

≪출력형태≫

매물번호	모델명	판매자	연료	출고일	주행거리 (단위:km)	판매 가격	출고일 순위	탑승인원
인증 중고 캠핑카 직거래 현황					확인	담당	팀장	부장
C-1240	포트2	손가은	전기	2019-10-07	16,537	3,500만원	(1)	(2)
S-1527	르벤투스	이지은	경유	2018-02-07	54,091	1,900만원	(1)	(2)
A-3841	레비	박정은	휘발유	2018-09-08	58,290	2,200만원	(1)	(2)
Q-3737	스타리아	서영희	전기	2020-02-12	17,280	3,200만원	(1)	(2)
K-2216	랙스턴스포츠	김철수	휘발유	2019-04-25	47,169	2,900만원	(1)	(2)
G-1109	카라반	김미정	경유	2019-12-11	89,500	1,950만원	(1)	(2)
B-1097	다온플러스	장정훈	휘발유	2020-06-14	23,000	4,450만원	(1)	(2)
A-2835	르노마스터 3밴	전철민	전기	2018-03-04	24,548	1,850만원	(1)	(2)
전기 캠핑카 판매 가격 평균			(3)		최소 주행거리(단위:km)			(5)
카라반 모델의 판매자			(4)		모델명	포트2	판매 가격	(6)

≪조건≫

○ 모든 데이터의 서식에는 글꼴(굴림, 11pt), 정렬은 숫자 및 회계 서식은 오른쪽 정렬, 나머지 서식은 가운데 정렬로 작성하며 예외적인 것은 ≪출력형태≫를 참조하시오.

○ 제 목 ⇒ 도형(십자형)과 그림자(오프셋 위쪽)를 이용하여 작성하고 "인증 중고 캠핑카 직거래 현황"을 입력한 후 다음 서식을 적용하시오(글꼴-굴림, 24pt, 검정, 굵게, 채우기-노랑).

○ 임의의 셀에 결재란을 작성하여 그림으로 복사 기능을 이용하여 붙이기 하시오(단, 원본 삭제).

○ 「B4:J4, G14, I14」 영역은 '주황'으로 채우기 하시오.

○ 유효성 검사를 이용하여 「H14」 셀에 모델명(「C5:C12」 영역)이 선택 표시되도록 하시오.

○ 셀 서식 ⇒ 「H5:H12」 영역에 셀 서식을 이용하여 숫자 뒤에 '만원'을 표시하시오(예 : 3,500만원).

○ 「G5:G12」 영역에 대해 '주행거리'로 이름정의를 하시오.

➡ (1)~(6) 셀은 반드시 **주어진 함수를 이용**하여 값을 구하시오(결과값을 직접 입력하면 해당 셀은 0점 처리됨).

⑴ 출고일 순위 ⇒ 출고일의 내림차순 순위를 구한 결과값에 '위'를 붙이시오(RANK.EQ 함수, & 연산자)(예 : 1위).

⑵ 탑승인원 ⇒ 매물번호 세 번째 글자가 1이면 '5명', 2이면 '3명', 3이면 '2명'으로 구하시오
　　　　　　 (CHOOSE, MID 함수).

⑶ 전기 캠핑카 판매 가격 평균 ⇒ 조건은 입력데이터를 이용하시오(DAVERAGE 함수).

⑷ 카라반 모델의 판매자 ⇒ (INDEX, MATCH 함수)

⑸ 최소 주행거리(단위:km) ⇒ 정의된 이름(주행거리)을 이용하여 구하시오(SMALL 함수).

⑹ 판매 가격 ⇒ 「H14」 셀에서 선택한 모델명에 대한 판매 가격을 구하시오(VLOOKUP 함수).

⑺ 조건부 서식의 수식을 이용하여 판매 가격이 '3,000' 이상인 행 전체에 다음의 서식을 적용하시오
　　(글꼴 : 파랑, 굵게).

4. 자동 채점 프로그램 Q&A

1) MS 오피스 프로그램의 버전이 중복으로 설치되어 있다면 오류가 발생할 수 있습니다.(예 : 2010/2016 중복 설치)
   – 2016 버전을 제외한 MS 오피스 프로그램을 삭제하고 재부팅 후 다시 실행해보시기 바랍니다.

2) '엑셀 파일을 읽지 못했습니다.' 메시지가 나올 경우
   – 엑셀 프로그램을 최신 버전으로 업데이트 해보시기 바랍니다.

3) '허가되지 않은 파일' 메시지가 나올 경우
   – 〈정답 열기〉에서 아카데미소프트에서 제공하는 정답 파일이 아닌 다른 파일을 불러올 경우 해당 메시지가 나옵니다.

4) '.NET Framework가 설치되어 있어야 합니다.' 메시지가 나올 경우
   – 인터넷에서 '.NET Framework 4.0' 프로그램을 찾아 설치하시기 바랍니다. 만약 이미 설치되어 있다고 나올 경우에는 [시작]–[설정]–[앱]–[프로그램 및 기능]–[Windows 기능 켜기/끄기]에서 '.NET Framework' 관련 기능들이 체크되어 있는지 확인하시기 바랍니다.

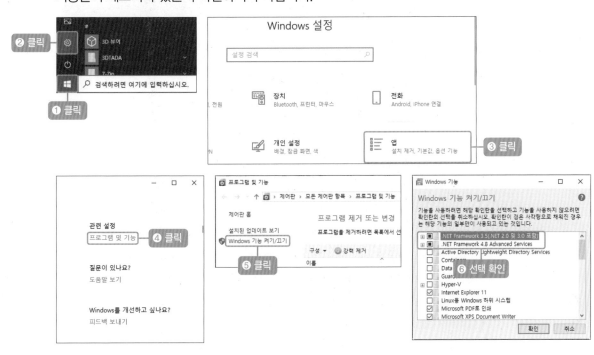

5) 'EF 작동이 중지되었습니다.' 메시지가 나올 경우
   – 사용하고 있는 오피스 프로그램을 최신 버전으로 업데이트 합니다.
   • MS 오피스 : 윈도우 업데이트를 통해 최신 버전으로 업데이트할 수 있습니다.
   • 한컴 오피스 : [시작]–[한글과 컴퓨터]–[한컴 자동 업데이트 NEO]를 실행하여 업데이트를 진행할 수 있습니다.

   ※ 주의 : 오피스 프로그램이 정품이 아닌 불법 복제프로그램(무설치 버전, 레지스트리 변형 버전, OO 패치 버전, 정품 확인 제한 버전, 업그레이드 제한 버전 등)일 경우에는 채점 프로그램이 정상적으로 실행되지 않으니 참고하시기 바랍니다.

과목	코드	문제유형	시험시간	수험번호	성명
한글엑셀	1122	A	60분		

MS오피스

·수험자 유의사항·

● 수험자는 문제지를 받는 즉시 문제지와 **수험표상의 시험과목(프로그램)이 동일한지 반드시 확인**하여야 합니다.

● 파일명은 본인의 "수험번호–성명"으로 입력하여 답안폴더(내 PC₩문서₩ITQ)에 하나의 파일로 저장해야 하며, 답안 문서 파일명이 "수험번호–성명"과 일치하지 않거나, 답안파일을 전송하지 않아 미제출로 처리될 경우 실격 처리합니다 (예 : 12345678–홍길동.xlsx).

● 답안 작성을 마치면 파일을 저장하고, '답안 전송' 버튼을 선택하여 감독위원 PC로 답안을 전송하십시오. 수험생 정보와 저장한 파일명이 다를 경우 전송되지 않으므로 주의하시기 바랍니다.

● 답안 작성 중에도 **주기적으로 저장하고, '답안 전송'**하여야 문제 발생을 줄일 수 있습니다. 작업한 내용을 저장하지 않고 전송할 경우 이전에 저장된 내용이 전송되오니 이점 유의하시기 바랍니다.

● 답안문서는 지정된 경로 외의 다른 보조기억장치에 저장하는 경우, 지정된 시험 시간 외에 작성된 파일을 활용할 경우, 기타 통신수단(이메일, 메신저, 네트워크 등)을 이용하여 타인에게 전달 또는 외부 반출하는 경우는 부정 처리합니다.

● 시험 중 부주의 또는 고의로 시스템을 파손한 경우는 수험자가 변상해야 하며, 〈수험자 유의사항〉에 기재된 방법대로 이행하지 않아 생기는 불이익은 수험생 당사자의 책임임을 알려 드립니다.

● 문제의 조건은 MS오피스 2021 버전으로 설정되어 있으며 MS오피스 2016은 【 】에 표기되어 있습니다. 이와 관련하여 작성한 답안의 출력형태가 문제지와 다를 수 있습니다.

● 시험을 완료한 수험자는 답안파일이 전송되었는지 확인한 후 감독위원의 지시에 따라 문제지를 제출하고 퇴실합니다.

·답안 작성요령·

● 온라인 답안 작성 절차

　수험자 등록 ⇒ 시험 시작 ⇒ 답안파일 저장 ⇒ 답안 전송 ⇒ 시험 종료

● 문제는 총 4단계, 즉 제1작업부터 제4작업까지 구성되어 있으며 반드시 제1작업부터 순서대로 작성하고 조건대로 작업하시오.

● 모든 작업시트의 A열은 열 너비 '1'로, 나머지 열은 적당하게 조절하시오.

● 모든 작업시트의 테두리는 ≪출력형태≫와 같이 작업하시오.

● 해당 작업란에서는 각각 제시된 조건에 따라 ≪출력형태≫와 같이 작업하시오.

● 답안 시트 이름은 "제1작업", "제2작업", "제3작업", "제4작업"이어야 하며 답안 시트 이외의 것은 감점 처리됩니다.

● 각 시트를 파일로 나누어 작업해서 저장할 경우 실격 처리됩니다.

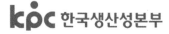
kpc 한국생산성본부

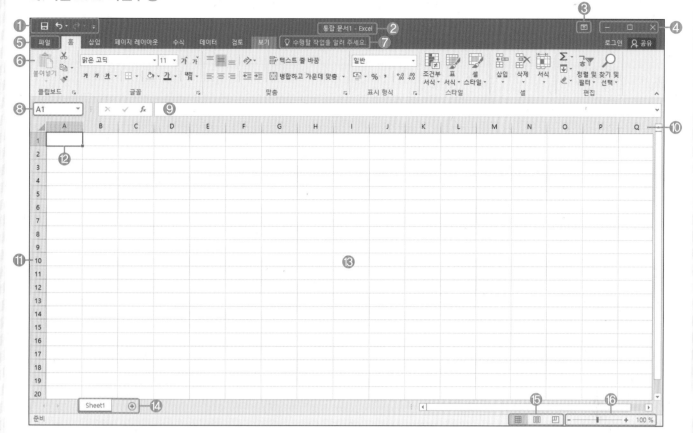

① **빠른 실행 도구 모음** : 저장 또는 실행 취소 등 자주 사용하는 기능을 아이콘으로 제공하며, 필요에 따라서 사용자가 기능(새로 만들기, 열기 등)을 직접 추가하거나 삭제할 수 있습니다.

② **제목 표시줄** : 현재 작업 중인 문서의 파일명이 표시됩니다.

③ **리본 메뉴 표시 옵션** : 리본 메뉴의 표시 유무를 지정할 수 있습니다.

④ **창 조절 단추** : 창의 크기를 최소화, 최대화, 종료할 수 있습니다.

⑤ **[파일] 탭** : 저장, 열기, 최근에 사용한 항목, 새로 만들기, 인쇄 등 파일을 관리하기 위한 메뉴로 구성되어 있습니다.

⑥ **리본 메뉴** : 유사한 기능들이 각각의 탭으로 구성되어 있고, 탭은 관련이 있는 기능들을 그룹으로 묶어서 표시합니다.

⑦ **빠른 실행(설명)** : '수행할 작업을 알려주세요.' 부분을 클릭하여 필요한 기능을 입력하면 경로 선택 없이 원하는 작업을 바로 실행할 수 있습니다.

⑧ **이름 상자** : 현재 셀 포인터가 위치한 셀 주소를 표시합니다.

⑨ **수식 입력줄** : 현재 셀에 입력된 내용이 표시되며 직접 데이터를 입력하거나 수정할 수 있습니다.

⑩ **열 머리글** : A~XFD열까지 16,384개의 열로 구성되어 있습니다.

⑪ **행 머리글** : 1~1,048,567행으로 구성되어 있습니다.

⑫ **셀** : 행과 열이 만나 구성되는 작은 사각형을 말합니다.

⑬ **워크시트** : 실제 데이터를 입력하고 편집할 수 있는 작업 공간입니다.

⑭ **시트 탭** : 현재 작업 중인 워크시트의 이름을 표시하며, 워크시트를 추가 또는 삭제하거나 순서를 변경할 수 있습니다.

⑮ **화면 보기** : 기본, 페이지 레이아웃, 페이지 나누기 미리 보기 중에서 원하는 화면 보기 방식을 선택할 수 있습니다.

⑯ **확대/축소 도구** : 작업 중인 워크시트의 화면 배율을 설정할 수 있습니다.

➡ **"제1작업"** 시트를 이용하여 조건에 따라 ≪출력형태≫와 같이 작업하시오.

≪조건≫
(1) 차트 종류 ⇒ 〈묶은 세로 막대형〉으로 작업하시오.
(2) 데이터 범위 ⇒ "제1작업" 시트의 내용을 이용하여 작업하시오.
(3) 위치 ⇒ "새 시트"로 이동하고, "제4작업"으로 시트 이름을 바꾸시오.
(4) 차트 디자인 도구 ⇒ 레이아웃 3, 스타일 1을 선택하여 ≪출력형태≫에 맞게 작업하시오.
(5) 영역 서식 ⇒ 차트 : 글꼴(굴림, 11pt), 채우기 효과(질감-분홍 박엽지)
             그림 : 채우기(흰색, 배경1)
(6) 제목 서식 ⇒ 차트 제목 : 글꼴(굴림, 굵게, 20pt), 채우기(흰색, 배경1), 테두리
(7) 서식 ⇒ 수강인원 계열의 차트 종류를 〈표식이 있는 꺾은선형〉으로 변경한 후 보조 축으로 지정하시오.
        계열 : ≪출력형태≫를 참조하여 표식(세모, 크기 10)과 레이블 값을 표시하시오.
        눈금선 : 선 스타일-파선
        축 : ≪출력형태≫를 참조하시오.
(8) 범례 ⇒ 범례명을 변경하고 ≪출력형태≫를 참조하시오.
(9) 도형 ⇒ '모서리가 둥근 사각형 설명선'을 삽입한 후 ≪출력형태≫와 같이 내용을 입력하시오.
(10) 나머지 사항은 ≪출력형태≫에 맞게 작성하시오.

≪출력형태≫

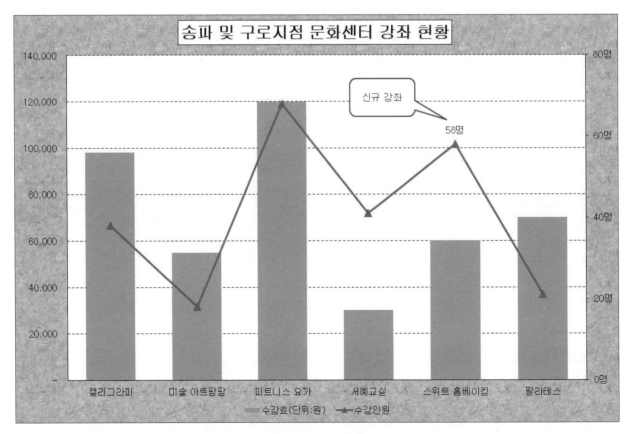

주의 ➡ **시트명 순서가 차례대로 "제1작업", "제2작업", "제3작업", "제4작업"이 되도록 할 것.**

PART 02

출제유형 완전정복

[제2작업] 목표값 찾기 및 필터 80점

➔ **"제1작업"** 시트의 「B4:H12」 영역을 복사하여 **"제2작업"** 시트의 「B2」 셀부터 모두 붙여넣기를 한 후 다음의 조건과 같이 작업하시오.

≪조건≫

(1) 목표값 찾기 – 「B11:G11」 셀을 병합하여 "송파지점의 수강인원 평균"을 입력한 후 「H11」 셀에 송파지점의 수강인원 평균을 구하시오. 단, 조건은 입력데이터를 이용하시오 (DAVERAGE 함수, 테두리, 가운데 맞춤).
  – '송파지점의 수강인원 평균'이 '40'이 되려면 캘리그라피의 수강인원이 얼마가 되어야 하는지 목표값을 구하시오.

(2) 고급 필터 – 지점이 '은평'이거나, 수강료(단위:원)가 '100,000' 이상인 자료의 데이터만 추출하시오.
  – 조건 범위 : 「B14」 셀부터 입력하시오.
  – 복사 위치 : 「B18」 셀부터 나타나도록 하시오.

[제3작업] 정렬 및 부분합 80점

➔ **"제1작업"** 시트의 「B4:H12」 영역을 복사하여 **"제3작업"** 시트의 「B2」 셀부터 모두 붙여넣기를 한 후 다음의 조건과 같이 작업하시오.

≪조건≫

(1) 부분합 – ≪출력형태≫처럼 정렬하고, 강좌명의 개수와 수강인원의 평균을 구하시오.
(2) 개요【윤곽】 – 지우시오.
(3) 나머지 사항은 ≪출력형태≫에 맞게 작성하시오.

≪출력형태≫

	관리코드	강좌명	지점	강사명	수강인원	강의 시작일	수강료 (단위:원)
	BH009	동화 속 쿠키나라	은평	양영아	55명	2022-05-02	35,000
	CA006	성인 팝아트	은평	임진우	25명	2022-05-24	110,000
			은평 평균		40명		
		2	은평 개수				
	CH005	캘리그라피	송파	김은경	38명	2022-05-11	98,000
	CA002	미술 아트팡팡	송파	임송이	18명	2022-05-05	55,000
	BC005	스위트 홈베이킹	송파	윤송이	58명	2022-05-13	60,000
			송파 평균		38명		
		3	송파 개수				
	AH001	피트니스 요가	구로	진현숙	68명	2022-05-07	120,000
	CH007	서예교실	구로	권재웅	41명	2022-05-02	30,000
	AC003	필라테스	구로	박장원	21명	2022-05-21	70,000
			구로 평균		43명		
		3	구로 개수				
			전체 평균		41명		
		8	전체 개수				

출제유형 01 답안 작성요령에 맞추어 답안 파일 준비하기

◎ 시트 추가하기 ◎ 시트 그룹화 및 열([A]) 너비 조절
◎ 시트 이름 변경 및 파일 저장

· 문제 미리보기 ·

• 소스파일 : 직접 입력   • 정답파일 : [출제유형01]-유형01_완성.xlsx

◆ 《출력형태》

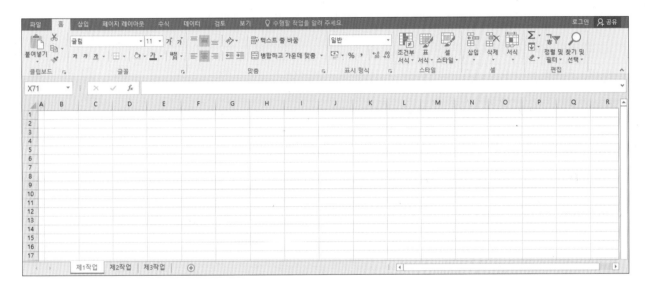

◆ 《답안 작성 요령》

답안 작성요령

● 온라인 답안 작성 절차
  수험자 등록 ⇒ 시험 시작 ⇒ 답안파일 저장 ⇒ 답안 전송 ⇒ 시험 종료

● 문제는 총 4단계, 즉 제1작업부터 제4작업까지 구성되어 있으며 반드시 제1작업부터 순서대로 작성하고
  조건대로 작업하시오.

● 모든 작업시트의 A열은 열 너비 '1'로, 나머지 열은 적당하게 조절하시오.

● 모든 작업시트의 테두리는 《출력형태》와 같이 작업하시오.

● 해당 작업란에서는 각각 제시된 조건에 따라 《출력형태》와 같이 작업하시오.

● 답안 시트 이름은 "제1작업", "제2작업", "제3작업", "제4작업"이어야 하며 답안 시트 이외의 것은 감점
  처리됩니다.

● 각 시트를 파일로 나누어 작업해서 저장할 경우 실격 처리됩니다.

◆ [제1작업] 서식 《조건》

《조건》
○ 모든 데이터의 서식에는 글꼴(굴림, 11pt), 정렬은 숫자 및 회계 서식은 오른쪽 정렬, 나머지 서식은
  가운데 정렬로 작성하며 예외적인 것은 《출력형태》를 참조하시오.

➡️ 다음은 '첨단문화센터 강좌 현황'에 대한 자료이다. 자료를 입력하고 조건에 맞도록 작업하시오.

≪출력형태≫

	관리코드	강좌명	지점	강사명	수강인원	강의 시작일	수강료 (단위:원)	수강인원 순위	분류
							결재	담당	과장	부장
	CH005	캘리그라피	송파	김은경	38명	2022-05-11	98,000	(1)	(2)
	CA002	미술 아트팡팡	송파	임송이	18명	2022-05-05	55,000	(1)	(2)
	BH009	동화 속 쿠키나라	은평	양영아	55명	2022-05-02	35,000	(1)	(2)
	AH001	피트니스 요가	구로	진현숙	68명	2022-05-07	120,000	(1)	(2)
	CH007	서예교실	구로	권재웅	41명	2022-05-02	30,000	(1)	(2)
	BC005	스위트 홈베이킹	송파	윤송이	58명	2022-05-13	60,000	(1)	(2)
	AC003	필라테스	구로	박장원	21명	2022-05-21	70,000	(1)	(2)
	CA006	성인 팝아트	은평	임진우	25명	2022-05-24	110,000	(1)	(2)
	송파지점 수강인원 합계			(3)			최대 수강료(단위:원)		(5)
	은평지점 수강인원 평균			(4)		강좌명	캘리그라피	강사명	(6)

제목 영역 상단: 첨단문화센터 강좌 현황

≪조건≫
- 모든 데이터의 서식에는 글꼴(굴림, 11pt), 정렬은 숫자 및 회계 서식은 오른쪽 정렬, 나머지 서식은 가운데 정렬로 작성하며 예외적인 것은 《출력형태》를 참조하시오.
- 제 목 ⇒ 도형(평행 사변형)과 그림자(오프셋 오른쪽)를 이용하여 작성하고 "첨단문화센터 강좌 현황"을 입력한 후 다음 서식을 적용하시오(글꼴-굴림, 24pt, 검정, 굵게, 채우기-노랑).
- 임의의 셀에 결재란을 작성하여 그림으로 복사 기능을 이용하여 붙이기 하시오(단, 원본 삭제).
- 「B4:J4, G14, I14」 영역은 '주황'으로 채우기 하시오.
- 유효성 검사를 이용하여 「H14」 셀에 강좌명(「C5:C12」 영역)이 선택 표시되도록 하시오.
- 셀 서식 ⇒ 「F5:F12」 영역에 셀 서식을 이용하여 숫자 뒤에 '명'을 표시하시오(예 : 38명).
- 「H5:H12」 영역에 대해 '수강료'로 이름정의를 하시오.

➡️ (1)～(6) 셀은 반드시 **주어진 함수를 이용하여** 값을 구하시오(결과값을 직접 입력하면 해당 셀은 0점 처리됨).
- (1) 수강인원 순위 ⇒ 수강인원의 내림차순 순위를 구하시오(RANK.EQ 함수).
- (2) 분류 ⇒ 관리코드의 첫 번째 글자가 A이면 '스포츠', B이면 '요리', 그 외에는 '미술'로 구하시오 (IF, LEFT 함수).
- (3) 송파지점 수강인원 합계 ⇒ 조건은 입력데이터를 이용하고, 결과값에 '명'을 붙이시오 (DSUM 함수, & 연산자)(예 : 1명).
- (4) 은평지점 수강인원 평균 ⇒ (SUMIF, COUNTIF 함수)
- (5) 최대 수강료(단위:원) ⇒ 정의된 이름(수강료)을 이용하여 구하시오(MAX 함수).
- (6) 강사명 ⇒ 「H14」 셀에서 선택한 강좌명에 대한 강사명을 표시하시오(VLOOKUP 함수).
- (7) 조건부 서식의 수식을 이용하여 수강료(단위:원)가 '100,000' 이상인 행 전체에 다음의 서식을 적용하시오 (글꼴 : 파랑, 굵게).

① [시작(⊞)] 단추를 눌러 Excel 2016(⊠) 프로그램을 클릭하여 실행합니다. 이어서, **Esc** 키를 눌러 새 통합 문서를 만듭니다.

② 문서가 열리면 왼쪽 하단의 시트 탭에서 **새 시트**(⊕)를 두 번 클릭하여 새로운 시트 2개를 추가합니다. 이어 서, [Sheet3]이 선택된 상태에서 **Shift** 키를 누른 채 [Sheet1]을 클릭하여 세 개의 시트를 모두 선택합니다.

③ [A]열 머리글 위에서 마우스 오른쪽 단추를 눌러 바로 가기 메뉴가 나오면 [**열 너비**]를 클릭합니다. 이어서, [열 너비] 대화상자가 나오면 열 너비 입력 칸에 1을 입력한 후 〈확인〉 단추를 클릭합니다.

※ 세 개의 시트를 그룹으로 지정하였기 때문에 모든 시트의 [A]열 너비가 '1'로 변경됩니다.

④ [Sheet2]를 클릭하여 시트 그룹을 해제한 후 [Sheet1]을 더블 클릭합니다. 시트 이름이 블록으로 지정되면 **제1 작업**을 입력한 후 **Enter** 키를 누릅니다.

⑤ 똑같은 방법으로 [Sheet2]와 [Sheet3]의 이름을 변경(**제2작업, 제3작업**)합니다.

※ [제4작업] 시트는 차트를 작성할 때 추가합니다.

시트 이름을 변경하는 다양한 방법

① 시트 탭(예 : [Sheet1])을 클릭한 후 [홈] 탭의 [셀] 그룹에서 [서식(▦)]-[시트 이름 바꾸기]를 클릭합니다.

② 시트 탭(예 : [Sheet1]) 위에서 마우스 오른쪽 단추를 눌러 바로 가기 메뉴가 나오면 [이름 바꾸기]를 클릭합니다.

과목	코드	문제유형	시험시간	수험번호	성명
한글엑셀	1122	A	60분		

MS오피스

·수험자 유의사항·

- 수험자는 문제지를 받는 즉시 문제지와 **수험표상의 시험과목(프로그램)이 동일한지 반드시 확인**하여야 합니다.

- 파일명은 본인의 "수험번호–성명"으로 입력하여 답안폴더(내 PC₩문서₩ITQ)에 하나의 파일로 저장해야 하며, 답안 문서 파일명이 "수험번호–성명"과 일치하지 않거나, 답안파일을 전송하지 않아 미제출로 처리될 경우 실격 처리합니다 (예 : 12345678-홍길동.xlsx).

- 답안 작성을 마치면 파일을 저장하고, '답안 전송' 버튼을 선택하여 감독위원 PC로 답안을 전송하십시오. 수험생 정보와 저장 한 파일명이 다를 경우 전송되지 않으므로 주의하시기 바랍니다.

- 답안 작성 중에도 **주기적으로 저장하고, '답안 전송'**하여야 문제 발생을 줄일 수 있습니다. 작업한 내용을 저장하지 않고 전송할 경우 이전에 저장된 내용이 전송되오니 이점 유의하시기 바랍니다.

- 답안문서는 지정된 경로 외의 다른 보조기억장치에 저장하는 경우, 지정된 시험 시간 외에 작성된 파일을 활용할 경우, 기타 통신수단(이메일, 메신저, 네트워크 등)을 이용하여 타인에게 전달 또는 외부 반출하는 경우는 부정 처리합니다.

- 시험 중 부주의 또는 고의로 시스템을 파손한 경우는 수험자가 변상해야 하며, 〈수험자 유의사항〉에 기재된 방법대로 이행하지 않아 생기는 불이익은 수험생 당사자의 책임임을 알려 드립니다.

- 문제의 조건은 MS오피스 2021 버전으로 설정되어 있으며 MS오피스 2016은 【 】에 표기되어 있습니다. 이와 관련하여 작성한 답안의 출력형태가 문제지와 다를 수 있습니다.

- 시험을 완료한 수험자는 답안파일이 전송되었는지 확인한 후 감독위원의 지시에 따라 문제지를 제출하고 퇴실합니다.

·답안 작성요령·

- 온라인 답안 작성 절차

  수험자 등록 ⇒ 시험 시작 ⇒ 답안파일 저장 ⇒ 답안 전송 ⇒ 시험 종료

- 문제는 총 4단계, 즉 제1작업부터 제4작업까지 구성되어 있으며 반드시 제1작업부터 순서대로 작성하고 조건대로 작업하시오.

- 모든 작업시트의 A열은 열 너비 '1'로, 나머지 열은 적당하게 조절하시오.

- 모든 작업시트의 테두리는 ≪출력형태≫와 같이 작업하시오.

- 해당 작업란에서는 각각 제시된 조건에 따라 ≪출력형태≫와 같이 작업하시오.

- 답안 시트 이름은 "제1작업", "제2작업", "제3작업", "제4작업"이어야 하며 답안 시트 이외의 것은 감점 처리됩니다.

- 각 시트를 파일로 나누어 작업해서 저장할 경우 실격 처리됩니다.

kpc 한국생산성본부

≪**조건**≫ : 모든 데이터의 서식에는 글꼴(굴림, 11pt), 정렬은 숫자 및 회계 서식은 오른쪽 정렬, 나머지 서식은 가운데 정렬로 작성하며 예외적인 것은 ≪출력형태≫를 참조하시오.

❶ [제1작업] 시트를 선택한 후 ▨(전체 선택)(**Ctrl**+**A**)을 클릭합니다.

❷ [홈] 탭의 [글꼴] 그룹에서 **글꼴(굴림)**과 **글꼴 크기**(**11**)를 지정한 후 [맞춤] 그룹에서 **가운데 맞춤**(≡)을 클릭합니다.

※ 데이터 정렬은 기본적으로 '가운데 맞춤'으로 지정한 후 숫자 및 회계 서식만 '오른쪽 맞춤'으로 변경합니다.

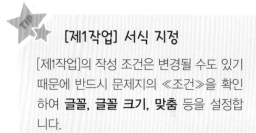

[제1작업] 서식 지정

[제1작업]의 작성 조건은 변경될 수도 있기 때문에 반드시 문제지의 ≪조건≫을 확인하여 **글꼴, 글꼴 크기, 맞춤** 등을 설정합니다.

❸ [파일] 탭의 [저장] 또는 [빠른 실행 도구 모음]에서 **저장**(🖫)을 클릭한 후 [**찾아보기**(🗀)]를 선택합니다.

❹ [다른 이름으로 저장] 대화상자가 나오면 경로를 [내 PC]–[문서]–[ITQ] 폴더로 지정하고, 파일 이름에 **수험번호–성명**을 입력한 후 〈저장〉 단추를 클릭합니다.

※ 실제 시험을 볼 때 작업 도중에 수시로(10분에 한 번 정도) 저장을 하는 것이 좋습니다.

시험
분석 | **답안 파일 저장**

실제 시험에서는 감독위원의 지시에 따라 저장 위치([내 PC]–[문서]–[ITQ])를 선택하여 '수험번호–이름(예 : 12345678–홍길동)'의 형식으로 저장한 후 감독관 PC로 답안 파일을 전송해야 합니다. 단, 저장 경로는 운영체제 및 시험 규정에 따라 달라질 수 있습니다.

➡ **"제1작업"** 시트를 이용하여 조건에 따라 ≪출력형태≫와 같이 작업하시오.

≪조건≫

　(1) 차트 종류 ⇒ 〈묶은 세로 막대형〉으로 작업하시오.

　(2) 데이터 범위 ⇒ "제1작업" 시트의 내용을 이용하여 작업하시오.

　(3) 위치 ⇒ "새 시트"로 이동하고, "제4작업"으로 시트 이름을 바꾸시오.

　(4) 차트 디자인 도구 ⇒ 레이아웃 3, 스타일 1을 선택하여 ≪출력형태≫에 맞게 작업하시오.

　(5) 영역 서식 ⇒ 차트 : 글꼴(굴림, 11pt), 채우기 효과(질감–분홍 박엽지)
　　　　　　　　　　 그림 : 채우기(흰색, 배경1)

　(6) 제목 서식 ⇒ 차트 제목 : 글꼴(굴림, 굵게, 20pt), 채우기(흰색, 배경1), 테두리

　(7) 서식 ⇒ 누적 대출권수 계열의 차트 종류를 〈표식이 있는 꺾은선형〉으로 변경한 후 보조 축으로 지정하시오.
　　　　　 계열 : ≪출력형태≫를 참조하여 표식(세모, 크기 10)과 레이블 값을 표시하시오.
　　　　　 눈금선 : 선 스타일–파선
　　　　　 축 : ≪출력형태≫를 참조하시오.

　(8) 범례 ⇒ 범례명을 변경하고 ≪출력형태≫를 참조하시오.

　(9) 도형 ⇒ '모서리가 둥근 사각형 설명선'을 삽입한 후 ≪출력형태≫와 같이 내용을 입력하시오.

　(10) 나머지 사항은 ≪출력형태≫에 맞게 작성하시오.

≪출력형태≫

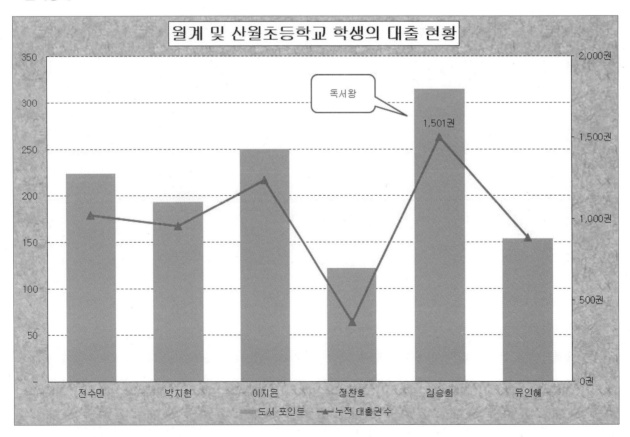

주의 ➡ 시트명 순서가 차례대로 **"제1작업"**, **"제2작업"**, **"제3작업"**, **"제4작업"**이 되도록 할 것.

[제1작업] 데이터 입력 및 제목 작성

출제유형 02

◎ 데이터 입력 후 셀 병합　　　　　◎ 셀 테두리 지정
◎ 도형을 이용하여 제목을 작성한 후 그림자 스타일 지정

· 문제 미리보기 ·

· 소스파일 : [출제유형02]-유형02_문제.xlsx　　· 정답파일 : [출제유형02]-유형02_완성.xlsx

➡ 다음은 '실버상품 쇼핑몰 판매 현황'에 대한 자료이다. 자료를 입력하고 조건에 맞도록 작업하시오.

◆ ≪출력형태≫　　　　　　　　　　　　　　　　　　　　　　　　　　　　　　〈240점〉

실버상품 쇼핑몰 판매 현황

상품코드	상품명	카테고리	구매자수	판매금액 (단위:원)	재고량 (단위:EA)	입고일	재고순위	비고
HE-0012	욕창예방매트리스	복지용구	989	139000	815	2020-05-12	(1)	(2)
BO-2101	경량알루미늄 휠체어	보장구	887	320000	1232	2020-01-20	(1)	(2)
PE-1005	당뇨환자용 양파효소	환자식	1700	53000	2983	2020-10-11	(1)	(2)
HE-0305	성인용보행기	복지용구	1480	198000	1141	2020-03-25	(1)	(2)
BO-2043	스틸통타이어 휠체어	보장구	980	197000	1024	2020-04-08	(1)	(2)
BO-2316	거상형 휠체어	보장구	316	380000	684	2020-03-13	(1)	(2)
PE-1138	고단백 영양푸딩	환자식	1605	99000	827	2020-09-20	(1)	(2)
PE-1927	고농축 영양식	환자식	912	12000	3028	2020-10-04	(1)	(2)
환자식 판매금액(단위:원) 평균			(3)		두 번째로 많은 구매자수			(5)
복지용구 구매자수 합계			(4)		상품명		구매자수	(6)

◆ ≪조건≫

▶ 모든 데이터의 서식에는 글꼴(굴림, 11pt), 정렬은 숫자 및 회계 서식은 오른쪽 정렬, 나머지 서식은 가운데 정렬로
　작성하며 예외적인 것은 ≪출력형태≫를 참조하시오.

▶ 제 목 ⇒ 도형(한쪽 모서리가 잘린 사각형)과 그림자(오프셋 오른쪽)를 이용하여 작성하고 "실버상품 쇼핑몰 판매
　　　 현황"을 입력한 후 다음 서식을 적용하시오(글꼴-굴림, 24pt, 검정, 굵게, 채우기-노랑).

▶ 임의의 셀에 결재란을 작성하여 그림으로 복사 기능을 이용하여 붙이기 하시오(단, 원본 삭제).

▶ 「B4:J4, G14, I14」 영역은 '주황'으로 채우기 하시오.

▶ 유효성 검사를 이용하여 「H14」 셀에 상품명(「C5:C12」 영역)이 선택 표시되도록 하시오.

▶ 셀 서식 ⇒ 「E5:E12」 영역에 셀 서식을 이용하여 숫자 뒤에 '명'을 표시하시오(예 : 1,700명).

▶ 「E5:E12」 영역에 대해 '구매자수'로 이름정의를 하시오.

※ ≪조건≫ 중에서 파란색으로 표시된 내용만 작업합니다.

➡️ **"제1작업"** 시트의 「B4:H12」 영역을 복사하여 **"제2작업"** 시트의 「B2」 셀부터 모두 붙여넣기를 한 후 다음의 조건과 같이 작업하시오.

≪조건≫

  (1) 목표값 찾기 – 「B11:G11」 셀을 병합하여 "월계초등학교 학생의 누적 대출권수 평균"을 입력한 후 「H11」 셀에 월계초등학교 학생의 누적 대출권수 평균을 구하시오. 단, 조건은 입력데이터를 이용하시오
      (DAVERAGE 함수, 테두리, 가운데 맞춤).
      – '월계초등학교 학생의 누적 대출권수 평균'이 '970'이 되려면 전수민의 누적 대출권수가 얼마가 되어야 하는지 목표값을 구하시오.

  (2) 고급 필터 – 학교명이 '수문초등학교' 이거나, 누적 대출권수가 '1,200' 이상인 자료의 데이터만 추출하시오.
      – 조건 범위 : 「B14」 셀부터 입력하시오.
      – 복사 위치 : 「B18」 셀부터 나타나도록 하시오.

➡️ **"제1작업"** 시트의 「B4:H12」 영역을 복사하여 **"제3작업"** 시트의 「B2」 셀부터 모두 붙여넣기를 한 후 다음의 조건과 같이 작업하시오.

≪조건≫

  (1) 부분합 – ≪출력형태≫처럼 정렬하고, 대출자의 개수와 누적 대출권수의 평균을 구하시오.
  (2) 개요【윤곽】– 지우시오.
  (3) 나머지 사항은 ≪출력형태≫에 맞게 작성하시오. .

≪출력형태≫

A	B	C	D	E	F	G	H
1							
2	관리코드	대출도서	대출자	학교명	대출일	누적 대출권수	도서 포인트
3	3127-P	바다 목욕탕	전수민	월계초등학교	2022-05-03	1,024권	224
4	3131-P	책 읽는 도깨비	정찬호	월계초등학교	2022-05-09	367권	122
5	3219-K	퀴즈 과학상식	김승희	월계초등학교	2022-05-02	1,501권	315
6				월계초등학교 평균		964권	
7			3	월계초등학교 개수			
8	3738-G	모치모치 나무	김종환	수문초등학교	2022-05-02	205권	121
9	3955-P	꼬마 지빠귀	권제인	수문초등학교	2022-05-11	107권	160
10				수문초등학교 평균		156권	
11			2	수문초등학교 개수			
12	3861-K	땅콩 동그라미	박지현	산월초등학교	2022-05-08	954권	194
13	3928-G	해리포터	이지은	산월초등학교	2022-05-07	1,238권	250
14	3713-P	아기 고둥 두마리	유인혜	산월초등학교	2022-05-07	886권	154
15				산월초등학교 평균		1,026권	
16			3	산월초등학교 개수			
17				전체 평균		785권	
18			8	전체 개수			

① **유형02_문제.xlsx** 파일을 불러와 **[제1작업]** 시트를 선택합니다. 이어서, **≪출력형태≫**를 참고하여 아래와 같이 데이터를 입력합니다.

※ 파일 불러오기 : [파일]–[열기](**Ctrl** + **O**)–[찾아보기]를 클릭한 후 [열기] 대화상자에서 파일을 선택하여 불러옵니다.

	A	B	C	D	E	F	G	H	I	J
1										
2										
3										
4		상품코드	상품명	카테고리	구매자수	판매금액 (단위:원)	재고량 (단위:EA)	입고일	재고순위	비고
5		HE-0012	상예방매트ㄹ	복지용구	989	139000	815	2020-05-12		
6		BO-2101	갈루미늄 휠	보장구	887	320000	1232	2020-01-20		
7		PE-1005	환자용 양피	환자식	1700	53000	2983	2020-10-11		
8		HE-0305	인용보행ㄷ	복지용구	1480	198000	1141	2020-03-25		
9		BO-2043	통타이어 휠	보장구	980	197000	1024	2020-04-08		
10		BO-2316	상형 휠체(	보장구	316	380000	684	2020-03-13		
11		PE-1138	단백 영양무	환자식	1605	99000	827	2020-09-20		
12		PE-1927	농축 영양	환자식	912	12000	3028	2020-10-04		
13		판매금액(단위:원) 평균				두 번째로 많은 구매자수				
14		용구 구매자수 합계					상품명		구매자수	

날짜형식이 다르게 입력될 때!

≪출력형태≫와 동일하게 입고일을 입력했지만 다른 형식으로 표시될 경우(예 : May-20)에는 **Ctrl** + **Z** 키를 눌러 적용된 셀 서식을 지운 후 다시 입력합니다.

데이터 입력 방법(ITQ 엑셀 시험은 [제1작업] 데이터를 직접 입력해야 합니다.)

❶ ≪출력형태≫에서 '함수'를 이용하여 답을 작성하는 (1)~(6) 부분과 '유효성 검사'를 이용하는 [H14] 셀(욕창예방매트리스)의 데이터는 입력하지 않고 빈 셀로 남겨둡니다.

❷ [F4], [G4] 셀처럼 두 줄로 입력된 데이터는 첫 번째 줄의 내용을 입력한 후 **Alt** + **Enter** 키를 눌러 두 번째 줄의 내용을 입력합니다. 예) 판매금액 → **Alt** + **Enter** → (단위:원)

❸ [H] 열에 입력된 날짜는 **−(하이픈)**을 이용하여 입력합니다.

❹ 데이터 입력 시 백분율(12%, 12.35%...)은 키보드의 '%'를 이용하여 입력합니다. 또한 소수 점은 키보드의 '.'을 이용하여 입력하며, [홈] 탭의 [표시 형식] 그룹에서 **자릿수 늘림**( )과 **자릿수 줄임**( )을 이용하여 소수 자리점을 맞춥니다.

❺ 환자식 판매금액(단위:원) 평균은 [B13] 셀, 복지용구 구매자수 합계는 [B14] 셀, 두 번째로 많은 구매자수는 [G13] 셀에 각각 입력합니다. ※ 셀들을 먼저 병합한 후 병합된 셀에 데이터를 입력할 수도 있습니다.

❻ 셀에 입력된 데이터를 수정하기 위해서는 **해당 셀을 선택**한 후 **F2** 키 또는 더블 클릭하여 데이터를 수정합니다.

❼ [제1작업] 시트에 입력된 데이터를 이용하여 [제2작업], [제3작업], [제4작업] 시트를 작성하기 때문에 **오타 및 누락된 내용이 없는지** 반드시 ≪출력형태≫와 비교하여 확인합니다.

② [B13:D13] 영역을 드래그한 후 **Ctrl** 키를 누른 상태에서 [B14:D14], [F13:F14], [G13:I13] 영역을 드래그 합니다. 이어서, [홈] 탭의 [맞춤] 그룹에서 **병합하고 가운데 맞춤**( )을 클릭합니다.

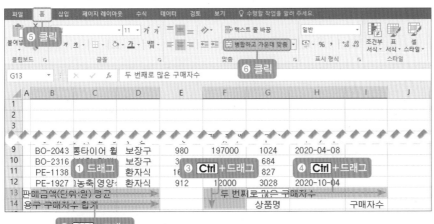

➡ 다음은 '푸른길 작은 도서관 대출 현황'에 대한 자료이다. 자료를 입력하고 조건에 맞도록 작업하시오.

≪출력형태≫

관리코드	대출도서	대출자	학교명	대출일	누적 대출권수	도서 포인트	출판사	포인트 순위
							담당	대리	부장
3127-P	바다 목욕탕	전수민	월계초등학교	2022-05-03	1,024권	224	(1)	(2)
3861-K	땅콩 동그라미	박지현	산월초등학교	2022-05-08	954권	194	(1)	(2)
3738-G	모치모치 나무	김종환	수문초등학교	2022-05-02	205권	121	(1)	(2)
3928-G	해리포터	이지은	산월초등학교	2022-05-07	1,238권	250	(1)	(2)
3131-P	책 읽는 도깨비	정찬호	월계초등학교	2022-05-09	367권	122	(1)	(2)
3955-P	꼬마 지빠귀	권제인	수문초등학교	2022-05-11	107권	160	(1)	(2)
3219-K	퀴즈 과학상식	김승희	월계초등학교	2022-05-02	1,501권	315	(1)	(2)
3713-P	아기 고둥 두마리	유인혜	산월초등학교	2022-05-07	886권	154	(1)	(2)
최대 도서 포인트			(3)			월계초등학교 학생의 도서 포인트 합계		(5)
수문초등학교 학생의 누적 대출권수 평균			(4)			대출도서	바다 목욕탕	대출자	(6)

제목(결재 / 담당 대리 부장)

≪조건≫

○ 모든 데이터의 서식에는 글꼴(굴림, 11pt), 정렬은 숫자 및 회계 서식은 오른쪽 정렬, 나머지 서식은 가운데 정렬로 작성하며 예외적인 것은 ≪출력형태≫를 참조하시오.

○ 제 목 ⇒ 도형(십자형)과 그림자(오프셋 오른쪽)를 이용하여 작성하고 "푸른길 작은 도서관 대출 현황"을 입력한 후 다음 서식을 적용하시오(글꼴-굴림, 24pt, 검정, 굵게, 채우기-노랑).

○ 임의의 셀에 결재란을 작성하여 그림으로 복사 기능을 이용하여 붙이기 하시오(단, 원본 삭제).

○ 「B4:J4, G14, I14」 영역은 '주황'으로 채우기 하시오.

○ 유효성 검사를 이용하여 「H14」 셀에 대출도서(「C5:C12」 영역)가 선택 표시되도록 하시오.

○ 셀 서식 ⇒ 「G5:G12」 영역에 셀 서식을 이용하여 숫자 뒤에 '권'을 표시하시오(예 : 1,024권).

○ 「E5:E12」 영역에 대해 '학교명'으로 이름정의를 하시오.

➡ (1)~(6) 셀은 반드시 **주어진 함수를 이용**하여 값을 구하시오(결과값을 직접 입력하면 해당 셀은 0점 처리됨).

(1) 출판사 ⇒ 관리코드의 마지막 글자가 P이면 '풀잎', G이면 '가람' 그 외에는 '글송이'로 구하시오(IF, RIGHT 함수).

(2) 포인트 순위 ⇒ 도서 포인트의 내림차순 순위를 구한 결과값에 '위'를 붙이시오
 (RANK.EQ 함수, & 연산자)(예 : 1위).

(3) 최대 도서 포인트 ⇒ (MAX 함수)

(4) 수문초등학교 학생의 누적 대출권수 평균 ⇒ 정의된 이름(학교명)을 이용하여 구하시오(SUMIF, COUNTIF 함수).

(5) 월계초등학교 학생의 도서 포인트 합계 ⇒ 조건은 입력데이터를 이용하시오(DSUM 함수).

(6) 대출자 ⇒ 「H14」 셀에서 선택한 대출도서에 대한 대출자를 구하시오(VLOOKUP 함수).

(7) 조건부 서식의 수식을 이용하여 누적 대출권수가 '1,000' 이상인 행 전체에 다음의 서식을 적용하시오
 (글꼴 : 파랑, 굵게).

❶ [C]열의 열 너비를 조절하기 위해 [C]열과 [D]열 머리글 사이에 마우스 포인터를 위치시킨 후 **더블 클릭**합니다.

※ 열의 너비는 《출력형태》를 참고하여 조절합니다.

※ 머리글 사이를 더블 클릭하면 [C]열에 입력된 데이터 중 가장 긴 데이터의 길이에 맞추어 열 너비가 자동으로 조절됩니다.

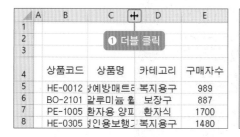 

❷ 똑같은 방법으로 《출력형태》를 참고하여 다른 열들의 열 너비를 조절합니다.

※ [D:H] 머리글을 드래그한 후 열 머리글 사이를 더블 클릭하면 한 번에 열의 너비를 조절할 수 있습니다.

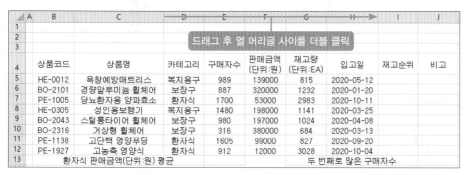

 열 너비 조절

열 너비를 조절한 후에도 병합된 셀의 데이터 내용([B14:D14])이 모두 보이지 않을 경우에는 해당 열([B:D]) 머리글 사이를 마우스로 드래그하여 모든 데이터가 보이도록 합니다.

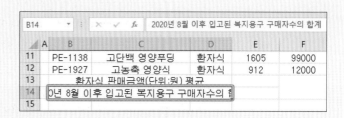

❸ 제목을 입력하기 위해 [1:3]행의 머리글을 드래그한 후 행 머리글 위에서 마우스 오른쪽 단추를 눌러 바로 가기 메뉴가 나오면 [행 높이]를 클릭합니다. [행 높이] 대화상자가 나오면 25를 입력한 후 〈확인〉 단추를 클릭합니다.

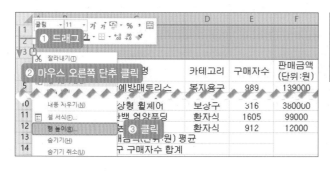 

제 03 회 정보기술자격(ITQ) 최신유형 기출문제

과목	코드	문제유형	시험시간	수험번호	성명
한글엑셀	1122	A	60분		

MS오피스

·수험자 유의사항·

● 수험자는 문제지를 받는 즉시 문제지와 **수험표상의 시험과목(프로그램)이 동일한지 반드시 확인**하여야 합니다.

● 파일명은 본인의 "수험번호-성명"으로 입력하여 답안폴더(내 PC₩문서₩ITQ)에 하나의 파일로 저장해야 하며, 답안 문서 파일명이 "수험번호-성명"과 일치하지 않거나, 답안파일을 전송하지 않아 미제출로 처리될 경우 실격 처리합니다 (예 : 12345678-홍길동.xlsx).

● 답안 작성을 마치면 파일을 저장하고, '답안 전송' 버튼을 선택하여 감독위원 PC로 답안을 전송하십시오. 수험생 정보와 저장 한 파일명이 다를 경우 전송되지 않으므로 주의하시기 바랍니다.

● 답안 작성 중에도 **주기적으로 저장하고, '답안 전송'**하여야 문제 발생을 줄일 수 있습니다. 작업한 내용을 저장하지 않고 전송할 경우 이전에 저장된 내용이 전송되오니 이점 유의하시기 바랍니다.

● 답안문서는 지정된 경로 외의 다른 보조기억장치에 저장하는 경우, 지정된 시험 시간 외에 작성된 파일을 활용할 경우, 기타 통신수단(이메일, 메신저, 네트워크 등)을 이용하여 타인에게 전달 또는 외부 반출하는 경우는 부정 처리합니다.

● 시험 중 부주의 또는 고의로 시스템을 파손한 경우는 수험자가 변상해야 하며, 〈수험자 유의사항〉에 기재된 방법대로 이행하 지 않아 생기는 불이익은 수험생 당사자의 책임임을 알려 드립니다.

● 문제의 조건은 MS오피스 2021 버전으로 설정되어 있으며 MS오피스 2016은 【 】에 표기되어 있습니다. 이와 관련하여 작성한 답안의 출력형태가 문제지와 다를 수 있습니다.

● 시험을 완료한 수험자는 답안파일이 전송되었는지 확인한 후 감독위원의 지시에 따라 문제지를 제출하고 퇴실합니다.

·답안 작성요령·

● 온라인 답안 작성 절차

　수험자 등록 ⇒ 시험 시작 ⇒ 답안파일 저장 ⇒ 답안 전송 ⇒ 시험 종료

● 문제는 총 4단계, 즉 제1작업부터 제4작업까지 구성되어 있으며 반드시 제1작업부터 순서대로 작성하고 조건대로 작업하시오.

● 모든 작업시트의 A열은 열 너비 '1'로, 나머지 열은 적당하게 조절하시오.

● 모든 작업시트의 테두리는 ≪출력형태≫와 같이 작업하시오.

● 해당 작업란에서는 각각 제시된 조건에 따라 ≪출력형태≫와 같이 작업하시오.

● 답안 시트 이름은 "제1작업", "제2작업", "제3작업", "제4작업"이어야 하며 답안 시트 이외의 것은 감점 처리됩니다.

● 각 시트를 파일로 나누어 작업해서 저장할 경우 실격 처리됩니다.

kpc 한국생산성본부

④ 똑같은 방법으로 [4]행(행 높이 : 32)과 [5:14]행(행 높이 : 22)의 높이를 변경합니다.

※ 행의 높이는 별도의 조건이 없기 때문에 ≪출력형태≫를 참고하여 높이를 변경합니다.

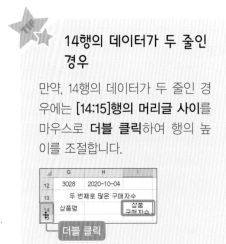

14행의 데이터가 두 줄인 경우

만약, 14행의 데이터가 두 줄인 경우에는 [14:15]행의 머리글 사이를 마우스로 **더블 클릭**하여 행의 높이를 조절합니다.

유형 03 셀 테두리 지정

① **[B4:J14]** 영역을 드래그한 후 [홈] 탭의 [글꼴] 그룹에서 테두리(⊞)의 목록 단추(▾)를 눌러 **모든 테두리**(⊞)를 선택합니다. 이어서, 다시 테두리(⊞)의 목록 단추(▾)를 눌러 **굵은 바깥쪽 테두리**(□)를 선택합니다.

※ 셀 테두리는 별도의 조건이 없기 때문에 ≪출력형태≫를 참고하여 작업합니다.

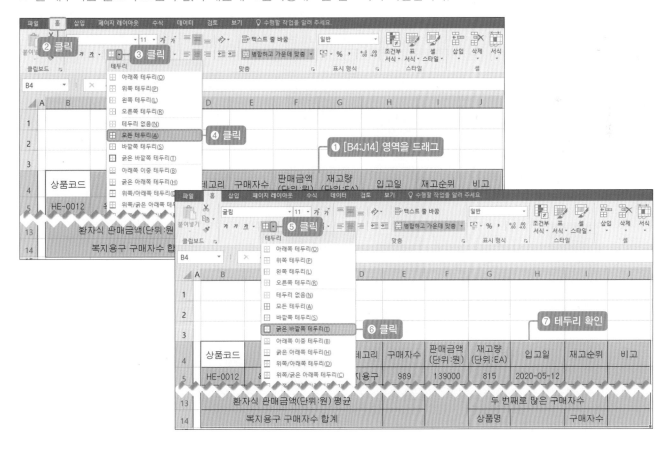

➡️ **"제1작업"** 시트를 이용하여 조건에 따라 ≪출력형태≫와 같이 작업하시오.

≪조건≫

(1) 차트 종류 ⇒ 〈묶은 세로 막대형〉으로 작업하시오.

(2) 데이터 범위 ⇒ "제1작업" 시트의 내용을 이용하여 작업하시오.

(3) 위치 ⇒ "새 시트"로 이동하고, "제4작업"으로 시트 이름을 바꾸시오.

(4) 차트 디자인 도구 ⇒ 레이아웃 3, 스타일 1을 선택하여 ≪출력형태≫에 맞게 작업하시오.

(5) 영역 서식 ⇒ 차트 : 글꼴(굴림, 11pt), 채우기 효과(질감−파랑 박엽지)
　　　　　　　　그림 : 채우기(흰색, 배경1)

(6) 제목 서식 ⇒ 차트 제목 : 글꼴(굴림, 굵게, 20pt), 채우기(흰색, 배경1), 테두리

(7) 서식 ⇒ 수익금(백만 달러) 계열의 차트 종류를 〈표식이 있는 꺾은선형〉으로 변경한 후 보조 축으로 지정하시오.
　　　　　계열 : ≪출력형태≫를 참조하여 표식(마름모, 크기 10)과 레이블 값을 표시하시오.
　　　　　눈금선 : 선 스타일−파선
　　　　　축 : ≪출력형태≫를 참조하시오.

(8) 범례 ⇒ 범례명을 변경하고 ≪출력형태≫를 참조하시오.

(9) 도형 ⇒ '모서리가 둥근 사각형 설명선'을 삽입한 후 ≪출력형태≫와 같이 내용을 입력하시오.

(10) 나머지 사항은 ≪출력형태≫에 맞게 작성하시오.

≪출력형태≫

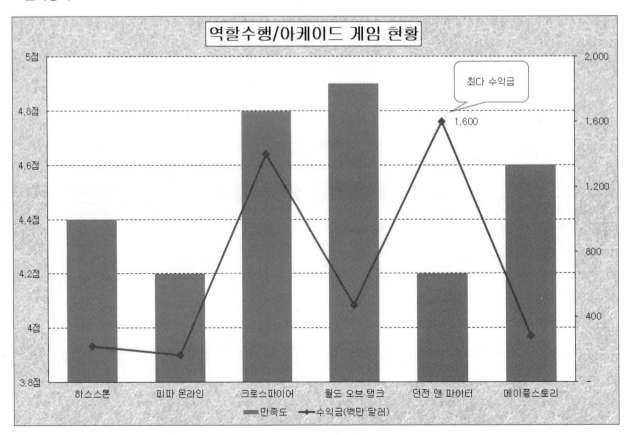

주의 ➡️ 시트명 순서가 차례대로 "제1작업", "제2작업", "제3작업", "제4작업"이 되도록 할 것.

❷ [B4:J4] 영역을 드래그한 후 **Ctrl** 키를 누른 상태에서 [B13:J14] 영역도 드래그합니다. 이어서, [홈] 탭의 [글꼴] 그룹에서 **굵은 바깥쪽 테두리(**⊡**)**를 클릭합니다.

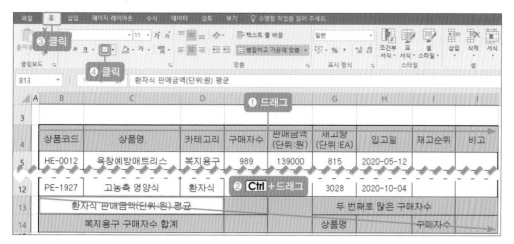

굵은 테두리 지정 시 주의할 점!

굵은 테두리(⊡)를 지정하는 방법은 다양하지만 함수 계산 후 자동 채우기를 실행하면 굵은 선이 함께 적용되어 문제가 발생할 수 있으니 위와 같은 방법으로 굵은 테두리를 지정하는 것이 좋습니다.

❸ [F13:F14] 셀 위에서 마우스 오른쪽 단추를 눌러 바로 가기 메뉴가 나오면 [셀 서식(**Ctrl**+**1**)]을 클릭합니다.

❹ [셀 서식] 대화상자가 나오면 [테두리] 탭을 클릭하여 선의 **스타일(**———**)**과 **테두리(**◣**,** ◪**)**를 지정한 후 〈확인〉 단추를 클릭합니다. 테두리 작업이 끝나면 ≪출력형태≫와 비교하여 확인합니다.

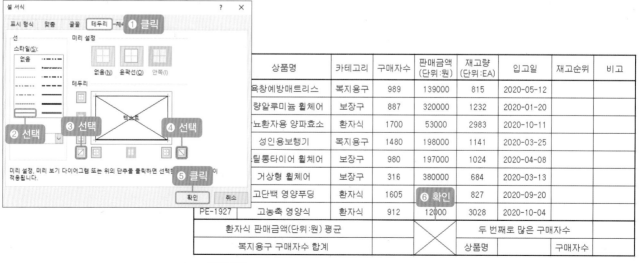

▲ 테두리 확인

➡ **"제1작업"** 시트의 「B4:H12」 영역을 복사하여 **"제2작업"** 시트의 「B2」 셀부터 모두 붙여넣기를 한 후 다음의 조건과 같이 작업하시오.

≪조건≫

(1) 고급 필터 – 분류가 '시뮬레이션'이 아니면서 수익금(백만 달러)이 '1,000' 이상인 자료의 관리코드, 게임명, 수익금(백만 달러), 서비스 시작일 데이터만 추출하시오.
　　　　　　 – 조건 범위 : 「B14」 셀부터 입력하시오.
　　　　　　 – 복사 위치 : 「B18」 셀부터 나타나도록 하시오.

(2) 표 서식 – 고급 필터의 결과 셀을 채우기 없음으로 설정한 후 '표 스타일 보통 7'의 서식을 적용하시오.
　　　　　　 – 머리글 행, 줄무늬 행을 적용하시오.

➡ **"제1작업"** 시트를 이용하여 **"제3작업"** 시트에 조건에 따라 ≪출력형태≫와 같이 작업하시오.

≪조건≫

(1) 만족도 및 분류별 게임명의 개수와 수익금(백만 달러)의 평균을 구하시오.
(2) 만족도를 그룹화하고, 분류를 ≪출력형태≫와 같이 정렬하시오.
(3) 레이블이 있는 셀 병합 및 가운데 맞춤 적용 및 빈 셀은 '✱✱✱'로 표시하시오.
(4) 행의 총합계는 지우고, 나머지 사항은 ≪출력형태≫에 맞게 작성하시오.

≪출력형태≫

만족도	분류					
	역할수행		아케이드		시뮬레이션	
	개수 : 게임명	평균 : 수익금(백만 달러)	개수 : 게임명	평균 : 수익금(백만 달러)	개수 : 게임명	평균 : 수익금(백만 달러)
4.1-4.4	1	1,600	1	163	1	2,120
4.4-4.7	2	252	✱✱✱	✱✱✱	1	179
4.7-5	✱✱✱	✱✱✱	2	936	✱✱✱	✱✱✱
총합계	3	701	3	678	2	1,150

≪**조건**≫ : 제목 ⇒ 도형(한쪽 모서리가 잘린 사각형)과 그림자(오프셋 오른쪽)를 이용하여 작성하고 "실버상품 쇼핑몰 판매 현황"을 입력한 후 다음 서식을 적용하시오(글꼴–굴림, 24pt, 검정, 굵게, 채우기–노랑).

① 도형을 삽입하기 위해 [삽입] 탭의 [일러스트레이션] 그룹에서 [도형(⬙)]–사각형–**한쪽 모서리가 잘린 사각형**(▱)을 클릭합니다.

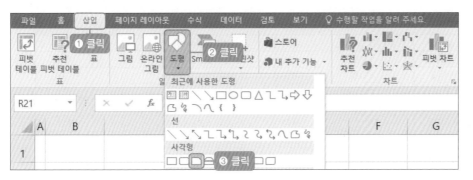

② 마우스 포인터가 ⊞ 모양으로 변경되면 [B1] 셀에서 [G3] 셀의 중간까지 드래그하여 도형을 삽입합니다. 도형이 삽입되면 제목(**실버상품 쇼핑몰 판매 현황**)을 입력한 후 도형의 텍스트가 없는 부분을 클릭합니다.

※ ≪출력형태≫를 참고하여 [B1:G3] 셀 범위 안에 도형이 위치되도록 테두리 조절점(◻)을 이용하여 크기를 조절한 후 위치를 변경합니다.

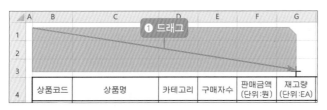 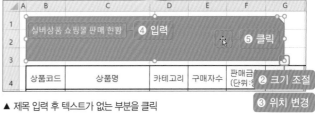

▲ 제목 입력 후 텍스트가 없는 부분을 클릭

③ 글꼴 서식을 지정하기 위해 [홈] 탭의 [글꼴] 그룹에서 **글꼴**(굴림), **글꼴 크기**(24), **굵게**(🔲), **글꼴 색**(검정, 텍스트 1)을 각각 지정합니다.

※ 글꼴 색은 목록 단추(▾)를 눌러 테마 색에서 '검정, 텍스트 1'을 선택합니다.

➡ 다음은 '온라인 게임 수익 현황'에 대한 자료이다. 자료를 입력하고 조건에 맞도록 작업하시오.

≪출력형태≫

관리코드	게임명	분류	개발사	수익금 (백만 달러)	만족도	서비스 시작일	서비스 순서	시작연도
C14-9	하스스톤	역할수행	블리자드	219	4.4점	2014-01-14	(1)	(2)
S81-2	피파 온라인	아케이드	스피어헤드	163	4.2점	2012-12-18	(1)	(2)
F57-1	크로스파이어	아케이드	스마일게이트	1,400	4.8점	2007-05-03	(1)	(2)
M32-2	림월드	시뮬레이션	루데온스튜디오	179	4.5점	2013-11-04	(1)	(2)
M29-1	리그 오브 레전드	시뮬레이션	라이엇게임즈	2,120	4.3점	2009-10-27	(1)	(2)
M62-9	월드 오브 탱크	아케이드	워게이밍넷	471	4.9점	2010-08-12	(1)	(2)
R55-5	던전 앤 파이터	역할수행	네오플	1,600	4.2점	2005-08-10	(1)	(2)
M43-4	메이플스토리	역할수행	위젯스튜디오	284	4.6점	2003-04-29	(1)	(2)
최고 수익금(백만 달러)			(3)		역할수행 게임의 만족도 합계			(5)
아케이드 게임의 평균 수익금(백만 달러)			(4)		관리코드	C14-9	개발사	(6)

제목: 온라인 게임 수익 현황

결재 / 담당 / 대리 / 팀장

≪조건≫

　○ 모든 데이터의 서식에는 글꼴(굴림, 11pt), 정렬은 숫자 및 회계 서식은 오른쪽 정렬, 나머지 서식은 가운데 정렬로 작성하며 예외적인 것은 ≪출력형태≫를 참조하시오.
　○ 제 목 ⇒ 도형(육각형)과 그림자(오프셋 오른쪽)를 이용하여 작성하고 "온라인 게임 수익 현황"을 입력한 후 다음 서식을 적용하시오(글꼴-굴림, 24pt, 검정, 굵게, 채우기-노랑).
　○ 임의의 셀에 결재란을 작성하여 그림으로 복사 기능을 이용하여 붙이기 하시오(단, 원본 삭제).
　○ 「B4:J4, G14, I14」 영역은 '주황'으로 채우기 하시오.
　○ 유효성 검사를 이용하여 「H14」 셀에 관리코드(「B5:B12」 영역)가 선택 표시되도록 하시오.
　○ 셀 서식 ⇒ 「G5:G12」 영역에 셀 서식을 이용하여 숫자 뒤에 '점'을 표시하시오(예 : 4.4점).
　○ 「D5:D12」 영역에 대해 '분류'로 이름정의를 하시오.

➡ ⑴~⑹ 셀은 반드시 **주어진 함수를 이용**하여 값을 구하시오(결과값을 직접 입력하면 해당 셀은 0점 처리됨).

　⑴ 서비스 순서 ⇒ 서비스 시작일을 기준으로 오름차순 순위를 1~3까지만 구하고 그 외에는 공백으로 표시하시오 (IF, RANK.EQ 함수).
　⑵ 시작연도 ⇒ 서비스 시작일의 연도를 구한 값에 '년'을 붙이시오(YEAR 함수, & 연산자)(예 : 2014년).
　⑶ 최고 수익금(백만 달러) ⇒ (MAX 함수)
　⑷ 아케이드 게임의 평균 수익금(백만 달러) ⇒ 정의된 이름(분류)을 이용하여 구하시오(SUMIF, COUNTIF 함수).
　⑸ 역할수행 게임의 만족도 합계 ⇒ 조건은 입력데이터를 이용하시오(DSUM 함수).
　⑹ 개발사 ⇒ 「H14」 셀에서 선택한 관리코드에 대한 개발사를 구하시오(VLOOKUP 함수).
　⑺ 조건부 서식의 수식을 이용하여 수익금(백만 달러)이 '1,000' 이상인 행 전체에 다음의 서식을 적용하시오 (글꼴 : 파랑, 굵게).

④ [홈] 탭의 [글꼴] 그룹에서 채우기 색(🪣)의 목록 단추(▾)를 눌러 **노랑**으로 지정한 후 [맞춤] 그룹에서 세로 **가운데 맞춤**(≡)과 가로 **가운데 맞춤**(≡)을 클릭합니다.

※ 채우기 색은 목록 단추(▾)를 눌러 표준 색에서 '노랑'을 선택합니다.

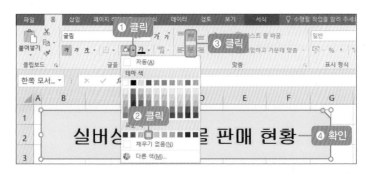

⑤ 그림자 스타일을 지정하기 위해 [그리기 도구]–[서식] 탭의 [도형 스타일] 그룹에서 [도형 효과(🔲)] –[그림자]–바깥쪽–**오프셋 오른쪽**(🔲)을 클릭합니다.

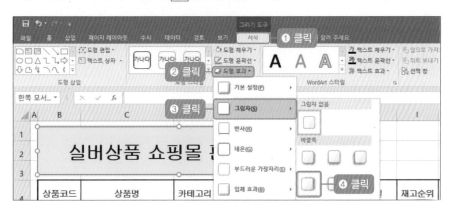

⑥ 도형을 이용한 제목이 완성되면 [파일]–[저장](**Ctrl**+**S**) 또는 [빠른 실행 도구 모음]에서 **저장**(💾)을 클릭합니다. ※ 실제 시험을 볼 때 작업 도중에 수시로(10분에 한 번 정도) 저장을 하는 것이 좋습니다.

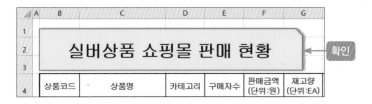

시험 분석

제목 만들기

- 과년도 시험 문제를 분석한 결과 도형은 계속 바뀌어서 출제되지만 **도형의 제목 글꼴(굴림, 24pt, 검정, 굵게), 채우기(노랑), 도형 효과(그림자)**는 고정적으로 출제되고 있습니다.
- **도형 모양** : 한쪽 모서리가 잘린 사각형, 대각선 방향의 모서리가 잘린 사각형, 양쪽 모서리가 둥근 사각형, 모서리가 둥근 사각형, 갈매기형 수장, 위쪽 리본, 배지, 가로로 말린 두루마리, 육각형, 십자형, 순서도: 카드, 빗면 등이 출제되었습니다.
- **그림자** : 오프셋 오른쪽, 오프셋 위쪽, 오프셋 대각선 오른쪽 아래, 오프셋 대각선 왼쪽 아래 등이 자주 출제되었습니다.

과목	코드	문제유형	시험시간	수험번호	성명
한글엑셀	1122	A	60분		

MS오피스

· 수험자 유의사항 ·

- 수험자는 문제지를 받는 즉시 문제지와 **수험표상의 시험과목(프로그램)이 동일한지 반드시 확인**하여야 합니다.

- 파일명은 본인의 "수험번호-성명"으로 입력하여 답안폴더(내 PC\문서\ITQ)에 하나의 파일로 저장해야 하며, 답안 문서 파일명이 "수험번호-성명"과 일치하지 않거나, 답안파일을 전송하지 않아 미제출로 처리될 경우 실격 처리합니다 (예 : 12345678-홍길동.xlsx).

- 답안 작성을 마치면 파일을 저장하고, '답안 전송' 버튼을 선택하여 감독위원 PC로 답안을 전송하십시오. 수험생 정보와 저장한 파일명이 다를 경우 전송되지 않으므로 주의하시기 바랍니다.

- 답안 작성 중에도 **주기적으로 저장하고, '답안 전송'**하여야 문제 발생을 줄일 수 있습니다. 작업한 내용을 저장하지 않고 전송할 경우 이전에 저장된 내용이 전송되오니 이점 유의하시기 바랍니다.

- 답안문서는 지정된 경로 외의 다른 보조기억장치에 저장하는 경우, 지정된 시험 시간 외에 작성된 파일을 활용할 경우, 기타 통신수단(이메일, 메신저, 네트워크 등)을 이용하여 타인에게 전달 또는 외부 반출하는 경우는 부정 처리합니다.

- 시험 중 부주의 또는 고의로 시스템을 파손한 경우는 수험자가 변상해야 하며, 〈수험자 유의사항〉에 기재된 방법대로 이행하지 않아 생기는 불이익은 수험생 당사자의 책임임을 알려 드립니다.

- 문제의 조건은 MS오피스 2021 버전으로 설정되어 있으며 MS오피스 2016은 【 】에 표기되어 있습니다. 이와 관련하여 작성한 답안의 출력형태가 문제지와 다를 수 있습니다.

- 시험을 완료한 수험자는 답안파일이 전송되었는지 확인한 후 감독위원의 지시에 따라 문제지를 제출하고 퇴실합니다.

· 답안 작성요령 ·

- 온라인 답안 작성 절차

  수험자 등록 ⇒ 시험 시작 ⇒ 답안파일 저장 ⇒ 답안 전송 ⇒ 시험 종료

- 문제는 총 4단계, 즉 제1작업부터 제4작업까지 구성되어 있으며 반드시 제1작업부터 순서대로 작성하고 조건대로 작업하시오.

- 모든 작업시트의 A열은 열 너비 '1'로, 나머지 열은 적당하게 조절하시오.

- 모든 작업시트의 테두리는 ≪출력형태≫와 같이 작업하시오.

- 해당 작업란에서는 각각 제시된 조건에 따라 ≪출력형태≫와 같이 작업하시오.

- 답안 시트 이름은 "제1작업", "제2작업", "제3작업", "제4작업"이어야 하며 답안 시트 이외의 것은 감점 처리됩니다.

- 각 시트를 파일로 나누어 작업해서 저장할 경우 실격 처리됩니다.

kpc 한국생산성본부

[제1작업] 데이터 입력 및 제목 작성

01 다음은 '12월 크리스마스 공연 예매 현황'에 대한 자료이다. 자료를 입력하고 조건에 맞도록 작업하시오.

≪출력형태≫　　　　　　　　　　　　　　　• 소스파일 : 직접 입력　　• 정답파일 : [출제유형02]−정복02_완성01.xlsx

관리번호	공연명	공연장	관람등급	공연일	관람료 (단위:원)	예매수량	관람가능 좌석수	예매순위
JSM-03	가족	고양어울림누리	9세 이상	2020-12-25	5000	2954	(1)	(2)
GGM-02	크리스마스 선물	킨텍스	9세 이상	2020-12-25	3000	2719	(1)	(2)
CHM-01	호두까기 인형	고양어울림누리	14세 이상	2020-12-24	3000	1598	(1)	(2)
SGM-02	구름빵	세종문화회관	7세 이상	2020-12-25	6000	1800	(1)	(2)
BPM-02	버블매직	세종문화회관	7세 이상	2020-12-24	3000	1667	(1)	(2)
HJM-02	무지개 물고기	세종문화회관	14세 이상	2020-12-26	5000	1705	(1)	(2)
AFM-03	백조의 호수	고양어울림누리	9세 이상	2020-12-26	5000	1521	(1)	(2)
LOM-03	구두쇠 아저씨	킨텍스	14세 이상	2020-12-24	5000	3752	(1)	(2)
고양어울림누리의 관람료(단위:원) 평균			(3)		최고 관람료(단위:원)			(5)
세종문화회관의 공연 개수			(4)		공연명		예매수량	(6)

제목: **12월 크리스마스 공연 예매 현황**

≪조건≫

○ 모든 데이터의 서식에는 글꼴(굴림, 11pt), 정렬은 숫자 및 회계 서식은 오른쪽 정렬, 나머지 서식은 가운데 정렬로 작성하며 예외적인 것은 ≪출력형태≫를 참조하시오.

○ 제 목 ⇒ 도형(가로로 말린 두루마리 모양)과 그림자(오프셋 오른쪽)를 이용하여 작성하고 "12월 크리스마스 공연 예매 현황"을 입력한 후 다음 서식을 적용하시오(글꼴−굴림, 24pt, 검정, 굵게, 채우기−노랑).

○ 임의의 셀에 결재란을 작성하여 그림으로 복사 기능을 이용하여 붙이기 하시오(단, 원본 삭제).

○ 「B4:J4, G14, I14」 영역은 '주황'으로 채우기 하시오.

○ 유효성 검사를 이용하여 「H14」 셀에 공연명(「C5:C12」 영역)이 선택 표시되도록 하시오.

○ 셀 서식 ⇒ 「H5:H12」 영역에 셀 서식을 이용하여 숫자 뒤에 '매'를 표시하시오(예 : 2,954매).

○ 「D5:D12」 영역에 대해 '공연장'으로 이름정의를 하시오.

※ ≪조건≫ 중에서 파란색으로 표시된 내용만 작업합니다.

➡ **"제1작업"** 시트를 이용하여 조건에 따라 《출력형태》와 같이 작업하시오.

≪조건≫

(1) 차트 종류 ⇒ 〈묶은 세로 막대형〉으로 작업하시오.

(2) 데이터 범위 ⇒ "제1작업" 시트의 내용을 이용하여 작업하시오.

(3) 위치 ⇒ "새 시트"로 이동하고, "제4작업"으로 시트 이름을 바꾸시오.

(4) 차트 디자인 도구 ⇒ 레이아웃 3, 스타일 1을 선택하여 《출력형태》에 맞게 작업하시오.

(5) 영역 서식 ⇒ 차트 : 글꼴(굴림, 11pt), 채우기 효과(질감–파랑 박엽지)
　　　　　　　　 그림 : 채우기(흰색, 배경1)

(6) 제목 서식 ⇒ 차트 제목 : 글꼴(굴림, 굵게, 20pt), 채우기(흰색, 배경1), 테두리

(7) 서식 ⇒ 농가면적 계열의 차트 종류를 〈표식이 있는 꺾은선형〉으로 변경한 후 보조 축으로 지정하시오.
　　　　계열 : 《출력형태》를 참조하여 표식(세모, 크기 10)과 레이블 값을 표시하시오.
　　　　눈금선 : 선 스타일 – 파선
　　　　축 : 《출력형태》를 참조하시오.

(8) 범례 ⇒ 범례명을 변경하고 《출력형태》를 참조하시오.

(9) 도형 ⇒ '모서리가 둥근 사각형 설명선'을 삽입한 후 《출력형태》와 같이 내용을 입력하시오.

(10) 나머지 사항은 《출력형태》에 맞게 작성하시오.

≪출력형태≫

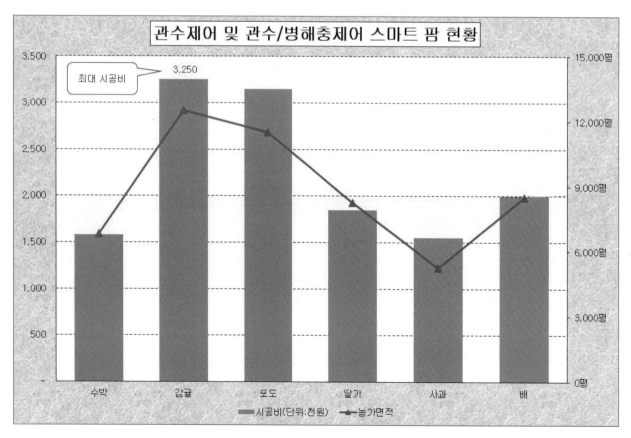

주의 ➡ 시트명 순서가 차례대로 "제1작업", "제2작업", "제3작업", "제4작업"이 되도록 할 것.

02 다음은 '**청소년 추천 도서 구입 현황**'에 대한 자료이다. 자료를 입력하고 조건에 맞도록 작업하시오.

≪출력형태≫　　　　　　　　　　　　　　　　　・소스파일 : 직접 입력　　・정답파일 : [출제유형02]-정복02_완성02.xlsx

관리코드	도서명	지은이	구입권수 (권)	출판사	구입일자	구입가격	청소년 추천 인기도	구입월
D141	컬러풀	모리 에토	4	라임	2020-08-25	11000	(1)	(2)
C323	2미터 그리고 48시간	유은실	5	낮은산	2020-07-21	8000	(1)	(2)
A204	우연한 빵집	김혜연	4	창비	2020-07-06	12000	(1)	(2)
D141	책을 뒤쫓는 소년	서른	5	창비	2020-09-01	9000	(1)	(2)
B141	꼭 완벽하지 않아도 돼	엘리 스와츠	4	라임	2020-07-23	10000	(1)	(2)
A322	세븐 블라인드	문부일	3	낮은산	2020-08-15	12000	(1)	(2)
A932	골드피쉬 보이	리사 톰슨	2	라임	2020-08-21	9000	(1)	(2)
B204	숲은 그렇게 대답했다	이상권	3	창비	2020-09-02	10000	(1)	(2)
구입가격이 평균 이상인 개수			(3)		최저 구입가격			(5)
라임 도서의 구입가격 합계			(4)		도서명		총구입금액	(6)

≪조건≫

○ 모든 데이터의 서식에는 글꼴(굴림, 11pt), 정렬은 숫자 및 회계 서식은 오른쪽 정렬, 나머지 서식은 가운데 정렬로 작성하며 예외적인 것은 ≪출력형태≫를 참조하시오.

○ 제목 ⇒ 도형(순서도: 문서)과 그림자(오프셋 대각선 오른쪽 아래)를 이용하여 작성하고 "청소년 추천 도서 구입 현황"을 입력한 후 다음 서식을 적용하시오(글꼴-굴림, 24pt, 검정, 굵게, 채우기-노랑).

○ 임의의 셀에 결재란을 작성하여 그림으로 복사 기능을 이용하여 붙이기 하시오(단, 원본 삭제).

○ 「B4:J4, G14, I14」 영역은 '주황'으로 채우기 하시오.

○ 유효성 검사를 이용하여 「H14」 셀에 도서명(「C5:C12」 영역)이 선택 표시되도록 하시오.

○ 셀 서식 ⇒ 「H5:H12」 영역에 셀 서식을 이용하여 숫자 뒤에 '원'을 표시하시오(예 : 11,000원).

○ 「H5:H12」 영역에 대해 '구입가격'으로 이름정의를 하시오.

※ ≪조건≫ 중에서 파란색으로 표시된 내용만 작업합니다.

[제2작업] 목표값 찾기 및 필터　80점

➡ **"제1작업"** 시트의 「B4:H12」 영역을 복사하여 **"제2작업"** 시트의 「B2」 셀부터 모두 붙여넣기를 한 후 다음의 조건과 같이 작업하시오.

≪조건≫

(1) 목표값 찾기 – 「B11:G11」 셀을 병합하여 "시공업체 JUM 품목의 시공비(단위:천원) 평균"을 입력한 후 「H11」 셀에 시공업체 JUM 품목의 시공비(단위:천원) 평균을 구하시오. 단, 조건은 입력데이터를 이용하시오 (DAVERAGE 함수, 테두리, 가운데 맞춤).
　– '시공업체 JUM 품목의 시공비(단위:천원) 평균'이 '1,500'이 되려면 수박의 시공비(단위:천원)가 얼마가 되어야 하는지 목표값을 구하시오.

(2) 고급 필터 – 관리코드가 'L'로 시작하거나 농가면적이 '5,000' 이하인 자료의 품목명, 운영기간(년), 시공비(단위:천원), 농가면적 데이터만 추출하시오.
　– 조건 범위 : 「B14」 셀부터 입력하시오.
　– 복사 위치 : 「B18」 셀부터 나타나도록 하시오.

[제3작업] 정렬 및 부분합　80점

➡ **"제1작업"** 시트의 「B4:H12」 영역을 복사하여 **"제3작업"** 시트의 「B2」 셀부터 모두 붙여넣기를 한 후 다음의 조건과 같이 작업하시오.

≪조건≫

(1) 부분합 – ≪출력형태≫처럼 정렬하고, 품목명의 개수와 시공비(단위:천원)의 평균을 구하시오.
(2) 개요【윤곽】 – 지우시오.
(3) 나머지 사항은 ≪출력형태≫에 맞게 작성하시오.

≪출력형태≫

	B	C	D	E	F	G	H
2	관리코드	품목명	ICT 제어수준	시공업체	운영기간(년)	시공비(단위:천원)	농가면적
3	KB8-518	딸기	관수/병해충제어	SEON	4.2	1,850	8,250평
4	LS6-719	배	관수/병해충제어	SEON	3.2	2,000	8,500평
5				SEON 평균		1,925	
6		2		SEON 개수			
7	SW4-118	수박	관수제어	JUM	4.1	1,580	6,800평
8	LM6-119	망고	병해충제어	JUM	3.1	1,600	7,550평
9	PE2-422	복숭아	병해충제어	JUM	2.5	1,200	3,200평
10				JUM 평균		1,460	
11		3		JUM 개수			
12	PZ3-124	감귤	관수제어	GRN	1.7	3,250	12,500평
13	HG7-521	포도	관수/병해충제어	GRN	1.5	3,150	11,500평
14	PA5-918	사과	관수제어	GRN	4.2	1,550	5,250평
15				GRN 평균		2,650	
16		3		GRN 개수			
17				전체 평균		2,023	
18		8		전체 개수			

다음은 '**대명레저산업 객실 예약 현황**'에 대한 자료이다. 자료를 입력하고 조건에 맞도록 작업하시오.

≪출력형태≫　　　　　　　　　　　　　　　• 소스파일 : 직접 입력　　• 정답파일 : [출제유형02]-정복02_완성03.xlsx

관리코드	구분	전국 지점	객실수	성수기 요금	비수기 요금	예약률	순위	구분

대명레저산업 객실 예약 현황

관리코드	구분	전국 지점	객실수	성수기 요금	비수기 요금	예약률	순위	구분
JP-001	호텔	대명 쏠비치	176	350000	245000	85.50%	(1)	(2)
JE-002	리조트	대명 변산	212	275000	190000	72.50%	(1)	(2)
SW-001	호텔	대명 제주	125	250000	175000	89.70%	(1)	(2)
SW-002	리조트	대명 샤인빌	212	232000	160000	81.70%	(1)	(2)
ST-003	펜션	대명 천안	101	295000	210000	79.40%	(1)	(2)
ST-002	리조트	대명 거제마리나	353	254000	180000	79.10%	(1)	(2)
XQ-001	호텔	대명 송파	198	195000	130000	81.40%	(1)	(2)
XV-003	펜션	대명 양평	105	125000	87000	79.40%	(1)	(2)
호텔의 객실수 평균			(3)	✕		세 번째로 비싼 성수기 요금		(5)
펜션의 성수기 요금 평균			(4)			관리코드		예약률	(6)

≪조건≫

○ 모든 데이터의 서식에는 글꼴(굴림, 11pt), 정렬은 숫자 및 회계 서식은 오른쪽 정렬, 나머지 서식은 가운데 정렬로 작성하며 예외적인 것은 ≪출력형태≫를 참조하시오.

○ 제 목 ⇒ 도형(배지)과 그림자(오프셋 오른쪽)를 이용하여 작성하고 "대명레저산업 객실 예약 현황"을 입력한 후 다음 서식을 적용하시오(글꼴-굴림, 24pt, 검정, 굵게, 채우기-노랑).

○ 임의의 셀에 결재란을 작성하여 그림으로 복사 기능을 이용하여 붙이기 하시오(단, 원본 삭제).

○ 「B4:J4, G14, I14」 영역은 '주황'으로 채우기 하시오.

○ 유효성 검사를 이용하여 「H14」 셀에 관리코드(「B5:B12」 영역)가 선택 표시되도록 하시오.

○ 셀 서식 ⇒ 「E5:E12」 영역에 셀 서식을 이용하여 숫자 뒤에 '개'를 표시하시오(예 : 176개).

○ 「F5:F12」 영역에 대해 '성수기요금'으로 이름정의를 하시오.

※ ≪조건≫ 중에서 파란색으로 표시된 내용만 작업합니다.

➡ 다음은 'ICT 기반 스마트 팜 현황'에 대한 자료이다. 자료를 입력하고 조건에 맞도록 작업하시오.

≪출력형태≫

	관리코드	품목명	ICT 제어수준	시공업체	운영기간(년)	시공비(단위:천원)	농가면적	순위	도입연도
								결재 담당 팀장 센터장	
	ICT 기반 스마트 팜 현황								
SW4-118	수박	관수제어	JUM	4.1	1,580	6,800평	(1)	(2)
PZ3-124	감귤	관수제어	GRN	1.7	3,250	12,500평	(1)	(2)
HG7-521	포도	관수/병해충제어	GRN	1.5	3,150	11,500평	(1)	(2)
LM6-119	망고	병해충제어	JUM	3.1	1,600	7,550평	(1)	(2)
KB8-518	딸기	관수/병해충제어	SEON	4.2	1,850	8,250평	(1)	(2)
PA5-918	사과	관수제어	GRN	4.2	1,550	5,250평	(1)	(2)
PE2-422	복숭아	병해충제어	JUM	2.5	1,200	3,200평	(1)	(2)
LS6-719	배	관수/병해충제어	SEON	3.2	2,000	8,500평	(1)	(2)
관수제어 시공비(단위:천원)의 합계			(3)		최대 농가면적			(5)	
병해충제어 농가면적 평균			(4)		관리코드	SW4-118	시공비(단위:천원)	(6)	

≪조건≫

○ 모든 데이터의 서식에는 글꼴(굴림, 11pt), 정렬은 숫자 및 회계 서식은 오른쪽 정렬, 나머지 서식은 가운데 정렬로 작성하며 예외적인 것은 ≪출력형태≫를 참조하시오.

○ 제 목 ⇒ 도형(가로로 말린 두루마리 모양)과 그림자(오프셋 오른쪽)를 이용하여 작성하고 "ICT 기반 스마트 팜 현황"을 입력한 후 다음 서식을 적용하시오(글꼴-굴림, 24pt, 검정, 굵게, 채우기-노랑).

○ 임의의 셀에 결재란을 작성하여 그림으로 복사 기능을 이용하여 붙이기 하시오(단, 원본 삭제).

○ 「B4:J4, G14, I14」 영역은 '주황'으로 채우기 하시오.

○ 유효성 검사를 이용하여 「H14」 셀에 관리코드(「B5:B12」 영역)가 선택 표시되도록 하시오.

○ 셀 서식 ⇒ 「H5:H12」 영역에 셀 서식을 이용하여 숫자 뒤에 '평'을 표시하시오(예 : 6,800평).

○ 「H5:H12」 영역에 대해 '농가면적'으로 이름정의를 하시오.

➡ (1)~(6) 셀은 반드시 주어진 함수를 이용하여 값을 구하시오(결과값을 직접 입력하면 해당 셀은 0점 처리됨).

(1) 순위 ⇒ 시공비(단위:천원)의 내림차순 순위를 1~3까지만 구하고 그 외에는 공백으로 표현하시오(IF, RANK.EQ 함수).

(2) 도입연도 ⇒ 「관리코드의 마지막 두 글자+2,000」으로 구한 후 결과값에 '년'을 붙이시오(RIGHT 함수, & 연산자)(예 : 2022년).

(3) 관수제어 시공비(단위:천원)의 합계 ⇒ 조건은 입력데이터를 이용하시오(DSUM 함수).

(4) 병해충제어 농가면적 평균 ⇒ 정의된 이름(농가면적)을 이용하여 구하시오(SUMIF, COUNTIF 함수).

(5) 최대 농가면적 ⇒ (LARGE 함수)

(6) 시공비(단위:천원) ⇒ 「H14」 셀에서 선택한 관리코드에 대한 시공비(단위:천원)를 구하시오(VLOOKUP 함수).

(7) 조건부 서식의 수식을 이용하여 시공비(단위:천원)가 '3,000' 이상인 행 전체에 다음의 서식을 적용하시오(글꼴 : 파랑, 굵게).

04 다음은 '**양키캔들 판매 현황**'에 대한 자료이다. 자료를 입력하고 조건에 맞도록 작업하시오.

≪출력형태≫
· 소스파일 : 직접 입력   · 정답파일 : [출제유형02]-정복02_완성04.xlsx

양키캔들 판매 현황

상품코드	상품명	구분	상품입고일	가격 (단위:원)	전월 판매량	재고수량	전월 판매금 (단위:원)	비고
H3-081	블랙체리	워머용	2020-01-05	37000	54	27	(1)	(2)
B5-102	레몬 라벤더	차량용	2019-12-05	14000	44	13	(1)	(2)
H7-028	핑크샌드	워머용	2018-01-04	55000	46	14	(1)	(2)
N2-102	썸머비치	옷장용	2018-12-05	15000	36	19	(1)	(2)
B6-019	유칼립투스	차량용	2020-01-05	13000	26	15	(1)	(2)
N7-093	클린코튼	옷장용	2019-12-19	14000	32	19	(1)	(2)
N4-077	가든스윗피	옷장용	2018-11-15	15000	28	17	(1)	(2)
H1-093	씨에어	워머용	2020-01-05	32000	22	10	(1)	(2)
블랙체리 입고 요일			(3)		최소 전월 판매량			(5)
전월 전체 매출액(단위:원)			(4)		상품명		재고수량	(6)

≪조건≫

○ 모든 데이터의 서식에는 글꼴(굴림, 11pt), 정렬은 숫자 및 회계 서식은 오른쪽 정렬, 나머지 서식은 가운데 정렬로 작성하며 예외적인 것은 ≪출력형태≫를 참조하시오.

○ 제목 ⇒ 도형(대각선 방향의 모서리가 잘린 사각형)과 그림자(오프셋 오른쪽)를 이용하여 작성하고 "양키캔들 판매 현황"을 입력한 후 다음 서식을 적용하시오(글꼴-굴림, 24pt, 검정, 굵게, 채우기-노랑).

○ 임의의 셀에 결재란을 작성하여 그림으로 복사 기능을 이용하여 붙이기 하시오(단, 원본 삭제).

○ 「B4:J4, G14, I14」 영역은 '주황'으로 채우기 하시오.

○ 유효성 검사를 이용하여 「H14」 셀에 상품명(「C5:C12」 영역)이 선택 표시되도록 하시오.

○ 셀 서식 ⇒ 「G5:H12」 영역에 셀 서식을 이용하여 숫자 뒤에 'EA'를 표시하시오(예 : 54EA).

○ 「G5:G12」 영역에 대해 '판매량'으로 이름정의를 하시오.

※ ≪조건≫ 중에서 파란색으로 표시된 내용만 작업합니다.

제01회 정보기술자격(ITQ) 최신유형 기출문제

과목	코드	문제유형	시험시간	수험번호	성명
한글엑셀	1122	A	60분		

MS오피스

·수험자 유의사항·

● 수험자는 문제지를 받는 즉시 문제지와 **수험표상의 시험과목(프로그램)이 동일한지 반드시 확인**하여야 합니다.

● 파일명은 본인의 "수험번호-성명"으로 입력하여 답안폴더(내 PC₩문서₩ITQ)에 하나의 파일로 저장해야 하며, 답안 문서 파일명이 "수험번호-성명"과 일치하지 않거나, 답안파일을 전송하지 않아 미제출로 처리될 경우 실격 처리합니다 (예 : 12345678-홍길동.xlsx).

● 답안 작성을 마치면 파일을 저장하고, '답안 전송' 버튼을 선택하여 감독위원 PC로 답안을 전송하십시오. 수험생 정보와 저장한 파일명이 다를 경우 전송되지 않으므로 주의하시기 바랍니다.

● 답안 작성 중에도 **주기적으로 저장하고, '답안 전송'**하여야 문제 발생을 줄일 수 있습니다. 작업한 내용을 저장하지 않고 전송할 경우 이전에 저장된 내용이 전송되오니 이점 유의하시기 바랍니다.

● 답안문서는 지정된 경로 외의 다른 보조기억장치에 저장하는 경우, 지정된 시험 시간 외에 작성된 파일을 활용할 경우, 기타 통신수단(이메일, 메신저, 네트워크 등)을 이용하여 타인에게 전달 또는 외부 반출하는 경우는 부정 처리합니다.

● 시험 중 부주의 또는 고의로 시스템을 파손한 경우는 수험자가 변상해야 하며, 〈수험자 유의사항〉에 기재된 방법대로 이행하지 않아 생기는 불이익은 수험생 당사자의 책임임을 알려 드립니다.

● 문제의 조건은 MS오피스 2021 버전으로 설정되어 있으며 MS오피스 2016은【 】에 표기되어 있습니다. 이와 관련하여 작성한 답안의 출력형태가 문제지와 다를 수 있습니다.

● 시험을 완료한 수험자는 답안파일이 전송되었는지 확인한 후 감독위원의 지시에 따라 문제지를 제출하고 퇴실합니다.

·답안 작성요령·

● 온라인 답안 작성 절차
  수험자 등록 ⇒ 시험 시작 ⇒ 답안파일 저장 ⇒ 답안 전송 ⇒ 시험 종료

● 문제는 총 4단계, 즉 제1작업부터 제4작업까지 구성되어 있으며 반드시 제1작업부터 순서대로 작성하고 조건대로 작업하시오.

● 모든 작업시트의 A열은 열 너비 '1'로, 나머지 열은 적당하게 조절하시오.

● 모든 작업시트의 테두리는 ≪출력형태≫와 같이 작업하시오.

● 해당 작업란에서는 각각 제시된 조건에 따라 ≪출력형태≫와 같이 작업하시오.

● 답안 시트 이름은 "제1작업", "제2작업", "제3작업", "제4작업"이어야 하며 답안 시트 이외의 것은 감점 처리됩니다.

● 각 시트를 파일로 나누어 작업해서 저장할 경우 실격 처리됩니다.

kpc 한국생산성본부

[제1작업] 결재란 및 셀 서식 작업하기

◎ 결재란을 작성하여 그림으로 복사한 후 붙여넣기
◎ 색 채우기 및 셀 서식 지정　　　　　　◎ 유효성 검사 및 이름정의

· 문제 미리보기 ·

• 소스파일 : [출제유형03]−유형03_문제.xlsx　　• 정답파일 : [출제유형03]−유형03_완성.xlsx

➡ 다음은 '실버상품 쇼핑몰 판매 현황'에 대한 자료이다. 자료를 입력하고 조건에 맞도록 작업하시오.

◆ ≪출력형태≫　　　　　　　　　　　　　　　　　　　　　　　　〈240점〉

상품코드	상품명	카테고리	구매자수	판매금액 (단위:원)	재고량 (단위:EA)	입고일	재고순위	비고
HE-0012	욕창예방매트리스	복지용구	989	139,000	815	2020-05-12		
BO-2101	경량알루미늄 휠체어	보장구	887	320,000	1,232	2020-01-20		
PE-1005	당뇨환자용 양파효소	환자식	1,700	53,000	2,983	2020-10-11		
HE-0305	성인용보행기	복지용구	1,480	198,000	1,141	2020-03-25		
BO-2043	스틸통타이어 휠체어	보장구	980	197,000	1,024	2020-04-08		
BO-2316	거상형 휠체어	보장구	316	380,000	684	2020-03-13		
PE-1138	고단백 영양푸딩	환자식	1,605	99,000	827	2020-09-20		
PE-1927	고농축 영양식	환자식	912	12,000	3,028	2020-10-04		

제목: 실버상품 쇼핑몰 판매 현황

결재 / 담당 / 과장 / 차장

환자식 판매금액(단위:원) 평균 / 두 번째로 많은 구매자수
복지용구 구매자수 합계 / 상품명 욕창예방매트리스 구매자수

◆ ≪조건≫

▶ 모든 데이터의 서식에는 글꼴(굴림, 11pt), 정렬은 숫자 및 회계 서식은 오른쪽 정렬, 나머지 서식은 가운데 정렬로 작성하며 예외적인 것은 ≪출력형태≫를 참조하시오.

▶ 제 목 ⇒ 도형(한쪽 모서리가 잘린 사각형)과 그림자(오프셋 오른쪽)를 이용하여 작성하고 "실버상품 쇼핑몰 판매 현황"을 입력한 후 다음 서식을 적용하시오(글꼴−굴림, 24pt, 검정, 굵게, 채우기−노랑).

▶ 임의의 셀에 결재란을 작성하여 그림으로 복사 기능을 이용하여 붙이기 하시오(단, 원본 삭제).

▶ 「B4:J4, G14, I14」 영역은 '주황'으로 채우기 하시오.

▶ 유효성 검사를 이용하여 「H14」 셀에 상품명(「C5:C12」 영역)이 선택 표시되도록 하시오.

▶ 셀 서식 ⇒ 「E5:E12」 영역에 셀 서식을 이용하여 숫자 뒤에 '명'을 표시하시오(예 : 1,700명).

▶ 「E5:E12」 영역에 대해 '구매자수'로 이름정의를 하시오.

※ ≪조건≫ 중에서 파란색으로 표시된 내용만 작업합니다.

PART 04

최신유형
기출문제

■ 결재란 만들기

① 유형03_문제.xlsx 파일을 불러와 [제1작업] 시트를 선택합니다. 미리 작성한 데이터에 영향을 주지 않기 위해서 임의의 셀([M19:O19])에 데이터(담당, 과장, 차장)를 차례대로 입력합니다. 이어서, [L19:L20] 영역을 드래그한 후 [홈] 탭의 [맞춤] 그룹에서 **병합하고 가운데 맞춤**(囲)을 클릭합니다.

※ 파일 불러오기 : [파일]–[열기]((Ctrl)+(O))–[찾아보기]를 클릭한 후 [열기] 대화상자에서 파일을 선택하여 불러옵니다.

② 그림을 참고하여 병합된 셀에 **결재**를 입력합니다. 이어서, [L19:O20] 영역을 드래그한 후 [홈] 탭의 [글꼴] 그룹에서 테두리(囲)의 목록 단추(▾)를 눌러 **모든 테두리**(田)를 선택합니다.

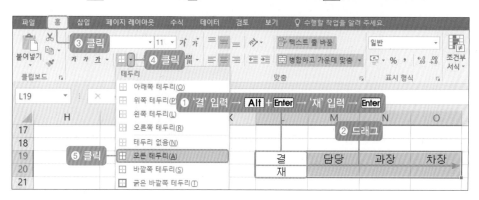

③ ≪출력형태≫를 참고하여 행 머리글([19], [20])의 높이와 열 머리글([L], [M:O])의 너비는 마우스를 이용하여 조절합니다.

※ 출제유형 01에서 [제1작업] 시트의 모든 셀을 '가로 가운데 맞춤'으로 지정하였기 때문에 결재란을 만들면 텍스트가 가로 가운데 맞춤으로 정렬됩니다.

결재란 만들기(행 높이 및 열 너비)

행 높이 및 열 너비는 그림과 같이 값을 입력하여 변경할 수도 있습니다. 단, 해당 값은 기출문제 답안을 분석하여 만든 평균값이기 때문에 반드시 ≪출력형태≫를 참고하여 작업하세요.

MEMO

■ 결재란을 그림으로 복사하기(그림 복사)

① 완성된 결재란([L19:O20])을 드래그한 후 [홈] 탭의 [클립보드] 그룹에서 복사(📋)의 목록 단추(▾)를 눌러 **그림으로 복사**를 선택합니다. 이어서, [그림 복사] 대화상자가 나오면 **모양(화면에 표시된 대로)과 형식(그림)**을 확인한 후 〈확인〉 단추를 클릭합니다.

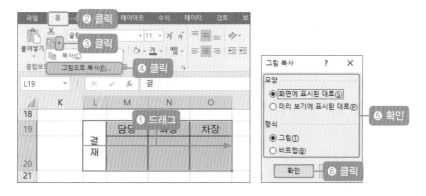

② [H1] 셀을 클릭한 후 [홈] 탭의 [클립보드] 그룹에서 **붙여넣기(📋)(Ctrl+V)**를 클릭합니다.

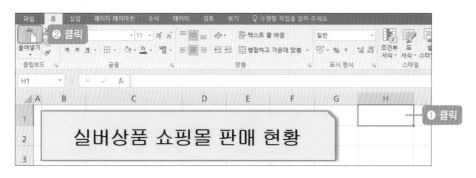

③ 삽입된 결재란은 ≪출력형태≫를 참고하여 크기를 조절한 후 방향키(←, →, ↑, ↓) 또는 마우스로 위치를 변경합니다.

※ 결재란을 [H1:J3] 셀 범위 안에 들어가도록 테두리 조절점(⬜)을 이용하여 크기를 조절하고 위치를 변경합니다.

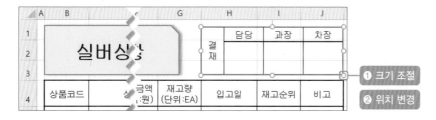

④ 원본 결재란을 삭제하기 위해 [L:O]열 머리글을 드래그한 후 선택된 열 머리글 위에서 마우스 오른쪽 단추를 눌러 바로 가기 메뉴가 나오면 [삭제]를 클릭합니다.

※ [홈] 탭의 [셀] 그룹에서 '셀 삭제(🗑)'를 클릭해도 결과는 동일합니다.

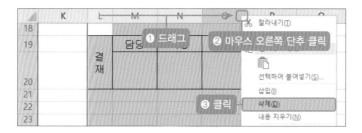

➔ **"제1작업"** 시트를 이용하여 조건에 따라 ≪출력형태≫와 같이 작업하시오.

≪조건≫
(1) 차트 종류 ⇒ 〈묶은 세로 막대형〉으로 작업하시오.
(2) 데이터 범위 ⇒ "제1작업" 시트의 내용을 이용하여 작업하시오.
(3) 위치 ⇒ "새 시트"로 이동하고, "제4작업"으로 시트 이름을 바꾸시오.
(4) 차트 디자인 도구 ⇒ 레이아웃 3, 스타일 1을 선택하여 ≪출력형태≫에 맞게 작업하시오.
(5) 영역 서식 ⇒ 차트 : 글꼴(굴림, 11pt), 채우기 효과(질감-편지지)
　　　　　　　　그림 : 채우기(흰색, 배경1)
(6) 제목 서식 ⇒ 차트 제목 : 글꼴(궁서, 굵게, 20pt), 채우기(흰색, 배경1), 테두리
(7) 서식 ⇒ 전월대비 상승률 계열의 차트 종류를 〈표식이 있는 꺾은선형〉으로 변경한 후 보조 축으로 지정하시오.
　　　　계열 : ≪출력형태≫를 참조하여 표식(마름모, 크기 10)과 레이블 값을 표시하시오.
　　　　눈금선 : 선 스타일-파선
　　　　축 : ≪출력형태≫를 참조하시오.
(8) 범례 ⇒ 범례명을 변경하고 ≪출력형태≫를 참조하시오.
(9) 도형 ⇒ '모서리가 둥근 사각형 설명선'을 삽입한 후 ≪출력형태≫와 같이 내용을 입력하시오.
(10) 나머지 사항은 ≪출력형태≫에 맞게 작성하시오.

≪출력형태≫

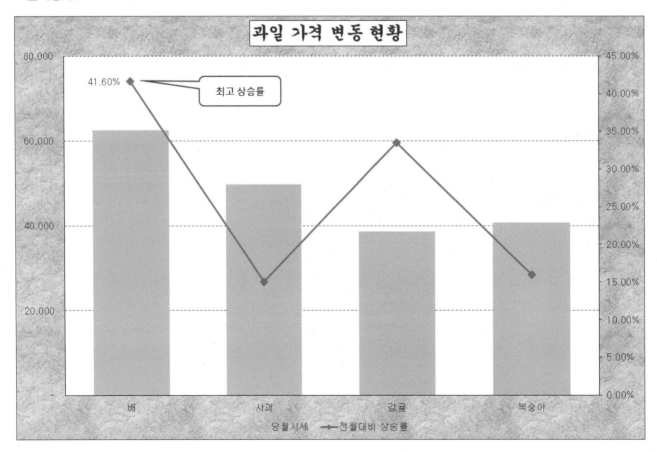

주의 ➔ 시트명 순서가 차례대로 "제1작업", "제2작업", "제3작업", "제4작업"이 되도록 할 것.

색 채우기 및 셀 서식 지정

■ 색 채우기(주황)

> ≪**조건**≫ : 「B4:J4, G14, I14」 영역은 '주황'으로 채우기 하시오.

❶ [B4:J4] 영역을 드래그한 후 **Ctrl** 키를 누른 상태에서 [G14], [I14] 셀을 클릭합니다.

❷ [홈] 탭의 [글꼴] 그룹에서 채우기 색(🖌)의 목록 단추(▾)를 눌러 **주황**을 선택합니다.

※ 색 채우기의 색상은 '주황'으로 고정되어 출제되고 있으니 참고하시기 바랍니다.

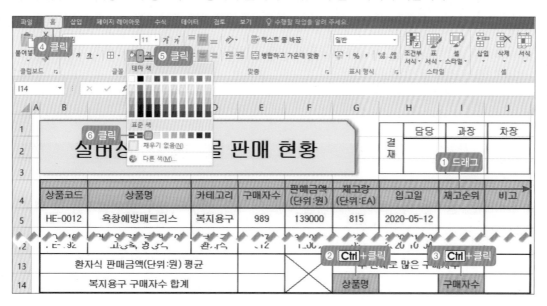

■ 셀 서식 지정

❶ [F5:G12] 영역을 드래그한 후 [홈] 탭의 [표시 형식] 그룹에서 **쉼표 스타일**(﹐)을 클릭합니다.

※ 해당 서식 지정은 별도의 ≪조건≫이 없기 때문에 [제4작업] 차트의 ≪출력형태≫에서 축의 최소값을 참고하여 '회계' 또는 '숫자' 서식을 적용합니다.

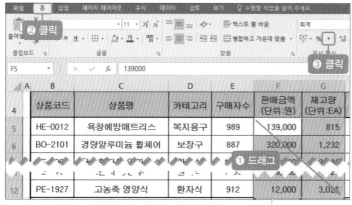

P136의 차트 ≪출력형태≫에서 축의 최소값을
확인하여 서식을 적용합니다.

숫자 데이터 서식(숫자/회계) 확인

❶ 차트의 ≪출력형태≫를 참고하여 축의 최소값이 '0'이면 **숫자 서식**이고, '-'이면 **회계 서식**이 적용된 것입니다.

❷ 숫자 서식은 [셀 서식] 대화상자에서 [표시 형식]–범주에서 **숫자**를 선택하며, 회계 서식은 [홈] 탭의 [표시 형식] 그룹에서 **쉼표 스타일**(﹐)을 클릭합니다.

▲ 숫자 서식　　　　▲ 회계 서식

[제2작업] 목표값 찾기 및 필터   80점

➡ **"제1작업"** 시트의 「B4:H12」 영역을 복사하여 **"제2작업"** 시트의 「B2」 셀부터 모두 붙여넣기를 한 후 다음의 조건과 같이 작업하시오.

≪조건≫
- (1) 목표값 찾기 – 「B11:G11」 셀을 병합하여 "당월시세의 전체 평균"을 입력한 후 「H11」 셀에 당월시세의 전체 평균을 구하시오
  (AVERAGE 함수, 테두리, 가운데 맞춤).
  - '당월시세의 전체 평균'이 '40,000'이 되려면 우엉의 당월시세가 얼마가 되어야 하는지 목표값을 구하시오.

- (2) 고급필터 – 관리코드가 '1'로 끝나지 않고 전월대비 상승률이 '35%' 미만인 자료의 데이터만 추출하시오.
  - 조건 범위 : 「B14」 셀부터 입력하시오.
  - 복사 위치 : 「B18」 셀부터 나타나도록 하시오.

[제3작업] 정렬 및 부분합   80점

➡ **"제1작업"** 시트의 「B4:H12」 영역을 복사하여 **"제3작업"** 시트의 「B2」 셀부터 모두 붙여넣기를 한 후 다음의 조건과 같이 작업하시오.

≪조건≫
- (1) 부분합 – ≪출력형태≫처럼 정렬하고, 품목명의 개수와 당월시세의 평균을 구하시오.
- (2) 개요【윤곽】 – 지우시오.
- (3) 나머지 사항은 ≪출력형태≫에 맞게 작성하시오.

≪출력형태≫

A	B	C	D	E	F	G	H
1							
2	관리코드	품목명	출하지	분류	단위	당월시세	전월대비 상승률
3	V11-11	순무	김포	채소	20kg	32,210	18.10%
4	V08-11	토란	임자	채소	15kg	24,320	19.90%
5	V12-14	우엉	안동	채소	10kg	20,660	33.10%
6	V10-13	고구마	안면	채소	10kg	32,930	33.50%
7				채소 평균		27,530	
8		4		채소 개수			
9	F10-12	배	나주	과일	15kg	62,560	41.60%
10	F09-12	사과	영주	과일	15kg	49,730	15.02%
11	F08-12	감귤	제주	과일	10kg	38,630	33.50%
12	F12-11	복숭아	천안	과일	10kg	40,730	16%
13				과일 평균		47,913	
14		4		과일 개수			
15				전체 평균		37,721	
16		8		전체 개수			

❷ [E5:E12] 영역을 드래그한 후 영역으로 지정된 셀 범위 위에서 마우스 오른쪽 단추를 눌러 바로 가기 메뉴가 나오면 [셀 서식([Ctrl]+[1])]을 클릭합니다.

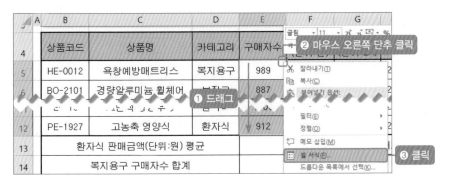

❸ [셀 서식] 대화상자가 나오면 [표시 형식] 탭의 범주에서 **사용자 지정**을 선택합니다. 이어서, 형식 입력 칸에 **#,##0"명"**을 입력한 후 〈확인〉 단추를 클릭합니다.

※ 형식에 #,###"명" 또는 #,000"명"을 입력해도 결과는 동일합니다.

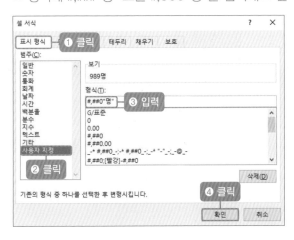

숫자 서식(천 단위) 지정

만약, 판매금액(단위:원) 영역을 숫자 서식으로 지정한 후 천단위를 구분해야 한다면 [셀 서식] 대화상자에서 [표시 형식] 탭의 범주-**숫자**를 선택합니다. 이어서, **1000단위 구분 기호(,) 사용**을 체크(✓)한 후 〈확인〉 단추를 클릭합니다.

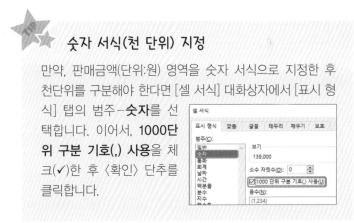

❹ 숫자 데이터를 오른쪽으로 정렬하기 위해 [E5:G12] 영역을 드래그합니다. 이어서, [홈] 탭의 [맞춤] 그룹에서 오른쪽 맞춤(☰)을 클릭합니다.

※ [제1작업]의 ≪조건≫에 따라 숫자 및 회계 서식은 '오른쪽', 나머지 서식은 '가운데'로 정렬합니다.

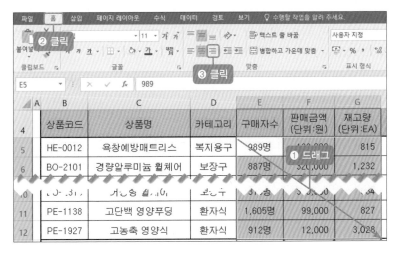

카테고리	구매자수	판매금액 (단위:원)	재고량 (단위:EA)	입고일
복지용구	989명	139,000	815	2020-05-12
보장구	887명	320,000	1,232	2020-01-20
환자식	1,700명	53,000	2,983	2020-10-11
복지용구	1,480명	198,000	1,141	2020-...
보장구	980명	197,000	1,024	2020-...
보장구	316명	380,000	684	2020-03-13
환자식	1,605명	99,000	827	2020-09-20
환자식	912명	12,000	3,028	2020-10-04
균				두 번째로 많은 구매
			상품명	

➡️ 다음은 '가락동 농산물 가격 변동 현황'에 대한 자료이다. 자료를 입력하고 조건에 맞도록 작업하시오.

≪출력형태≫

	관리코드	품목명	출하지	분류	단위	당월시세	전월대비 상승률	거래일	변동폭 비고
							결재	담당 / 과장 / 차장	
5	V12-14	우엉	안동	채소	10	20,660	33.10%	(1)	(2)
6	F10-12	배	나주	과일	15	62,560	41.60%	(1)	(2)
7	F09-12	사과	영주	과일	15	49,730	15.02%	(1)	(2)
8	V10-13	고구마	안면	채소	10	32,930	33.50%	(1)	(2)
9	V08-11	토란	임자	채소	15	24,320	19.90%	(1)	(2)
10	F08-12	감귤	제주	과일	10	38,630	33.50%	(1)	(2)
11	F12-11	복숭아	천안	과일	10	40,730	16%	(1)	(2)
12	V11-11	순무	김포	채소	20	32,210	18.10%	(1)	(2)
13	단위가 중간값 이상인 품목의 개수		(3)			당월시세의 평균			(5)
14	과일의 당월시세 합계		(4)			품목명	우엉	단위	(6)

≪조건≫

○ 모든 데이터의 서식에는 글꼴(굴림, 11pt), 정렬은 숫자 및 회계 서식은 오른쪽 정렬, 나머지 서식은 가운데 정렬로 작성하며 예외적인 것은 ≪출력형태≫를 참조하시오.

○ 제 목 ⇒ 도형(모서리가 접힌 도형)과 그림자(안쪽 가운데)를 이용하여 작성하고 "가락동 농산물 가격 변동 현황"을 입력한 후 다음 서식을 적용하시오
   (글꼴-궁서, 24pt, 검정, 굵게, 채우기-'노랑').

○ 임의의 셀에 결재란을 작성하여 그림으로 복사 기능을 이용하여 붙이기 하시오(단, 원본 삭제).

○ 「B4:J4, G14, I14」 영역은 '주황'으로 채우기 하시오.

○ 유효성 검사를 이용하여 「H14」 셀에 품목명(「C5:C12」 영역)이 선택 표시되도록 하시오.

○ 셀 서식 ⇒ 「F5:F12」 영역에 셀 서식을 이용하여 숫자 뒤에 'kg'를 표시하시오(예 : 10kg).

○ 「G5:G12」 영역에 대해 '당월시세'로 이름정의를 하시오.

➡️ (1)∼(6) 셀은 반드시 <u>주어진 함수를 이용하여 값을 구하시오(결과값을 직접 입력하면 해당 셀은 0점 처리됨).

(1) 거래일 ⇒ 관리코드의 2번째 글자부터 2글자를 추출하여 월로, 오른쪽 2글자를 추출하여 일로, '2020'을 연도로 사용하여 거래일을 구하시오(DATE, MID, RIGHT 함수)(예 : V12-14 → 2020-12-14).

(2) 변동폭 비고 ⇒ 「당월 시세÷단위」가 '2,000' 이상이고 '전월대비 상승률'이 '30%' 이상이면 '▲'문자를 표시하고 그 외에는 공백으로 표시하시오(IF, AND 함수).

(3) 단위가 중간값 이상인 품목의 개수 ⇒ 결과 값 뒤에 "개"를 붙이시오
   (COUNTIF, MEDIAN 함수, & 연산자)(예 : 2개).

(4) 과일의 당월시세 합계 ⇒ (SUMIF 함수).

(5) 당월시세의 평균 ⇒ 정의된 이름(당월시세)을 이용하여 정수로 구하시오
   (TRUNC, AVERAGE 함수)(예 : 12,345.25 → 12,345).

(6) 단위 ⇒ 「H14」 셀에서 선택한 품목명에 대한 '단위'를 구하시오(VLOOKUP 함수).

(7) 조건부 서식의 수식을 이용하여 단위가 '15' 이상인 행 전체에 다음 서식을 적용하시오(글꼴 : 파랑, 굵게).

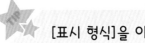

[표시 형식]을 이용한 사용자 지정 형식

· **#** : 숫자를 표시하는 기본 기호로 숫자가 없는(유효하지 않은) 빈자리를 공백으로 처리합니다.

· **0** : 숫자를 표시하는 기호로 숫자가 없는 빈자리를 0으로 채웁니다.

　　　– **입력(4.0)** : #.# → 결과 : 4. / #.0 → 결과 : 4.0

· **,** : 천 단위 구분 기호를 표시합니다. 천 단위 구분 기호(#,) 이후에 다른 서식이 없을 경우 천 단위에서 반올림하여 표시합니다. (예 : 123456 → 123 / 123567 → 124)

· **" "** : 사용자 지정 서식에 문자열을 추가하여 보여줄 경우 큰 따옴표(" ")로 묶어줍니다.(예 : "원")

	데이터(값)		서식 지정		서식 지정 결과
❶	5000	▶	#,##0"원"	▶	5,000원
❷	5000	▶	G/표준"원"	▶	5000원
❸	4.52	▶	#.00"점"	▶	4.52점
❹	A	▶	@"반"	▶	A반
❺	5000	▶	쉼표 스타일 〔 〕 적용	▶	5,000
❻	5000	▶	[표시 형식]-[숫자] 서식	▶	5,000
❼	5000	▶	[표시 형식]-[회계] 서식(기호(₩) 적용)	▶	₩　5,000
❽	5000	▶	[표시 형식]-[통화] 서식(기호(₩) 적용)	▶	₩5,000

❶ **#,##0"원"** : ITQ 엑셀 시험에서 가장 많이 사용하는 사용자 지정 서식으로 특정 숫자에 천 단위 구분기호와 텍스트를 표시할 수 있습니다.

❷ **G/표준** : 특별한 서식을 지원하지 않고 일반적으로 입력한 데이터 그대로 표현해주는 서식입니다.

　– 5,000 → 5000 / 54 → 54 / 0.1 → 0.1 / 1.15 → 1.15

❸ **소수점 서식 지정** : 소수 자릿수(4.52)에 맞추어 #.00 또는 0.00 또는 G/표준을 이용합니다.

❹ **@** : 문자열을 표시하는 기호로 특정 문자를 붙여서 표시할 때 사용합니다. 문자열 연결 시 한 칸을 띄어야 할 경우에는 @ "반" 또는 @" 반"으로 입력합니다.

❺ **쉼표 스타일(〔 〕) 서식 지정** : [홈] 탭의 [표시 형식] 그룹에서 쉼표 스타일(〔 〕)을 클릭하여 서식을 지정합니다. 특정 숫자에 쉼표 스타일이 적용되면 '회계' 서식으로 지정됩니다.

❻ **숫자 서식 지정** : [셀 서식] 대화상자의 [표시 형식] 탭에서 범주-숫자를 선택한 후 '1000단위 구분 기호(,) 사용'을 클릭하여 서식을 지정합니다.

❼ **기호가 적용된 회계 서식** : 숫자에 회계 서식과 함께 특정 기호를 지정하면 숫자와 기호 사이가 띄어져 표시됩니다.

❽ **기호가 적용된 통화 서식** : 숫자에 통화 서식과 함께 특정 기호를 지정하면 숫자와 기호가 붙어서 표시됩니다.

제 15 회 정보기술자격(ITQ) 출제예상 모의고사

과목	코드	문제유형	시험시간	수험번호	성명
한글엑셀	1122	A	60분		

MS오피스

·수험자 유의사항·

● 수험자는 문제지를 받는 즉시 문제지와 **수험표상의 시험과목(프로그램)이 동일한지 반드시 확인**하여야 합니다.

● 파일명은 본인의 "수험번호-성명"으로 입력하여 답안폴더(내 PC\문서\ITQ)에 하나의 파일로 저장해야 하며, 답안 문서 파일명이 "수험번호-성명"과 일치하지 않거나, 답안파일을 전송하지 않아 미제출로 처리될 경우 실격 처리합니다 (예 : 12345678-홍길동.xlsx).

● 답안 작성을 마치면 파일을 저장하고, '답안 전송' 버튼을 선택하여 감독위원 PC로 답안을 전송하십시오. 수험생 정보와 저장 한 파일명이 다를 경우 전송되지 않으므로 주의하시기 바랍니다.

● 답안 작성 중에도 **주기적으로 저장하고, '답안 전송'**하여야 문제 발생을 줄일 수 있습니다. 작업한 내용을 저장하지 않고 전송할 경우 이전에 저장된 내용이 전송되오니 이점 유의하시기 바랍니다.

● 답안문서는 지정된 경로 외의 다른 보조기억장치에 저장하는 경우, 지정된 시험 시간 외에 작성된 파일을 활용할 경우, 기타 통신수단(이메일, 메신저, 네트워크 등)을 이용하여 타인에게 전달 또는 외부 반출하는 경우는 부정 처리합니다.

● 시험 중 부주의 또는 고의로 시스템을 파손한 경우는 수험자가 변상해야 하며, 〈수험자 유의사항〉에 기재된 방법대로 이행하 지 않아 생기는 불이익은 수험생 당사자의 책임임을 알려 드립니다.

● 문제의 조건은 MS오피스 2021 버전으로 설정되어 있으며 MS오피스 2016은 【 】에 표기되어 있습니다. 이와 관련하여 작성한 답안의 출력형태가 문제지와 다를 수 있습니다.

● 시험을 완료한 수험자는 답안파일이 전송되었는지 확인한 후 감독위원의 지시에 따라 문제지를 제출하고 퇴실합니다.

·답안 작성요령·

● 온라인 답안 작성 절차

수험자 등록 ⇒ 시험 시작 ⇒ 답안파일 저장 ⇒ 답안 전송 ⇒ 시험 종료

● 문제는 총 4단계, 즉 제1작업부터 제4작업까지 구성되어 있으며 반드시 제1작업부터 순서대로 작성하고 조건대로 작업하시오.

● 모든 작업시트의 A열은 열 너비 '1'로, 나머지 열은 적당하게 조절하시오.

● 모든 작업시트의 테두리는 ≪출력형태≫와 같이 작업하시오.

● 해당 작업란에서는 각각 제시된 조건에 따라 ≪출력형태≫와 같이 작업하시오.

● 답안 시트 이름은 "제1작업", "제2작업", "제3작업", "제4작업"이어야 하며 답안 시트 이외의 것은 감점 처리됩니다.

● 각 시트를 파일로 나누어 작업해서 저장할 경우 실격 처리됩니다.

kpc 한국생산성본부

■ 유효성 검사

≪**조건**≫ : 유효성 검사를 이용하여 「H14」 셀에 상품명(「C5:C12」 영역)이 선택 표시되도록 하시오.

❶ [H14] 셀을 선택한 후 [데이터] 탭의 [데이터 도구] 그룹에서 **데이터 유효성 검사**( )를 클릭합니다.

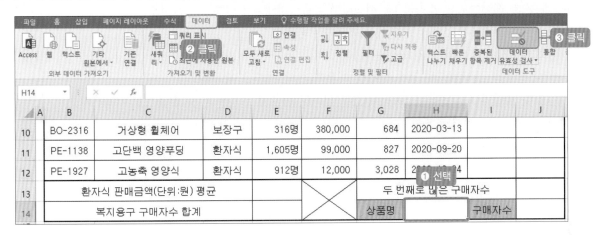

❷ [데이터 유효성] 대화상자가 나오면 [설정] 탭에서 **제한 대상(목록)**과 **원본([C5:C12])**을 지정한 후 〈확인〉 단추를 클릭합니다.

※ '원본'은 입력 칸을 클릭한 후 커서가 활성화되면 [C5:C12] 영역을 마우스로 드래그합니다.

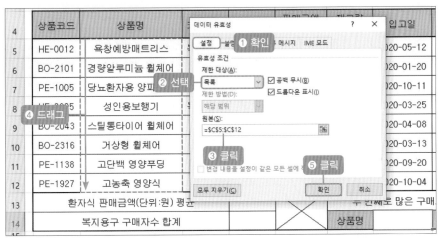

 원본 입력 칸에 연속된 데이터가 아닌 특정 데이터만 지정하기

유효성 검사를 이용하여 상품명 중 **성인용보행기, 거상형 휠체어, 고농축 영양식**만 선택되도록 하기 위해서는 원본 입력 칸에 **직접 데이터를 입력**합니다.

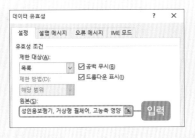

➡ **"제1작업"** 시트를 이용하여 조건에 따라 ≪출력형태≫와 같이 작업하시오.

≪조건≫

  ⑴ 차트 종류 ⇒ 〈묶은 세로 막대형〉으로 작업하시오.

  ⑵ 데이터 범위 ⇒ "제1작업" 시트의 내용을 이용하여 작업하시오.

  ⑶ 위치 ⇒ "새 시트"로 이동하고, "제4작업"으로 시트 이름을 바꾸시오.

  ⑷ 차트 디자인 도구 ⇒ 레이아웃 3, 스타일 1을 선택하여 ≪출력형태≫에 맞게 작업하시오.

  ⑸ 영역 서식 ⇒ 차트 : 글꼴(돋움, 11pt), 채우기 효과(질감-재생지)

                    그림 : 채우기(흰색, 배경1)

  ⑹ 제목 서식 ⇒ 차트 제목 : 글꼴(돋움, 굵게, 20pt), 채우기(흰색, 배경1), 테두리

  ⑺ 서식 ⇒ 월렌탈비 계열의 차트 종류를 〈표식이 있는 꺾은선형〉으로 변경한 후 보조 축으로 지정하시오.

            계열 : ≪출력형태≫를 참조하여 표식(원, 크기 10)과 레이블 값을 표시하시오.

            눈금선 : 선 스타일-파선

            축 : ≪출력형태≫를 참조하시오.

  ⑻ 범례 ⇒ ≪출력형태≫를 참조하시오.

  ⑼ 도형 ⇒ '구름 모양 설명선'을 삽입한 후 ≪출력형태≫와 같이 내용을 입력하시오.

  ⑽ 나머지 사항은 ≪출력형태≫에 맞게 작성하시오.

≪출력형태≫

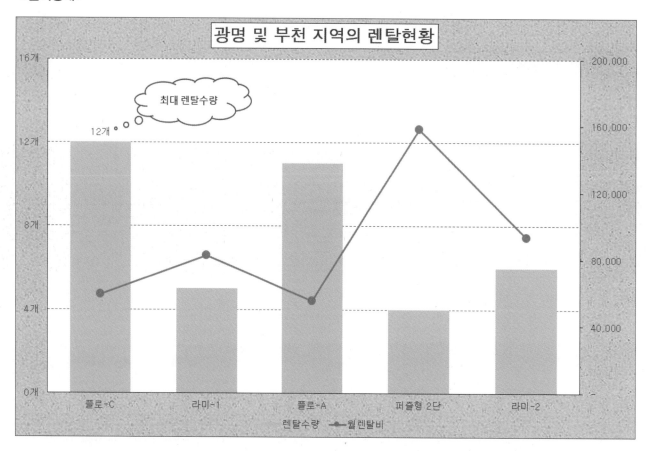

주의 ➡ 시트명 순서가 차례대로 "제1작업", "제2작업", "제3작업", "제4작업"이 되도록 할 것.

③ **[H14]** 셀의 목록 단추(▼)를 눌러 ≪출력형태≫와 동일한 **욕창예방매트리스**를 선택합니다.

※ ≪출력형태≫를 참고하여 [H] 열의 너비를 조절한 후 결재란 이미지의 크기를 조절합니다.

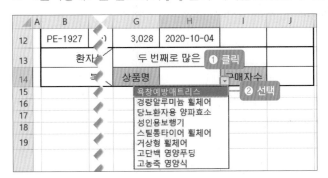
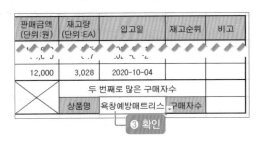

데이터 유효성 검사 삭제

데이터 유효성 검사가 적용된 셀을 선택한 후 [데이터] 탭의 [데이터 도구] 그룹에서 **데이터 유효성 검사(▣)**를 클릭합니다. 이어서, [데이터 유효성] 대화상자가 나오면 〈**모두 지우기**〉 단추를 클릭합니다.

■ 이름 정의

≪**조건**≫ : 「E5:E12」 영역에 대해 '**구매자수**'로 이름정의를 하시오.

① **[E5:E12]** 영역을 드래그한 후 이름 상자에 **구매자수**를 입력하고 **Enter** 키를 누릅니다.

※ 이름으로 정의된 셀이나 셀 범위를 참조할 때는 정의된 이름을 입력하여 쉽게 지정할 수 있습니다. 예 : max(구매자수) → 구매자수 범위(E5:E12) 중 가장 큰 값을 계산합니다.

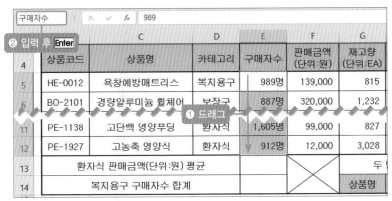

정의된 이름 삭제

❶ [수식] 탭의 [정의된 이름] 그룹에서 **이름 관리자(🖾)**를 클릭합니다.

❷ [이름 관리자] 대화상자가 나오면 삭제할 이름을 선택한 후 〈**삭제**〉 단추를 클릭합니다.

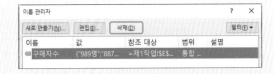

② 모든 작업이 끝나면 [파일]─[저장](**Ctrl**+**S**) 또는 [빠른 실행 도구 모음]에서 **저장(🖫)**을 클릭합니다.

※ 실제 시험을 볼 때 작업 도중에 수시로(10분에 한 번 정도) 저장을 하는 것이 좋습니다.

[제2작업] 목표값 찾기 및 필터　　　　　　　　　　　　　80점

➡ **"제1작업"** 시트의 「B4:H12」 영역을 복사하여 **"제2작업"** 시트의 「B2」 셀부터 모두 붙여넣기를 한 후 다음의
　조건과 같이 작업하시오.

≪조건≫
　⑴ 목표값 찾기 – 「B11:G11」 셀을 병합하여 "월렌탈비의 전체 평균"을 입력한 후 「H11」 셀에 월렌탈비의 전체 평균을
　　　　　　　　구하시오(AVERAGE 함수, 테두리, 가운데 맞춤).
　　　　　　– '월렌탈비의 전체 평균'이 '105,000'이 되려면 플로–A의 월렌탈비가 얼마가 되어야 하는지 목표값을
　　　　　　　구하시오.

　⑵ 고급필터 – 제품번호가 'V'로 시작하거나, 렌탈수량이 '12' 이상인 자료의 데이터만 추출하시오.
　　　　　　– 조건 범위 : 「B14」 셀부터 입력하시오.
　　　　　　– 복사 위치 : 「B18」 셀부터 나타나도록 하시오.

[제3작업] 정렬 및 부분합　　　　　　　　　　　　　　　80점

➡ **"제1작업"** 시트의 「B4:H12」 영역을 복사하여 **"제3작업"** 시트의 「B2」 셀부터 모두 붙여넣기를 한 후 다음의
　조건과 같이 작업하시오.

≪조건≫
　⑴ 부분합 – ≪출력형태≫처럼 정렬하고, 렌탈기간(개월)의 최대값과 월렌탈비의 평균을 구하시오.
　⑵ 개요【윤곽】– 지우시오.
　⑶ 나머지 사항은 ≪출력형태≫에 맞게 작성하시오.

≪출력형태≫

	B	C	D	E	F	G	H
1							
2	제품번호	종류	제품명	배송지	렌탈수량	렌탈기간 (개월)	월렌탈비
3	V02-2	의자	플로-C	광명	12개	5	59,000
4	V01-1	의자	플로-A	부천	11개	6	55,000
5		의자 평균					57,000
6		의자 최대값				6	
7	S02-3	책상	네오-2	인천	12개	5	93,500
8	S01-3	책상	네오-3	인천	12개	6	88,000
9		책상 평균					90,750
10		책상 최대값				6	
11	G02-4	책장	퍼즐형 2단	광명	4개	2	158,000
12	G01-2	책장	퍼즐형 3단	인천	3개	2	185,000
13		책장 평균					171,500
14		책장 최대값				2	
15	J02-1	테이블	라미-1	부천	5개	4	82,500
16	J01-2	테이블	라미-2	부천	6개	4	93,000
17		테이블 평균					87,750
18		테이블 최대값				4	
19		전체 평균					101,750
20		전체 최대값				6	

[제1작업] 결재란 및 셀 서식 작업하기

01 다음은 '12월 크리스마스 공연 예매 현황'에 대한 자료이다. 자료를 입력하고 조건에 맞도록 작업하시오.

≪출력형태≫ ・소스파일 : [출제유형03]-정복03_문제01.xlsx ・정답파일 : [출제유형03]-정복03_완성01.xlsx

관리번호	공연명	공연장	관람등급	공연일	관람료 (단위:원)	예매수량	관람가능 좌석수	예매순위
							담당	과장	차장
JSM-03	가족	고양어울림누리	9세 이상	2020-12-25	5,000	2,954	(1)	(2)
GGM-02	크리스마스 선물	킨텍스	9세 이상	2020-12-25	3,000	2,719	(1)	(2)
CHM-01	호두까기 인형	고양어울림누리	14세 이상	2020-12-24	3,000	1,598	(1)	(2)
SGM-02	구름빵	세종문화회관	7세 이상	2020-12-25	6,000	1,800	(1)	(2)
BPM-02	버블매직	세종문화회관	7세 이상	2020-12-24	3,000	1,667	(1)	(2)
HJM-02	무지개 물고기	세종문화회관	14세 이상	2020-12-26	5,000	1,705	(1)	(2)
AFM-03	백조의 호수	고양어울림누리	9세 이상	2020-12-26	5,000	1,521	(1)	(2)
LOM-03	구두쇠 아저씨	킨텍스	14세 이상	2020-12-24	5,000	3,752	(1)	(2)
고양어울림누리의 관람료(단위:원) 평균			(3)		최고 관람료(단위:원)			(5)
세종문화회관의 공연 개수			(4)		공연명	가족	예매수량	(6)

제목: **12월 크리스마스 공연 예매 현황** / 결재 담당 과장 차장

≪조건≫

○ 모든 데이터의 서식에는 글꼴(굴림, 11pt), 정렬은 숫자 및 회계 서식은 오른쪽 정렬, 나머지 서식은 가운데 정렬로 작성하며 예외적인 것은 ≪출력형태≫를 참조하시오.

○ 제 목 ⇒ 도형(가로로 말린 두루마리 모양)과 그림자(오프셋 오른쪽)를 이용하여 작성하고 "12월 크리스마스 공연 예매 현황"을 입력한 후 다음 서식을 적용하시오(글꼴-굴림, 24pt, 검정, 굵게, 채우기-노랑).

○ 임의의 셀에 결재란을 작성하여 그림으로 복사 기능을 이용하여 붙이기 하시오(단, 원본 삭제).

○ 「B4:J4, G14, I14」 영역은 '주황'으로 채우기 하시오.

○ 유효성 검사를 이용하여 「H14」 셀에 공연명(「C5:C12」 영역)이 선택 표시되도록 하시오.

○ 셀 서식 ⇒ 「H5:H12」 영역에 셀 서식을 이용하여 숫자 뒤에 '매'를 표시하시오(예 : 2,954매).

○ 「D5:D12」 영역에 대해 '공연장'으로 이름정의를 하시오.

 셀 서식 지정

❶ P152 차트 ≪출력형태≫에서 축의 최소값(0 또는 −)을 참고하여 '숫자' 또는 '회계' 서식을 지정합니다.

❷ 차트에 맞는 셀 서식(숫자 또는 회계)을 지정하지 않더라도 [제1작업]의 ≪출력형태≫와 결과가 같으면 셀 서식은 감점으로 처리되지 않습니다.

※≪조건≫ 중에서 파란색으로 표시된 내용만 작업합니다.

➡️ 다음은 '◆사무가구 렌탈 서비스 현황◆'에 대한 자료이다. 자료를 입력하고 조건에 맞도록 작업하시오.

≪출력형태≫

제품번호	종류	제품명	배송지	렌탈수량	렌탈기간 (개월)	월렌탈비	관리	순위
							담당	과장	차장
	◆사무가구 렌탈 서비스 현황◆						결재			
V02-2	의자	플로-C	광명	12	5	59,000	(1)	(2)
J02-1	테이블	라미-1	부천	5	4	82,500	(1)	(2)
V01-1	의자	플로-A	부천	11	6	55,000	(1)	(2)
S02-3	책상	네오-2	인천	12	5	93,500	(1)	(2)
G02-4	책장	퍼즐형 2단	광명	4	2	158,000	(1)	(2)
G01-2	책장	퍼즐형 3단	인천	3	2	185,000	(1)	(2)
J01-2	테이블	라미-2	부천	6	4	93,000	(1)	(2)
S01-3	책상	네오-3	인천	12	6	88,000	(1)	(2)
플로-C 구매년도			(3)		네 번째로 낮은 월렌탈비			(5)
광명지역 월렌탈비 평균			(4)		제품번호	V02-2	월렌탈비	(6)

≪조건≫

○ 모든 데이터의 서식에는 글꼴(굴림, 11pt), 정렬은 숫자 및 회계 서식은 오른쪽 정렬, 나머지 서식은 가운데 정렬로 작성하며 예외적인 것은 ≪출력형태≫를 참조하시오.

○ 제 목 ⇒ 도형(오각형)과 그림자(안쪽 대각선 오른쪽 위)를 이용하여 작성하고 "◆사무가구 렌탈 서비스 현황◆"을 입력한 후 다음 서식을 적용하시오
　　(글꼴-돋움, 22pt, 검정, 굵게, 채우기-주황).

○ 임의의 셀에 결재란을 작성하여 그림으로 복사 기능을 이용하여 붙이기 하시오(단, 원본 삭제).

○ 「B4:J4, G14, I14」 영역은 '주황'으로 채우기 하시오.

○ 유효성 검사를 이용하여 「H14」 셀에 제품번호(「B5:B12」 영역)가 선택 표시되도록 하시오.

○ 셀 서식 ⇒ 「F5:F12」 영역에 셀 서식을 이용하여 이름 뒤에 '개'를 표시하시오(예 : 12개).

○ 「H5:H12」 영역에 대해 '월렌탈비'로 이름정의를 하시오.

➡️ (1)~(6) 셀은 반드시 **주어진 함수를 이용**하여 값을 구하시오(결과값을 직접 입력하면 해당 셀은 0점 처리됨).

(1) 관리 ⇒ 렌탈수량이 10 이상이거나, 렌탈기간(개월)이 5 이상이면 '우수렌탈', 그렇지 않으면 공백으로 나타내시오 (IF, OR 함수).

(2) 순위 ⇒ '월렌탈비' 내림차순 순위를 1~3까지 구하고, 그 외에는 공백으로 구하시오(IF, RANK.EQ 함수).

(3) 플로-C 구매년도 ⇒ 제품번호의 맨 뒤 숫자가 1이면 '2017년', 2이면 '2018년', 3이면 '2019년', 4이면 '2020년'으로 구하시오(CHOOSE, RIGHT 함수).

(4) 광명지역 월렌탈비 평균 ⇒ 올림하여 천 단위로 구하시오. 단, 조건은 입력데이터를 이용하시오 (ROUNDUP, DAVERAGE 함수)(예 : 208,500 → 209,000).

(5) 네 번째로 낮은 월렌탈비 ⇒ 정의된 이름(월렌탈비)을 이용하여 구하시오(SMALL 함수).

(6) 월렌탈비 ⇒ 「H14」 셀에서 선택한 제품번호에 대한 월렌탈비를 구하시오(VLOOKUP 함수).

(7) 조건부 서식의 수식을 이용하여 렌탈수량이 '10' 보다 큰 행 전체에 다음 서식을 적용하시오
　(글꼴 : 파랑, 굵은 기울임꼴).

02 다음은 '청소년 추천 도서 구입 현황'에 대한 자료이다. 자료를 입력하고 조건에 맞도록 작업하시오.

≪출력형태≫   • 소스파일 : [출제유형03]-정복03_문제02.xlsx   • 정답파일 : [출제유형03]-정복03_완성02.xlsx

관리코드	도서명	지은이	구입권수(권)	출판사	구입일자	구입가격	청소년 추천 인기도	구입월
					청소년 추천 도서 구입 현황		결재 담당 과장 부장	
D141	컬러풀	모리 에토	4	라임	2020-08-25	11,000	(1)	(2)
C323	2미터 그리고 48시간	유은실	5	낮은산	2020-07-21	8,000	(1)	(2)
A204	우연한 빵집	김혜연	4	창비	2020-07-06	12,000	(1)	(2)
D141	책을 뒤쫓는 소년	서른	5	창비	2020-09-01	9,000	(1)	(2)
B141	꼭 완벽하지 않아도 돼	엘리 스와츠	4	라임	2020-07-23	10,000	(1)	(2)
A322	세븐 블라인드	문부일	3	낮은산	2020-08-15	12,000	(1)	(2)
A932	골드피쉬 보이	리사 톰슨	2	라임	2020-08-21	9,000	(1)	(2)
B204	숲은 그렇게 대답했다	이상권	3	창비	2020-09-02	10,000	(1)	(2)
구입가격이 평균 이상인 개수			(3)			최저 구입가격		(5)
라임 도서의 구입가격 합계			(4)			도서명	컬러풀	총구입금액	(6)

≪조건≫

○ 모든 데이터의 서식에는 글꼴(굴림, 11pt), 정렬은 숫자 및 회계 서식은 오른쪽 정렬, 나머지 서식은 가운데 정렬로 작성하며 예외적인 것은 ≪출력형태≫를 참조하시오.

○ 제 목 ⇒ 도형(순서도: 문서)과 그림자(오프셋 대각선 오른쪽 아래)를 이용하여 작성하고 "청소년 추천 도서 구입 현황"을 입력한 후 다음 서식을 적용하시오(글꼴-굴림, 24pt, 검정, 굵게, 채우기-노랑).

○ 임의의 셀에 결재란을 작성하여 그림으로 복사 기능을 이용하여 붙이기 하시오(단, 원본 삭제).

○ 「B4:J4, G14, I14」 영역은 '주황'으로 채우기 하시오.

○ 유효성 검사를 이용하여 「H14」 셀에 도서명(「C5:C12」 영역)이 선택 표시되도록 하시오.

○ 셀 서식 ⇒ 「H5:H12」 영역에 셀 서식을 이용하여 숫자 뒤에 '원'을 표시하시오(예 : 11,000원).

○ 「H5:H12」 영역에 대해 '구입가격'으로 이름정의를 하시오.

셀 서식 지정 : P153 차트 ≪출력형태≫에서 축의 최소값(0 또는 -)을 참고하여 '숫자' 또는 '회계' 서식을 지정합니다.

※≪조건≫ 중에서 파란색으로 표시된 내용만 작업합니다.

제 14 회 정보기술자격(ITQ) 출제예상 모의고사

과목	코드	문제유형	시험시간	수험번호	성명
한글엑셀	1122	A	60분		

MS오피스

·수험자 유의사항·

- 수험자는 문제지를 받는 즉시 문제지와 **수험표상의 시험과목(프로그램)이 동일한지 반드시 확인**하여야 합니다.

- 파일명은 본인의 "수험번호-성명"으로 입력하여 답안폴더(내 PC₩문서₩ITQ)에 하나의 파일로 저장해야 하며, 답안 문서 파일명이 "수험번호-성명"과 일치하지 않거나, 답안파일을 전송하지 않아 미제출로 처리될 경우 실격 처리합니다 (예 : 12345678-홍길동.xlsx).

- 답안 작성을 마치면 파일을 저장하고, '답안 전송' 버튼을 선택하여 감독위원 PC로 답안을 전송하십시오. 수험생 정보와 저장한 파일명이 다를 경우 전송되지 않으므로 주의하시기 바랍니다.

- 답안 작성 중에도 **주기적으로 저장하고, '답안 전송'**하여야 문제 발생을 줄일 수 있습니다. 작업한 내용을 저장하지 않고 전송할 경우 이전에 저장된 내용이 전송되오니 이점 유의하시기 바랍니다.

- 답안문서는 지정된 경로 외의 다른 보조기억장치에 저장하는 경우, 지정된 시험 시간 외에 작성된 파일을 활용할 경우, 기타 통신수단(이메일, 메신저, 네트워크 등)을 이용하여 타인에게 전달 또는 외부 반출하는 경우는 부정 처리합니다.

- 시험 중 부주의 또는 고의로 시스템을 파손한 경우는 수험자가 변상해야 하며, 〈수험자 유의사항〉에 기재된 방법대로 이행하지 않아 생기는 불이익은 수험생 당사자의 책임임을 알려 드립니다.

- 문제의 조건은 MS오피스 2021 버전으로 설정되어 있으며 MS오피스 2016은 【 】에 표기되어 있습니다. 이와 관련하여 작성한 답안의 출력형태가 문제지와 다를 수 있습니다.

- 시험을 완료한 수험자는 답안파일이 전송되었는지 확인한 후 감독위원의 지시에 따라 문제지를 제출하고 퇴실합니다.

·답안 작성요령·

- 온라인 답안 작성 절차
  수험자 등록 ⇒ 시험 시작 ⇒ 답안파일 저장 ⇒ 답안 전송 ⇒ 시험 종료

- 문제는 총 4단계, 즉 제1작업부터 제4작업까지 구성되어 있으며 반드시 제1작업부터 순서대로 작성하고 조건대로 작업하시오.

- 모든 작업시트의 A열은 열 너비 '1'로, 나머지 열은 적당하게 조절하시오.

- 모든 작업시트의 테두리는 ≪출력형태≫와 같이 작업하시오.

- 해당 작업란에서는 각각 제시된 조건에 따라 ≪출력형태≫와 같이 작업하시오.

- 답안 시트 이름은 "제1작업", "제2작업", "제3작업", "제4작업"이어야 하며 답안 시트 이외의 것은 감점 처리됩니다.

- 각 시트를 파일로 나누어 작업해서 저장할 경우 실격 처리됩니다.

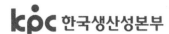

kpc 한국생산성본부

≪출력형태≫ ・ 소스파일 : [출제유형03]−정복03_문제03.xlsx ・ 정답파일 : [출제유형03]−정복03_완성03.xlsx

대명레저산업 객실 예약 현황

	담당	과장	차장
결재			

관리코드	구분	전국 지점	객실수	성수기 요금	비수기 요금	예약률	순위	구분
JP-001	호텔	대명 쏠비치	176개	350,000	245,000	85.50		
JE-002	리조트	대명 변산	212개	275,000	190,000	72.50		
SW-001	호텔	대명 제주	125개	250,000	175,000	89.70		
SW-002	리조트	대명 샤인빌	212개	232,000	160,000	81.70		
ST-003	펜션	대명 천안	101개	295,000	210,000	79.40		
ST-002	리조트	대명 거제마리나	353개	254,000	180,000	79.10		
XQ-001	호텔	대명 송파	198개	195,000	130,000	81.40		
XV-003	펜션	대명 양평	105개	125,000	87,000	79.40		
호텔의 객실수 평균				╳		세 번째로 비싼 성수기 요금		
펜션의 성수기 요금 평균						관리코드	JP-001	예약률	

≪조건≫

○ 모든 데이터의 서식에는 글꼴(굴림, 11pt), 정렬은 숫자 및 회계 서식은 오른쪽 정렬, 나머지 서식은 가운데 정렬로 작성하며 예외적인 것은 ≪출력형태≫를 참조하시오.

○ 제 목 ⇒ 도형(배지)과 그림자(오프셋 오른쪽)를 이용하여 작성하고 "대명레저산업 객실 예약 현황"을 입력한 후 다음 서식을 적용하시오(글꼴−굴림, 24pt, 검정, 굵게, 채우기−노랑).

○ 임의의 셀에 결재란을 작성하여 그림으로 복사 기능을 이용하여 붙이기 하시오(단, 원본 삭제).

○ 「B4:J4, G14, I14」 영역은 '주황'으로 채우기 하시오.

○ 유효성 검사를 이용하여 「H14」 셀에 관리코드(「B5:B12」 영역)가 선택 표시되도록 하시오.

○ 셀 서식 ⇒ 「E5:E12」 영역에 셀 서식을 이용하여 숫자 뒤에 '개'를 표시하시오(예 : 176개).

○ 「F5:F12」 영역에 대해 '성수기요금'으로 이름정의를 하시오.

셀 서식 지정 : P154 차트 ≪출력형태≫에서 축의 최소값(0 또는 −)을 참고하여 '숫자' 또는 '회계' 서식을 지정합니다.

※≪조건≫ 중에서 파란색으로 표시된 내용만 작업합니다.

➡ **"제1작업"** 시트를 이용하여 조건에 따라 ≪**출력형태**≫와 같이 작업하시오.

≪조건≫

(1) 차트 종류 ⇒ 〈묶은 세로 막대형〉으로 작업하시오.

(2) 데이터 범위 ⇒ "제1작업" 시트의 내용을 이용하여 작업하시오.

(3) 위치 ⇒ "새 시트"로 이동하고, "제4작업"으로 시트 이름을 바꾸시오.

(4) 차트 디자인 도구 ⇒ 레이아웃 3, 스타일 1을 선택하여 ≪출력형태≫에 맞게 작업하시오.

(5) 영역 서식 ⇒ 차트 : 글꼴(굴림, 11pt), 채우기 효과(질감-파랑 박엽지)

　　　　　　　　　그림 : 채우기(흰색, 배경1)

(6) 제목 서식 ⇒ 차트 제목 : 글꼴(굴림, 굵게, 22pt), 채우기(흰색, 배경1), 테두리

(7) 서식 ⇒ 설치 회선수 계열의 차트 종류를 〈표식이 있는 꺾은선형〉으로 변경한 후 보조 축으로 지정하시오.

　　　　계열 : ≪출력형태≫를 참조하여 표식(네모, 크기 10)과 레이블 값을 표시하시오.

　　　　눈금선 : 선 스타일-파선

　　　　축 : ≪출력형태≫를 참조하시오.

(8) 범례 ⇒ 범례명을 변경하고 ≪출력형태≫를 참조하시오.

(9) 도형 ⇒ '모서리가 둥근 사각형 설명선'을 삽입한 후 ≪출력형태≫와 같이 내용을 입력하시오.

(10) 나머지 사항은 ≪출력형태≫에 맞게 작성하시오.

≪출력형태≫

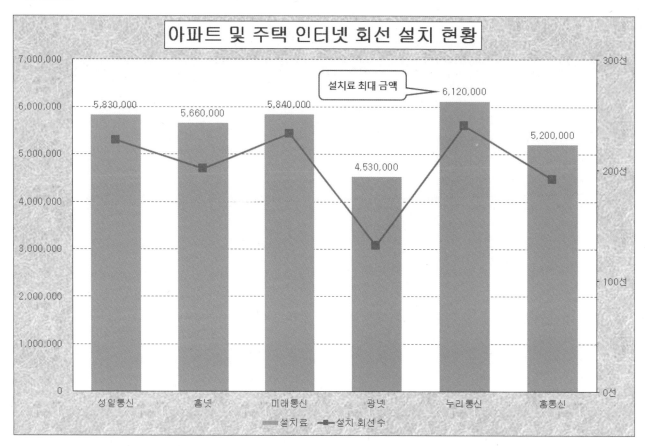

주의 ➡ 시트명 순서가 차례대로 "제1작업", "제2작업", "제3작업", "제4작업"이 되도록 할 것.

다음은 **'양키캔들 판매 현황'**에 대한 자료이다. 자료를 입력하고 조건에 맞도록 작업하시오.

≪출력형태≫　　　　　• 소스파일 : [출제유형03]-정복03_문제04.xlsx　　• 정답파일 : [출제유형03]_완성04.xlsx

상품코드	상품명	구분	상품입고일	가격 (단위:원)	전월 판매량	재고수량	전월 판매금 (단위:원)	비고
H3-081	블랙체리	워머용	2020-01-05	37,000	54	27	(1)	(2)
B5-102	레몬 라벤더	차량용	2019-12-05	14,000	44	13	(1)	(2)
H7-028	핑크샌드	워머용	2018-01-04	55,000	46	14	(1)	(2)
N2-102	썸머비치	옷장용	2018-12-05	15,000	36	19	(1)	(2)
B6-019	유칼립투스	차량용	2020-01-05	13,000	26	15	(1)	(2)
N7-093	클린코튼	옷장용	2019-12-19	14,000	32	19	(1)	(2)
N4-077	가든스윗피	옷장용	2018-11-15	15,000	28	17	(1)	(2)
H1-093	씨에어	워머용	2020-01-05	32,000	22	10	(1)	(2)
블랙체리 입고 요일			(3)		최소 전월 판매량			(5)
전월 전체 매출액(단위:원)			(4)		상품명	블랙체리	재고수량	(6)

※ 결재 란: 사원 / 팀장 / 사장

≪조건≫

○ 모든 데이터의 서식에는 글꼴(굴림, 11pt), 정렬은 숫자 및 회계 서식은 오른쪽 정렬, 나머지 서식은 가운데 정렬로 작성하며 예외적인 것은 ≪출력형태≫를 참조하시오.

○ 제 목 ⇒ 도형(대각선 방향의 모서리가 잘린 사각형)과 그림자(오프셋 오른쪽)를 이용하여 작성하고 "양키캔들 판매 현황"을 입력한 후 다음 서식을 적용하시오(글꼴-굴림, 24pt, 검정, 굵게, 채우기-노랑).

○ 임의의 셀에 결재란을 작성하여 그림으로 복사 기능을 이용하여 붙이기 하시오(단, 원본 삭제).

○ 「B4:J4, G14, I14」 영역은 '주황'으로 채우기 하시오.

○ 유효성 검사를 이용하여 「H14」 셀에 상품명(「C5:C12」 영역)이 선택 표시되도록 하시오.

○ 셀 서식 ⇒ 「G5:H12」 영역에 셀 서식을 이용하여 숫자 뒤에 'EA'를 표시하시오(예 : 54EA).

○ 「G5:G12」 영역에 대해 '판매량'으로 이름정의를 하시오.

 셀 서식 지정 : P155 차트 ≪출력형태≫에서 축의 최소값(0 또는 -)을 참고하여 '숫자' 또는 '회계' 서식을 지정합니다.

※≪조건≫ 중에서 파란색으로 표시된 내용만 작업합니다.

➡ **"제1작업"** 시트의 「B4:H12」 영역을 복사하여 **"제2작업"** 시트의 「B2」 셀부터 모두 붙여넣기를 한 후 다음의
조건과 같이 작업하시오.

≪조건≫

(1) 고급필터 – 구분이 '사무실'이면서 모뎀 임대료가 '7,000,000' 이상이거나, 구분이 '아파트'이면서 모뎀 임대료가
'6,000,000' 이상인 자료의 데이터만 추출하시오.

    – 조건 범위 : 「B13」 셀부터 입력하시오.

    – 복사 위치 : 「B18」 셀부터 나타나도록 하시오.

(2) 표 서식 – 고급필터의 결과셀을 채우기 없음으로 설정한 후 '표 스타일 보통 17'의 서식을 적용하시오.

    – 머리글 행, 줄무늬 행을 적용하시오.

[제3작업] 피벗 테이블

80점

➡ **"제1작업"** 시트를 이용하여 **"제3작업"** 시트에 조건에 따라 ≪출력형태≫와 같이 작업하시오.

≪조건≫

(1) 설치 회선수 및 구분별 업체의 개수와 모뎀 임대료의 평균을 구하시오.

(2) 설치 회선수를 그룹화하고, 구분을 ≪출력형태≫와 같이 정렬하시오.

(3) 레이블이 있는 셀 병합 및 가운데 맞춤 적용 및 빈 셀은 '*'로 표시하시오.

(4) 행의 총합계는 지우고, 나머지 사항은 ≪출력형태≫에 맞게 작성하시오.

≪출력형태≫

◢	A	B	C	D	E	F	G	H
1								
2			구분 ▾					
3			아파트		주택		사무실	
4		설치 회선수 ▾	개수 : 업체	평균 : 모뎀 임대료	개수 : 업체	평균 : 모뎀 임대료	개수 : 업체	평균 : 모뎀 임대료
5		101-150	1	5,730,000	*	*	*	*
6		151-200	1	6,400,000	*	*	*	*
7		201-250	2	6,945,000	2	7,180,000	2	6,995,000
8		총합계	4	6,505,000	2	7,180,000	2	6,995,000

[제1작업] 값 계산(함수) 및 조건부 서식

○ 다양한 함수의 기능 및 사용 방법 익히기
○ 조건부 서식을 이용하여 특정 셀에 서식을 지정하기

· 문제 미리보기 ·

• 소스파일 : [출제유형04]-유형04_문제.xlsx   • 정답파일 : [출제유형04]-유형04_완성.xlsx

➡ 다음은 '실버상품 쇼핑몰 판매 현황'에 대한 자료이다. 자료를 입력하고 조건에 맞도록 작업하시오.

◆ ≪출력형태≫   〈240점〉

상품코드	상품명	카테고리	구매자수	판매금액 (단위:원)	재고량 (단위:EA)	입고일	재고순위	비고
HE-0012	욕창예방매트리스	복지용구	989명	139,000	815	2020-05-12	(1)	(2)
BO-2101	경량알루미늄 휠체어	보장구	887명	320,000	1,232	2020-01-20	(1)	(2)
PE-1005	당뇨환자용 양파효소	환자식	1,700명	53,000	2,983	2020-10-11	(1)	(2)
HE-0305	성인용보행기	복지용구	1,480명	198,000	1,141	2020-03-25	(1)	(2)
BO-2043	스틸통타이어 휠체어	보장구	980명	197,000	1,024	2020-04-08	(1)	(2)
BO-2316	거상형 휠체어	보장구	316명	380,000	684	2020-03-13	(1)	(2)
PE-1138	고단백 영양푸딩	환자식	1,605명	99,000	827	2020-09-20	(1)	(2)
PE-1927	고농축 영양식	환자식	912명	12,000	3,028	2020-10-04	(1)	(2)

결재 / 담당 / 과장 / 차장

| 환자식 판매금액(단위:원) 평균 | (3) | 두 번째로 많은 구매자수 | (5) |
| 복지용구 구매자수 합계 | (4) | 상품명 | 욕창예방매트리스 | 구매자수 | (6) |

◆ ≪조건≫

➡ (1)~(6) 셀은 반드시 **주어진 함수를 이용**하여 값을 구하시오(결과값을 직접 입력하면 해당 셀은 0점 처리됨).

(1) 재고순위 ⇒ 재고량(단위:EA)의 내림차순 순위를 1~3까지 구한 결과값에 '위'를 붙이고 그 외에는 공백으로 구하시오(IF, RANK.EQ 함수, & 연산자)(예 : 1위).

(2) 비고 ⇒ 「구매자수÷300」의 정수의 크기만큼 '★'을 반복 표시되도록 구하시오(REPT 함수).

(3) 환자식 판매금액(단위:원) 평균 ⇒ (SUMIF, COUNTIF 함수).

(4) 복지용구 구매자수 합계 ⇒ 조건은 입력데이터를 이용하시오(DSUM 함수).

(5) 두 번째로 많은 구매자수 ⇒ 정의된 이름(구매자수)을 이용하여 구하시오(LARGE 함수).

(6) 구매자수 ⇒ 「H14」 셀에서 선택한 상품명에 대한 구매자수를 구하시오(VLOOKUP 함수).

(7) 조건부 서식의 수식을 이용하여 구매자수가 '1,000' 이상인 행 전체에 다음의 서식을 적용하시오(글꼴 : 파랑, 굵게).

➡ 다음은 'KT 인터넷 회선 업체 사용 현황'에 대한 자료이다. 자료를 입력하고 조건에 맞도록 작업하시오.

≪출력형태≫

업체코드	업체	구분	가입일	설치 회선수	설치료	모뎀 임대료	가입연수	지역
				KT 인터넷 회선 업체 사용 현황		결재	담당	팀장	부장
B-300	성원넷	사무실	2015-05-24	225	5,790,000	6,990,000	(1)	(2)
A-300	성일통신	아파트	2016-05-28	227	5,830,000	7,030,000	(1)	(2)
A-300	홈넷	아파트	2016-05-16	201	5,660,000	6,860,000	(1)	(2)
B-200	비즈넷	사무실	2017-05-29	232	5,800,000	7,000,000	(1)	(2)
T-200	미래통신	주택	2016-05-09	233	5,840,000	7,040,000	(1)	(2)
A-200	광넷	아파트	2018-05-15	132	4,530,000	5,730,000	(1)	(2)
T-100	누리통신	주택	2018-05-12	240	6,120,000	7,320,000	(1)	(2)
A-100	홈통신	아파트	2017-05-06	192	5,200,000	6,400,000	(1)	(2)
최소 설치료			(3)		사무실의 모뎀 임대료 합계			(5)
아파트의 평균 설치 회선수			(4)		업체코드	B-300	설치 회선수	(6)

≪조건≫

○ 모든 데이터의 서식에는 글꼴(굴림, 11pt), 정렬은 숫자 및 회계 서식은 오른쪽 정렬, 나머지 서식은 가운데 정렬로 작성하며 예외적인 것은 ≪출력형태≫를 참조하시오.

○ 제 목 ⇒ 도형(오른쪽 화살표)과 그림자(오프셋 오른쪽)를 이용하여 작성하고 "KT 인터넷 회선 업체 사용 현황"을 입력한 후 다음 서식을 적용하시오
　　　　　(글꼴-굴림, 24pt, 검정, 굵게, 채우기-노랑).

○ 임의의 셀에 결재란을 작성하여 그림으로 복사 기능을 이용하여 붙이기 하시오(단, 원본 삭제).

○ 「B4:J4, G14, I14」 영역은 '주황'으로 채우기 하시오.

○ 유효성 검사를 이용하여 「H14」 셀에 업체코드(「B5:B12」 영역)가 선택 표시되도록 하시오.

○ 셀 서식 ⇒ 「F5:F12」 영역에 셀 서식을 이용하여 숫자 뒤에 '선'를 표시하시오(예 : 225선).

○ 「D5:D12」 영역에 대해 '구분'으로 이름정의를 하시오.

➡ (1)~(6) 셀은 반드시 **주어진 함수를 이용**하여 값을 구하시오(결과값을 직접 입력하면 해당 셀은 0점 처리됨).

(1) 가입연수 ⇒ 「시스템 날짜의 연도-가입일의 연도」로 구한 결과값에 '년'을 붙이시오
　　　　　　　(YEAR, TODAY 함수, & 연산자)(예 : 3년).

(2) 지역 ⇒ 업체코드의 세 번째 자리 글자가 1이면 '광명', 2이면 '부천', 3이면 '인천'으로 구하시오(CHOOSE, MID 함수).

(3) 최소 설치료 ⇒ (SMALL 함수).

(4) 아파트의 평균 설치 회선수 ⇒ 정의된 이름(구분)을 이용하여 구하시오(SUMIF, COUNTIF 함수).

(5) 사무실의 모뎀 임대료 합계 ⇒ 조건은 입력데이터를 이용하시오(DSUM 함수).

(6) 설치 회선수 ⇒ 「H14」 셀에서 선택한 업체코드에 대한 설치 회선수를 구하시오(VLOOKUP 함수).

(7) 조건부 서식을 이용하여 설치 회선수 셀에 데이터 막대 스타일(빨강)을 최소값 및 최대값으로 적용하시오.

유형 01 함수 입력 방법

① 함수는 미리 정의되어 있는 수식으로 특정 값(인수)이 입력되면 정해진 규칙에 의해 그에 대응하는 값을 산출해 줍니다.

② 함수를 이용한 수식 계산은 '**등호, 함수이름, 왼쪽 괄호, 인수, 오른쪽 괄호**' 순으로 작성됩니다.

③ 각각의 인수는 **쉼표(,)**로 구분하고 인수의 범위를 나타낼 경우에는 **콜론(:)**을 이용합니다.

예 =RANK.EQ(A1,A1:A30,1)
  인수 인수 범위 인수 구분

④ 문자열을 인수로 사용할 경우에는 **큰 따옴표(" ")**로 묶어줍니다.

예 =IF(B2)=70,"합격","불합격")

⑤ 간단한 수식으로 처리가 가능한 함수는 **셀에 직접 입력**하고, 함수식을 정확하게 모를 경우에는 [수식] 탭의 [함수 라이브러리] 그룹에서 **함수 삽입(*fx*)(Shift + F3)**을 이용합니다.

※ 함수 마법사를 이용하면 함수(예 : SUM) 및 해당 함수에서 사용되는 인수(Number1, Number2)들에 대한 설명을 확인하면서 함수식을 작성할 수 있기 때문에 초보자도 쉽게 함수 문제를 해결할 수 있습니다.

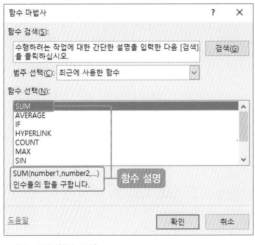

▲ 함수 마법사(함수 설명)

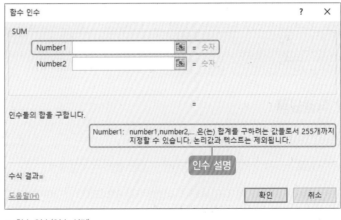

▲ 함수 인수(인수 설명)

인수 및 상수

❶ **인수** : 함수의 구성 요소로 수식, 배열, 범위, 상수, 함수 등 참조할 수 있는 값 또는 범위를 의미합니다. 예 :
  =SUM(A1:A4)

❷ **상수** : 사용자가 직접 입력하는 숫자, 문자, 날짜, 시간 데이터 등을 의미합니다.예 : =SUM(874,954)

제13회 정보기술자격(ITQ) 출제예상 모의고사

과목	코드	문제유형	시험시간	수험번호	성명
한글엑셀	1122	A	60분		

MS오피스

·수험자 유의사항·

- 수험자는 문제지를 받는 즉시 문제지와 **수험표상의 시험과목(프로그램)이 동일한지 반드시 확인**하여야 합니다.

- 파일명은 본인의 "수험번호-성명"으로 입력하여 답안폴더(내 PC\문서\ITQ)에 하나의 파일로 저장해야 하며, 답안 문서 파일명이 "수험번호-성명"과 일치하지 않거나, 답안파일을 전송하지 않아 미제출로 처리될 경우 실격 처리합니다 (예 : 12345678-홍길동.xlsx).

- 답안 작성을 마치면 파일을 저장하고, '답안 전송' 버튼을 선택하여 감독위원 PC로 답안을 전송하십시오. 수험생 정보와 저장한 파일명이 다를 경우 전송되지 않으므로 주의하시기 바랍니다.

- 답안 작성 중에도 **주기적으로 저장하고, '답안 전송'**하여야 문제 발생을 줄일 수 있습니다. 작업한 내용을 저장하지 않고 전송할 경우 이전에 저장된 내용이 전송되오니 이점 유의하시기 바랍니다.

- 답안문서는 지정된 경로 외의 다른 보조기억장치에 저장하는 경우, 지정된 시험 시간 외에 작성된 파일을 활용할 경우, 기타 통신수단(이메일, 메신저, 네트워크 등)을 이용하여 타인에게 전달 또는 외부 반출하는 경우는 부정 처리합니다.

- 시험 중 부주의 또는 고의로 시스템을 파손한 경우는 수험자가 변상해야 하며, 〈수험자 유의사항〉에 기재된 방법대로 이행하지 않아 생기는 불이익은 수험생 당사자의 책임임을 알려 드립니다.

- 문제의 조건은 MS오피스 2021 버전으로 설정되어 있으며 MS오피스 2016은 【 】에 표기되어 있습니다. 이와 관련하여 작성한 답안의 출력형태가 문제지와 다를 수 있습니다.

- 시험을 완료한 수험자는 답안파일이 전송되었는지 확인한 후 감독위원의 지시에 따라 문제지를 제출하고 퇴실합니다.

·답안 작성요령·

- 온라인 답안 작성 절차

  수험자 등록 ⇒ 시험 시작 ⇒ 답안파일 저장 ⇒ 답안 전송 ⇒ 시험 종료

- 문제는 총 4단계, 즉 제1작업부터 제4작업까지 구성되어 있으며 반드시 제1작업부터 순서대로 작성하고 조건대로 작업하시오.

- 모든 작업시트의 A열은 열 너비 '1'로, 나머지 열은 적당하게 조절하시오.

- 모든 작업시트의 테두리는 ≪출력형태≫와 같이 작업하시오.

- 해당 작업란에서는 각각 제시된 조건에 따라 ≪출력형태≫와 같이 작업하시오.

- 답안 시트 이름은 "제1작업", "제2작업", "제3작업", "제4작업"이어야 하며 답안 시트 이외의 것은 감점 처리됩니다.

- 각 시트를 파일로 나누어 작업해서 저장할 경우 실격 처리됩니다.

kpc 한국생산성본부

유형 02 셀 참조

1. 셀 참조란 셀 주소를 이용하여 값을 계산하는 것으로, 크게 상대 참조와 절대 참조로 구분됩니다.

2. 상대 참조와 절대 참조를 지정하기 위해서는 해당 셀을 선택한 후 **F4** 키를 누릅니다.

3. **상대 참조**(=A1)로 계산된 수식에 자동 채우기를 실행하면 셀 참조 위치가 계산식의 위치에 따라서 **자동으로 변경**됩니다.

4. **절대 참조**(=$A$1)로 계산된 수식에 자동 채우기를 실행하면 셀 참조 위치가 **고정**되어 참조 위치가 변경되지 않습니다.

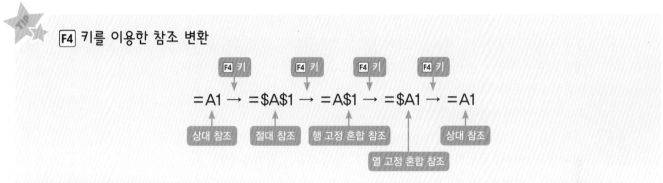

F4 키를 이용한 참조 변환

=A1 → =$A$1 → =A$1 → =$A1 → =A1

상대 참조 / 절대 참조 / 행 고정 혼합 참조 / 열 고정 혼합 참조 / 상대 참조

- **혼합 참조** : 행이나 열 중 하나는 상대 참조를 다른 하나는 절대 참조를 사용하여 수식에 사용하는 것을 '혼합 참조'라고 합니다.(예 : $A1, A$1)

■ 상대 참조

1. [파일]-[열기]-[찾아보기]를 클릭한 후 **유형04_상대참조.xlsx** 파일을 불러옵니다.

2. 파일이 열리면 [E3] 셀에 함수식 =SUM(B3:D3)을 입력한 후 **Enter** 키를 누릅니다.

3. 함수식 계산이 완료되면 다시 [E3] 셀을 클릭합니다. 이어서, **채우기 핸들**(+)을 [E5] 셀까지 드래그하여 자동 채우기를 실행한 후 합계 결과를 확인합니다.

4. 합계 결과 확인이 끝나면 **Ctrl**+**~** 키를 눌러 **상대 참조**를 확인합니다.

※ **Ctrl**+**~** 키를 누를 때마다 '수식 보기'와 '기본 보기'로 전환됩니다.

➜ **"제1작업"** 시트를 이용하여 조건에 따라 ≪출력형태≫와 같이 작업하시오.

≪조건≫

　⑴ 차트 종류 ⇒ 〈묶은 세로 막대형〉으로 작업하시오.

　⑵ 데이터 범위 ⇒ "제1작업" 시트의 내용을 이용하여 작업하시오.

　⑶ 위치 ⇒ "새 시트"로 이동하고, "제4작업"으로 시트 이름을 바꾸시오.

　⑷ 차트 디자인 도구 ⇒ 레이아웃 3, 스타일 4를 선택하여 ≪출력형태≫에 맞게 작업하시오.

　⑸ 영역 서식 ⇒ 차트 : 글꼴(굴림, 11pt), 채우기 효과(질감–파랑 박엽지)

　　　　　　　　그림 : 채우기(흰색, 배경1)

　⑹ 제목 서식 ⇒ 차트 제목 : 글꼴(굴림, 굵게, 20pt), 채우기(흰색, 배경1), 테두리

　⑺ 서식 ⇒ 우리포인트 계열의 차트 종류를 〈표식이 있는 꺾은선형〉으로 변경한 후 보조 축으로 지정하시오.

　　　　　계열 : ≪출력형태≫를 참조하여 표식(마름모, 크기 10)과 레이블 값을 표시하시오.

　　　　　눈금선 : 선 스타일–사각 점선

　　　　　축 : ≪출력형태≫를 참조하시오.

　⑻ 범례 ⇒ 범례명을 변경하고 ≪출력형태≫를 참조하시오.

　⑼ 도형 ⇒ '타원형 설명선'을 삽입한 후 ≪출력형태≫와 같이 내용을 입력하시오.

　⑽ 나머지 사항은 ≪출력형태≫에 맞게 작성하시오.

≪출력형태≫

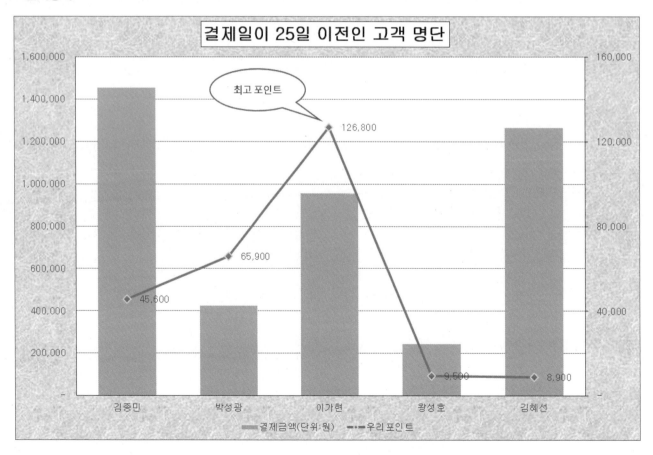

주의 ➜ 시트명 순서가 차례대로 "제1작업", "제2작업", "제3작업", "제4작업"이 되도록 할 것.

■ 절대 참조

① [파일]–[열기]–[찾아보기]를 클릭한 후 **유형04_절대참조**.xlsx 파일을 불러옵니다.

② 파일이 열리면 [E3] 셀에 함수식 **=SUM(B3:D3)+$B$7**을 입력한 후 **Enter** 키를 누릅니다.

> ※ 절대 참조($B$7) 지정 : [B7] 셀을 마우스로 클릭한 후 [F4] 키를 한 번 누릅니다.

③ 함수식 계산이 완료되면 다시 [E3] 셀을 클릭합니다. 이어서, **채우기 핸들(➕)**을 [E5] 셀까지 드래그하여 자동 채우기를 실행한 후 합계 결과를 확인합니다.

④ 합계 결과 확인이 끝나면 **Ctrl**+**~** 키를 눌러 **절대 참조**로 지정된 셀 주소([$B$7])를 확인합니다.

> ※ '상대 참조'와 '절대 참조'를 함께 사용하여 학생별 시험성적 합계(상대 참조)에 모두 동일하게 추가 점수 10점을 더한(절대 참조) 결과입니다.

유형 03 계산식과 연산자

■ 계산식

함수를 사용하지 않고 셀 주소 값을 이용하여 연산을 수행하는 방식으로 반드시 계산식 앞에 '='을 먼저 입력해야 하며, **사칙연산 기호**(+, −, ×, ÷)를 이용하여 계산합니다.

예 : =A1+B1+C1

■ 산술 연산자

더하기(+), 빼기(−), 곱하기(*), 나누기(/) 등 가장 기본적인 연산을 실행하기 위해 필요한 연산자입니다.

예 : [A1] 셀에 입력된 값(50)

연산자	기능	사용 예	결과	연산자	기능	사용 예	결과
+	더하기	=A1+10	60	^	거듭제곱(지수)	=A1^2	2500
−	빼기	=A1−10	40	%	백분율	=A1%	0.5
*	곱하기	=A1*10	500				
/	나누기	=A1/10	5				

➡ **"제1작업"** 시트의 「B4:H12」 영역을 복사하여 **"제2작업"** 시트의 「B2」 셀부터 모두 붙여넣기를 한 후 다음의 조건과 같이 작업하시오.

≪조건≫
(1) 목표값 찾기 – 「B11:G11」 셀을 병합하여 "우리포인트의 전체 평균"을 입력한 후 「H11」 셀에 우리포인트의 전체 평균을 구하시오(AVERAGE 함수, 테두리, 가운데 맞춤).
　　　　 – '우리포인트의 전체 평균'이 '51,000'이 되려면 이장수 고객의 우리포인트가 얼마가 되어야 하는지 목표값을 구하시오.

(2) 고급필터 – 고객코드에 'V'가 포함되거나, 결제금액(단위:원)이 '500,000' 이상인 자료의 데이터만 추출하시오.
　　　　 – 조건 범위 : 「B14」 셀부터 입력하시오.
　　　　 – 복사 위치 : 「B18」 셀부터 나타나도록 하시오.

➡ **"제1작업"** 시트의 「B4:H12」 영역을 복사하여 **"제3작업"** 시트의 「B2」 셀부터 모두 붙여넣기를 한 후 다음의 조건과 같이 작업하시오.

≪조건≫
(1) 부분합 – ≪출력형태≫처럼 정렬하고, 고객명의 개수와 결제금액(단위:원)의 합계를 구하시오.
(2) 개요【윤곽】 – 지우시오.
(3) 나머지 사항은 ≪출력형태≫에 맞게 작성하시오.

≪출력형태≫

	A	B	C	D	E	F	G	H
1								
2		고객코드	고객명	생년월일	거래지점	결제일	우리포인트	결제금액 (단위:원)
3		82-G6314	이장수	1982-03-15	중구	5일	6,700	389,000
4		94-V9872	김혜선	1994-08-30	중구	25일	8,900	1,265,000
5					중구 요약			1,654,000
6			2		중구 개수			
7		90-H3678	최윤정	1990-12-25	북구	5일	23,000	165,000
8		78-G4290	박성광	1978-09-17	북구	10일	65,900	425,000
9		91-G8132	장호범	1991-03-05	북구	5일	116,800	506,000
10					북구 요약			1,096,000
11			3		북구 개수			
12		86-V8463	김종민	1986-02-05	남구	25일	45,600	1,453,000
13		83-V6495	이가현	1983-11-16	남구	10일	126,800	955,000
14		92-H4765	왕성호	1992-04-12	남구	10일	9,500	245,000
15					남구 요약			2,653,000
16			3		남구 개수			
17					총합계			5,403,000
18			8		전체 개수			

■ 비교 연산자

두 값을 비교하여 결과가 **참**이면 논리값 **TRUE**를 표시하고, **거짓**이면 논리값 **FALSE**를 표시합니다.

예 : [A1] 셀에 입력된 값(10)

연산자	기능	사용 예	결과	연산자	기능	사용 예	결과
=	같다	=A1=10	TRUE	〉=	크거나 같다 (이상)	=A1〉=10	TRUE
〈〉	다르다 (같지 않다)	=A1〈〉10	FALSE	〈	작다 (미만)	=A1〈10	FALSE
〉	크다 (초과)	=A1〉10	FALSE	〈=	작거나 같다 (이하)	=A1〈=10	TRUE

■ 텍스트 연결 연산자(&)

데이터를 연결해 주는 연산자로 **문자&문자, 숫자&숫자, 숫자&문자, 특정 셀&문자** 등 다양한 방법으로 활용됩니다.

※ &를 이용하여 연결한 경우 결과는 항상 텍스트로 인식됩니다.

예 : [A1] 셀에 입력된 값 : 100

="대한"&"민국" → 대한민국/=A1&"원" → 100원/=A1&100 → 100100

유형 04 시험에 자주 출제되는 함수 정리

※ 함수에 대한 사용 방법을 모르는 경우에는 p72~p82를 먼저 학습한 후 최근에 자주 출제된 함수 목록을 확인하시기 바랍니다.

■ 시험에 자주 출제되는 함수

ITQ 엑셀 시험에서 가장 어렵고 중심이 되는 부분이 바로 함수 문제입니다. 최근에 출제된 함수를 분석한 결과 상당히 넓은 범위에서 함수 문제가 출제되고 있기 때문에 특정 부분만 학습하기에는 많은 어려움이 있습니다. 하지만 조금이라도 범위를 좁혀서 함수를 학습하고자 한다면 아래 내용들을 참고하여 학습하시기 바랍니다.

★ 최근에 자주 출제된 함수 목록 ★

과년도 기출문제를 분석한 결과 자주 출제되는 함수 목록은 ITQ 엑셀 시험을 준비할 때 반드시 학습이 필요한 함수입니다. 함수의 오른쪽 '☆'의 개수는 출제 빈도수에 따라 표시한 것으로 '☆'의 개수가 많은 함수일수록 사용 방법을 완벽하게 익혀야 합니다.

그 이유는 ITQ 엑셀의 함수 문제가 다른 함수와 함께(중첩) 사용하는 방식으로도 출제가 되기 때문에 각각의 함수 기능을 완벽하게 알지 못하면 중첩으로 출제된 함수 문제의 답을 찾아내기가 어렵습니다. 시험에 자주 출제되는 함수 목록 외에도 출제될 가능성이 높은 함수가 있기 때문에 함수 부록(P92)의 내용을 꼭 확인하시기 바랍니다.

➡ 다음은 '**우리카드 10월 결제금액**'에 대한 자료이다. 자료를 입력하고 조건에 맞도록 작업하시오.

≪출력형태≫

고객코드	고객명	생년월일	거래지점	결제일	우리포인트	결제금액 (단위:원)	등급	비고
82-G6314	이장수	1982-03-15	중구	5	6,700	389,000	(1)	(2)
86-V8463	김종민	1986-02-05	남구	25	45,600	1,453,000	(1)	(2)
90-H3678	최윤정	1990-12-25	북구	5	23,000	165,000	(1)	(2)
78-G4290	박성광	1978-09-17	북구	10	65,900	425,000	(1)	(2)
83-V6495	이가현	1983-11-16	남구	10	126,800	955,000	(1)	(2)
92-H4765	왕성호	1992-04-12	남구	10	9,500	245,000	(1)	(2)
91-G8132	장호범	1991-03-05	북구	5	116,800	506,000	(1)	(2)
94-V9872	김혜선	1994-08-30	중구	25	8,900	1,265,000	(1)	(2)
김혜선 고객의 출생 연도			(3)		최대/최소 결제금액(단위:원) 차이			(5)
이장수 고객의 나이			(4)		고객명	이장수	포인트차감 결제금액	(6)

(결재: 담당 / 팀장 / 지점장)

≪조건≫

○ 모든 데이터의 서식에는 글꼴(굴림, 11pt), 정렬은 숫자 및 회계 서식은 오른쪽 정렬, 나머지 서식은 가운데 정렬로 작성하며 예외적인 것은 ≪출력형태≫를 참조하시오.

○ 제 목 ⇒ 도형(아래쪽 리본)과 그림자(오프셋 위쪽)를 이용하여 작성하고 "우리카드 10월 결제금액"을 입력한 후 다음 서식을 적용하시오
　　　　　(글꼴-굴림, 22pt, 검정, 굵게, 채우기-노랑).

○ 임의의 셀에 결재란을 작성하여 그림으로 복사 기능을 이용하여 붙이기 하시오(단, 원본 삭제).

○ 「B4:J4, G14, I14」 영역은 '주황'으로 채우기 하시오.

○ 유효성 검사를 이용하여 「H14」 셀에 고객명(「C5:C12」 영역)이 선택 표시되도록 하시오.

○ 셀 서식 ⇒ 「F5:F12」 영역에 셀 서식을 이용하여 숫자 뒤에 '일'을 표시하시오(예 : 10일).

○ 「H5:H12」 영역에 대해 '결제금액'으로 이름정의를 하시오.

➡ (1)∼(6) 셀은 반드시 **주어진 함수를 이용**하여 값을 구하시오(결과값을 직접 입력하면 해당 셀은 0점 처리됨).

(1) 등급 ⇒ '고객코드'의 네 번째 글자가 'V'이면 "VIP", 'G'이면 "GOLD", 'H'이면 "일반"으로 구하시오(IF, MID 함수).

(2) 비고 ⇒ 생년월일의 월이 2이면 '2월생', 3이면 '3월생' 그 외에는 공백으로 구하시오(IF, MONTH 함수).

(3) 김혜선 고객의 출생 연도 ⇒ 결과값 뒤에 '년'을 붙이시오(YEAR 함수, & 연산자)(예 : 1990년).

(4) 이장수 고객의 나이 ⇒ 「시스템 오늘의 연도-생년월일의 연도」로 구한 결과값에 '세'을 붙이시오
　　　　　　　　　　　　(YEAR, TODAY 함수, & 연산자)(예 : 30세).

(5) 최대/최소 결제금액(단위:원) 차이 ⇒ 「최대 결제금액(단위:원)-최소 결제금액(단위:원)」으로 구하시오
　　　　　　　　　　　　(MAX, MIN 함수).

(6) 포인트차감 결제금액 ⇒ 「H14」 셀에서 선택한 고객명에 대한 「결제금액(단위:원)-우리포인트」로 구하시오
　　　　　　　　　　　　(VLOOKUP 함수).

(7) 조건부 서식을 이용하여 우리포인트 셀에 데이터 막대 스타일(빨강)을 최소값 및 최대값으로 적용하시오.

구분	자주 출제되는 함수 목록
통계 함수	RANK.EQ(☆☆☆☆), COUNTIF(☆☆☆☆), AVERAGE(☆☆☆), MAX(☆☆☆), MIN(☆☆☆), LARGE(☆☆), COUNT(☆), COUNTA(☆), SMALL(☆), MEDIAN(☆)
수학/삼각 함수	ROUND(☆☆☆☆), SUMIF(☆☆☆☆), ROUNDDOWN(☆☆☆), ROUNDUP(☆☆), SUMPRODUCT(☆), INT(☆)
텍스트 함수	RIGHT(☆☆☆), LEFT(☆☆☆), MID(☆☆☆), REPT(☆☆)
날짜/시간 함수	YEAR(☆☆), DATE(☆☆), WEEKDAY(☆☆), MONTH(☆), TODAY(☆)
논리 함수	IF(☆☆☆☆), OR(☆), AND(☆)
찾기/참조 함수	VLOOKUP(☆☆☆☆), CHOOSE(☆☆☆☆)
데이터베이스 함수	DSUM(☆☆☆☆), DAVERAGE(☆☆☆☆), DMAX(☆☆), DCOUNTA(☆)

※ 함수 문제에서 텍스트 연결 연산자(&)가 자주 출제되기 때문에 반드시 숙지하시기 바랍니다.

■ 시험에 자주 출제되는 '통계 함수'

· 소스파일 : [출제유형04]-[함수]-유형04_통계 함수_문제.xlsx
· 정답파일 : [출제유형04]-[함수]-유형04_통계 함수_완성.xlsx

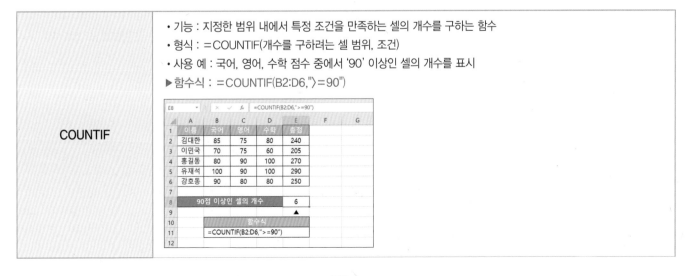

RANK.EQ	· 기능 : 수의 목록에 있는 어떤 수의 순위를 구하는 함수 · 형식 : =RANK.EQ(순위를 구하려는 수, 순위를 구하려는 범위, 순위를 결정할 방법) 　– 순위를 결정할 방법 : 0 또는 생략 시 '내림차순', 0이 아닌 숫자를 입력할 경우 '오름차순'으로 순위를 지정 · 사용 예 : 평균을 기준으로 순위(내림차순)를 표시 ▶ 함수식 : =RANK.EQ(E2,\$E\$2:\$E\$4)
시험에 자주 출제되는 RANK.EQ 함수 중첩 예시	① 문제 : 서비스 순서 ⇒ 서비스 시작을 기준으로 오름차순 순위를 구한 결과값에 '위'를 붙이시오 　　(RANK.EQ 함수, & 연산자)(예 : 1위). ☞ =RANK.EQ(H5,\$H\$5:\$H\$12,1)&"위" → RANK.EQ+& 사용 ② 문제 : 판매 순위 ⇒ 판매수량(단위:EA)의 내림차순 순위를 1~3까지 구하고, 그 외에는 공백으로 나타내시오 　　(IF, RANK.EQ 함수). ☞ =IF(RANK.EQ(G5,\$G\$5:\$G\$12)<=3,RANK.EQ(G5,\$G\$5:\$G\$12),"") → IF+RANK.EQ 사용

※ '중첩 예시'는 해당 함수가 기출문제에서 어떤 형식으로 다른 함수와 중첩하여 출제되었는지를 보여주기 위한 것으로 '모의고사 및 기출문제'를 풀다가 이해가 되지 않을 경우 참고하시기 바랍니다.

COUNTIF	· 기능 : 지정한 범위 내에서 특정 조건을 만족하는 셀의 개수를 구하는 함수 · 형식 : =COUNTIF(개수를 구하려는 셀 범위, 조건) · 사용 예 : 국어, 영어, 수학 점수 중에서 '90' 이상인 셀의 개수를 표시 ▶ 함수식 : =COUNTIF(B2:D6,">=90")

제 12 회 정보기술자격(ITQ) 출제예상 모의고사

과목	코드	문제유형	시험시간	수험번호	성명
한글엑셀	1122	A	60분		

MS오피스

·수험자 유의사항·

● 수험자는 문제지를 받는 즉시 문제지와 **수험표상의 시험과목(프로그램)이 동일한지 반드시 확인**하여야 합니다.

● 파일명은 본인의 "수험번호−성명"으로 입력하여 답안폴더(내 PC₩문서₩ITQ)에 하나의 파일로 저장해야 하며, 답안 문서 파일명이 "수험번호−성명"과 일치하지 않거나, 답안파일을 전송하지 않아 미제출로 처리될 경우 실격 처리합니다 (예 : 12345678−홍길동.xlsx).

● 답안 작성을 마치면 파일을 저장하고, '답안 전송' 버튼을 선택하여 감독위원 PC로 답안을 전송하십시오. 수험생 정보와 저장한 파일명이 다를 경우 전송되지 않으므로 주의하시기 바랍니다.

● 답안 작성 중에도 **주기적으로 저장하고, '답안 전송'**하여야 문제 발생을 줄일 수 있습니다. 작업한 내용을 저장하지 않고 전송할 경우 이전에 저장된 내용이 전송되오니 이점 유의하시기 바랍니다.

● 답안문서는 지정된 경로 외의 다른 보조기억장치에 저장하는 경우, 지정된 시험 시간 외에 작성된 파일을 활용할 경우, 기타 통신수단(이메일, 메신저, 네트워크 등)을 이용하여 타인에게 전달 또는 외부 반출하는 경우는 부정 처리합니다.

● 시험 중 부주의 또는 고의로 시스템을 파손한 경우는 수험자가 변상해야 하며, 〈수험자 유의사항〉에 기재된 방법대로 이행하지 않아 생기는 불이익은 수험생 당사자의 책임임을 알려 드립니다.

● 문제의 조건은 MS오피스 2021 버전으로 설정되어 있으며 MS오피스 2016은 【 】에 표기되어 있습니다. 이와 관련하여 작성한 답안의 출력형태가 문제지와 다를 수 있습니다.

● 시험을 완료한 수험자는 답안파일이 전송되었는지 확인한 후 감독위원의 지시에 따라 문제지를 제출하고 퇴실합니다.

·답안 작성요령·

● 온라인 답안 작성 절차

수험자 등록 ⇒ 시험 시작 ⇒ 답안파일 저장 ⇒ 답안 전송 ⇒ 시험 종료

● 문제는 총 4단계, 즉 제1작업부터 제4작업까지 구성되어 있으며 반드시 제1작업부터 순서대로 작성하고 조건대로 작업하시오.

● 모든 작업시트의 A열은 열 너비 '1'로, 나머지 열은 적당하게 조절하시오.

● 모든 작업시트의 테두리는 ≪출력형태≫와 같이 작업하시오.

● 해당 작업란에서는 각각 제시된 조건에 따라 ≪출력형태≫와 같이 작업하시오.

● 답안 시트 이름은 "제1작업", "제2작업", "제3작업", "제4작업"이어야 하며 답안 시트 이외의 것은 감점 처리됩니다.

● 각 시트를 파일로 나누어 작업해서 저장할 경우 실격 처리됩니다.

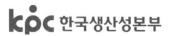

kpc 한국생산성본부

시험에 자주 출제되는 COUNTIF 함수 중첩 예시	① 문제 : 현금 사용 개수 ⇒ 정의된 이름(거래방식)을 이용하여 구한 결과값에 '개'를 붙이시오 (COUNTIF, & 연산자)(예 : 2개). ☞ =COUNTIF(거래방식,"현금")&"개" → COUNTIF+& 사용 ※ 이름으로 정의된 범위를 COUNTIF 함수식에 사용하여 개수를 구함 ② 문제 : 예상 관객수가 평균 이상인 영화제 수 ⇒ 결과값 뒤에 '개'를 붙이시오 (COUNTIF, AVERAGE 함수, & 연산자)(예 : 2 → 2개). ☞ =COUNTIF(G5:G12,">="&AVERAGE(G5:G12))&"개" → COUNTIF+AVERAGE+& 사용
AVERAGE	• 기능 : 특정 범위(인수)의 평균을 구하는 함수 • 형식 : =AVERAGE(셀 범위) • 사용 예 : 국어, 영어, 수학 점수의 평균을 표시 ▶ 함수식 : =AVERAGE(B2:D2)
시험에 자주 출제되는 AVERAGE 함수 중첩 예시	① 문제 : 비고 ⇒ 4월과 5월 판매수량의 평균이 80,000 이상이면 '판매우수', 그 외에는 공백으로 구하시오 (IF, AVERAGE 함수). ☞ =IF(AVERAGE(F5:G5)>=80000,"판매우수","") → IF+AVERAGE 사용 ② 문제 : 판매수량(단위:대)의 평균 ⇒ 반올림하여 정수로 구하시오(ROUND, AVERAGE 함수)(예 : 421.3 → 421). ☞ =ROUND(AVERAGE(G5:G12),0) → ROUND+AVERAGE 사용
MAX	• 기능 : 최대값을 구하는 함수 • 형식 : =MAX(셀 범위) • 사용 예 : 학생들의 총점 중에서 가장 높은 총점을 표시 ▶ 함수식 : =MAX(E2:E6)
MIN	• 기능 : 최소값을 구하는 함수 • 형식 : =MIN(셀 범위) • 사용 예 : 학생들 총점 중에서 가장 낮은 총점을 표시 ▶ 함수식 : =MIN(E2:E6)
시험에 자주 출제되는 MAX / MIN 함수 예시	① 문제 : 최대/최소 판매량(단위:개)의 차이 ⇒ 「최대 판매량(단위:개)-최소 판매량(단위:개)」로 구하시오 (MAX, MIN 함수). ☞ =MAX(G5:G12)-MIN(G5:G12) → MAX+MIN 사용

➡️ **"제1작업"** 시트를 이용하여 조건에 따라 ≪출력형태≫와 같이 작업하시오.

≪조건≫

(1) 차트 종류 ⇒ 〈묶은 세로 막대형〉으로 작업하시오.

(2) 데이터 범위 ⇒ "제1작업" 시트의 내용을 이용하여 작업하시오.

(3) 위치 ⇒ "새 시트"로 이동하고, "제4작업"으로 시트 이름을 바꾸시오.

(4) 차트 디자인 도구 ⇒ 레이아웃 3, 스타일 1을 선택하여 ≪출력형태≫에 맞게 작업하시오.

(5) 영역 서식 ⇒ 차트 : 글꼴(굴림, 11pt), 채우기 효과(질감–파랑 박엽지)
　　　　　　　 그림 : 채우기(흰색, 배경1)

(6) 제목 서식 ⇒ 차트 제목 : 글꼴(굴림, 굵게, 기울임꼴, 20pt), 채우기(흰색, 배경1), 테두리

(7) 서식 ⇒ 대여기간 계열의 차트 종류를 〈표식이 있는 꺾은선형〉으로 변경한 후 보조 축으로 지정하시오.
　　　 계열 : ≪출력형태≫를 참조하여 표식(원, 크기 10)과 레이블 값을 표시하시오.
　　　 눈금선 : 선 스타일–파선
　　　 축 : ≪출력형태≫를 참조하시오.

(8) 범례 ⇒ 범례명을 변경하고 ≪출력형태≫를 참조하시오.

(9) 도형 ⇒ '모서리가 둥근 사각형 설명선'을 삽입한 후 ≪출력형태≫와 같이 내용을 입력하시오.

(10) 나머지 사항은 ≪출력형태≫에 맞게 작성하시오.

≪출력형태≫

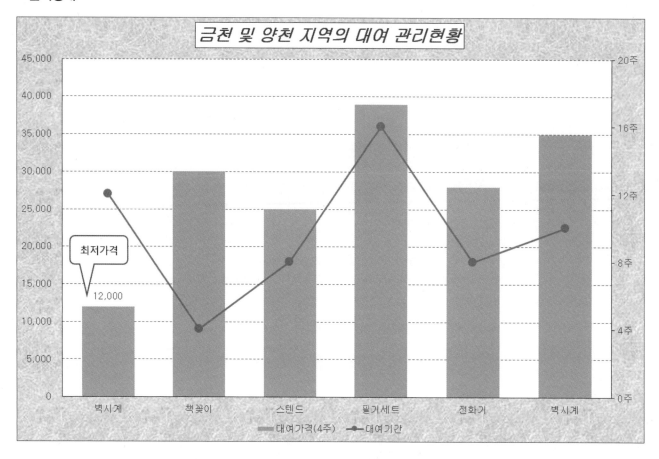

주의 ➡️ 시트명 순서가 차례대로 **"제1작업"**, **"제2작업"**, **"제3작업"**, **"제4작업"**이 되도록 할 것.

COUNT	• 기능 : 지정된 셀 범위에서 숫자(날짜 포함)가 입력된 셀의 개수를 구하는 함수 • 형식 : =COUNT(셀 범위) • 사용 예 : [A2:E4] 영역에서 숫자가 입력된 셀의 개수를 표시 ▶ 함수식 : =COUNT(A2:E4) **E5** =COUNT(A2:E4) 		A	B	C	D	E	F	G
	이름	국어	영어	수학	기타		
2	김대한	85	75	80	제출		
3	어민국	70	75	60	미제출		
4	홍길동	80	90	100	제출		함수식
5	숫자가 입력된 셀의 개수				9	◀	=COUNT(A2:E4)
6								
시험에 자주 출제되는 COUNT 함수 중첩 예시	① 문제 : 출장일수가 3일 이하인 비율 ⇒ 「출장일수가 3일 이하인 개수÷출장일수의 개수」로 구한 결과값을 백분율로 표시하시오(COUNTIF, COUNT 함수)(예 : 10%). ☞ =COUNTIF(G5:G12,"〈=3")/COUNT(G5:G12) → COUNTIF+COUNT 사용
COUNTA	• 기능 : 지정된 셀 범위에서 공백을 제외한 모든(문자, 숫자, 논리값 등) 셀의 개수를 구하는 함수 • 형식 : =COUNTA(셀 범위) • 사용 예 : [B2:E4] 영역에서 공백을 제외한 모든 셀의 개수를 표시 ▶ 함수식 : =COUNTA(B2:E4) **E5** =COUNTA(B2:E4) |	A	B	C	D	E	F	G
1	이름	국어	영어	수학	기타		
2	김대한	85	75	80			
3	어민국				결석		
4	홍길동	80	90	100			함수식
5	공백을 제외한 셀의 개수				7	◀	=COUNTA(B2:E4)
6								
시험에 자주 출제되는 COUNTA 함수 중첩 예시	① 문제 : 렌트기간이 3일 이상인 고객비율 ⇒ 전체 렌트고객 중 렌트기간이 3일 이상인 고객의 비율을 구한 결과값을 백분율로 표시하시오(COUNTIF, COUNTA 함수)(예 : 10%). ☞ =COUNTIF(F5:F12,")=3")/COUNTA(F5:F12) → COUNTIF+COUNTA 사용
LARGE	• 기능 : 지정된 셀 범위에서 입력한 숫자 번째로 큰 값을 구하는 함수 • 형식 : =LARGE(셀 범위, 몇 번째로 큰 값을 구할 숫자) • 사용 예 : 학생들 총점 중에서 3번째로 높은 총점을 표시 ▶ 함수식 : =LARGE(E2:E6,3) **G2** =LARGE(E2:E6,3) |	A	B	C	D	E	F	G
1	이름	국어	영어	수학	총점		3번째로 높은 총점
2	김대한	85	75	80	240		250
3	어민국	70	75	60	205		▲
4	홍길동	80	90	100	270		함수식
5	유재석	100	90	100	290		=LARGE(E2:E6,3)
6	강호동	90	80	80	250		
7								
SMALL	• 기능 : 지정된 셀 범위에서 입력한 숫자 번째로 작은 값을 구하는 함수 • 형식 : =SMALL(셀 범위, 몇 번째로 작은 값을 구할 숫자) • 사용 예 : 학생들 총점 중에서 2번째로 낮은 총점을 표시 ▶ 함수식 : =SMALL(E2:E6,2) **G2** =SMALL(E2:E6,2) |	A	B	C	D	E	F	G
1	이름	국어	영어	수학	총점		2번째로 낮은 총점
2	김대한	85	75	80	240		240
3	어민국	70	75	60	205		▲
4	홍길동	80	90	100	270		함수식
5	유재석	100	90	100	290		=SMALL(E2:E6,2)
6	강호동	90	80	80	250		
7								

[제2작업] 필터 및 서식　　　　　　　　　　80점

➡ **"제1작업"** 시트의 「B4:H12」 영역을 복사하여 **"제2작업"** 시트의 「B2」 셀부터 모두 붙여넣기를 한 후 다음의
　조건과 같이 작업하시오.

≪조건≫
　(1) 고급필터 – 대여기간이 '10' 미만이면서 대여가격(4주)이 '30,000'을 초과하는 자료의 데이터만 추출하시오.
　　　　　– 조건 범위 : 「B13」 셀부터 입력하시오.
　　　　　– 복사 위치 : 「B18」 셀부터 나타나도록 하시오.

　(2) 표 서식 – 고급필터의 결과셀을 채우기 없음으로 설정한 후 '표 스타일 보통 2'의 서식을 적용하시오.
　　　　　– 머리글 행, 줄무늬 행을 적용하시오.

[제3작업] 피벗 테이블　　　　　　　　　　80점

➡ **"제1작업"** 시트를 이용하여 **"제3작업"** 시트에 조건에 따라 ≪출력형태≫와 같이 작업하시오.

≪조건≫
　(1) 판매가격 및 배송지역별 제품명의 개수와 대여가격(4주)의 평균을 구하시오.
　(2) 판매가격을 그룹화하고, 배송지역을 ≪출력형태≫와 같이 정렬하시오.
　(3) 레이블이 있는 셀 병합 및 가운데 맞춤 적용 및 빈 셀은 '**'로 표시하시오.
　(4) 행의 총합계는 지우고, 나머지 사항은 ≪출력형태≫에 맞게 작성하시오.

≪출력형태≫

A	B	C	D	E	F	G	H
1							
2		배송지역 ▾					
3			금천		양천		관악
4	판매가격 ▾	개수 : 제품명	평균 : 대여가격(4주)	개수 : 제품명	평균 : 대여가격(4주)	개수 : 제품명	평균 : 대여가격(4주)
5	1-50000	2	25,500	3	31,000	1	32,000
6	50001-100000	**	**	1	25,000	**	**
7	100001-150000	**	**	**	**	1	55,000
8	총합계	2	25,500	4	29,500	2	43,500

MEDIAN	• 기능 : 특정 범위(인수)에서 중간값을 구하는 함수 • 형식 : =MEDIAN(셀 범위) • 사용 예 : 국어, 영어, 수학, 과제물 점수의 중간값을 표시 ▶ 함수식 : =MEDIAN(B2:E2) **F2** ▾ │ × ✓ fx =MEDIAN(B2:E2) <table><tr><th></th><th>A</th><th>B</th><th>C</th><th>D</th><th>E</th><th>F</th><th>G</th><th>H</th></tr><tr><td>1</td><td>이름</td><td>국어</td><td>영어</td><td>수학</td><td>과제물</td><td>중간값</td><td></td><td>함수식</td></tr><tr><td>2</td><td>김대한</td><td>85</td><td>75</td><td>80</td><td>80</td><td>80</td><td>◀</td><td>=MEDIAN(B2:E2)</td></tr><tr><td>3</td><td>이민국</td><td>70</td><td>75</td><td>60</td><td>80</td><td>72.5</td><td>◀</td><td>=MEDIAN(B3:E3)</td></tr><tr><td>4</td><td>홍길동</td><td>80</td><td>90</td><td>100</td><td>60</td><td>85</td><td>◀</td><td>=MEDIAN(B4:E4)</td></tr><tr><td>5</td><td></td><td></td><td></td><td></td><td></td><td></td><td></td><td></td></tr></table>
시험에 자주 출제되는 MEDIAN 함수 중첩 예시	① 문제 : 누적 판매량이 중간값 미만인 상품의 개수 ⇒ 결과값 뒤에 '개'를 붙이시오 (COUNTIF, MEDIAN 함수, & 연산자)(예 : 2개). ☞ =COUNTIF(H5:H12,"<"&MEDIAN(H5:H12))&"개" → COUNTIF+MEDIAN+& 사용

■ **시험에 자주 출제되는 '수학/삼각 함수'**

• 소스파일 : [출제유형04]−[함수]−유형04_수학 및 삼각 함수_문제.xlsx
• 정답파일 : [출제유형04]−[함수]−유형04_수학 및 삼각 함수_완성.xlsx

ROUND	• 기능 : 수를 지정한 자릿수로 반올림하는 함수 • 형식 : =ROUND(반올림할 수, 반올림할 자릿수) <table><tr><th>반올림할 자릿수</th><th>의미</th><th>함수식</th></tr><tr><td>1</td><td>소수 둘째 자리에서 반올림하여 소수 첫째 자리를 구함</td><td>=ROUND(12345.123,1) = 12345.1</td></tr><tr><td>2</td><td>소수 셋째 자리에서 반올림하여 소수 둘째 자리를 구함</td><td>=ROUND(12345.123,2) = 12345.12</td></tr><tr><td>3</td><td>소수 넷째 자리에서 반올림하여 소수 셋째 자리를 구함</td><td>=ROUND(12345.1234,3) =12345.123</td></tr><tr><td>0</td><td>소수 첫째 자리에서 반올림하여 일의 자리(정수)를 구함</td><td>=ROUND(12345.123,0) = 12345</td></tr><tr><td>−1</td><td>정수 첫째 자리에서 반올림하여 십의 자리를 구함</td><td>=ROUND(12345,−1) = 12350</td></tr><tr><td>−2</td><td>정수 둘째 자리에서 반올림하여 백의 자리를 구함</td><td>=ROUND(12345,−2) = 12300</td></tr><tr><td>−3</td><td>정수 셋째 자리에서 반올림하여 천의 자리를 구함</td><td>=ROUND(12345,−3) = 12000</td></tr></table> 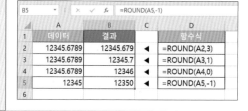 **B5** ▾ │ × ✓ fx =ROUND(A5,-1) <table><tr><th></th><th>A</th><th>B</th><th>C</th><th>D</th></tr><tr><td>1</td><td>데이터</td><td>결과</td><td></td><td>함수식</td></tr><tr><td>2</td><td>12345.6789</td><td>12345.679</td><td>◀</td><td>=ROUND(A2,3)</td></tr><tr><td>3</td><td>12345.6789</td><td>12345.7</td><td>◀</td><td>=ROUND(A3,1)</td></tr><tr><td>4</td><td>12345.6789</td><td>12346</td><td>◀</td><td>=ROUND(A4,0)</td></tr><tr><td>5</td><td>12345</td><td>12350</td><td>◀</td><td>=ROUND(A5,-1)</td></tr><tr><td>6</td><td></td><td></td><td></td><td></td></tr></table>

**시험에 자주 출제되는
ROUND 함수 중첩
예시**
	① 문제 : 상설전시 전시기간 평균 ⇒ 반올림하여 정수로 구하시오. 단, 조건은 입력데이터를 이용하시오
	    (ROUND, DAVERAGE 함수)(예 : 45.6 → 46).
	☞ =ROUND(DAVERAGE(B4:H12,H4,D4:D5),0) → ROUND+DAVERAGE 사용
	② 문제 : 판매수량(단위:대)의 평균 ⇒ 반올림하여 정수로 구하시오(ROUND, AVERAGE 함수)(예 : 421.3 → 421).
	☞ =ROUND(AVERAGE(G5:G12),0) → ROUND+AVERAGE 사용
	③ 문제 : 개설강좌 총 수강료(단위:원) ⇒ 「수강료(단위:원)×수강인원」으로 구하되 반올림하여 천 단위까지 구하시
	    오(ROUND, SUMPRODUCT 함수)(예 : 12,345,670 → 12,346,000).
	☞ =ROUND(SUMPRODUCT(G5:G12,H5:H12),−3) → ROUND+SUMPRODUCT 사용

➡ 다음은 '**사무용품 대여 관리현황**'에 대한 자료이다. 자료를 입력하고 조건에 맞도록 작업하시오.

≪출력형태≫

제품명	대여코드	판매가격	배송지역	대여기간	대여가격 (4주)	수량	분류	결제 금액
						결재	담당	과장	차장
벽시계	PLK-05	35,000	금천	12	12,000	2	(1)	(2)
책꽂이	CQC-02	25,000	양천	4	30,000	8	(1)	(2)
스텐드	PGX-04	55,000	양천	8	25,000	3	(1)	(2)
청소기	CGW-03	145,000	관악	8	55,000	2	(1)	(2)
필기세트	SDW-04	15,000	금천	16	39,000	10	(1)	(2)
전화기	PWB-10	20,000	양천	8	28,000	6	(1)	(2)
개인수납함	CBE-11	25,000	관악	8	32,000	8	(1)	(2)
벽시계	SLK-05	35,000	양천	10	35,000	8	(1)	(2)
배송지역이 금천인 제품명의 개수			(3)		최대 판매 가격			(5)
대여기간이 중간값 미만인 제품의 개수			(4)		대여코드	PLK-05	대여기간	(6)

제목 상단에 표시: 사무용품 대여 관리현황

≪조건≫

○ 모든 데이터의 서식에는 글꼴(굴림, 11pt), 정렬은 숫자 및 회계 서식은 오른쪽 정렬, 나머지 서식은 가운데 정렬로 작성하며 예외적인 것은 ≪출력형태≫를 참조하시오.

○ 제 목 ⇒ 도형(십자형)과 그림자(오프셋 위쪽)를 이용하여 작성하고 "사무용품 대여 관리현황"을 입력한 후 다음 서식을 적용하시오(글꼴-굴림, 24pt, 검정, 굵게, 채우기-노랑).

○ 임의의 셀에 결재란을 작성하여 그림으로 복사 기능을 이용하여 붙이기 하시오(단, 원본 삭제).

○ 「B4:J4, G14, I14」 영역은 '주황'으로 채우기 하시오.

○ 유효성 검사를 이용하여 「H14」 셀에 대여코드(C5:C12 영역)가 선택 표시되도록 하시오.

○ 셀 서식 ⇒ 「F5:F12」 영역에 셀 서식을 이용하여 숫자 뒤에 '주'를 표시하시오(예 : 12주).

○ 「D5:D12」 영역에 대해 '판매가격'으로 이름정의를 하시오.

➡ (1)~(6) 셀은 반드시 **주어진 함수**를 **이용**하여 값을 구하시오(결과값을 직접 입력하면 해당 셀은 0점 처리됨).

(1) 분류 ⇒ '대여코드'의 첫 번째 글자가 'C'이면 "대여1팀", 'S'이면 "대여2팀", 그렇지 않으면 "대여3팀"으로 구하시오 (IF, LEFT 함수).

(2) 결제 금액 ⇒ 「대여기간 ÷ 4 × 대여가격(4주) × 수량 × 85%」를 버림하여 천원 단위의 값으로 구하시오 (ROUNDDOWN 함수)(예 : 51,200 → 51,000).

(3) 배송지역이 금천인 제품명의 개수 ⇒ 조건은 입력데이터를 이용하시오(DCOUNTA 함수).

(4) 대여기간이 중간값 미만 제품의 개수 ⇒ 결과 값 뒤에 "개"를 붙이시오 (COUNTIF, MEDIAN 함수, & 연산자)(예 : 2 → 2개).

(5) 최대 판매 가격 ⇒ 정의된 이름(판매가격)을 이용하여 구하시오(MAX 함수).

(6) 대여기간 ⇒ 「H14」 셀에서 선택한 대여코드에 대한 대여기간을 구하시오(VLOOKUP 함수).

(7) 조건부 서식을 이용하여 대여가격(4주) 셀에 데이터 막대 스타일(파랑)을 최소값 및 최대값으로 적용하시오.

ROUNDDOWN	• 기능 : 0에 가까워지도록 수를 내림하는 함수 • 형식 : =ROUNDDOWN(내림할 수, 내림할 자릿수) B5 × ✓ fx =ROUNDDOWN(A5,-1) 		A	B	C	D
---	---	---	---	---
1	데이터	결과		함수식
2	12345.6789	12345.678	◀	=ROUNDDOWN(A2,3)
3	12345.6789	12345.6	◀	=ROUNDDOWN(A3,1)
4	12345.6789	12345	◀	=ROUNDDOWN(A4,0)
5	12345	12340	◀	=ROUNDDOWN(A5,-1)
6					

시험에 자주 출제되는 ROUNDDOWN 함수 중첩 예시	① 문제 : 발라드 장르의 컬러링 다운로드 평균 ⇒ 내림하여 정수로 구하시오. 단, 조건은 입력데이터를 이용하시오
	    (ROUNDDOWN, DAVERAGE 함수)(예 : 4,123.6 → 4,123).
	☞ =ROUNDDOWN(DAVERAGE(B4:H12,H4,E4:E5),0) → ROUNDDOWN+DAVERAGE 사용
	② 문제 : 연령 ⇒ 「2020−생년월일의 연도」로 계산하되 내림하여 십의 단위로 구한 결과값에 '대'를 붙이시오
	    (ROUNDDOWN, YEAR 함수, & 연산자)(예 : 42 → 40대).
	☞ =ROUNDDOWN(2020−YEAR(D5),−1)&"대" → ROUNDDOWN+YEAR+& 사용
	③ 문제 : 총 판매금액 ⇒ 「판매량(단위:BOX)×판매금액」으로 구하되 내림하여 천만 단위까지 구하시오
	    (ROUNDDOWN, SUMPRODUCT 함수)(예 : 123,456,000 → 120,000,000).
	☞ =ROUNDDOWN(SUMPRODUCT(F5:F12,G5:G12),−7) → ROUNDDOWN+SUMPRODUCT 사용

ROUNDUP	• 기능 : 0에서 멀어지도록 수를 올림하는 함수 • 형식 : =ROUNDUP(올림할 수, 올림할 자릿수) B5 × ✓ fx =ROUNDUP(A5,-1) 		A	B	C	D
---	---	---	---	---
1	데이터	결과		함수식
2	12345.6789	12345.679	◀	=ROUNDUP(A2,3)
3	12345.6789	12345.7	◀	=ROUNDUP(A3,1)
4	12345.6789	12346	◀	=ROUNDUP(A4,0)
5	12345	12350	◀	=ROUNDUP(A5,-1)
6					
시험에 자주 출제되는 ROUNDUP 함수 중첩 예시	① 문제 : 네일 부문 고등부의 평균 ⇒ 올림하여 정수로 구하고, 조건은 입력데이터를 이용하시오 (ROUNDUP, DAVERAGE 함수)(예 : 212.3 → 213). ☞ =ROUNDUP(DAVERAGE(B4:H12,D4,B4:B5),0) → ROUNDUP+DAVERAGE 사용
SUMIF	• 기능 : 주어진 조건에 만족하는 데이터들의 합계를 구하는 함수 • 형식 : =SUMIF(조건에 맞는지 확인할 셀 범위, 조건, 합계를 구할 범위) • 사용 예 : 고학년 학생들의 '총점' 합계를 표시 ▶ 함수식 : =SUMIF(A2:A6,"고학년",F2:F6) F7 × ✓ fx =SUMIF(A2:A6,"고학년",F2:F6) |	A	B	C	D	E	F
---	---	---	---	---	---	---
1	학년	이름	국어	영어	수학	총점
2	고학년	김대한	85	75	80	240
3	저학년	이민국	70	75	60	205
4	고학년	홍길동	80	90	100	270
5	저학년	유재석	100	90	100	290
6	고학년	강호동	90	80	80	250
7	고학년 학생의 총점 합계					760
8						▲
9				함수식		
10			=SUMIF(A2:A6,"고학년",F2:F6)			
11							
시험에 자주 출제되는 SUMIF 함수 중첩 예시	① 문제 : 대한항공 출발인원 평균 ⇒ (SUMIF, COUNTIF 함수) ☞ =SUMIF(D5:D12,"대한항공",F5:F12)/COUNTIF(D5:D12,"대한항공") → SUMIF+COUNTIF 사용 ② 문제 : 쌍둥이 판매수량 합계 ⇒ 쌍둥이 판매수량의 합계를 구한 결과값 뒤에 '대'를 붙이시오 (SUMIF 함수, & 연산자)(예 : 224대). ☞ =SUMIF(D5:D12,"쌍둥이",H5:H12)&"대" → SUMIF+& 사용

과목	코드	문제유형	시험시간	수험번호	성명
한글엑셀	1122	A	60분		

MS오피스

·수험자 유의사항·

● 수험자는 문제지를 받는 즉시 문제지와 **수험표상의 시험과목(프로그램)이 동일한지 반드시 확인**하여야 합니다.

● 파일명은 본인의 "수험번호−성명"으로 입력하여 답안폴더(내 PC₩문서₩ITQ)에 하나의 파일로 저장해야 하며, 답안 문서 파일명이 "수험번호−성명"과 일치하지 않거나, 답안파일을 전송하지 않아 미제출로 처리될 경우 실격 처리합니다 (예 : 12345678−홍길동.xlsx).

● 답안 작성을 마치면 파일을 저장하고, '답안 전송' 버튼을 선택하여 감독위원 PC로 답안을 전송하십시오. 수험생 정보와 저장한 파일명이 다를 경우 전송되지 않으므로 주의하시기 바랍니다.

● 답안 작성 중에도 **주기적으로 저장하고, '답안 전송'**하여야 문제 발생을 줄일 수 있습니다. 작업한 내용을 저장하지 않고 전송할 경우 이전에 저장된 내용이 전송되오니 이점 유의하시기 바랍니다.

● 답안문서는 지정된 경로 외의 다른 보조기억장치에 저장하는 경우, 지정된 시험 시간 외에 작성된 파일을 활용할 경우, 기타 통신수단(이메일, 메신저, 네트워크 등)을 이용하여 타인에게 전달 또는 외부 반출하는 경우는 부정 처리합니다.

● 시험 중 부주의 또는 고의로 시스템을 파손한 경우는 수험자가 변상해야 하며, 〈수험자 유의사항〉에 기재된 방법대로 이행하지 않아 생기는 불이익은 수험생 당사자의 책임임을 알려 드립니다.

● 문제의 조건은 MS오피스 2021 버전으로 설정되어 있으며 MS오피스 2016은【 】에 표기되어 있습니다. 이와 관련하여 작성한 답안의 출력형태가 문제지와 다를 수 있습니다.

● 시험을 완료한 수험자는 답안파일이 전송되었는지 확인한 후 감독위원의 지시에 따라 문제지를 제출하고 퇴실합니다.

·답안 작성요령·

● 온라인 답안 작성 절차

수험자 등록 ⇒ 시험 시작 ⇒ 답안파일 저장 ⇒ 답안 전송 ⇒ 시험 종료

● 문제는 총 4단계, 즉 제1작업부터 제4작업까지 구성되어 있으며 반드시 제1작업부터 순서대로 작성하고 조건대로 작업하시오.

● 모든 작업시트의 A열은 열 너비 '1'로, 나머지 열은 적당하게 조절하시오.

● 모든 작업시트의 테두리는 ≪출력형태≫와 같이 작업하시오.

● 해당 작업란에서는 각각 제시된 조건에 따라 ≪출력형태≫와 같이 작업하시오.

● 답안 시트 이름은 "제1작업", "제2작업", "제3작업", "제4작업"이어야 하며 답안 시트 이외의 것은 감점 처리됩니다.

● 각 시트를 파일로 나누어 작업해서 저장할 경우 실격 처리됩니다.

kpc 한국생산성본부

SUMPRODUCT	• 기능 : 배열의 해당 요소들을 모두 곱하고 그 곱의 합계를 표시하는 함수 • 형식 : =SUMPRODUCT(배열1, 배열2, ...) • 사용 예 : 배열1과 배열2의 값을 모두 곱한 결과를 합계로 표시 ▶ 함수식 : =SUMPRODUCT(A2:A5,B2:B5) ※ [A2]×[B2], [A3]×[B3], [A4]×[B4], [A5]×[B5]를 곱한 결과의 합계를 표시 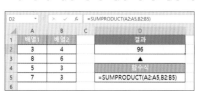
시험에 자주 출제되는 **SUMPRODUCT 함수** **중첩 예시**	① 문제 : 총 판매금액 ⇒ 「판매량(단위:BOX)×판매금액」으로 구하되 내림하여 천만 단위까지 구하시오 (ROUNDDOWN, SUMPRODUCT 함수)(예 : 123,456,000 → 120,000,000). ☞ =ROUNDDOWN(SUMPRODUCT(F5:F12,G5:G12),-7) → ROUNDDOWN+SUMPRODUCT 사용
INT	• 기능 : 소수점 아래를 버리고 가장 가까운 정수로 내림하는 함수 • 형식 : =INT(정수로 내림하려는 실수) • 사용 예 : 실수를 정수로 변환하여 값을 표시 ▶ 함수식 : =INT(5.5) 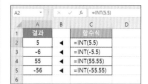
시험에 자주 출제되는 **INT 함수 중첩 예시**	① 문제 : 비고 ⇒ 업데이트 만족도의 소수점 이하 부분이 0.5 이상이면 '★'를 표시하고 그 외에는 공백으로 구하시오 (IF, INT 함수). ☞ =IF(G5-INT(G5))=0.5,"★","") → IF+INT 사용 ② 문제 : 초등학생 평균 교육비(단위:원) ⇒ 조건은 입력데이터를 이용하고, 버림하여 정수로 구하시오(INT, DAVERAGE 함수)(예 : 27,356.7 → 27,356). ☞ =INT(DAVERAGE(B4:H12,G4,D4:D5)) → INT+DAVERAGE 사용

■ 시험에 자주 출제되는 '텍스트 함수'

• 소스파일 : [출제유형04]-[함수]-유형04_텍스트 함수_문제.xlsx
• 정답파일 : [출제유형04]-[함수]-유형04_텍스트 함수_완성.xlsx

LEFT	• 기능 : 문자열의 왼쪽에서부터 원하는 수만큼의 문자를 표시해 주는 함수 • 형식 : =LEFT(문자열, 추출할 문자수) • 사용 예 : 왼쪽부터 원하는 문자의 개수를 입력하여 문자열을 추출하여 표시 ▶ 함수식 : =LEFT(A2,9) 
시험에 자주 출제되는 **LEFT 함수 중첩 예시**	① 문제 : 비고 ⇒ 제품코드의 첫 번째 글자가 K이면 '키즈제품', 그 외에는 공백으로 구하시오(IF, LEFT 함수). ☞ =IF(LEFT(B5,1)="K","키즈제품","") → IF+LEFT 사용 ② 문제 : 지역 ⇒ 관리번호의 첫 번째 글자가 1이면 '서울', 2이면 '경기', 3이면 '인천'으로 구하시오 (CHOOSE, LEFT 함수). ☞ =CHOOSE(LEFT(B5,1),"서울","경기","인천") → CHOOSE+LEFT 사용

➡ **"제1작업"** 시트를 이용하여 조건에 따라 ≪출력형태≫와 같이 작업하시오.

≪조건≫

(1) 차트 종류 ⇒ 〈3차원 원형〉으로 작업하시오.

(2) 데이터 범위 ⇒ "제1작업" 시트의 내용을 이용하여 작업하시오.

(3) 위치 ⇒ "새 시트"로 이동하고, "제4작업"으로 시트 이름을 바꾸시오.

(4) 차트 디자인 도구 ⇒ 레이아웃 2, 스타일 1을 선택하여 ≪출력형태≫에 맞게 작업하시오.

(5) 영역 서식 ⇒ 차트 : 글꼴(굴림, 11pt), 채우기 효과(질감–양피지)

(6) 제목 서식 ⇒ 차트 제목 : 글꼴(굴림, 굵게, 20pt), 채우기(흰색, 배경1), 테두리

(7) 서식 ⇒ 데이터 계열 : '곽미래' 조각을 분리하여 ≪출력형태≫와 같이 표시하시오.
　　　　　　레이블 : 항목 이름과 값을 표시하시오. ━━━ 마우스로 드래그하여 분리

(8) 범례 ⇒ ≪출력형태≫를 참조하시오. └━━━ [데이터 레이블 서식]–레이블 옵션

(9) 도형 ⇒ '사각형 설명선'을 삽입한 후 ≪출력형태≫와 같이 내용을 입력하시오.

(10) 나머지 사항은 ≪출력형태≫에 맞게 작성하시오.

≪출력형태≫

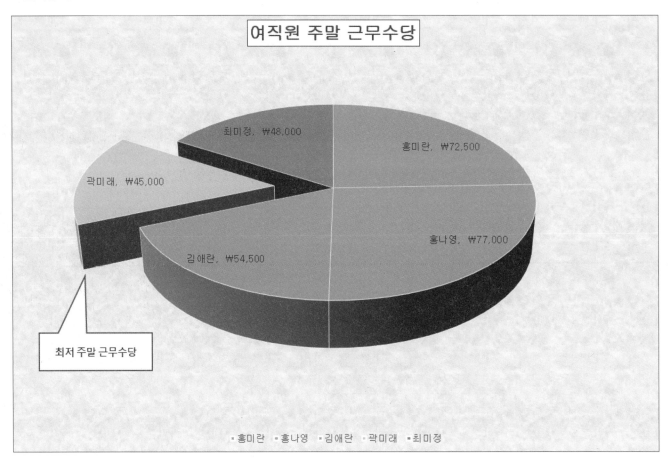

주의 ➡ 시트명 순서가 차례대로 **"제1작업", "제2작업", "제3작업", "제4작업"**이 되도록 할 것.

RIGHT	• 기능 : 문자열의 오른쪽에서부터 원하는 수만큼의 문자를 표시해 주는 함수 • 형식 : =RIGHT(문자열, 추출할 문자수) • 사용 예 : 오른쪽부터 원하는 문자의 개수를 입력하여 문자열을 추출하여 표시 ▶함수식 : =RIGHT(A2,4) 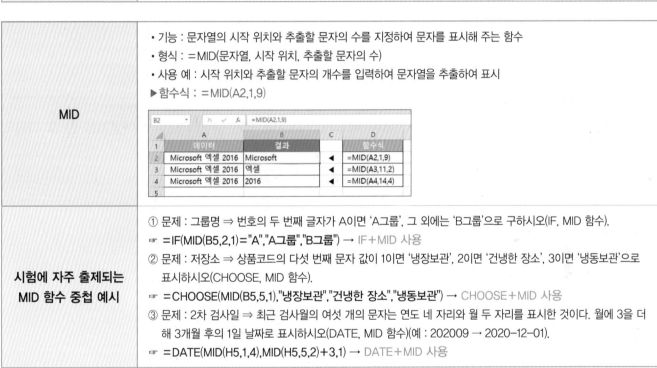
시험에 자주 출제되는 RIGHT 함수 중첩 예시	① 문제 : 분류 ⇒ 제품코드의 마지막 글자가 M이면 '메이크업', 그 외에는 '스킨케어'로 구하시오(IF, RIGHT 함수). ☞ =IF(RIGHT(B5,1)="M","메이크업","스킨케어") → IF+RIGHT 사용 ② 문제 : 성별 ⇒ 사원코드의 마지막 글자가 1이면 '남자', 2이면 '여자'로 구하시오(CHOOSE, RIGHT 함수). ☞ =CHOOSE(RIGHT(D5,1),"남자","여자") → CHOOSE+RIGHT 사용 ③ 문제 : 광고시작일 ⇒ 광고번호의 마지막 두 자리 숫자를 월로, 일은 '10'으로 하는 2020년도 날짜를 구하시오 (DATE, RIGHT 함수)(예 : C3-07 → 2020-07-10). ☞ =DATE(2020,RIGHT(B5,2),10) → DATE+RIGHT 사용

MID	• 기능 : 문자열의 시작 위치와 추출할 문자의 수를 지정하여 문자를 표시해 주는 함수 • 형식 : =MID(문자열, 시작 위치, 추출할 문자의 수) • 사용 예 : 시작 위치와 추출할 문자의 개수를 입력하여 문자열을 추출하여 표시 ▶함수식 : =MID(A2,1,9)
시험에 자주 출제되는 MID 함수 중첩 예시	① 문제 : 그룹명 ⇒ 번호의 두 번째 글자가 A이면 'A그룹', 그 외에는 'B그룹'으로 구하시오(IF, MID 함수). ☞ =IF(MID(B5,2,1)="A","A그룹","B그룹") → IF+MID 사용 ② 문제 : 저장소 ⇒ 상품코드의 다섯 번째 문자 값이 1이면 '냉장보관', 2이면 '건냉한 장소', 3이면 '냉동보관'으로 표시하시오(CHOOSE, MID 함수). ☞ =CHOOSE(MID(B5,5,1),"냉장보관","건냉한 장소","냉동보관") → CHOOSE+MID 사용 ③ 문제 : 2차 검사일 ⇒ 최근 검사월의 여섯 개의 문자는 연도 네 자리와 월 두 자리를 표시한 것이다. 월에 3을 더 해 3개월 후의 1일 날짜로 표시하시오(DATE, MID 함수)(예 : 202009 → 2020-12-01). ☞ =DATE(MID(H5,1,4),MID(H5,5,2)+3,1) → DATE+MID 사용

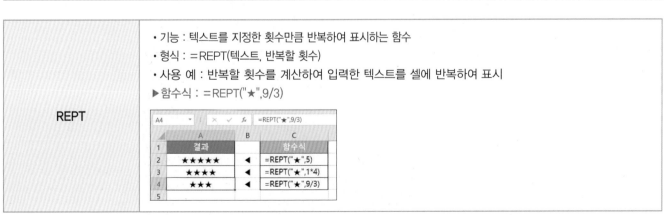

REPT	• 기능 : 텍스트를 지정한 횟수만큼 반복하여 표시하는 함수 • 형식 : =REPT(텍스트, 반복할 횟수) • 사용 예 : 반복할 횟수를 계산하여 입력한 텍스트를 셀에 반복하여 표시 ▶함수식 : =REPT("★",9/3)

➡ **"제1작업"** 시트의 「**B4:H12**」 영역을 복사하여 **"제2작업"** 시트의 「B2」 셀부터 모두 붙여넣기를 한 후 다음의 조건과 같이 작업하시오.

≪조건≫
　(1) 목표값 찾기 – 「B11:G11」 셀을 병합하여 "여직원 주말 근무수당의 전체 평균"을 입력한 후 「H11」 셀에 여직원들의 주말 근무수당의 전체 평균을 구하시오. 단, 조건은 입력데이터를 이용하시오(DAVERAGE 함수, 테두리, 가운데 맞춤).
　　　　　　　 – '여직원 주말 근무수당의 전체 평균'이 '60,000'이 되려면 최미정의 주말 근무수당이 얼마가 되어야 하는지 목표값을 구하시오.

　(2) 고급필터 – 성별이 '여' 이면서, 주말 근무수당이 '50,000' 이상인 자료의 사원명, 부서, 출근시간, 퇴근시간, 주말 근무수당 데이터만 추출하시오.
　　　　　　– 조건 범위 : 「B14」 셀부터 입력하시오.
　　　　　　– 복사 위치 : 「B18」 셀부터 나타나도록 하시오.

➡ **"제1작업"** 시트의 「**B4:H12**」 영역을 복사하여 **"제3작업"** 시트의 「B2」 셀부터 모두 붙여넣기를 한 후 다음의 조건과 같이 작업하시오.

≪조건≫
　(1) 부분합 – ≪출력형태≫처럼 정렬하고, 사원명의 개수와 주말 근무수당의 평균을 구하시오.
　(2) 개요【윤곽】 – 지우시오.
　(3) 나머지 사항은 ≪출력형태≫에 맞게 작성하시오.

≪출력형태≫

A	B	C	D	E	F	G	H
1							
2	사원명	부서	성별	근무일	출근시간	퇴근시간	주말 근무수당
3	홍나영	총무부	여	2020-12-21	9:02	21:00	₩ 77,000
4	홍미란	영업부	여	2020-12-29	9:26	20:00	₩ 72,500
5	곽미래	영업부	여	2020-12-15	10:15	20:00	₩ 45,000
6	김애란	미래전략부	여	2020-12-22	11:25	18:00	₩ 54,500
7	최미정	미래전략부	여	2020-12-07	8:23	19:30	₩ 48,000
8			여 평균				₩ 59,400
9	5		여 개수				
10	이현중	총무부	남	2020-12-14	9:26	18:00	₩ 63,500
11	왕국희	미래전략부	남	2020-12-28	7:45	20:00	₩ 51,000
12	박준영	미래전략부	남	2020-12-21	8:35	20:00	₩ 48,000
13			남 평균				₩ 54,167
14	3		남 개수				
15			전체 평균				₩ 57,438
16	8		전체 개수				

• 소스파일 : [출제유형04]-[함수]-유형04_날짜와 시간 함수_문제.xlsx
• 정답파일 : [출제유형04]-[함수]-유형04_날짜와 시간 함수_완성.xlsx

DATE	• 기능 : 특정한 날짜를 표시하기 위한 함수 • 형식 : =DATE(년, 월, 일) • 사용 예 : 2020,12,25를 날짜로 표시 ▶ 함수식 : =DATE(2020,12,25) 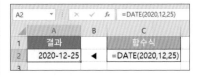
시험에 자주 출제되는 DATE 함수 중첩 예시	① 문제 : 광고시작일 ⇒ 광고번호의 마지막 두 자리 숫자를 월로, 일은 '10'으로 하는 2020년도 날짜를 구하시오 　(DATE, RIGHT 함수)(예 : C3-07 → 2020-07-10). ☞ =DATE(2020,RIGHT(B5,2),10) → DATE+RIGHT 사용 ② 문제 : 2차 검사일 ⇒ 최근 검사월의 여섯 개의 문자는 연도 네 자리와 월 두 자리를 표시한 것이다. 월에 3을 더 　해 3개월 후의 1일 날짜로 표시하시오(DATE, MID 함수)(예 : 202009 → 2020-12-01). ☞ =DATE(MID(H5,1,4),MID(H5,5,2)+3,1) → DATE+MID 사용
YEAR	• 기능 : '날짜'에서 '연도'를 구하는 함수 • 형식 : =YEAR(날짜 or 셀 주소) • 사용 예 : 2020-12-25에서 연도만 추출하여 표시 ▶ 함수식 : =YEAR("2020-12-25") 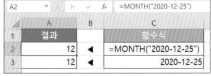
시험에 자주 출제되는 YEAR 함수 중첩 예시	① 문제 : 출시연도 ⇒ 출시일의 연도를 추출하여 '년'을 붙이시오(YEAR 함수, & 연산자)(예 : 2020년). ☞ =YEAR(H5)&"년" → YEAR+& 사용 ② 문제 : 비고 ⇒ 출시일의 연도가 2020이면 '신상품', 그 외에는 공백으로 표시하시오(IF, YEAR 함수). ☞ =IF(YEAR(E5)=2020,"신상품","") → IF+YEAR 사용 ③ 문제 : 부르즈 할리파 건물 연수 ⇒ 「시스템 오늘의 연도-완공연도」로 구한 결과값에 '년'을 붙이시오 　(YEAR, TODAY 함수, & 연산자)(예 : 2년). ☞ =YEAR(TODAY())-G9&"년" → YEAR+TODAY+& 사용
MONTH	• 기능 : '날짜'에서 '월'을 구하는 함수 • 형식 : =MONTH(날짜 or 셀 주소) • 사용 예 : 2020-12-25에서 월만 추출하여 표시 ▶ 함수식 : =MONTH("2020-12-25")
시험에 자주 출제되는 MONTH 함수 중첩 예시	① 문제 : 시작월 ⇒ 시작일의 월을 추출하여 '월'을 붙이시오(MONTH 함수, & 연산자)(예 : 2020-09-05 → 9월). ☞ =MONTH(E5)&"월" → MONTH+& 사용 ② 비고 ⇒ 행사일의 월이 7이면 '7월', 그 외에는 공백으로 구하시오(IF, MONTH 함수). ☞ =IF(MONTH(F5)=7,"7월","") → IF+MONTH 사용

→ 다음은 '대한물산 12월 주말 근무현황'에 대한 자료이다. 자료를 입력하고 조건에 맞도록 작업하시오.

≪출력형태≫

사원명	부서	성별	근무일	출근시간	퇴근시간	주말 근무수당	주말 근무시간	주말 근무요일
홍미란	영업	여	2020-12-29	9:26	20:00	₩ 72,500	(1)	(2)
이현중	총무	남	2020-12-14	9:26	18:00	₩ 63,500	(1)	(2)
왕국희	미래전략	남	2020-12-28	7:45	20:00	₩ 51,000	(1)	(2)
홍나영	총무	여	2020-12-21	9:02	21:00	₩ 77,000	(1)	(2)
박준영	미래전략	남	2020-12-21	8:35	20:00	₩ 48,000	(1)	(2)
김애란	미래전략	여	2020-12-22	11:25	18:00	₩ 54,500	(1)	(2)
곽미래	영업	여	2020-12-15	10:15	20:00	₩ 45,000	(1)	(2)
최미정	미래전략	여	2020-12-07	8:23	19:30	₩ 48,000	(1)	(2)
12월 최대 주말 근무수당			(3)			여성 중 최소 주말 근무수당		(5)
미래전략 주말 근무수당 평균			(4)			사원명	홍미란	주말 근무수당 (6)

머리글 기준: 대한물산 12월 주말 근무현황 (제목)

결재 / 담당 / 팀장 / 부장

≪조건≫

○ 모든 데이터의 서식에는 글꼴(굴림, 11pt), 정렬은 숫자 및 회계 서식은 오른쪽 정렬, 나머지 서식은 가운데 정렬로 작성하며 예외적인 것은 ≪출력형태≫를 참조하시오.

○ 제 목 ⇒ 도형(순서도: 문서)과 그림자(안쪽 대각선 오른쪽 위)를 이용하여 작성하고
  "대한물산 12월 주말 근무현황"을 입력한 후 다음 서식을 적용하시오
  (글꼴−돋움, 22pt, 검정, 굵게, 채우기−노랑).

○ 임의의 셀에 결재란을 작성하여 그림으로 복사 기능을 이용하여 붙이기 하시오(단, 원본 삭제).

○ 「B4:J4, G14, I14」 영역은 '주황'으로 채우기 하시오.

○ 유효성 검사를 이용하여 「H14」 셀에 사원명(「B5:B12」 영역)이 선택 표시되도록 하시오.

○ 셀 서식 ⇒ 「C5:C12」 영역에 셀 서식을 이용하여 문자 뒤에 '부'를 표시하시오(예 : 영업부).

○ 「H5:H12」 영역에 대해 '주말근무수당'으로 이름정의를 하시오.

→ (1)∼(6) 셀은 반드시 **주어진 함수를 이용**하여 값을 구하시오(결과값을 직접 입력하면 해당 셀은 0점 처리됨).

  (1) 주말 근무시간 ⇒ 「퇴근시간−출근시간」으로 구하시오. 단, 분 단위가 30분 이상이면 근무시간에 1시간을 추가하고
    구한 결과값에 "시간"을 붙이시오(IF, MINUTE, HOUR 함수, & 연산자)(예 : 10시간).

  (2) 주말 근무요일 ⇒ 근무일의 요일을 구하시오(CHOOSE, WEEKDAY 함수)(예 : 월요일).

  (3) 12월 최대 주말 근무수당 ⇒ 정의된 이름(주말근무수당)을 이용하여 구하시오(MAX 함수).

  (4) 미래전략 주말 근무수당 평균 ⇒ (SUMIF, COUNTIF 함수).

  (5) 여성 중 최소 주말 근무수당 ⇒ 조건은 입력데이터를 이용하시오(DMIN 함수).

  (6) 주말 근무수당 ⇒ 「H14」 셀에서 선택한 사원에 대한 주말근무수당을 구하시오(VLOOKUP 함수).

  (7) 조건부 서식의 수식을 이용하여 성별이 '남'인 행 전체에 다음 서식을 적용하시오(글꼴 : 파랑, 굵게).

WEEKDAY	• 기능 : 날짜에서 해당하는 요일의 번호를 구하는 함수 • 형식 : =WEEKDAY(날짜,유형)	

유형	월	화	수	목	금	토	일
1(생략) : 1(일요일)~7(토요일)	2	3	4	5	6	7	1
2 : 1(월요일)~7(일요일)	1	2	3	4	5	6	7
3 : 0(월요일)~6(일요일)	0	1	2	3	4	5	6

• 사용 예 : 유형에 따라 2020-12-31에 해당하는 요일의 번호를 표시

▶ 함수식 : =WEEKDAY(A2,1)

※ 2020년 12월 31일의 요일은 '목요일'입니다.

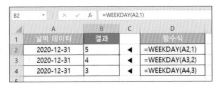

시험에 자주 출제되는 WEEKDAY 함수 중첩 예시	① 문제 : 전시 시작일 요일 ⇒ 전시 시작일의 요일을 구하시오(CHOOSE, WEEKDAY 함수)(예 : 월요일). ☞ **=CHOOSE(WEEKDAY(F5,2),"월요일","화요일","수요일","목요일","금요일","토요일","일요일")** → CHOOSE+WEEKDAY 사용 ② 문제 : 측정요일 ⇒ 측정날짜의 요일이 토요일과 일요일이면 '주말', 그 외에는 '평일'로 구하시오 (IF, WEEKDAY 함수)(예 : 월요일). ☞ **=IF(WEEKDAY(B5,2)>=6,"주말","평일")** → IF+WEEKDAY 사용

TODAY	• 기능 : 시스템의 현재 날짜를 표시하기 위한 함수 • 형식 : =TODAY() • 사용 예 : 현재 날짜를 표시 ▶ 함수식 : =TODAY()  ※ 현재 날짜를 표시하기 때문에 날짜가 바뀔 때마다 결과도 달라집니다.

시험에 자주 출제되는 TODAY 함수 중첩 예시	① 문제 : 부르즈 할리파 건물 연수 ⇒ 「시스템 오늘의 연도-완공연도」로 구한 결과값에 '년'을 붙이시오 (YEAR, TODAY 함수, & 연산자)(예 : 2년). ☞ **=YEAR(TODAY())-G9&"년"** → YEAR+TODAY+& 사용

■ 시험에 자주 출제되는 '논리 함수'

• 소스파일 : [출제유형04]-[함수]-유형04_논리 함수_문제.xlsx
• 정답파일 : [출제유형04]-[함수]-유형04_논리 함수_완성.xlsx

IF	• 기능 : 특정 조건을 지정하여 해당 조건에 만족하면 '참(TRUE)'에 해당하는 값을, 그렇지 않으면 '거짓(FALSE)'에 해당하는 값을 표시하는 함수 • 형식 : =IF(조건, 참일 때 수행할 내용, 거짓일 때 수행할 내용) • 사용 예 : 평균이 80 이상이면 '합격' 그렇지 않으면 '불합격'을 표시 ▶ 함수식 : =IF(E2>=80,"합격","불합격")

F2 = IF(E2>=80,"합격","불합격")

이름	국어	영어	수학	평균	결과		함수식
김대한	85	75	80	80	합격	◀	=IF(E2>=80,"합격","불합격")
이민국	70	75	60	68	불합격	◀	=IF(E3>=80,"합격","불합격")
홍길동	80	90	100	90	합격	◀	=IF(E4>=80,"합격","불합격")
유재석	100	90	100	97	합격	◀	=IF(E5>=80,"합격","불합격")
강호동	90	80	80	83	합격	◀	=IF(E6>=80,"합격","불합격")

제 10 회 정보기술자격(ITQ) 출제예상 모의고사

과목	코드	문제유형	시험시간	수험번호	성명
한글엑셀	1122	A	60분		

MS오피스

·수험자 유의사항·

● 수험자는 문제지를 받는 즉시 문제지와 **수험표상의 시험과목(프로그램)이 동일한지 반드시 확인**하여야 합니다.

● 파일명은 본인의 "수험번호–성명"으로 입력하여 답안폴더(내 PC₩문서₩ITQ)에 하나의 파일로 저장해야 하며, 답안 문서 파일명이 "수험번호–성명"과 일치하지 않거나, 답안파일을 전송하지 않아 미제출로 처리될 경우 실격 처리합니다 (예 : 12345678–홍길동.xlsx).

● 답안 작성을 마치면 파일을 저장하고, '답안 전송' 버튼을 선택하여 감독위원 PC로 답안을 전송하십시오. 수험생 정보와 저장 한 파일명이 다를 경우 전송되지 않으므로 주의하시기 바랍니다.

● 답안 작성 중에도 **주기적으로 저장하고, '답안 전송'**하여야 문제 발생을 줄일 수 있습니다. 작업한 내용을 저장하지 않고 전송할 경우 이전에 저장된 내용이 전송되오니 이점 유의하시기 바랍니다.

● 답안문서는 지정된 경로 외의 다른 보조기억장치에 저장하는 경우, 지정된 시험 시간 외에 작성된 파일을 활용할 경우, 기타 통신수단(이메일, 메신저, 네트워크 등)을 이용하여 타인에게 전달 또는 외부 반출하는 경우는 부정 처리합니다.

● 시험 중 부주의 또는 고의로 시스템을 파손한 경우는 수험자가 변상해야 하며, 〈수험자 유의사항〉에 기재된 방법대로 이행하 지 않아 생기는 불이익은 수험생 당사자의 책임임을 알려 드립니다.

● 문제의 조건은 MS오피스 2021 버전으로 설정되어 있으며 MS오피스 2016은 【 】에 표기되어 있습니다. 이와 관련하여 작성한 답안의 출력형태가 문제지와 다를 수 있습니다.

● 시험을 완료한 수험자는 답안파일이 전송되었는지 확인한 후 감독위원의 지시에 따라 문제지를 제출하고 퇴실합니다.

·답안 작성요령·

● 온라인 답안 작성 절차

수험자 등록 ⇒ 시험 시작 ⇒ 답안파일 저장 ⇒ 답안 전송 ⇒ 시험 종료

● 문제는 총 4단계, 즉 제1작업부터 제4작업까지 구성되어 있으며 반드시 제1작업부터 순서대로 작성하고 조건대로 작업하시오.

● 모든 작업시트의 A열은 열 너비 '1'로, 나머지 열은 적당하게 조절하시오.

● 모든 작업시트의 테두리는 ≪출력형태≫와 같이 작업하시오.

● 해당 작업란에서는 각각 제시된 조건에 따라 ≪출력형태≫와 같이 작업하시오.

● 답안 시트 이름은 "제1작업", "제2작업", "제3작업", "제4작업"이어야 하며 답안 시트 이외의 것은 감점 처리됩니다.

● 각 시트를 파일로 나누어 작업해서 저장할 경우 실격 처리됩니다.

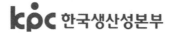 **kpc** 한국생산성본부

시험에 자주 출제되는 IF 함수 중첩 예시	① 문제 : 판매 순위 ⇒ 판매수량(단위:EA)의 내림차순 순위를 1~3까지 구하고, 그 외에는 공백으로 나타내시오 (IF, RANK.EQ 함수). ☞ =IF(RANK.EQ(G5,$G$5:$G$12)<=3,RANK.EQ(G5,$G$5:$G$12),"") → IF+RANK.EQ 사용 ② 문제 : 비고 ⇒ 제품코드의 첫 번째 글자가 K이면 '키즈제품', 그 외에는 공백으로 구하시오(IF, LEFT 함수). ☞ =IF(LEFT(B5,1)="K","키즈제품","") → IF+LEFT 사용 ③ 문제 : 분류 ⇒ 제품코드의 마지막 글자가 M이면 '메이크업', 그 외에는 '스킨케어'로 구하시오(IF, RIGHT 함수). ☞ =IF(RIGHT(B5,1)="M","메이크업","스킨케어") → IF+RIGHT 사용 ④ 문제 : 그룹명 ⇒ 번호의 두 번째 글자가 A이면 'A그룹', 그 외에는 'B그룹'으로 구하시오(IF, MID 함수). ☞ =IF(MID(B5,2,1)="A","A그룹","B그룹") → IF+MID 사용 ⑤ 비고 ⇒ 행사일의 월이 7이면 '7월', 그 외에는 공백으로 구하시오(IF, MONTH 함수). ☞ =IF(MONTH(F5)=7,"7월","") → IF+MONTH 사용 ⑥ 추가적립금(원) ⇒ 전월구매액(원)이 300,000 이상이고 총구매건수가 15 이상이면 '2,000', 그 외에는 '500'으로 표시하시오(IF, AND 함수). ☞ =IF(AND(F5>=300000,H5>=15),2000,500) → IF+AND 사용 ⑦ 비고 ⇒ 품목이 '포유류'이거나 '조류'이면 '예방접종'으로 표시하고 그 외에는 공백으로 표시하시오(IF, OR 함수). ☞ =IF(OR(D5="포유류",D5="조류"),"예방접종","") → IF+OR 사용 ⑧ 문제 : 측정요일 ⇒ 측정날짜의 요일이 토요일과 일요일이면 '주말', 그 외에는 '평일'로 구하시오 (IF, WEEKDAY 함수)(예 : 월요일). ☞ =IF(WEEKDAY(B5,2)>=6,"주말","평일") → IF+WEEKDAY 사용 ⑨ 문제 : 비고 ⇒ 출시일의 연도가 2020이면 '신상품', 그 외에는 공백으로 표시하시오(IF, YEAR 함수). ☞ =IF(YEAR(E5)=2020,"신상품","") → IF+YEAR 사용

중첩 IF	• 기능 : 조건이 2개 이상일 때 2개 이상의 IF 함수를 사용하여 '참(TRUE)'과 '거짓(FALSE)'의 값을 표시하는 함수 • 형식 : =IF(조건, 참일 때, IF(조건, 참일 때, 거짓일 때)) • 사용 예 : 평균이 90 이상이면 '최우수', 80 이상이면 '우수' 그렇지 않으면 '불합격'을 표시 ▶ 함수식 : =IF(E2>=90,"최우수",IF(E2>=80,"우수","노력"))

	A	B	C	D	E	F	G	H
1	이름	국어	영어	수학	평균	결과		함수식
2	김대한	85	75	80	80	우수	◀	=IF(E2>=90,"최우수",IF(E2>=80,"우수","노력"))
3	이민국	70	75	60	68	노력	◀	=IF(E3>=90,"최우수",IF(E3>=80,"우수","노력"))
4	홍길동	80	90	100	90	최우수	◀	=IF(E4>=90,"최우수",IF(E4>=80,"우수","노력"))
5	유재석	100	90	100	97	최우수	◀	=IF(E5>=90,"최우수",IF(E5>=80,"우수","노력"))
6	강호동	90	80	80	83	우수	◀	=IF(E6>=90,"최우수",IF(E6>=80,"우수","노력"))
7								

시험에 자주 출제되는 중첩 IF 함수 중첩 예시	① 문제 : 지역 ⇒ 건물코드의 마지막 글자가 1이면 '서아시아', 2이면 '동아시아', 그 외에는 '미주'로 구하시오 (IF, RIGHT 함수). ☞ =IF(RIGHT(B5,1)="1","서아시아",IF(RIGHT(B5,1)="2","동아시아","미주")) → 중첩 IF+RIGHT 사용 ② 문제 : 비고 ⇒ 재고율이 40% 미만이면 '히트상품', 월말재고량이 120 미만이거나 재고율이 70% 미만이면 '일반상품', 그 외에는 공백으로 구하시오(IF, OR 함수). ☞ =IF(G5<40%,"히트상품",IF(OR(F5<120,G5<70%),"일반상품","")) → 중첩 IF+OR 사용

➡ **"제1작업"** 시트를 이용하여 조건에 따라 ≪출력형태≫와 같이 작업하시오.

≪조건≫

⑴ 차트 종류 ⇒ 〈묶은 세로 막대형〉으로 작업하시오.

⑵ 데이터 범위 ⇒ "제1작업" 시트의 내용을 이용하여 작업하시오.

⑶ 위치 ⇒ "새 시트"로 이동하고, "제4작업"으로 시트 이름을 바꾸시오.

⑷ 차트 디자인 도구 ⇒ 레이아웃 3, 스타일 1을 선택하여 ≪출력형태≫에 맞게 작업하시오.

⑸ 영역 서식 ⇒ 차트 : 글꼴(굴림, 11pt), 채우기 효과(질감-분홍 박엽지)
　　　　　　　　 그림 : 채우기(흰색, 배경1)

⑹ 제목 서식 ⇒ 차트 제목 : 글꼴(굴림, 굵게, 20pt), 채우기(흰색, 배경1), 테두리

⑺ 서식 ⇒ 하반기 고과점수 계열의 차트 종류를 〈표식이 있는 꺾은선형〉으로 변경한 후 보조 축으로 지정하시오.
　　　계열 : ≪출력형태≫를 참조하여 표식(네모, 크기 10)과 레이블 값을 표시하시오.
　　　눈금선 : 선 스타일-파선
　　　축 : ≪출력형태≫를 참조하시오.

⑻ 범례 ⇒ 범례명을 변경하고 ≪출력형태≫를 참조하시오.

⑼ 도형 ⇒ '모서리가 둥근 사각형 설명선'을 삽입한 후 ≪출력형태≫와 같이 내용을 입력하시오.

⑽ 나머지 사항은 ≪출력형태≫에 맞게 작성하시오.

≪출력형태≫

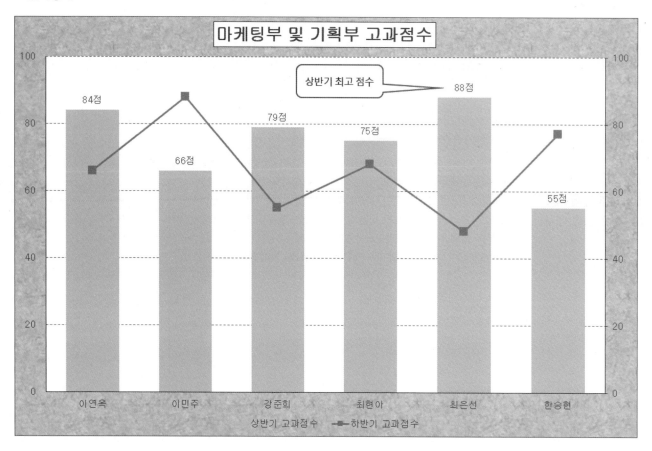

주의 ➡ 시트명 순서가 차례대로 "제1작업", "제2작업", "제3작업", "제4작업"이 되도록 할 것.

AND	• 기능 : 모든 조건을 만족하면 '참'을 그렇지 않으면 '거짓'을 표시하는 함수 • 형식 : =AND(조건1, 조건2, ... 조건30) • 사용 예 : 국어, 영어, 수학 점수가 모두 80 이상일 경우 '우수', 그렇지 않으면 '노력'으로 표시 ▶ 함수식 : =IF(AND(B2>=80, C2>=80, D2>=80),"우수","노력") ※ ITQ 엑셀 시험에서는 대부분 IF 함수와 함께 사용합니다. ![표 이미지] F2 =IF(AND(B2>=80, C2>=80, D2>=80),"우수","노력") 	이름	국어	영어	수학	평균	결과		함수식
김대한	85	75	80	80	노력	◀	=IF(AND(B2>=80, C2>=80, D2>=80),"우수","노력")
이민국	70	75	60	68	노력	◀	=IF(AND(B3>=80, C3>=80, D3>=80),"우수","노력")
홍길동	80	90	100	90	우수	◀	=IF(AND(B4>=80, C4>=80, D4>=80),"우수","노력")
유재석	100	90	100	97	우수	◀	=IF(AND(B5>=80, C5>=80, D5>=80),"우수","노력")
강호동	80	80	80	80	우수	◀	=IF(AND(B6>=80, C6>=80, D6>=80),"우수","노력")	

OR	• 기능 : 한 개의 조건이라도 만족하면 '참'을 그렇지 않으면 '거짓'을 표시하는 함수 • 형식 : =OR(조건1, 조건2, ... 조건30) • 사용 예 : 국어, 영어, 수학 점수 중 한 과목이라도 90 이상일 경우 '우수', 그렇지 않으면 '노력'으로 표시 ▶ 함수식 : =IF(OR(B2>=90, C2>=90, D2>=90),"우수","노력") ※ ITQ 엑셀 시험에서는 대부분 IF 함수와 함께 사용합니다. ![표 이미지] F2 =IF(OR(B2>=90, C2>=90, D2>=90),"우수","노력") 	이름	국어	영어	수학	평균	결과		함수식
김대한	85	75	80	80	노력	◀	=IF(OR(B2>=90, C2>=90, D2>=90),"우수","노력")
이민국	70	75	60	68	노력	◀	=IF(OR(B3>=90, C3>=90, D3>=90),"우수","노력")
홍길동	80	90	100	90	우수	◀	=IF(OR(B4>=90, C4>=90, D4>=90),"우수","노력")
유재석	100	90	100	97	우수	◀	=IF(OR(B5>=90, C5>=90, D5>=90),"우수","노력")
강호동	80	80	80	80	노력	◀	=IF(OR(B6>=90, C6>=90, D6>=90),"우수","노력")	

■ 시험에 자주 출제되는 '찾기/참조 함수'

• 소스파일 : [출제유형04]-[함수]-유형04_찾기 및 참조 함수_문제.xlsx
• 정답파일 : [출제유형04]-[함수]-유형04_찾기 및 참조 함수_완성.xlsx

VLOOKUP	• 기능 : 지정된 셀 범위의 왼쪽 첫 번째 열에서 특정 값을 찾아 지정한 열과 같은 행에 위치한 값을 표시하는 함수 • 형식 : =VLOOKUP(찾을 값, 셀 범위, 열 번호, 찾을 방법) 　- 찾을 값 : 셀 범위(첫 번째 열)에서 찾을 값(참조 영역, 문자열 등) 　- 셀 범위 : 찾을 값을 검색할 범위(범위 지정 시 찾을 값이 있는 열이 첫 번째 열로 지정되어야 함) 　- 열 번호 : 셀 범위 내의 열 번호로 값을 추출할 열을 지정(셀 범위 중 첫 번째 열의 값이 1로 기준이 됨) 　- 찾을 방법 : FALSE(또는 0) : 정확하게 일치하는 값을 찾음 　　　　　　　 TRUE(생략 또는 1) : 비슷하게 일치하는 근삿값을 찾음 • 사용 예 : 이름이 홍길동인 학생의 수학 점수를 표시 ▶ 함수식 : =VLOOKUP(B4,B2:F6,4,0) ※ VLOOKUP 함수는 매회 출제되는 함수이기 때문에 완벽하게 학습해야 합니다.  F7 =VLOOKUP(B4,B2:F6,4,0) 	번호	이름	국어	영어	수학	평균			
1	김대한	85	75	80	80			
2	이민국	70	75	60	68			
3	홍길동	80	90	100	90			
4	유재석	100	90	100	97			
5	강호동	90	80	80	83			
이름이 '홍길동'인 학생의 수학 점수					100		함수식	=VLOOKUP(B4,B2:F6,4,0)	

| 시험에 자주 출제되는
VLOOKUP 함수 중첩
예시 | ① 매출금액(원) ⇒ 「H14」 셀에서 선택한 제품명에 대한 「가격×판매수량(단위:EA)」으로 구하시오
　(VLOOKUP 함수).
☞ =VLOOKUP(H14,C5:H12,4,0)*VLOOKUP(H14,C5:H12,5,0) → VLOOKUP×VLOOKUP 사용 |

➜ **"제1작업"** 시트의 「B4:H12」 영역을 복사하여 **"제2작업"** 시트의 「B2」 셀부터 모두 붙여넣기를 한 후 다음의
　　조건과 같이 작업하시오.

≪조건≫
　　⑴ 고급필터 – 부서명이 '마케팅부'이거나, '회계과'인 자료의 데이터만 추출하시오.
　　　　　　　　 – 조건 범위 : 「B13」 셀부터 입력하시오.
　　　　　　　　 – 복사 위치 : 「B18」 셀부터 나타나도록 하시오.

　　⑵ 표 서식 – 고급필터의 결과셀을 채우기 없음으로 설정한 후 '표 스타일 보통 12'의 서식을 적용하시오.
　　　　　　　 – 머리글 행, 줄무늬 행을 적용하시오.

➜ **"제1작업"** 시트를 이용하여 **"제3작업"** 시트에 조건에 따라 ≪출력형태≫와 같이 작업하시오.

≪조건≫
　　⑴ 입사일자 및 부서명별 직급의 개수와 승진시험의 평균을 구하시오.
　　⑵ 입사일자를 그룹화하고, 부서명을 ≪출력형태≫와 같이 정렬하시오.
　　⑶ 레이블이 있는 셀 병합 및 가운데 맞춤 적용 및 빈 셀은 '∗∗'로 표시하시오.
　　⑷ 행의 총합계는 지우고, 나머지 사항은 ≪출력형태≫에 맞게 작성하시오.

≪출력형태≫

A	B	C	D	E	F	G	H
1							
2		부서명 ▾					
3		회계과		기획부		마케팅부	
4	입사일자 ▾	개수 : 직급	평균 : 승진시험	개수 : 직급	평균 : 승진시험	개수 : 직급	평균 : 승진시험
5	2015년	1	52	2	73	∗∗	∗∗
6	2016년	∗∗	∗∗	∗∗	∗∗	3	74
7	2017년	1	73	1	69	∗∗	∗∗
8	총합계	2	63	3	71	3	74

CHOOSE	• 기능 : 인수 목록에서 번호에 해당하는 값을 찾아주는 함수 • 형식 : =CHOOSE(값을 골라낼 위치 또는 번호, 값1, 값2...) • 사용 예 : 체력 등급(1~3)에 따라 지정된 값을 표시 ▶ 함수식 : =CHOOSE(B2,"우수체력","기본체력","체력보강") C2 ✕ ✓ fx =CHOOSE(B2,"우수체력","기본체력","체력보강") <table><tr><th>A 이름</th><th>B 체력 등급</th><th>C 구분</th><th>D</th><th colspan="2">E 함수식</th></tr><tr><td>1 김대한</td><td>3</td><td>체력보강</td><td>◀</td><td colspan="2">=CHOOSE(B2,"우수체력","기본체력","체력보강")</td></tr><tr><td>3 이민국</td><td>1</td><td>우수체력</td><td>◀</td><td colspan="2">=CHOOSE(B3,"우수체력","기본체력","체력보강")</td></tr><tr><td>4 홍길동</td><td>2</td><td>기본체력</td><td>◀</td><td colspan="2">=CHOOSE(B4,"우수체력","기본체력","체력보강")</td></tr></table>
시험에 자주 출제되는 CHOOSE 함수 중첩 예시	① 문제 : 지역 ⇒ 관리번호의 첫 번째 글자가 1이면 '서울', 2이면 '경기', 3이면 '인천'으로 구하시오 　(CHOOSE, LEFT 함수). ☞ =CHOOSE(LEFT(B5,1),"서울","경기","인천") → CHOOSE+LEFT 사용 ② 문제 : 성별 ⇒ 사원코드의 마지막 글자가 1이면 '남자', 2이면 '여자'로 구하시오(CHOOSE, RIGHT 함수). ☞ =CHOOSE(RIGHT(D5,1),"남자","여자") → CHOOSE+RIGHT 사용 ③ 문제 : 저장소 ⇒ 상품코드의 다섯 번째 문자 값이 1이면 '냉장보관', 2이면 '건냉한 장소', 3이면 '냉동보관'으로 　표시하시오(CHOOSE, MID 함수). ☞ =CHOOSE(MID(B5,5,1),"냉장보관","건냉한 장소","냉동보관") → CHOOSE+MID 사용 ④ 문제 : 전시 시작일 요일 ⇒ 전시 시작일의 요일을 구하시오(CHOOSE, WEEKDAY 함수)(예 : 월요일). ☞ =CHOOSE(WEEKDAY(F5,2),"월요일","화요일","수요일","목요일","금요일","토요일","일요일") → 　CHOOSE+WEEKDAY 사용

■ 시험에 자주 출제되는 '데이터베이스 함수'

• 소스파일 : [출제유형04]-[함수]-유형04_데이터베이스 함수_문제.xlsx
• 정답파일 : [출제유형04]-[함수]-유형04_데이터베이스 함수_완성.xlsx

DSUM	• 기능 : 지정한 조건에 맞는 데이터베이스에서 필드(열) 값들의 합계를 구하는 함수 • 형식 : =DSUM(데이터베이스, 필드(열) 위치, 조건범위) • 사용 예 : 학년이 '저학년'인 학생들의 '총점' 합계를 계산 ▶ 함수식 : =DSUM(A1:F6,F1,A1:A2) ※ [F1] 셀 주소 대신 열 번호인 '6'을 입력해도 결과는 같습니다. F7 ✕ ✓ fx =DSUM(A1:F6,F1,A1:A2) <table><tr><th>A 학년</th><th>B 이름</th><th>C 국어</th><th>D 영어</th><th>E 수학</th><th>F 총점</th></tr><tr><td>2 저학년</td><td>김대한</td><td>85</td><td>75</td><td>80</td><td>240</td></tr><tr><td>3 고학년</td><td>이민국</td><td>70</td><td>75</td><td>60</td><td>205</td></tr><tr><td>4 고학년</td><td>홍길동</td><td>80</td><td>90</td><td>100</td><td>270</td></tr><tr><td>5 저학년</td><td>유재석</td><td>100</td><td>90</td><td>100</td><td>290</td></tr><tr><td>6 저학년</td><td>강호동</td><td>90</td><td>80</td><td>80</td><td>250</td></tr><tr><td colspan="5">7 저학년 학생의 총점 합계</td><td>780</td></tr><tr><td colspan="6">8 ▲</td></tr><tr><td colspan="6">9 함수식</td></tr><tr><td colspan="6">10 =DSUM(A1:F6,F1,A1:A2)</td></tr></table>
시험에 자주 출제되는 DSUM 함수 중첩 예시	① 문제 : 스테인리스 재질의 판매금액(단위:원) 합계 ⇒ 반올림하여 천원 단위까지 구하시오. 단, 조건은 입력데이터 　를 이용하시오(ROUND, DSUM 함수)(예 : 53,340 → 53,000). ☞ =ROUND(DSUM(B4:H12,G4,E4:E5),-3) → ROUND+DSUM 사용

➡ 다음은 '2020년 우리물산 인사고과표'에 대한 자료이다. 자료를 입력하고 조건에 맞도록 작업하시오.

≪출력형태≫

입사일자	직원명	부서명	직급	상반기 고과점수	하반기 고과점수	승진시험	순위	비고
						결재	담당	팀장	부장
2016-07-09	이연옥	마케팅부	사원	84	66	80	(1)	(2)
2017-08-09	김태열	회계과	부장	45	85	73	(1)	(2)
2015-12-23	이민주	기획부	사원	66	88	63	(1)	(2)
2016-09-22	강준희	마케팅부	주임	79	55	66	(1)	(2)
2015-01-09	최현아	기획부	부장	75	68	82	(1)	(2)
2015-05-01	박진석	회계과	사원	74	55	52	(1)	(2)
2016-04-17	최은선	마케팅부	과장	88	48	76	(1)	(2)
2017-03-27	한승현	기획부	과장	55	77	69	(1)	(2)
사원들의 상반기 고과점수 평균			(3)		마케팅부의 승진시험 평균			(5)
2016년 이후(해당연도 포함) 입사자 수			(4)			직원명	이연옥	고과점수 합계 (6)

제목 표시: 2020년 우리물산 인사고과표

≪조건≫

○ 모든 데이터의 서식에는 글꼴(굴림, 11pt), 정렬은 숫자 및 회계 서식은 오른쪽 정렬, 나머지 서식은 가운데 정렬로 작성하며 예외적인 것은 ≪출력형태≫를 참조하시오.

○ 제 목 ⇒ 도형(양쪽 모서리가 둥근 사각형)과 그림자(오프셋 대각선 오른쪽 아래)를 이용하여 작성하고 "2020년 우리물산 인사고과표"를 입력한 후 다음 서식을 적용하시오 (글꼴-굴림, 24pt, 검정, 굵게, 채우기-노랑).

○ 임의의 셀에 결재란을 작성하여 그림으로 복사 기능을 이용하여 붙이기 하시오(단, 원본 삭제).

○ 「B4:J4, G14, I14」 영역은 '주황'으로 채우기 하시오.

○ 유효성 검사를 이용하여 「H14」 셀에 직원명(「C5:C12」 영역)이 선택 표시되도록 하시오.

○ 셀 서식 ⇒ 「F5:H12」 영역에 셀 서식을 이용하여 숫자 뒤에 '점'을 표시하시오(예 : 84점).

○ 「D5:D12」 영역에 대해 '부서명'으로 이름정의를 하시오.

➡ (1)~(6) 셀은 반드시 **주어진 함수를 이용**하여 값을 구하시오(결과값을 직접 입력하면 해당 셀은 0점 처리됨).

(1) 순위 ⇒ 승진시험의 내림차순 순위를 구하시오(RANK.EQ 함수).

(2) 비고 ⇒ 입사일자가 2016년 이전(해당연도 포함)이고, 승진시험이 80 이상이면 '승진', 그 외는 공백으로 구하시오 (IF, AND, YEAR 함수).

(3) 사원들의 상반기 고과점수 평균 ⇒ 직급이 '사원'인 직원들의 상반기 고과점수 평균을 구하시오. 단, 조건은 입력데이터를 이용하시오(DSUM, DCOUNTA 함수).

(4) 2016년 이후(해당연도 포함) 입사자 수 ⇒ 결과값에 '명'을 표시하시오(COUNTIF 함수, & 연산자)(예 : 3명).

(5) 마케팅부의 승진시험 평균 ⇒ 내림하여 십의 단위로 구하시오. 단, 조건은 입력데이터를 이용하시오 (ROUNDDOWN, DAVERAGE 함수).

(6) 고과점수 합계 ⇒ 「H14」 셀에서 선택한 직원명에 대한 「상반기 고과점수+하반기 고과점수」로 구하시오(VLOOKUP 함수).

(7) 조건부 서식의 수식을 이용하여 승진시험이 '70' 이상인 행 전체에 다음 서식을 적용하시오(글꼴 : 빨강, 굵은 기울임꼴).

DAVERAGE	• 기능 : 지정한 조건에 맞는 데이터베이스에서 필드(열) 값들의 평균을 구하는 함수 • 형식 : =DAVERAGE(데이터베이스, 필드(열) 위치, 조건범위) • 사용 예 : 학년이 '저학년'인 학생들의 '총점' 평균을 계산 ▶ 함수식 : =DAVERAGE(A1:F6,F1,A1:A2) ※ [F1] 셀 주소 대신 열 번호인 '6'을 입력해도 결과는 같습니다. 함수식: =DAVERAGE(A1:F6,F1,A1:A2) 		A	B	C	D	E	F
---	---	---	---	---	---	---
1	학년	이름	국어	영어	수학	총점
2	저학년	김대한	85	75	80	240
3	고학년	이민국	70	75	60	205
4	고학년	홍길동	80	90	100	270
5	저학년	유재석	100	90	100	290
6	저학년	강호동	90	80	80	250
7	저학년 학생의 총점 평균					260	 함수식 =DAVERAGE(A1:F6,F1,A1:A2)
시험에 자주 출제되는 DAVERAGE 함수 중첩 예시	① 문제 : 상설전시 전시기간 평균 ⇒ 반올림하여 정수로 구하시오. 단, 조건은 입력데이터를 이용하시오 (ROUND, DAVERAGE 함수)(예 : 45.6 → 46). ☞ =ROUND(DAVERAGE(B4:H12,H4,D4:D5),0) → ROUND+DAVERAGE 사용 ② 문제 : 발라드 장르의 컬러링 다운로드 평균 ⇒ 내림하여 정수로 구하시오. 단, 조건은 입력데이터를 이용하시오 (ROUNDDOWN, DAVERAGE 함수(예 : 4,123.6 → 4,123). ☞ =ROUNDDOWN(DAVERAGE(B4:H12,H4,E4:E5),0) → ROUNDDOWN+DAVERAGE 사용
DMAX	• 기능 : 지정한 조건에 맞는 데이터베이스의 필드(열) 값들 중에서 가장 높은 값을 구하는 함수 • 형식 : =DMAX(데이터베이스, 필드(열) 위치, 조건범위) • 사용 예 : 학년이 '저학년'인 학생들의 '총점' 중 가장 높은 점수 ▶ 함수식 : =DMAX(A1:F6,F1,A1:A2) ※ [F1] 셀 주소 대신 열 번호인 '6'을 입력해도 결과는 같습니다. 함수식: =DMAX(A1:F6,F1,A1:A2) 		A	B	C	D	E	F
---	---	---	---	---	---	---
1	학년	이름	국어	영어	수학	총점
2	저학년	김대한	85	75	80	240
3	고학년	이민국	70	75	60	205
4	고학년	홍길동	80	90	100	270
5	저학년	유재석	100	90	100	290
6	저학년	강호동	90	80	80	250
7	저학년 학생의 총점 중 가장 높은 점수					290	 함수식 =DMAX(A1:F6,F1,A1:A2)
DCOUNTA	• 기능 : 지정한 조건에 맞는 데이터베이스의 필드(열) 값들 중에서 비어있지 않은 셀의 개수를 구하는 함수 • 형식 : =DCOUNTA(데이터베이스, 필드(열) 위치, 조건범위) • 사용 예 : 학년이 '저학년'인 학생들 중에서 평가가 '우수'인 학생의 인원수 ▶ 함수식 : =DCOUNTA(A1:G6,G1,A1:A2) ※ [G1] 셀 주소 대신 열 번호인 '7'을 입력해도 결과는 같습니다. 함수식: =DCOUNTA(A1:G6,G1,A1:A2) |	A	B	C	D	E	F	G
---	---	---	---	---	---	---	---
1	학년	이름	국어	영어	수학	총점	평가
2	저학년	김대한	85	75	80	240	
3	고학년	이민국	70	75	60	205	
4	고학년	홍길동	80	90	100	270	우수
5	저학년	유재석	100	90	100	290	우수
6	저학년	강호동	90	80	80	250	우수
7	저학년 학생 중에서 평가가 우수인 학생의 인원수						2	 함수식 =DCOUNTA(A1:G6,G1,A1:A2)

제 09 회 정보기술자격(ITQ) 출제예상 모의고사

과목	코드	문제유형	시험시간	수험번호	성명
한글엑셀	1122	A	60분		

MS오피스

· 수험자 유의사항 ·

- 수험자는 문제지를 받는 즉시 문제지와 **수험표상의 시험과목(프로그램)이 동일한지 반드시 확인**하여야 합니다.

- 파일명은 본인의 "수험번호–성명"으로 입력하여 답안폴더(내 PC₩문서₩ITQ)에 하나의 파일로 저장해야 하며, 답안 문서 파일명이 "수험번호–성명"과 일치하지 않거나, 답안파일을 전송하지 않아 미제출로 처리될 경우 실격 처리합니다 (예 : 12345678–홍길동.xlsx).

- 답안 작성을 마치면 파일을 저장하고, '답안 전송' 버튼을 선택하여 감독위원 PC로 답안을 전송하십시오. 수험생 정보와 저장 한 파일명이 다를 경우 전송되지 않으므로 주의하시기 바랍니다.

- 답안 작성 중에도 **주기적으로 저장하고, '답안 전송'**하여야 문제 발생을 줄일 수 있습니다. 작업한 내용을 저장하지 않고 전송할 경우 이전에 저장된 내용이 전송되오니 이점 유의하시기 바랍니다.

- 답안문서는 지정된 경로 외의 다른 보조기억장치에 저장하는 경우, 지정된 시험 시간 외에 작성된 파일을 활용할 경우, 기타 통신수단(이메일, 메신저, 네트워크 등)을 이용하여 타인에게 전달 또는 외부 반출하는 경우는 부정 처리합니다.

- 시험 중 부주의 또는 고의로 시스템을 파손한 경우는 수험자가 변상해야 하며, 〈수험자 유의사항〉에 기재된 방법대로 이행하 지 않아 생기는 불이익은 수험생 당사자의 책임임을 알려 드립니다.

- 문제의 조건은 MS오피스 2021 버전으로 설정되어 있으며 MS오피스 2016은 【 】에 표기되어 있습니다. 이와 관련하여 작성한 답안의 출력형태가 문제지와 다를 수 있습니다.

- 시험을 완료한 수험자는 답안파일이 전송되었는지 확인한 후 감독위원의 지시에 따라 문제지를 제출하고 퇴실합니다.

· 답안 작성요령 ·

- 온라인 답안 작성 절차
  수험자 등록 ⇒ 시험 시작 ⇒ 답안파일 저장 ⇒ 답안 전송 ⇒ 시험 종료

- 문제는 총 4단계, 즉 제1작업부터 제4작업까지 구성되어 있으며 반드시 제1작업부터 순서대로 작성하고 조건대로 작업하시오.

- 모든 작업시트의 A열은 열 너비 '1'로, 나머지 열은 적당하게 조절하시오.

- 모든 작업시트의 테두리는 ≪출력형태≫와 같이 작업하시오.

- 해당 작업란에서는 각각 제시된 조건에 따라 ≪출력형태≫와 같이 작업하시오.

- 답안 시트 이름은 "제1작업", "제2작업", "제3작업", "제4작업"이어야 하며 답안 시트 이외의 것은 감점 처리됩니다.

- 각 시트를 파일로 나누어 작업해서 저장할 경우 실격 처리됩니다.

kpc 한국생산성본부

데이터베이스 함수

데이터베이스 함수는 대부분 사용 방법(형식)이 비슷하기 때문에 어떤 기능의 함수인지만 알면 나머지 데이터베이스 함수들도 큰 어려움 없이 문제를 해결할 수 있습니다.

❶ DCOUNT : 데이터베이스 필드(열)에서 조건에 만족하는 숫자가 들어있는 셀의 개수를 구하는 함수

❷ DMIN : 데이터베이스 필드(열)에서 조건에 만족하는 값 중 최소값을 구하는 함수

❸ DGET : 데이터베이스 필드(열)에서 조건에 만족하는 하나의 값을 추출하는 함수

❹ DPRODUCT : 데이터베이스 필드(열)에서 조건에 만족하는 값을 곱해주는 함수

유형 05 재고순위 구하기(IF, RANK.EQ)

≪조건≫ : ⑴ 재고순위 ⇒ 재고량(단위:EA)의 내림차순 순위를 1~3까지 구한 결과값에 '위'를 붙이고 그 외에는 공백으로 구하시오(IF, RANK.EQ 함수, & 연산자)(예 : 1위).

■ RANK.EQ 함수

RANK.EQ 함수 : 수의 목록에 있는 어떤 수의 순위를 구하는 함수

❶ 유형04_문제.xlsx 파일을 불러와 [제1작업] 시트를 선택합니다. [I5] 셀을 클릭한 후 수식 입력 줄의 함수 삽입 (f_x)(**Shift** + **F3**)을 클릭합니다.

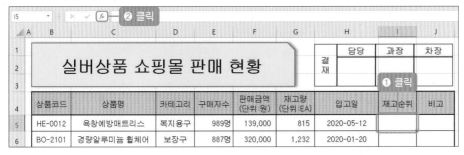

함수 마법사(f_x)

ITQ 엑셀 시험에서 함수 문제를 해결하기 위해서는 **함수 마법사**를 이용하거나 **셀에 직접 함수식을 입력**하는 방법이 있습니다. 함수에 대해 어느 정도 사용 방법을 알고 있을 경우에는 직접 셀에 함수식을 입력해도 되지만, 함수에 대해서 잘 모르거나 오류없이 정확하게 함수 문제를 해결하고자 한다면 **함수 마법사**를 이용하는 것이 편리합니다. 그 이유는 사용하고자 하는 함수(예 : RANK.EQ)에 대한 세부적인 설명과 함께 각각의 인수(Number, Ref, Order)들에 대한 설명이 자세히 나오기 때문입니다. 아래 내용은 함수 마법사를 이용하여 **RANK.EQ 함수의 인수**를 확인한 것입니다.

• **Number** : 순위를 구하려는 수
• **Ref** : 순위를 구하려는 목록의 배열(셀 범위) 또는 셀 주소
• **Order** : 순위를 정할 방법을 지정하는 수. 오름차순(0이 아닌 다른 값) 또는 내림차순(0또는 생략)을 지정
  ※ 오름차순 정렬 순서(내림차순은 반대) : 숫자(1,2,3...) → 특수문자 → 영문(A→Z) → 한글(ㄱ→ㅎ) → 논리값 → 오류값
  → 공백 셀(빈 셀)

➡ **"제1작업"** 시트를 이용하여 조건에 따라 ≪출력형태≫와 같이 작업하시오.

≪조건≫

(1) 차트 종류 ⇒ 〈묶은 세로 막대형〉으로 작업하시오.

(2) 데이터 범위 ⇒ "제1작업" 시트의 내용을 이용하여 작업하시오.

(3) 위치 ⇒ "새 시트"로 이동하고, "제4작업"으로 시트 이름을 바꾸시오.

(4) 차트 디자인 도구 ⇒ 레이아웃 3, 스타일 1을 선택하여 ≪출력형태≫에 맞게 작업하시오.

(5) 영역 서식 ⇒ 차트 : 글꼴(굴림, 11pt), 채우기 효과(질감-캔버스)

                 그림 : 채우기(흰색, 배경1)

(6) 제목 서식 ⇒ 차트 제목 : 글꼴(굴림, 굵게, 20pt), 채우기(흰색, 배경1), 테두리

(7) 서식 ⇒ 마진율 계열의 차트 종류를 〈표식이 있는 꺾은선형〉으로 변경한 후 보조 축으로 지정하시오.

        계열 : ≪출력형태≫를 참조하여 표식(마름모, 크기 10)과 레이블 값을 표시하시오.

        눈금선 : 선 스타일-파선

        축 : ≪출력형태≫를 참조하시오.

(8) 범례 ⇒ 범례명을 변경하고 ≪출력형태≫를 참조하시오.

(9) 도형 ⇒ '사각형 설명선'을 삽입한 후 ≪출력형태≫와 같이 내용을 입력하시오.

(10) 나머지 사항은 ≪출력형태≫에 맞게 작성하시오.

≪출력형태≫

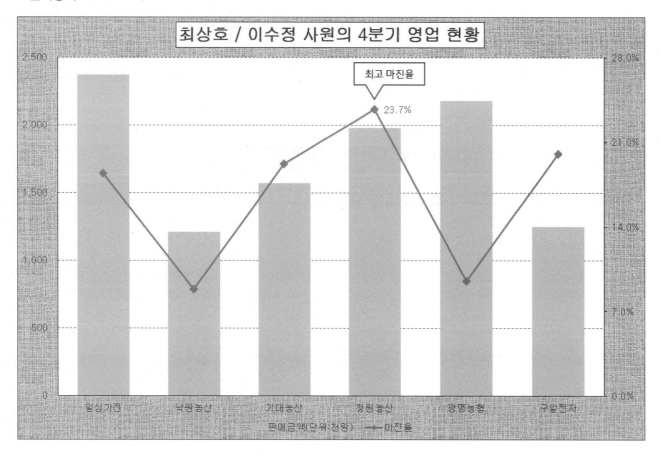

주의 ➡ 시트명 순서가 차례대로 **"제1작업"**, **"제2작업"**, **"제3작업"**, **"제4작업"**이 되도록 할 것.

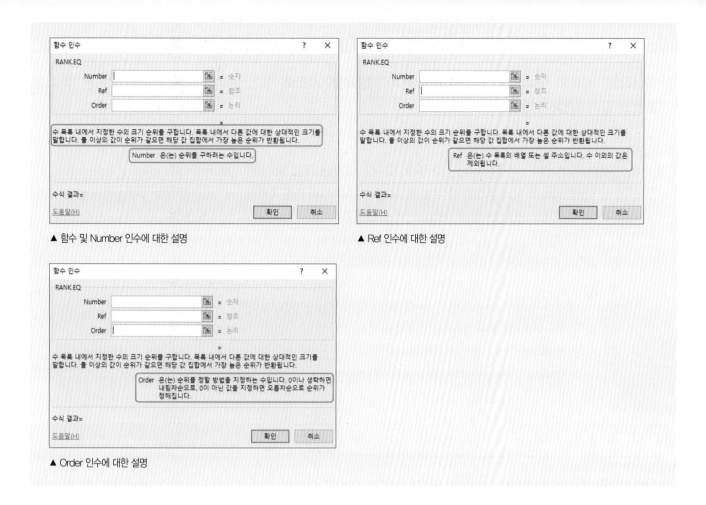

▲ 함수 및 Number 인수에 대한 설명

▲ Ref 인수에 대한 설명

▲ Order 인수에 대한 설명

❷ [함수 마법사] 대화상자가 나오면 함수 검색 입력 칸에 사용할 **함수명(RANK.EQ)**을 입력한 후 〈검색〉 단추를 클릭합니다. 이어서, 해당 함수가 검색되어 나오면 〈확인〉 단추를 클릭합니다.

※ IF 함수와 함께 다른 함수(예 : IF, INT / IF, RANK.EQ / IF, LEFT / IF, AND 등)를 사용하는 경우에는 뒤에 있는 함수를 먼저 실행하여 결과를 추출한 후 IF 함수를 실행합니다.

※ '함수 선택'에서 보이는 함수들은 '범주 선택(권장, 최근에 사용한 함수, 모두 등)'에서 선택한 목록의 함수들을 보여줍니다. '최근에 사용한 함수' 범주가 선택되었을 경우에는 시스템 환경에 따라 함수의 목록이 다르게 나타납니다.

➡️ **"제1작업"** 시트의 「B4:H12」 영역을 복사하여 **"제2작업"** 시트의 「B2」 셀부터 모두 붙여넣기를 한 후 다음의 조건과 같이 작업하시오.

≪조건≫
(1) 목표값 찾기 – 「B11:G11」 셀을 병합하여 "경기 지역 판매금액(단위:천원)의 전체 평균"을 입력한 후 「H11」 셀에 경기 지역의 판매금액(단위:천원)의 전체 평균을 구하시오. 단, 조건은 입력데이터를 이용하시오 (DAVERAGE 함수, 테두리, 가운데 맞춤).
   – '경기 지역 판매금액(단위:천원)의 전체 평균'이 '2,300'이 되려면 나무제과의 판매금액(단위:천원)이 얼마가 되어야 하는지 목표값을 구하시오.

(2) 고급필터 – 업체가 '농산'으로 끝나면서, 판매금액(단위:천원)이 '1500' 이상인 자료의 업체, 지역, 담당자, 판매금액(단위:천원) 데이터만 추출하시오.
   – 조건 범위 : 「B14」 셀부터 입력하시오.
   – 복사 위치 : 「B18」 셀부터 나타나도록 하시오.

➡️ **"제1작업"** 시트의 「B4:H12」 영역을 복사하여 **"제3작업"** 시트의 「B2」 셀부터 모두 붙여넣기를 한 후 다음의 조건과 같이 작업하시오.

≪조건≫
(1) 부분합 – ≪출력형태≫처럼 정렬하고, 업체의 개수와 판매금액(단위:천원)의 평균을 구하시오.
(2) 개요【윤곽】 – 지우시오.
(3) 나머지 사항은 ≪출력형태≫에 맞게 작성하시오.

≪출력형태≫

A	B	C	D	E	F	G	H
1							
2	품목코드	업체	지역	담당자	입점일	판매금액(단위:천원)	마진율
3	1G-003	청원농산	충북	최상호 사원	2014-08-05	₩ 1,980	23.7%
4	1N-231	낙원농산	충북	이수정 사원	2016-09-01	₩ 1,210	8.8%
5			충북 평균			₩ 1,595	
6		2	충북 개수				
7	1Y-021	기대농산	전남	이수정 사원	2015-09-30	₩ 1,570	19.2%
8	3B-243	영광식품	전남	김미희 사원	2020-02-21	₩ 1,270	9.1%
9			전남 평균			₩ 1,420	
10		2	전남 개수				
11	2S-452	일심가전	경기	최상호 사원	2019-05-21	₩ 2,370	18.4%
12	1W-102	광명농협	경기	이수정 사원	2020-05-04	₩ 2,180	9.5%
13	3H-498	나무제과	경기	김미희 사원	2019-03-12	₩ 2,145	9.6%
14			경기 평균			₩ 2,232	
15		3	경기 개수				
16	2M-812	구일전자	강원	최상호 사원	2016-04-11	₩ 1,250	20.0%
17			강원 평균			₩ 1,250	
18		1	강원 개수				
19			전체 평균			₩ 1,747	
20		8	전체 개수				

③ [함수 인수] 대화상자가 나오면 아래와 같이 각각의 인수 값을 입력한 후 〈확인〉 단추를 클릭합니다.
  – Number 입력 칸을 클릭한 후 순위를 구할 기준 값인 [G5] 셀을 클릭합니다.
  – Ref 입력 칸을 클릭한 후 순위를 구할 셀 범위([G5:G12])의 영역을 드래그하고, F4 키를 누릅니다.
    ※ 채우기 핸들(✚)을 이용하여 순위를 구할 때는 정해진 셀 범위(재고량)가 고정되어 있어야 하기 때문에 F4 키를
      눌러 '절대 참조($G$5:$G$12)'로 지정해야 합니다.
  – Order 입력 칸은 내림차순으로 지정하기 위해 아무것도 입력하지 않습니다.
    ※ 'Order' 입력 칸에 '0'이 아닌 값을 입력하면 오름차순, 아무것도 입력하지 않거나 '0'을 입력하면 내림차순으로 정
      렬됩니다.

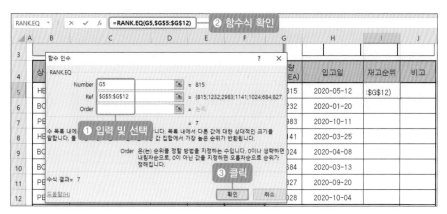

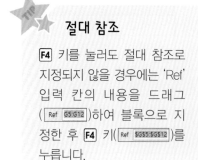

절대 참조

F4 키를 눌러도 절대 참조로
지정되지 않을 경우에는 'Ref'
입력 칸의 내용을 드래그
(Ref G5:G12)하여 블록으로 지
정한 후 F4 키(Ref $G$5:$G$12)를
누릅니다.

④ IF 함수에 RANK.EQ 함수의 결과를 사용해야 하기 때문에 수식 입력 줄의 RANK.EQ(G5,$G$5:$G$12)를 드래그하여
  잘라내기(Ctrl + X) 한 후 다시 함수 삽입(fx)(Shift + F3)을 클릭합니다.

■ IF 함수

IF 함수 : 특정 조건을 지정하여 해당 조건에 만족하면 '참(TURE)'에 해당하는 값을, 그렇지 않으면 '거짓(FALSE)'에 해당하
는 값을 표시하는 함수

① [함수 마법사] 대화상자가 나오면 함수 검색 입력 칸에 사용할 **함수명(IF)**을 입력한 후 〈검색〉 단추를 클릭합니
  다. 이어서, 해당 함수가 검색되어 나오면 〈확인〉 단추를 클릭합니다.

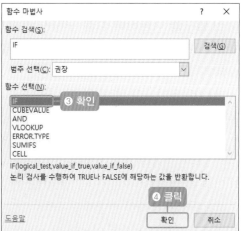

➡ 다음은 '★ 2020년 4분기 영업 현황 ★'에 대한 자료이다. 자료를 입력하고 조건에 맞도록 작업하시오.

≪출력형태≫

품목코드	업체	지역	담당자	입점일	판매금액 (단위:천원)	마진율	품목	비고
						담당	팀장	부장
						결재		
2S-452	일심가전	경기	최상호	2019-05-21	₩ 2,370	18.4%	(1)	(2)
1N-231	낙원농산	충북	이수정	2016-09-01	₩ 1,210	8.8%	(1)	(2)
1Y-021	기대농산	전남	이수정	2015-09-30	₩ 1,570	19.2%	(1)	(2)
3H-498	나무제과	경기	김미희	2019-03-12	₩ 2,145	9.6%	(1)	(2)
1G-003	청원농산	충북	최상호	2014-08-05	₩ 1,980	23.7%	(1)	(2)
3B-243	영광식품	전남	김미희	2020-02-21	₩ 1,270	9.1%	(1)	(2)
1W-102	광명농협	경기	이수정	2020-05-04	₩ 2,180	9.5%	(1)	(2)
2M-812	구일전자	강원	최상호	2016-04-11	₩ 1,250	20.0%	(1)	(2)
마진율에 따른 판매금액의 합계			(3)		판매금액이 평균 이상인 업체 수			(5)
두 번째로 높은 마진율			(4)		업체	일심가전	담당자	(6)

≪조건≫

○ 모든 데이터의 서식에는 글꼴(굴림, 11pt), 정렬은 숫자 및 회계 서식은 오른쪽 정렬, 나머지 서식은 가운데 정렬로 작성하며 예외적인 것은 ≪출력형태≫를 참조하시오.

○ 제 목 ⇒ 도형(육각형)과 그림자(오프셋 대각선 왼쪽 아래)를 이용하여 작성하고 "★ 2020년 4분기 영업 현황 ★"을 입력한 후 다음 서식을 적용하시오 (글꼴–돋움, 20pt, 검정, 굵게, 채우기–주황).

○ 임의의 셀에 결재란을 작성하여 그림으로 복사 기능을 이용하여 붙이기 하시오(단, 원본 삭제).

○ 「B4:J4, G14, I14」 영역은 '연한 녹색'으로 채우기 하시오.

○ 유효성 검사를 이용하여 「H14」 셀에 업체(「C5:C12」 영역)가 선택 표시되도록 하시오.

○ 셀 서식 ⇒ 「E5:E12」 영역에 셀 서식을 이용하여 문자 뒤에 '사원'을 표시하시오(예 : 최상호 사원).

○ 「H5:H12」 영역에 대해 '마진율'로 이름정의를 하시오.

➡ (1)∼(6) 셀은 반드시 **주어진 함수**를 이용하여 값을 구하시오(결과값을 직접 입력하면 해당 셀은 0점 처리됨).

(1) 품목 ⇒ 품목코드의 첫 번째 글자가 1이면 '농산물', 2이면 '전자제품', 그 외에는 '제과제빵'을 표시하시오 (IF, LEFT 함수).

(2) 비고 ⇒ 입점일의 연도가 2020이면 '신규입점' 그 외에는 공백으로 표시하시오(IF, YEAR 함수).

(3) 마진율에 따른 판매금액의 합계 ⇒ 「판매금액(단위:천원)×마진율」로 구하되 반올림하여 십 단위까지 구하시오 (ROUND, SUMPRODUCT 함수)(예 : 2081.85 → 2080).

(4) 두 번째로 높은 마진율 ⇒ 정의된 이름(마진율)을 이용하여 구한 후 백분율로 표시하시오(LARGE 함수).

(5) 판매금액이 평균 이상인 업체 수 ⇒ (COUNTIF, AVERAGE 함수, & 연산자)(예 : 3 → 3개).

(6) 담당자 ⇒ 「H14」 셀에서 선택한 업체에 대한 담당자를 구하시오(VLOOKUP 함수).

(7) 조건부 서식의 수식을 이용하여 마진율이 '10%' 이상인 행 전체에 다음 서식을 적용하시오(글꼴 : 파랑, 굵게).

❷ [함수 인수] 대화상자가 나오면 아래와 같이 각각의 인수 값을 입력한 후 〈확인〉 단추를 클릭합니다.

- Logical_test 입력 칸을 클릭하여 **붙여넣기**(**Ctrl**+**V**)한 후 〈=3을 입력하고 인수 RANK.EQ(G5, $G$5:$G$12)〈=3을 확인합니다. 붙여넣기로 입력된 데이터는 이전에 잘라낸 RANK.EQ (G5,$G$5:$G$12) 함수식입니다.

  ※ Logical_test 인수는 참 또는 거짓이 판정될 값이나 식을 입력합니다. 'RANK.EQ(G5,$G$5:$G$12)〈=3' 함수식을 풀어보면 재고량 영역에서 [G5] 셀이 몇 번째 순위(7)인지 확인한(RANK.EQ(G5,$G$5:$G$12)) 후 해당 순위가 3보다 작거나 같은지(〈=3) 비교합니다.

- Value_if_ture 입력 칸을 클릭하여 **붙여넣기**(**Ctrl**+**V**)한 후 &"위"를 입력하고 인수 RANK.EQ (G5,$G$5:$G$12)&"위"를 확인합니다.

  ※ Value_if_true 인수는 참일 때 표시하는 값입니다. 순위가 3보다 작거나 같을 때 순위(RANK.EQ(G5,$G$5: $G$12)) 결과값에 텍스트 연결 연산자(&)를 사용하여 "위"를 표시합니다.

- Value_if_false 입력 칸을 클릭하여 ""를 입력합니다.

  ※ Value_if_false 인수는 거짓일 때 표시하는 값입니다. 1~3위 외에는 공백("")으로 표시합니다.

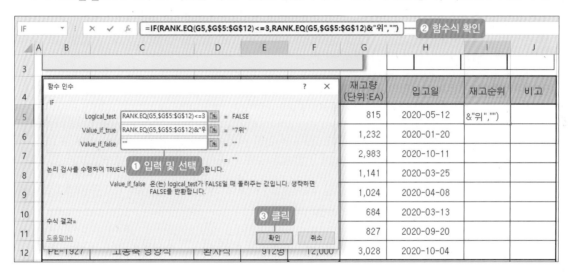

❸ 함수가 계산되면 [I5] 셀의 **채우기 핸들**(**+**)을 [I12] 셀까지 드래그합니다.

  ※ 함수를 삽입한 후 [I5] 셀이 빈 셀로 보이지만 수식 입력 줄에서 계산된 함수식을 확인할 수 있습니다.

제 08 회 정보기술자격(ITQ) 출제예상 모의고사

과목	코드	문제유형	시험시간	수험번호	성명
한글엑셀	1122	A	60분		

MS오피스

·수험자 유의사항·

● 수험자는 문제지를 받는 즉시 문제지와 **수험표상의 시험과목(프로그램)이 동일한지 반드시 확인**하여야 합니다.

● 파일명은 본인의 "수험번호-성명"으로 입력하여 답안폴더(내 PC₩문서₩ITQ)에 하나의 파일로 저장해야 하며, 답안 문서 파일명이 "수험번호-성명"과 일치하지 않거나, 답안파일을 전송하지 않아 미제출로 처리될 경우 실격 처리합니다 (예 : 12345678-홍길동.xlsx).

● 답안 작성을 마치면 파일을 저장하고, '답안 전송' 버튼을 선택하여 감독위원 PC로 답안을 전송하십시오. 수험생 정보와 저장한 파일명이 다를 경우 전송되지 않으므로 주의하시기 바랍니다.

● 답안 작성 중에도 **주기적으로 저장하고, '답안 전송'**하여야 문제 발생을 줄일 수 있습니다. 작업한 내용을 저장하지 않고 전송할 경우 이전에 저장된 내용이 전송되오니 이점 유의하시기 바랍니다.

● 답안문서는 지정된 경로 외의 다른 보조기억장치에 저장하는 경우, 지정된 시험 시간 외에 작성된 파일을 활용할 경우, 기타 통신수단(이메일, 메신저, 네트워크 등)을 이용하여 타인에게 전달 또는 외부 반출하는 경우는 부정 처리합니다.

● 시험 중 부주의 또는 고의로 시스템을 파손한 경우는 수험자가 변상해야 하며, 〈수험자 유의사항〉에 기재된 방법대로 이행하지 않아 생기는 불이익은 수험생 당사자의 책임임을 알려 드립니다.

● 문제의 조건은 MS오피스 2021 버전으로 설정되어 있으며 MS오피스 2016은 【 】에 표기되어 있습니다. 이와 관련하여 작성한 답안의 출력형태가 문제지와 다를 수 있습니다.

● 시험을 완료한 수험자는 답안파일이 전송되었는지 확인한 후 감독위원의 지시에 따라 문제지를 제출하고 퇴실합니다.

·답안 작성요령·

● 온라인 답안 작성 절차
  수험자 등록 ⇒ 시험 시작 ⇒ 답안파일 저장 ⇒ 답안 전송 ⇒ 시험 종료

● 문제는 총 4단계, 즉 제1작업부터 제4작업까지 구성되어 있으며 반드시 제1작업부터 순서대로 작성하고 조건대로 작업하시오.

● 모든 작업시트의 A열은 열 너비 '1'로, 나머지 열은 적당하게 조절하시오.

● 모든 작업시트의 테두리는 《출력형태》와 같이 작업하시오.

● 해당 작업란에서는 각각 제시된 조건에 따라 《출력형태》와 같이 작업하시오.

● 답안 시트 이름은 "제1작업", "제2작업", "제3작업", "제4작업"이어야 하며 답안 시트 이외의 것은 감점 처리됩니다.

● 각 시트를 파일로 나누어 작업해서 저장할 경우 실격 처리됩니다.

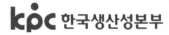

kpc 한국생산성본부

≪조건≫ : (2) 비고 ⇒ 「구매자수÷300」의 정수의 크기만큼 '★'을 반복 표시되도록 구하시오(REPT 함수).

■ REPT 함수

REPT 함수 : 텍스트를 지정한 횟수만큼 반복하여 표시하는 함수

① [J5] 셀을 클릭한 후 수식 입력 줄의 **함수 삽입**(fx)(**Shift**+**F3**)을 클릭합니다.

② [함수 마법사] 대화상자가 나오면 함수 검색 입력 칸에 사용할 **함수명(REPT)**을 입력한 후 〈검색〉 단추를 클릭합니다. 이어서, 해당 함수가 검색되어 나오면 〈확인〉 단추를 클릭합니다.

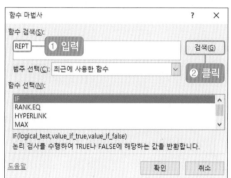 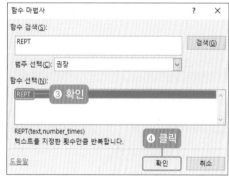

③ [함수 인수] 대화상자가 나오면 아래와 같이 각각의 인수 값을 입력한 후 〈확인〉 단추를 클릭합니다.

- Text 입력 칸을 클릭하여 'ㅁ'을 입력한 후 **한자** 키를 눌러 '★'을 선택합니다.

  ※ Text 인수는 반복할 텍스트를 입력합니다.

- Number_times 입력 칸을 클릭하여 [E5] 셀 클릭한 후 /300을 입력한 후 인수 E5/300을 확인합니다.

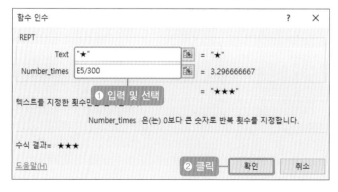

※ Number_times 인수는 텍스트를 반복할 횟수로 숫자 또는 수식을 입력합니다. 'E5/300'을 풀어보면 구매자수의 데이터를 '300'으로 나눈 몫 만큼 텍스트를 반복하여 표시합니다.

➡ **"제1작업"** 시트를 이용하여 조건에 따라 ≪출력형태≫와 같이 작업하시오.

≪조건≫

(1) 차트 종류 ⇒ 〈묶은 세로 막대형〉으로 작업하시오.

(2) 데이터 범위 ⇒ "제1작업" 시트의 내용을 이용하여 작업하시오.

(3) 위치 ⇒ "새 시트"로 이동하고, "제4작업"으로 시트 이름을 바꾸시오.

(4) 차트 디자인 도구 ⇒ 레이아웃 3, 스타일 8을 선택하여 ≪출력형태≫에 맞게 작업하시오.

(5) 영역 서식 ⇒ 차트 : 글꼴(굴림, 11pt), 채우기 효과(질감-파피루스)

              그림 : 채우기(흰색, 배경1)

(6) 제목 서식 ⇒ 차트 제목 : 글꼴(돋움, 굵게, 20pt), 채우기(흰색, 배경1), 테두리

(7) 서식 ⇒ 당월판매량 계열의 차트 종류를 〈표식이 있는 꺾은선형〉으로 변경한 후 보조 축으로 지정하시오.

              계열 : ≪출력형태≫를 참조하여 표식(원, 크기 10)과 레이블 값을 표시하시오.

              눈금선 : 선 스타일-파선

              축 : ≪출력형태≫를 참조하시오.

(8) 범례 ⇒ 범례명을 변경하고 ≪출력형태≫를 참조하시오.

(9) 도형 ⇒ '사각형 설명선'을 삽입한 후 ≪출력형태≫와 같이 내용을 입력하시오.

(10) 나머지 사항은 ≪출력형태≫에 맞게 작성하시오.

≪출력형태≫

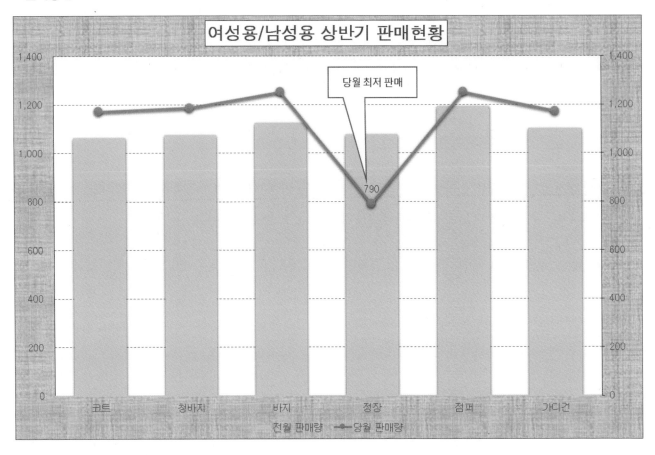

주의 ➡ 시트명 순서가 차례대로 "제1작업", "제2작업", "제3작업", "제4작업"이 되도록 할 것.

④ [J5] 셀의 **채우기 핸들**(➕)을 [J12] 셀까지 드래그합니다.

※ [J] 열의 너비를 조절한 후 ≪출력형태≫를 참고하여 결재란 이미지의 크기를 조절합니다.

유형 07 **환자식 판매금액(단위:원) 평균 구하기(SUMIF, COUNTIF)**

≪**조건**≫ : (3) 환자식 판매금액(단위:원) 평균 ⇒ (SUMIF, COUNTIF 함수).

■ **SUMIF 함수**

※ SUMIF 함수로 환자식 판매금액(단위:원)의 '합계'를 구한 후 COUNTIF 함수로 환자식 판매금액(단위:원)의 '개수'를 구합니다. 이어서, 합계(SUMIF)와 개수(COUNTIF)를 나누어 평균 값을 얻어냅니다.(즉, 합계/개수)

SUMIF 함수 : 주어진 조건에 만족하는 데이터들의 합계를 구하는 함수

① [E13] 셀을 클릭한 후 수식 입력 줄의 **함수 삽입**(fx)(**Shift**+**F3**)을 클릭합니다.

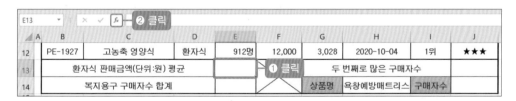

② [함수 마법사] 대화상자가 나오면 함수 검색 입력 칸에 사용할 **함수명(SUMIF)**을 입력한 후 〈검색〉 단추를 클릭합니다. 이어서, 해당 함수가 검색되어 나오면 〈확인〉 단추를 클릭합니다.

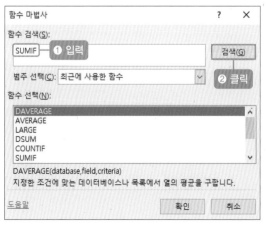
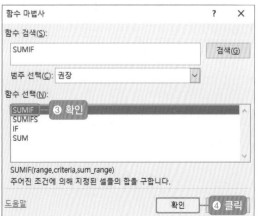

➡ **"제1작업"** 시트의 「B4:H12」 영역을 복사하여 **"제2작업"** 시트의 「B2」 셀부터 모두 붙여넣기를 한 후 다음의
조건과 같이 작업하시오.

≪조건≫
  (1) 고급필터 – 상품코드에 'B'가 포함되거나, 당월 판매량이 '1,200' 이상인 자료의 상품명, 분류, 판매가, 당월 판매량
                   데이터만 추출하시오.
          – 조건 범위 : 「B13」 셀부터 입력하시오.
          – 복사 위치 : 「B18」 셀부터 나타나도록 하시오.

  (2) 표 서식 – 고급필터의 결과셀을 채우기 없음으로 설정한 후 '표 스타일 보통 1'의 서식을 적용하시오.
          – 머리글 행, 줄무늬 행을 적용하시오.

➡ **"제1작업"** 시트를 이용하여 **"제3작업"** 시트에 조건에 따라 ≪출력형태≫와 같이 작업하시오.

≪조건≫
  (1) 재고량 및 분류별 상품명의 개수와 당월 판매량의 평균을 구하시오.
  (2) 재고량을 그룹화하고, 분류를 ≪출력형태≫와 같이 정렬하시오.
  (3) 레이블이 있는 셀 병합 및 가운데 맞춤 적용 및 빈 셀은 '**'로 표시하시오.
  (4) 행의 총합계는 지우고, 나머지 사항은 ≪출력형태≫에 맞게 작성하시오.

≪출력형태≫

▲A	B	C	D	E	F	G	H
1							
2		분류 ↵					
3			여성용		남성용		공용	
4	재고량 ▾	개수 : 상품명	평균 : 당월 판매량	개수 : 상품명	평균 : 당월 판매량	개수 : 상품명	평균 : 당월 판매량
5	0-99	**	**	2	988	**	**
6	100-199	1	1,171	**	**	**	**
7	200-299	**	**	1	1,172	**	**
8	300-399	**	**	**	**	1	1,205
9	400-500	2	1,251	**	**	1	1,560
10	총합계	3	1,224	3	1,049	2	1,383

③ [함수 인수] 대화상자가 나오면 아래와 같이 각각의 인수 값을 입력한 후 〈확인〉 단추를 클릭합니다.

- Range 입력 칸을 클릭한 후 조건에 맞는 셀들을 검사할 영역([D5:D12])을 드래그합니다.

  ※ Range 인수는 조건(Criteria에 입력한 값을 기준)에 맞는지를 검사할 셀 범위입니다.

- Criteria 입력 칸을 클릭한 후 환자식 상품의 판매금액만 구하기 위해 **환자식**을 입력합니다.

  ※ Criteria 인수는 값을 더할 셀의 조건을 지정하는 곳으로 '숫자, 식, 텍스트' 형태로 입력합니다.

- Sum_range 입력 칸을 클릭하여 합계를 계산할 영역([F5:F12])을 드래그한 후 〈확인〉 단추를 클릭합니다.

  ※ Sum_range 인수는 조건에 만족하는 셀들의 합을 구하기 위한 셀 범위입니다.

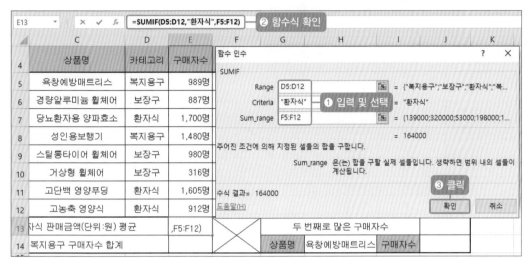

■ COUNTIF 함수

> COUNTIF 함수 : 특정 조건을 만족하는 셀의 개수를 구하는 함수

① SUMIF 함수식이 입력된 **수식 입력 줄**을 클릭한 후 함수식 맨 뒤에 **나누기 기호(/)**를 입력합니다. 이어서, **함수 삽입**(fx)(**Shift**+**F3**)을 클릭합니다.

② [함수 마법사] 대화상자가 나오면 함수 검색 입력 칸에 사용할 **함수명(COUNTIF)**을 입력한 후 〈검색〉 단추를 클릭합니다. 이어서, 해당 함수가 검색되어 나오면 〈확인〉 단추를 클릭합니다.

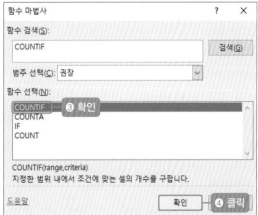

➡ 다음은 '온라인 쇼핑몰 상반기 판매현황'에 대한 자료이다. 자료를 입력하고 조건에 맞도록 작업하시오.

≪출력형태≫

상품코드	상품명	분류	전월 판매량	판매가	당월 판매량	재고량	발주여부	면세구분
						담당	과장	차장
						결 재		
2-B007	코트	여성용	1,062	160,000	1,171	100	(1)	(2)
1-E492	후드티	공용	1,379	25,000	1,205	310	(1)	(2)
1-H430	청바지	남성용	1,075	55,000	1,186	20	(1)	(2)
1-B331	바지	여성용	1,125	48,000	1,251	465	(1)	(2)
1-E083	정장	남성용	1,077	200,000	790	50	(1)	(2)
2-E455	점퍼	여성용	1,194	60,000	1,251	453	(1)	(2)
2-H897	가디건	남성용	1,101	28,000	1,172	250	(1)	(2)
1-H200	티셔츠	공용	1,087	15,000	1,560	500	(1)	(2)
당월 판매량이 평균 이상인 재고량 합계			(3)		최저 판매가			(5)
면세 제품 판매비율			(4)		상품명	코트	판매가	(6)

≪조건≫
- ㅇ 모든 데이터의 서식에는 글꼴(굴림, 11pt), 정렬은 숫자 및 회계 서식은 오른쪽 정렬, 나머지 서식은 가운데 정렬로 작성하며 예외적인 것은 ≪출력형태≫를 참조하시오.
- ㅇ 제 목 ⇒ 도형(빗면)과 그림자(오프셋 오른쪽)를 이용하여 작성하고 "온라인 쇼핑몰 상반기 판매현황"을 입력한 후 다음 서식을 적용하시오
  (글꼴-굴림, 24pt, 검정, 굵게, 채우기-노랑).
- ㅇ 임의의 셀에 결재란을 작성하여 그림으로 복사 기능을 이용하여 붙이기 하시오(단, 원본 삭제).
- ㅇ 「B4:J4, G14, I14」 영역은 '주황'으로 채우기 하시오.
- ㅇ 유효성 검사를 이용하여 「H14」 셀에 상품명(「C5:C12」 영역)이 선택 표시되도록 하시오.
- ㅇ 셀 서식 ⇒ 「F5:F12」 영역에 셀 서식을 이용하여 숫자 뒤에 '원'을 표시하시오(예 : 15,000원).
- ㅇ 「H5:H12」 영역에 대해 '재고량'으로 이름정의를 하시오.

➡ (1)~(6) 셀은 반드시 <u>주어진 함수를 이용</u>하여 값을 구하시오(결과값을 직접 입력하면 해당 셀은 0점 처리됨).
- (1) 발주여부 ⇒ 당월 판매량이 전월 판매량보다 크거나, '재고량 ÷ 당월 판매량'이 5% 미만이면 '주문', 그렇지 않으면 공백으로 나타내시오(IF, OR 함수).
- (2) 면세구분 ⇒ 상품코드의 첫 번째 글자가 '1'이면 '면세', '2'이면 'VAT'로 나타내시오(CHOOSE, LEFT 함수).
- (3) 당월 판매량이 평균 이상인 재고량 합계 ⇒ 정의된 이름(재고량)을 이용하며 결과값 뒤에 '개'를 붙이시오
  (SUMIF, AVERAGE 함수, & 연산자)(예 : 1700개).
- (4) 면세 제품 판매비율 ⇒ 「'1'로 시작하는 상품코드 수/전체 상품코드 수」로 구한 후 백분율로 표시하시오
  (COUNTIF, COUNTA 함수).
- (5) 최저 판매가 ⇒ (MIN 함수).
- (6) 판매가 ⇒ 「H14」 셀에서 선택한 상품명에 대한 판매가를 구하시오(VLOOKUP 함수).
- (7) 조건부 서식을 이용하여 당월 판매량 셀에 데이터 막대 스타일(빨강)을 최소값 및 최대값으로 적용하시오.

❸ [함수 인수] 대화상자가 나오면 아래와 같이 각각의 인수 값을 입력한 후 〈확인〉 단추를 클릭합니다.
- **Range** 입력 칸을 클릭한 후 조건에 맞는 셀들의 개수를 구하려는 영역([D5:D12])을 드래그합니다.
  ※ Range 인수는 조건(Criteria에 입력한 값을 기준)에 맞는 셀의 개수를 구하려는 셀 범위입니다.
- **Criteria** 입력 칸을 클릭한 후 환자식 상품의 개수를 구하기 위해 **환자식**을 입력합니다.
  ※ Criteria 인수는 셀의 개수를 구할 조건을 지정하는 곳으로 '숫자, 식, 텍스트' 형태로 입력합니다.

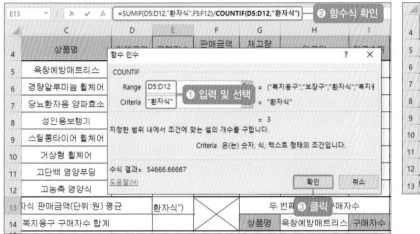

유형 08 복지용구 구매자수 합계 구하기(DSUM)

≪**조건**≫ : ⑷ 복지용구 구매자수 합계 ⇒ 조건은 입력데이터를 이용하시오(DSUM 함수).

DSUM 함수 : 지정한 조건에 맞는 데이터베이스에서 필드(열) 값들의 합계를 구하는 함수

❶ [E14] 셀을 클릭한 후 수식 입력 줄의 **함수 삽입**(_fx_)(**Shift**+**F3**)을 클릭합니다.

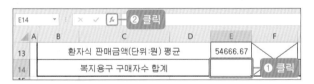

❷ [함수 마법사] 대화상자가 나오면 함수 검색 입력 칸에 사용할 **함수명(DSUM)**을 입력한 후 〈검색〉 단추를 클릭합니다. 이어서, 해당 함수가 검색되어 나오면 〈확인〉 단추를 클릭합니다.

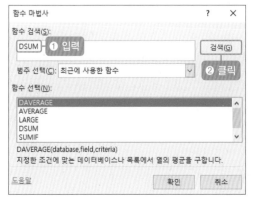
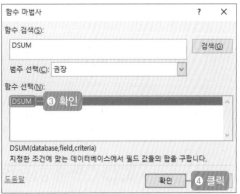

과목	코드	문제유형	시험시간	수험번호	성명
한글엑셀	1122	A	60분		

MS오피스

·수험자 유의사항·

- 수험자는 문제지를 받는 즉시 문제지와 **수험표상의 시험과목(프로그램)이 동일한지 반드시 확인**하여야 합니다.

- 파일명은 본인의 "수험번호−성명"으로 입력하여 답안폴더(내 PC₩문서₩ITQ)에 하나의 파일로 저장해야 하며, 답안 문서 파일명이 "수험번호−성명"과 일치하지 않거나, 답안파일을 전송하지 않아 미제출로 처리될 경우 실격 처리합니다 (예 : 12345678-홍길동.xlsx).

- 답안 작성을 마치면 파일을 저장하고, '답안 전송' 버튼을 선택하여 감독위원 PC로 답안을 전송하십시오. 수험생 정보와 저장한 파일명이 다를 경우 전송되지 않으므로 주의하시기 바랍니다.

- 답안 작성 중에도 **주기적으로 저장하고, '답안 전송'**하여야 문제 발생을 줄일 수 있습니다. 작업한 내용을 저장하지 않고 전송할 경우 이전에 저장된 내용이 전송되오니 이점 유의하시기 바랍니다.

- 답안문서는 지정된 경로 외의 다른 보조기억장치에 저장하는 경우, 지정된 시험 시간 외에 작성된 파일을 활용할 경우, 기타 통신수단(이메일, 메신저, 네트워크 등)을 이용하여 타인에게 전달 또는 외부 반출하는 경우는 부정 처리합니다.

- 시험 중 부주의 또는 고의로 시스템을 파손한 경우는 수험자가 변상해야 하며, 〈수험자 유의사항〉에 기재된 방법대로 이행하지 않아 생기는 불이익은 수험생 당사자의 책임임을 알려 드립니다.

- 문제의 조건은 MS오피스 2021 버전으로 설정되어 있으며 MS오피스 2016은【 】에 표기되어 있습니다. 이와 관련하여 작성한 답안의 출력형태가 문제지와 다를 수 있습니다.

- 시험을 완료한 수험자는 답안파일이 전송되었는지 확인한 후 감독위원의 지시에 따라 문제지를 제출하고 퇴실합니다.

·답안 작성요령·

- 온라인 답안 작성 절차

  수험자 등록 ⇒ 시험 시작 ⇒ 답안파일 저장 ⇒ 답안 전송 ⇒ 시험 종료

- 문제는 총 4단계, 즉 제1작업부터 제4작업까지 구성되어 있으며 반드시 제1작업부터 순서대로 작성하고 조건대로 작업하시오.

- 모든 작업시트의 A열은 열 너비 '1'로, 나머지 열은 적당하게 조절하시오.

- 모든 작업시트의 테두리는 ≪출력형태≫와 같이 작업하시오.

- 해당 작업란에서는 각각 제시된 조건에 따라 ≪출력형태≫와 같이 작업하시오.

- 답안 시트 이름은 "제1작업", "제2작업", "제3작업", "제4작업"이어야 하며 답안 시트 이외의 것은 감점 처리됩니다.

- 각 시트를 파일로 나누어 작업해서 저장할 경우 실격 처리됩니다.

kpc 한국생산성본부

③ [함수 인수] 대화상자가 나오면 아래와 같이 각각의 인수 값을 입력한 후 〈확인〉 단추를 클릭합니다.

– Database 입력 칸을 클릭한 후 [B4:H12] 영역을 드래그합니다.

※ Database 인수는 데이터베이스나 목록으로 지정할 셀 범위입니다.

– Field 입력 칸을 클릭한 후 구매자수의 합계를 계산하기 위해 [E4] 셀을 클릭하거나 4를 입력합니다.

※ Field 인수는 목록(데이터베이스)에서 조건(Criteria 인수에서 조건 지정)에 맞는 합계를 구할 열의 위치를 선택하거나 입력합니다.

– Criteria 입력 칸을 클릭한 후 카테고리가 복지용구인 조건을 지정하기 위해 [D4:D5] 영역을 드래그합니다.

※ Criteria 인수는 찾을 조건이 있는 셀 범위로 열 레이블과 조건 레이블이 포함되어야 합니다.

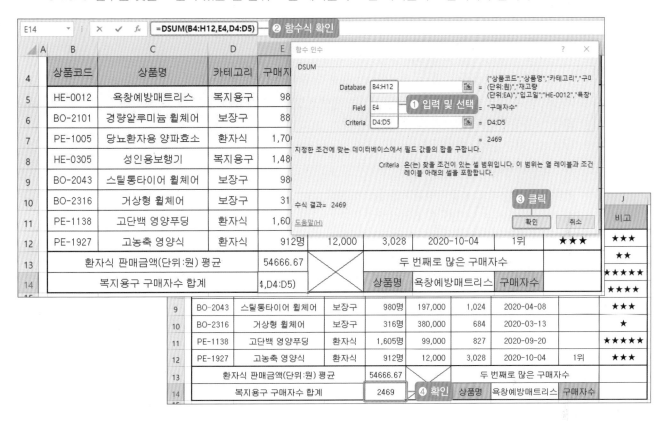

유형 09 두 번째로 많은 구매자수 구하기(LARGE 함수)

≪조건≫ : (5) 두 번째로 많은 구매자수 ⇒ 정의된 이름(구매자수)을 이용하여 구하시오(LARGE 함수).

LARGE 함수 : 지정된 셀 범위에서 입력한 숫자 번째로 큰 값을 구하는 함수

① [J13] 셀을 클릭한 후 수식 입력 줄의 함수 삽입(_fx_)(Shift + F3)을 클릭합니다.

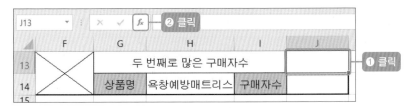

➡ **"제1작업"** 시트를 이용하여 조건에 따라 ≪출력형태≫와 같이 작업하시오.

≪조건≫

(1) 차트 종류 ⇒ 〈묶은 세로 막대형〉으로 작업하시오.

(2) 데이터 범위 ⇒ "제1작업" 시트의 내용을 이용하여 작업하시오.

(3) 위치 ⇒ "새 시트"로 이동하고, "제4작업"으로 시트 이름을 바꾸시오.

(4) 차트 디자인 도구 ⇒ 레이아웃 3, 스타일 1을 선택하여 ≪출력형태≫에 맞게 작업하시오.

(5) 영역 서식 ⇒ 차트 : 글꼴(굴림, 11pt), 채우기 효과(질감-파랑 박엽지)
                  그림 : 채우기(흰색, 배경1)

(6) 제목 서식 ⇒ 차트 제목 : 글꼴(굴림, 굵게, 20pt), 채우기(흰색, 배경1), 테두리

(7) 서식 ⇒ 고등학생 계열의 차트 종류를 〈표식이 있는 꺾은선형〉으로 변경한 후 보조 축 및 완만한 선으로 지정하시오.
                  계열 : ≪출력형태≫를 참조하여 표식(세모, 크기 10)과 레이블 값을 표시하시오.
                  눈금선 : 선 스타일-파선
                  축 : ≪출력형태≫를 참조하시오.

                                             └→[데이터 계열 서식]-
                                                 채우기 및 선-완만한 선

(8) 범례 ⇒ 범례명을 변경하고 ≪출력형태≫를 참조하시오.

(9) 도형 ⇒ '타원형 설명선'을 삽입한 후 ≪출력형태≫와 같이 내용을 입력하시오.

(10) 나머지 사항은 ≪출력형태≫에 맞게 작성하시오.

≪출력형태≫

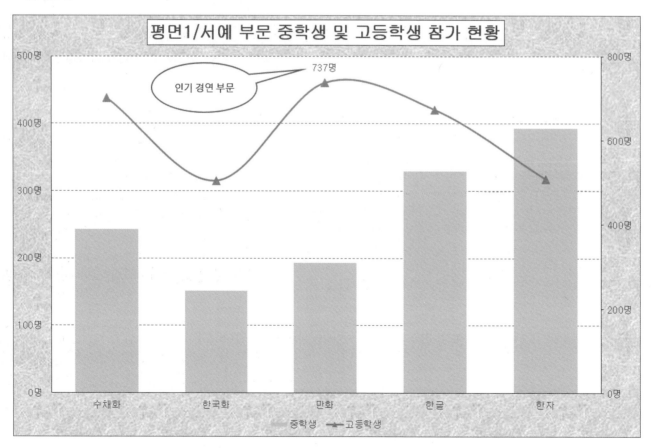

주의 ➡ 시트명 순서가 차례대로 "제1작업", "제2작업", "제3작업", "제4작업"이 되도록 할 것.

❷ [함수 마법사] 대화상자가 나오면 함수 검색 입력 칸에 사용할 **함수명(LARGE)**을 입력한 후 〈검색〉 단추를 클릭합니다. 이어서, 해당 함수가 검색되어 나오면 〈확인〉 단추를 클릭합니다.

❸ [함수 인수] 대화상자가 나오면 아래와 같이 각각의 인수 값을 입력한 후 〈확인〉 단추를 클릭합니다.

  - Array 입력 칸을 클릭한 후 정의한 이름(**구매자수**)을 입력하거나 [E5:E12]를 드래그합니다.
    ※ Array 인수는 조건(K) 번째로 큰 값을 찾기 위한 셀 범위를 지정합니다.

  - K 입력 칸을 클릭한 후 두 번째로 큰 값을 찾기 위해 2를 입력합니다.
    ※ K 인수는 목록(Array)에서 몇 번째로 큰 값을 찾을 것인지 조건을 입력합니다.

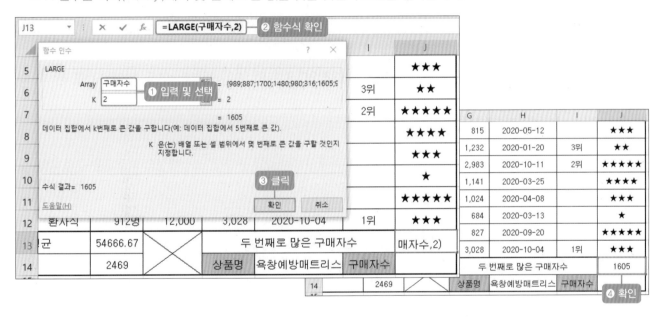

유형 10 선택한 상품명에 대한 구매자수 구하기(VLOOKUP)

≪조건≫ : (6) 구매자수 ⇒ 「H14」 셀에서 선택한 상품명에 대한 구매자수를 구하시오(VLOOKUP 함수).

VLOOKUP 함수 : 지정된 셀 범위의 왼쪽 첫 번째 열에서 특정 값을 찾아 지정한 열과 같은 행에 위치한 값을 표시하는 함수

❶ [J14] 셀을 클릭한 후 수식 입력 줄의 **함수 삽입**(_fx_)(**Shift**+**F3**)을 클릭합니다.

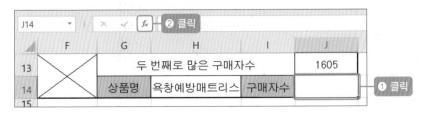

➡ **"제1작업"** 시트의 「B4:H12」 영역을 복사하여 **"제2작업"** 시트의 「B2」 셀부터 모두 붙여넣기를 한 후 다음의 조건과 같이 작업하시오.

≪조건≫
　(1) 목표값 찾기 – 「B11:G11」 셀을 병합하여 "대학생의 총 접수인원"을 입력한 후 「H11」 셀에 대학생의 전체 합계를 구하시오(SUM 함수, 테두리, 가운데 맞춤).
　　　　　　　　　 – '대학생의 총 접수인원'이 '160'이 되려면 한국화의 대학생이 얼마가 되어야 하는지 목표값을 구하시오.

　(2) 고급필터 – 분과가 '평면1' 이거나, 경연시간이 '오전'인 자료의 데이터만 추출하시오.
　　　　　　　 – 조건 범위 : 「B14」 셀부터 입력하시오.
　　　　　　　 – 복사 위치 : 「B18」 셀부터 나타나도록 하시오.

➡ **"제1작업"** 시트의 「B4:H12」 영역을 복사하여 **"제3작업"** 시트의 「B2」 셀부터 모두 붙여넣기를 한 후 다음의 조건과 같이 작업하시오.

≪조건≫
　(1) 부분합 – ≪출력형태≫처럼 정렬하고, 중학생, 고등학생의 최대값과 중학생, 고등학생의 최소값을 구하시오.
　(2) 개요【윤곽】– 지우시오.
　(3) 나머지 사항은 ≪출력형태≫에 맞게 작성하시오.

≪출력형태≫

A	B	C	D	E	F	G	H
1							
2	분과	부문	초등학생	중학생	고등학생	대학생	경연시간
3	평면2	소묘	45명	387명	641명	50명	오후
4	평면2	판화	26명	193명	242명	37명	오후
5	평면2	디자인	12명	502명	793명	15명	오후
6	평면2 최소값			193명	242명		
7	평면2 최대값			502명	793명		
8	평면1	수채화	26명	243명	701명	14명	오전
9	평면1	한국화	4명	151명	504명	3명	오전
10	평면1	만화	13명	193명	737명	26명	오전
11	평면1 최소값			151명	504명		
12	평면1 최대값			243명	737명		
13	서예	한글	3명	329명	673명	2명	오전
14	서예	한자	2명	393명	508명	1명	오후
15	서예 최소값			329명	508명		
16	서예 최대값			393명	673명		
17	전체 최소값			151명	242명		
18	전체 최대값			502명	793명		

❷ [함수 마법사] 대화상자가 나오면 함수 검색 입력 칸에 사용할 **함수명(VLOOKUP)**을 입력한 후 〈검색〉 단추를 클릭합니다. 이어서, 해당 함수가 검색되어 나오면 〈확인〉 단추를 클릭합니다.

❸ [함수 인수] 대화상자가 나오면 아래와 같이 각각의 인수 값을 입력한 후 〈확인〉 단추를 클릭합니다.

 – Lookup_value 입력 칸을 클릭한 후 상품명에 대한 구매자수를 찾기 위해 데이터 유효성 검사가 적용된 [H14] 셀을 클릭합니다.

  ※ Lookup_value 인수는 찾으려는 값을 지정합니다.

 – Table_array 입력 칸을 클릭한 후 [C5:H12] 영역을 드래그 합니다. 단, 범위 지정 시 찾을 값이 있는 열(상품명)이 첫 번째 열로 지정되어야 합니다.

  ※ Table_array 인수는 찾을 값이 포함된 범위를 지정합니다.

 – Col_index_num 입력 칸을 클릭한 후 구매자수 필드의 위치 값인 3을 입력합니다.

  ※ [C5:H12] 범위를 기준으로 첫 번째 열(상품명)이 '1'이기 때문에 구매자수 필드의 위치 값은 '3'이 됩니다.

  ※ Col_index_num 인수는 'Table_array' 내의 열 번호 중 값을 추출할 열을 지정합니다. 단, Table_array에서 지정한 셀 범위 중 첫 번째 열의 값이 '1'로 기준이 됩니다.

 – Range_lookup 입력 칸을 클릭한 후 정확하게 일치하는 값을 찾기 위해 0 또는 FALSE를 입력합니다.

  ※ Range_lookup 인수는 셀 범위에서 정확하게 일치하는 값을 찾으려면 FALSE(또는 0)를 입력하고, 비슷하게 일치하는 근삿값을 찾으려면 TRUE(생략 또는 1)를 입력합니다.

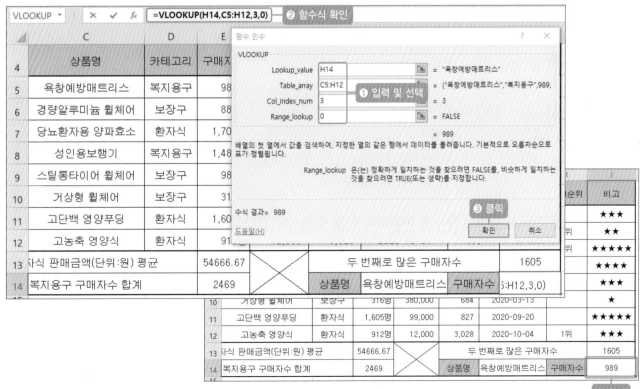

➡ 다음은 '학생 미술 경연대회 참가 신청'에 대한 자료이다. 자료를 입력하고 조건에 맞도록 작업하시오.

≪출력형태≫

분과	부문	초등학생	중학생	고등학생	대학생	경연시간	순위	구분
						결재	장학사 / 과장 / 국장	
				학생 미술 경연대회 참가 신청				
평면1	수채화	26	243	701	14	오전	(1)	(2)
평면1	한국화	4	151	504	3	오전	(1)	(2)
평면2	소묘	45	387	641	50	오후	(1)	(2)
평면2	판화	26	193	242	37	오후	(1)	(2)
평면2	디자인	12	502	793	15	오후	(1)	(2)
평면1	만화	13	193	737	26	오전	(1)	(2)
서예	한글	3	329	673	2	오전	(1)	(2)
서예	한자	2	393	508	1	오후	(1)	(2)
중학생 최소 참가인원		(3)			대회요일		2020-05-09	(5)
평면1의 고등학생 평균 인원		(4)			부문	수채화	경연시간	(6)

≪조건≫

　ㅇ 모든 데이터의 서식에는 글꼴(굴림, 11pt), 정렬은 숫자 및 회계 서식은 오른쪽 정렬, 나머지 서식은 가운데 정렬로 작성하며 예외적인 것은 ≪출력형태≫를 참조하시오.

　ㅇ 제 목 ⇒ 도형(가로로 말린 두루마리 모양)과 그림자(오프셋 오른쪽)를 이용하여 작성하고 "학생 미술 경연대회 참가 신청"을 입력한 후 다음 서식을 적용하시오 (글꼴-굴림, 24pt, 검정, 굵게, 채우기-노랑).

　ㅇ 임의의 셀에 결재란을 작성하여 그림으로 복사 기능을 이용하여 붙이기 하시오(단, 원본 삭제).

　ㅇ 「B4:J4, G14, I14」 영역은 '주황'으로 채우기 하시오.

　ㅇ 유효성 검사를 이용하여 「H14」 셀에 부문(「C5:C12」 영역)이 선택 표시되도록 하시오.

　ㅇ 셀 서식 ⇒ 「D5:G12」 영역에 셀 서식을 이용하여 숫자 뒤에 '명'을 표시하시오(예 : 701명).

　ㅇ 「E5:E12」 영역에 대해 '중학생'으로 이름정의를 하시오.

➡ (1)∼(6) 셀은 반드시 <u>주어진 함수를 이용하여</u> 값을 구하시오(결과값을 직접 입력하면 해당 셀은 0점 처리됨).

　⑴ 순위 ⇒ 고등학생의 내림차순 순위를 1∼3까지 구하고, 그 외에는 공백으로 구하시오(IF, RANK.EQ 함수).

　⑵ 구분 ⇒ 분과 오른쪽 첫 번째 글자가 1이면 '■', 2이면 '■■', 그 외에는 공백으로 구하시오(IF, RIGHT 함수).

　⑶ 중학생 최소 참가인원 ⇒ 정의된 이름(중학생)을 이용하여 구하시오(SMALL 함수).

　⑷ 평면1의 고등학생 평균 인원 ⇒ 조건은 입력데이터를 이용하고, 버림하여 정수로 구한 결과값에 '명'을 붙이시오 (INT, DAVERAGE 함수, & 연산자)(예 : 247.33333 → 247명).

　⑸ 대회요일 ⇒ 「I13」 셀을 이용하여 구하시오(CHOOSE, WEEKDAY 함수)(예 : 월요일).

　⑹ 경연시간 ⇒ 「H14」 셀에서 선택한 부문에 대한 경연시간을 구하시오(VLOOKUP 함수).

　⑺ 조건부 서식을 이용하여 대학생 셀에 데이터 막대 스타일(파랑)을 최소값 및 최대값으로 적용하시오.

≪조건≫ : (7) 조건부 서식의 수식을 이용하여 구매자수가 '1,000' 이상인 행 전체에 다음의 서식을 적용하시오(글꼴 :
파랑, 굵게).

❶ 조건부 서식을 지정할 [B5:J12] 영역을 드래그한 후 [홈] 탭의 [스타일] 그룹에서 [조건부 서식(🔳)]- 새 규칙(🔳)을
클릭합니다.

※ 조건부 서식을 적용할 범위를 영역으로 지정할 때는 필드명(4행)이 포함되지 않도록 주의합니다.

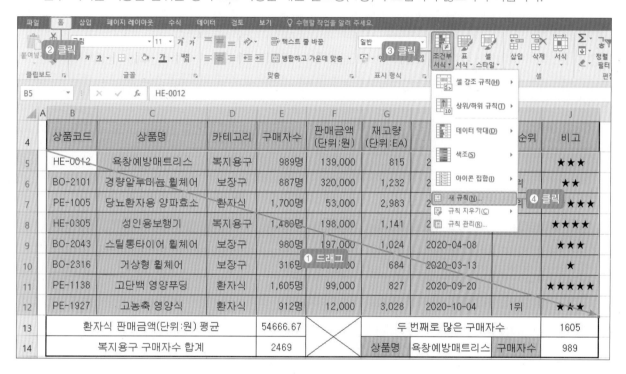

❷ [새 서식 규칙] 대화상자가 나오면 ▶수식을 사용하여 서식을 지정
할 셀 결정을 선택합니다. 이어서, '다음 수식이 참인 값의 서식 지
정' 입력 칸에 =$E5>=1000을 입력한 후 〈서식〉 단추를 클릭합니다.

※ 수식을 입력할 때 [E5] 셀을 클릭한 후 F4 키를 2번 누르면 열 고정
혼합 참조($E5)로 변경됩니다.

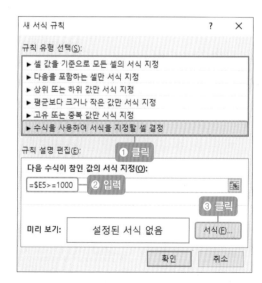

수식을 이용하여 행 전체에 서식 지정하기

수식(=$E5>=1000)을 이용하여 행 전체에 서식을 지정할 때 참조할
셀[E5]은 반드시 열 고정 혼합 참조(예 : $E5)로 지정되어야 합니다.
열 고정 혼합 참조로 지정되면 [E] 열을 고정한 채 행([5:12])만 차례
대로 확인하여 구매자수가 '1000' 이상이면 해당 행에 설정된 서식을
적용합니다.

제 06 회 정보기술자격(ITQ) 출제예상 모의고사

과목	코드	문제유형	시험시간	수험번호	성명
한글엑셀	1122	A	60분		

MS오피스

·수험자 유의사항·

● 수험자는 문제지를 받는 즉시 문제지와 **수험표상의 시험과목(프로그램)이 동일한지 반드시 확인**하여야 합니다.

● 파일명은 본인의 "수험번호–성명"으로 입력하여 답안폴더(내 PC₩문서₩ITQ)에 하나의 파일로 저장해야 하며, 답안 문서 파일명이 "수험번호–성명"과 일치하지 않거나, 답안파일을 전송하지 않아 미제출로 처리될 경우 실격 처리합니다 (예 : 12345678-홍길동.xlsx).

● 답안 작성을 마치면 파일을 저장하고, '답안 전송' 버튼을 선택하여 감독위원 PC로 답안을 전송하십시오. 수험생 정보와 저장 한 파일명이 다를 경우 전송되지 않으므로 주의하시기 바랍니다.

● 답안 작성 중에도 **주기적으로 저장하고, '답안 전송'**하여야 문제 발생을 줄일 수 있습니다. 작업한 내용을 저장하지 않고 전송할 경우 이전에 저장된 내용이 전송되오니 이점 유의하시기 바랍니다.

● 답안문서는 지정된 경로 외의 다른 보조기억장치에 저장하는 경우, 지정된 시험 시간 외에 작성된 파일을 활용할 경우, 기타 통신수단(이메일, 메신저, 네트워크 등)을 이용하여 타인에게 전달 또는 외부 반출하는 경우는 부정 처리합니다.

● 시험 중 부주의 또는 고의로 시스템을 파손한 경우는 수험자가 변상해야 하며, 〈수험자 유의사항〉에 기재된 방법대로 이행하 지 않아 생기는 불이익은 수험생 당사자의 책임임을 알려 드립니다.

● 문제의 조건은 MS오피스 2021 버전으로 설정되어 있으며 MS오피스 2016은 【 】에 표기되어 있습니다. 이와 관련하여 작성한 답안의 출력형태가 문제지와 다를 수 있습니다.

● 시험을 완료한 수험자는 답안파일이 전송되었는지 확인한 후 감독위원의 지시에 따라 문제지를 제출하고 퇴실합니다.

·답안 작성요령·

● 온라인 답안 작성 절차
  수험자 등록 ⇒ 시험 시작 ⇒ 답안파일 저장 ⇒ 답안 전송 ⇒ 시험 종료

● 문제는 총 4단계, 즉 제1작업부터 제4작업까지 구성되어 있으며 반드시 제1작업부터 순서대로 작성하고 조건대로 작업하시오.

● 모든 작업시트의 A열은 열 너비 '1'로, 나머지 열은 적당하게 조절하시오.

● 모든 작업시트의 테두리는 ≪출력형태≫와 같이 작업하시오.

● 해당 작업란에서는 각각 제시된 조건에 따라 ≪출력형태≫와 같이 작업하시오.

● 답안 시트 이름은 "제1작업", "제2작업", "제3작업", "제4작업"이어야 하며 답안 시트 이외의 것은 감점 처리됩니다.

● 각 시트를 파일로 나누어 작업해서 저장할 경우 실격 처리됩니다.

kpc 한국생산성본부

③ [셀 서식] 대화상자가 나오면 [글꼴] 탭을 클릭한 후 **글꼴 스타일(굵게), 색(파랑)**을 지정한 후 〈확인〉 단추를 클릭합니다.

④ 다시 [새 서식 규칙] 대화상자가 나오면 입력한 수식(**=$E5>=1000**)과 글꼴 서식(**파랑, 굵게**)을 확인한 후 〈확인〉 단추를 클릭합니다.

※ 조건부 서식을 지정한 후 특정 열이 '###'으로 표시되거나, 열 간격이 너무 좁다고 판단되면 열의 너비를 조절합니다.

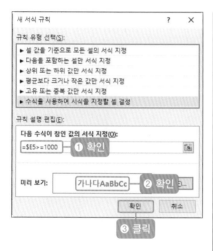

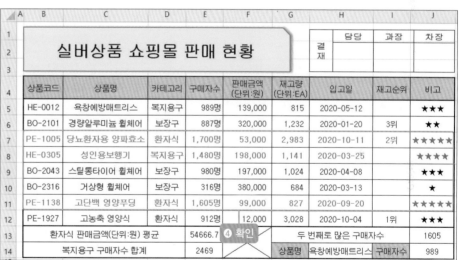

⑤ 모든 작업이 끝나면 [파일]-[저장](**Ctrl**+**S**) 또는 [빠른 실행 도구 모음]에서 **저장(🖫)**을 클릭합니다.

※ 실제 시험을 볼 때 작업 도중에 수시로(10분에 한 번 정도) 저장을 하는 것이 좋습니다.

➡ **"제1작업"** 시트를 이용하여 조건에 따라 ≪출력형태≫와 같이 작업하시오.

≪조건≫

(1) 차트 종류 ⇒ 〈묶은 세로 막대형〉으로 작업하시오.

(2) 데이터 범위 ⇒ "제1작업" 시트의 내용을 이용하여 작업하시오.

(3) 위치 ⇒ "새 시트"로 이동하고, "제4작업"으로 시트 이름을 바꾸시오.

(4) 차트 디자인 도구 ⇒ 레이아웃 3, 스타일 4를 선택하여 ≪출력형태≫에 맞게 작업하시오.

(5) 영역 서식 ⇒ 차트 : 글꼴(돋움, 11pt), 채우기 효과(질감-양피지)

　　　　　　　　그림 : 채우기(흰색, 배경1)

(6) 제목 서식 ⇒ 차트 제목 : 글꼴(굴림, 굵게, 20pt), 채우기(흰색, 배경1), 테두리

(7) 서식 ⇒ 판매량 계열의 차트 종류를 〈표식이 있는 꺾은선형〉으로 변경한 후 보조 축으로 지정하시오.

　　　　계열 : ≪출력형태≫를 참조하여 표식(네모, 크기 10)과 레이블 값을 표시하시오.

　　　　눈금선 : 선 스타일-파선

　　　　축 : ≪출력형태≫를 참조하시오.

(8) 범례 ⇒ 범례명을 변경하고 ≪출력형태≫를 참조하시오.

(9) 도형 ⇒ '사각형 설명선'을 삽입한 후 ≪출력형태≫와 같이 내용을 입력하시오.

(10) 나머지 사항은 ≪출력형태≫에 맞게 작성하시오.

≪출력형태≫

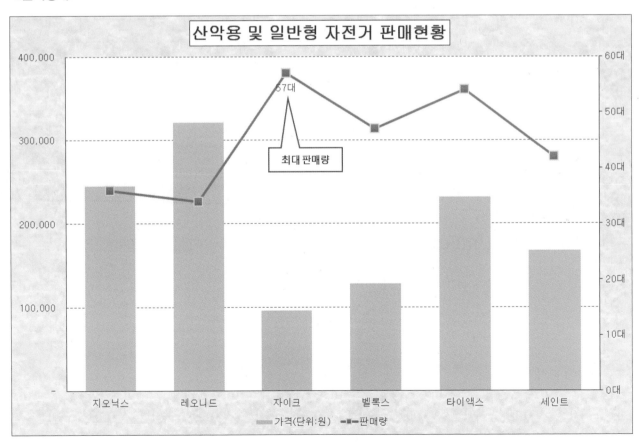

주의 ➡ 시트명 순서가 차례대로 **"제1작업"**, **"제2작업"**, **"제3작업"**, **"제4작업"**이 되도록 할 것.

조건부 서식의 편집 및 삭제

❶ 조건부 서식이 지정된 셀을 범위로 지정합니다.

❷ [홈] 탭의 [스타일] 그룹에서 [조건부 서식(📋)]-**규칙 관리**를 클릭하면 지정된 조건부 서식의 내용을 수정하거나 삭제할 수 있습니다.

❸ 조건부 서식 편집 : [조건부 서식 규칙 관리자] 대화상자에서 〈**규칙 편집**〉 단추를 클릭합니다.

❹ 조건부 서식 삭제 : [조건부 서식 규칙 관리자] 대화상자에서 〈**규칙 삭제**〉 단추를 클릭합니다.

※ 만약 조건부 서식이 지정된 셀의 범위를 모르거나, 범위를 선택하지 않았다면 서식 규칙 표시에 '현재 선택 영역'을 '현재 워크 시트'로 변경하면 규칙을 확인할 수 있습니다.

시험
분석

조건부 서식

- 과년도 시험 문제를 분석한 결과 조건부 서식은 **수식을 이용하는 방법**과 **데이터 막대를 이용하는 방법**으로 번갈아가며 출제되고 있습니다. 난이도는 데이터 막대를 이용하는 조건부 서식이 쉬운 편에 속합니다.

- 수식을 이용하여 조건부 서식을 작성할 때 비교 연산자 중에서 '~**이상(>=)**'과 '~**이하(<=)**'가 자주 출제되고 있기 때문에 학습이 필요합니다.(예 : =$H5>=60 / =$E5>=600 / =$G5<=100000 / =$E5<=10 / =$F5>=10 / =$G5<=500000 등)

  ※ 비교 연산자에 대한 자세한 설명은 58페이지를 참고하시기 바랍니다.

- 데이터 막대를 이용하여 조건부 서식을 작성할 때 기본 색상(기본 : 녹색, 빨강 등) 외에 별도의 《조건》이 없을 경우 **그라데이션 채우기** 및 **단색 채우기** 중 어느 것을 사용해도 상관없습니다.

- 데이터 막대를 이용하여 조건부 서식을 지정할 때 최소값과 최대값의 종류를 '자동'이 아닌 **'최소값-최소값, 최대값-최대값'**으로 지정해야 합니다.

➜ **"제1작업"** 시트의 「B4:H12」 영역을 복사하여 **"제2작업"** 시트의 「B2」 셀부터 모두 붙여넣기를 한 후 다음의 조건과 같이 작업하시오.

≪조건≫

(1) 고급필터 – 분류가 '산악용'이면서 가격(단위:원)이 '300,000' 이하이거나, 분류가 '아동용'인 자료의
　　　　　　데이터만 추출하시오.
　　　　　– 조건 범위 : 「B13」 셀부터 입력하시오.
　　　　　– 복사 위치 : 「B18」 셀부터 나타나도록 하시오.

(2) 표 서식 – 고급필터의 결과셀을 채우기 없음으로 설정한 후 '표 스타일 보통 7'의 서식을 적용하시오.
　　　　　– 머리글 행, 줄무늬 행을 적용하시오.

➜ **"제1작업"** 시트를 이용하여 **"제3작업"** 시트에 조건에 따라 ≪출력형태≫와 같이 작업하시오.

≪조건≫

(1) 가격(단위:원) 및 판매지점별 분류의 개수와 판매량의 합계를 구하시오.
(2) 가격(단위:원)을 그룹화하고, 판매지점을 ≪출력형태≫와 같이 정렬하시오.
(3) 레이블이 있는 셀 병합 및 가운데 맞춤 적용 및 빈 셀은 '***'로 표시하시오.
(4) 행의 총합계는 지우고, 나머지 사항은 ≪출력형태≫에 맞게 작성하시오.

≪출력형태≫

◢	A	B	C	D	E	F	G	H
1								
2			판매지점 ▾					
3			인천지점		광명지점		부천지점	
4		가격(단위:원) ▾	개수 : 분류	합계 : 판매량	개수 : 분류	합계 : 판매량	개수 : 분류	합계 : 판매량
5		1-100000	***	***	1	57	***	***
6		100001-200000	2	110	1	42	1	67
7		200001-300000	***	***	2	90	***	***
8		300001-400000	***	***	***	***	1	34
9		총합계	2	110	4	189	2	101

*소스파일 : [출제유형04]-유형04_데이터 막대_문제.xlsx *정답파일 : [출제유형04]-유형04_데이터 막대_완성_.xlsx

≪**조건**≫ : (7) 조건부 서식의 수식을 이용하여 판매금액(단위:원) 셀에 데이터 막대 스타일(녹색)을 최소값
및 최대값으로 적용하시오

❶ [F5:F12] 영역을 드래그 한 후 [홈] 탭의 [스타일] 그룹에서 [조건부 서식(▦)]-[데이터 막대(▦)]-단색 채우기
-녹색 데이터 막대(▦)를 클릭합니다.

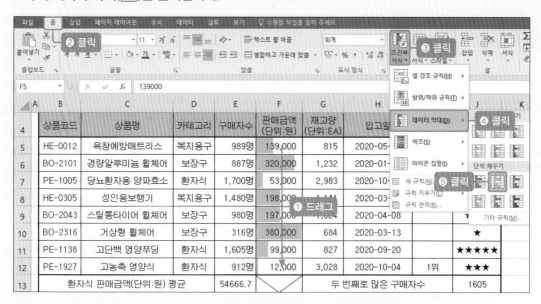

❷ 막대 스타일이 적용되면 다시 [조건부 서식(▦)]-규칙 관리를 클릭합니다.

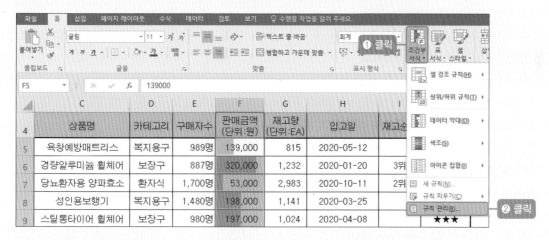

❸ [조건부 서식 규칙 관리자] 대화상자가 나오면 〈규칙 편집〉 단추를 클릭합니다.

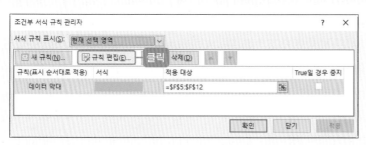

➡ 다음은 '**가정의 달 자전거 판매현황**'에 대한 자료이다. 자료를 입력하고 조건에 맞도록 작업하시오.

≪출력형태≫

● 노란색 조절점으로 모양 변경

A	B	C	D	E	F	G	H	I	J
1							결재	사원	대리	팀장
4	코드	분류	제품명	판매일자	가격(단위:원)	판매량	판매지점	판매요일	순위
5	2S-001	산악용	지오닉스	2020-05-07	245,000	36	광명지점	(1)	(2)
6	3S-002	아동용	스피어	2020-05-05	110,000	63	인천지점	(1)	(2)
7	2S-003	산악용	레오니드	2020-05-12	321,000	34	부천지점	(1)	(2)
8	1S-004	일반형	자이크	2020-05-08	96,000	57	광명지점	(1)	(2)
9	3S-005	일반형	벨록스	2020-05-09	128,000	47	인천지점	(1)	(2)
10	1S-006	산악용	타이액스	2020-05-10	232,000	54	광명지점	(1)	(2)
11	2S-007	아동용	레온	2020-05-05	120,000	67	부천지점	(1)	(2)
12	1S-008	일반형	세인트	2020-05-09	168,000	42	광명지점	(1)	(2)
13	자전거 가격의 평균			(3)			최대/최소 판매량의 차이		(5)
14	지오닉스 판매 달			(4)			제품명	지오닉스	판매비율	(6)

≪조건≫
○ 모든 데이터의 서식에는 글꼴(굴림, 11pt), 정렬은 숫자 및 회계 서식은 오른쪽 정렬, 나머지 서식은 가운데 정렬로 작성하며 예외적인 것은 ≪출력형태≫를 참조하시오.
○ 제 목 ⇒ 도형(위쪽 리본)과 그림자(오프셋 아래쪽)를 이용하여 작성하고 "가정의 달 자전거 판매현황"을 입력한 후 다음 서식을 적용하시오
　　　　 (글꼴-굴림, 20pt, 검정, 굵게, 채우기-노랑).
○ 임의의 셀에 결재란을 작성하여 그림으로 복사 기능을 이용하여 붙이기 하시오(단, 원본 삭제).
○ 「B4:J4, G14, I14」 영역은 '연한 녹색'으로 채우기 하시오.
○ 유효성 검사를 이용하여 「I14」 셀에 제품명(「D5:D12」 영역)이 선택 표시되도록 하시오.
○ 셀 서식 ⇒ 「G5:G12」 영역에 셀 서식을 이용하여 숫자 뒤에 '대'를 표시하시오(예 : 36대).
○ 「G5:G12」 영역에 대해 '판매량'으로 이름정의를 하시오.

➡ (1)~(6) 셀은 반드시 **주어진 함수를 이용**하여 값을 구하시오(결과값을 직접 입력하면 해당 셀은 0점 처리됨).
　(1) 판매요일 ⇒ 판매일자의 요일을 구하시오(CHOOSE, WEEKDAY 함수) (예 : 월요일).
　(2) 순위 ⇒ 정의된 이름(판매량)을 이용하여 내림차순 순위를 구하시오(RANK.EQ 함수).
　(3) 자전거 가격의 평균 ⇒ 올림하여 천 단위까지 구하시오(ROUNDUP, AVERAGE 함수)(예 : 177,500 → 178,000).
　(4) 지오닉스 판매 달 ⇒ 판매일자에서 월을 추출하여 '월'을 붙이시오(MONTH 함수, & 연산자)(예 : 2020-05-07 → 5월).
　(5) 최대/최소 판매량의 차이 ⇒ 「최대 판매량-최소 판매량」으로 구하시오(MAX, MIN 함수).
　(6) 판매비율 ⇒ 「H14」 셀에서 선택한 제품의 판매량이 전체 판매량에서 차지하는 비율을 구하여 백분율로 표시하시오
　　　　　　 (VLOOKUP, SUM 함수).
　(7) 조건부 서식의 수식을 이용하여 '분류'가 '산악용'인 자료의 행 전체에 다음 서식을 적용하시오(글꼴 : 파랑, 굵게).

❹ [서식 규칙 편집] 대화상자가 나오면 '종류' 항목에서 **최소값(최소값)**과 **최대값(최대값)**을 변경한 후 〈확인〉 단추를 클릭합니다.

❺ [조건부 서식 규칙 관리자] 대화상자가 다시 나오면 〈확인〉 단추를 클릭한 후 데이터 막대 스타일을 확인합니다.

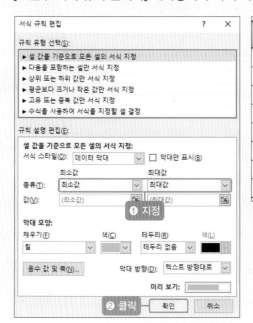

카테고리	구매자수	판매금액 (단위:원)	재고량 (단위:EA)
복지용구	989명	139,000	815
보장구	887명	320,000	1,232
환자식	1,700명	53,000	2,983
복지용구	1,480명	198,000	1,141
보장구	980명	197,000	1,024
보장구	316명	380,000	684
환자식	1,605명	99,000	827
환자식	912명	12,000	3,028

③ 확인

 데이터 막대 조건부 서식을 한 번에 지정하기

❶ 데이터 막대를 이용하여 조건부 서식을 지정하기 위해 [F5:F12] 영역을 드래그 합니다.

❷ [홈] 탭의 [스타일] 그룹에서 [조건부 서식(📋)]–[데이터 막대(📊)]–**기타 규칙**을 클릭합니다.

❸ [새 서식 규칙] 대화상자가 나오면 종류를 **최소값** 및 **최대값**으로 지정한 후 색을 **녹색**으로 선택합니다. 이어서, 〈확인〉 단추를 클릭합니다.

※ [새 서식 규칙] 대화상자를 이용하여 데이터 막대를 지정하면 색(예 : 녹색)이 녹색 데이터 막대보다 진하게 나오지만 채점과는 무관합니다.

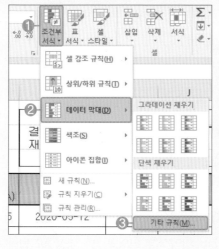

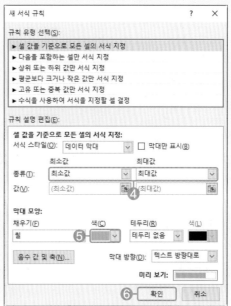

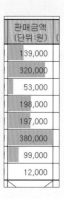

제 05 회 정보기술자격(ITQ) 출제예상 모의고사

과목	코드	문제유형	시험시간	수험번호	성명
한글엑셀	1122	A	60분		

MS오피스

·수험자 유의사항·

- 수험자는 문제지를 받는 즉시 문제지와 **수험표상의 시험과목(프로그램)이 동일한지 반드시 확인**하여야 합니다.

- 파일명은 본인의 "수험번호-성명"으로 입력하여 답안폴더(내 PC₩문서₩ITQ)에 하나의 파일로 저장해야 하며, 답안 문서 파일명이 "수험번호-성명"과 일치하지 않거나, 답안파일을 전송하지 않아 미제출로 처리될 경우 실격 처리합니다 (예 : 12345678-홍길동.xlsx).

- 답안 작성을 마치면 파일을 저장하고, '답안 전송' 버튼을 선택하여 감독위원 PC로 답안을 전송하십시오. 수험생 정보와 저장 한 파일명이 다를 경우 전송되지 않으므로 주의하시기 바랍니다.

- 답안 작성 중에도 **주기적으로 저장하고, '답안 전송'**하여야 문제 발생을 줄일 수 있습니다. 작업한 내용을 저장하지 않고 전송할 경우 이전에 저장된 내용이 전송되오니 이점 유의하시기 바랍니다.

- 답안문서는 지정된 경로 외의 다른 보조기억장치에 저장하는 경우, 지정된 시험 시간 외에 작성된 파일을 활용할 경우, 기타 통신수단(이메일, 메신저, 네트워크 등)을 이용하여 타인에게 전달 또는 외부 반출하는 경우는 부정 처리합니다.

- 시험 중 부주의 또는 고의로 시스템을 파손한 경우는 수험자가 변상해야 하며, 〈수험자 유의사항〉에 기재된 방법대로 이행하 지 않아 생기는 불이익은 수험생 당사자의 책임임을 알려 드립니다.

- 문제의 조건은 MS오피스 2021 버전으로 설정되어 있으며 MS오피스 2016은 【 】에 표기되어 있습니다. 이와 관련하여 작성한 답안의 출력형태가 문제지와 다를 수 있습니다.

- 시험을 완료한 수험자는 답안파일이 전송되었는지 확인한 후 감독위원의 지시에 따라 문제지를 제출하고 퇴실합니다.

·답안 작성요령·

- 온라인 답안 작성 절차

  수험자 등록 ⇒ 시험 시작 ⇒ 답안파일 저장 ⇒ 답안 전송 ⇒ 시험 종료

- 문제는 총 4단계, 즉 제1작업부터 제4작업까지 구성되어 있으며 반드시 제1작업부터 순서대로 작성하고 조건대로 작업하시오.

- 모든 작업시트의 A열은 열 너비 '1'로, 나머지 열은 적당하게 조절하시오.

- 모든 작업시트의 테두리는 ≪출력형태≫와 같이 작업하시오.

- 해당 작업란에서는 각각 제시된 조건에 따라 ≪출력형태≫와 같이 작업하시오.

- 답안 시트 이름은 "제1작업", "제2작업", "제3작업", "제4작업"이어야 하며 답안 시트 이외의 것은 감점 처리됩니다.

- 각 시트를 파일로 나누어 작업해서 저장할 경우 실격 처리됩니다.

kpc 한국생산성본부

[제1작업] 값 계산(함수) 및 조건부 서식

01 다음은 '**12월 크리스마스 공연 예매 현황**'에 대한 자료이다. 자료를 입력하고 조건에 맞도록 작업하시오.

≪출력형태≫ · 소스파일 : [출제유형04]-정복04_문제01.xlsx · 정답파일 : [출제유형04]-정복04_완성01.xlsx

관리번호	공연명	공연장	관람등급	공연일	관람료 (단위:원)	예매수량	관람가능 좌석수	예매순위
			12월 크리스마스 공연 예매 현황			결재	담당 과장 차장	
JSM-03	가족	고양어울림누리	9세 이상	2020-12-25	5,000	2,954	(1)	(2)
GGM-02	크리스마스 선물	킨텍스	9세 이상	2020-12-25	3,000	2,719	(1)	(2)
CHM-01	호두까기 인형	고양어울림누리	14세 이상	2020-12-24	3,000	1,598	(1)	(2)
SGM-02	구름빵	세종문화회관	7세 이상	2020-12-25	6,000	1,800	(1)	(2)
BPM-02	버블매직	세종문화회관	7세 이상	2020-12-24	3,000	1,667	(1)	(2)
HJM-02	무지개 물고기	세종문화회관	14세 이상	2020-12-26	5,000	1,705	(1)	(2)
AFM-03	백조의 호수	고양어울림누리	9세 이상	2020-12-26	5,000	1,521	(1)	(2)
LOM-03	구두쇠 아저씨	킨텍스	14세 이상	2020-12-24	5,000	3,752	(1)	(2)
고양어울림누리의 관람료(단위:원) 평균			(3)		최고 관람료(단위:원)			(5)
세종문화회관의 공연 개수			(4)		공연명	가족	예매수량	(6)

≪조건≫

☞ (1)~(6) 셀은 반드시 주어진 함수를 이용하여 값을 구하시오(결과값을 직접 입력하면 해당 셀은 0점 처리됨).

(1) 관람가능 좌석수 ⇒ 「관리번호의 마지막 글자×2,000」으로 구하시오(RIGHT 함수).

(2) 예매순위 ⇒ 예매수량의 내림차순 순위를 1~3까지 구한 결과값에 '위'를 붙이고, 그 외에는 공백으로 구하시오 (IF, RANK.EQ 함수, & 연산자)(예 : 1위).

(3) 고양어울림누리의 관람료(단위:원) 평균 ⇒ 조건은 입력데이터를 이용하고, 반올림하여 백 단위까지 표시하시오 (ROUND, DAVERAGE 함수)(예 : 4,333 → 4,300).

(4) 세종문화회관의 공연 개수 ⇒ 정의된 이름(공연장)을 이용하여 구하시오(COUNTIF 함수, & 연산자)(예 : 1개).

(5) 최고 관람료(단위:원) ⇒ (MAX 함수).

(6) 예매수량 ⇒ 「H14」 셀에서 선택한 공연명에 대한 예매수량을 구하시오(VLOOKUP 함수).

(7) 조건부 서식의 수식을 이용하여 예매수량이 '1,600' 이하인 행 전체에 다음의 서식을 적용하시오(글꼴 : 파랑, 굵게).

→ **"제1작업"** 시트를 이용하여 조건에 따라 ≪출력형태≫와 같이 작업하시오.

≪조건≫

(1) 차트 종류 ⇒ 〈묶은 세로 막대형〉으로 작업하시오.

(2) 데이터 범위 ⇒ "제1작업" 시트의 내용을 이용하여 작업하시오.

(3) 위치 ⇒ "새 시트"로 이동하고, "제4작업"으로 시트 이름을 바꾸시오.

(4) 차트 디자인 도구 ⇒ 레이아웃 3, 스타일 1을 선택하여 ≪출력형태≫에 맞게 작업하시오.

(5) 영역 서식 ⇒ 차트 : 글꼴(굴림, 11pt), 채우기 효과(질감-꽃다발)

　　　　　　　 그림 : 채우기(흰색, 배경1)

(6) 제목 서식 ⇒ 차트 제목 : 글꼴(궁서, 굵게, 20pt), 채우기(흰색, 배경1), 테두리

(7) 서식 ⇒ 근속기간 계열의 차트 종류를 〈표식이 있는 꺾은선형〉으로 변경한 후 보조 축으로 지정하시오.

　　　　 계열 : ≪출력형태≫를 참조하여 표식(마름모, 크기 10)과 레이블 값을 표시하시오.

　　　　 눈금선 : 선 스타일-사각 점선

　　　　 축 : ≪출력형태≫를 참조하시오.

(8) 범례 ⇒ 범례명을 변경하고 ≪출력형태≫를 참조하시오.

(9) 도형 ⇒ '구름 모양 설명선'을 삽입한 후 ≪출력형태≫와 같이 내용을 입력하시오.

(10) 나머지 사항은 ≪출력형태≫에 맞게 작성하시오.

≪출력형태≫

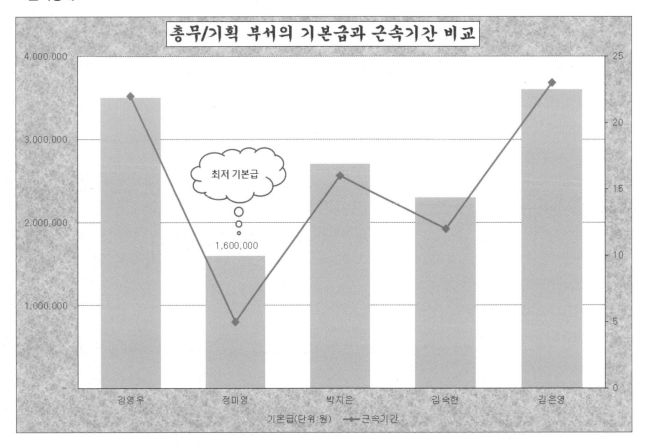

주의 → 시트명 순서가 차례대로 **"제1작업"**, **"제2작업"**, **"제3작업"**, **"제4작업"**이 되도록 할 것.

다음은 '**청소년 추천 도서 구입 현황**'에 대한 자료이다. 자료를 입력하고 조건에 맞도록 작업하시오.

≪출력형태≫　　　　　　　　　· 소스파일 : [출제유형04]-정복04_문제02.xlsx　　　　· 정답파일 : [출제유형04]-정복04_완성02.xlsx

관리코드	도서명	지은이	구입권수 (권)	출판사	구입일자	구입가격	청소년 추천 인기도	구입월
D141	컬러풀	모리 에토	4	라임	2020-08-25	11,000	(1)	(2)
C323	2미터 그리고 48시간	유은실	5	낮은산	2020-07-21	8,000	(1)	(2)
A204	우연한 빵집	김혜연	4	창비	2020-07-06	12,000	(1)	(2)
D141	책을 뒤쫓는 소년	서른	5	창비	2020-09-01	9,000	(1)	(2)
B141	꼭 완벽하지 않아도 돼	엘리 스와츠	4	라임	2020-07-23	10,000	(1)	(2)
A322	세븐 블라인드	문부일	3	낮은산	2020-08-15	12,000	(1)	(2)
A932	골드피쉬 보이	리사 톰슨	2	라임	2020-08-21	9,000	(1)	(2)
B204	숲은 그렇게 대답했다	이상권	3	창비	2020-09-02	10,000	(1)	(2)
구입가격이 평균 이상인 개수			(3)		최저 구입가격			(5)
라임 도서의 구입가격 합계			(4)		도서명	컬러풀	총구입금액	(6)

결재 담당 / 과장 / 부장

≪조건≫

☞ (1)~(6) 셀은 반드시 주어진 함수를 이용하여 값을 구하시오(결과값을 직접 입력하면 해당 셀은 0점 처리됨).

(1) 청소년 추천 인기도 ⇒ 관리코드의 첫 번째 글자가 A이면 '▲▲▲', B이면 '▲▲', 그 외에는 '▲'으로 구하시오
　　　　　　　　　　(IF, LEFT 함수).

(2) 구입월 ⇒ 구입일자의 8월과 9월인 일자에서 월만 추출하여 결과값에 '월'을 붙이고, 그 외에는 공백으로 구하시오
　　　　　(IF, MONTH 함수, & 연산자)(예 : 2020-08-25 → 8월).

(3) 구입가격이 평균 이상인 개수 ⇒ 결과값 뒤에 '개'를 붙이시오(COUNTIF, AVERAGE 함수, & 연산자)(예 : 2 → 2개).

(4) 라임 도서의 구입가격 합계 ⇒ 라임 도서의 구입가격 합계를 구하시오. 단, 조건은 입력데이터를 이용하시오
　　　　　　　　　　(DSUM 함수).

(5) 최저 구입가격 ⇒ 정의된 이름(구입가격)을 이용하여 구하시오(MIN 함수).

(6) 총구입금액 ⇒ 「H14」 셀에서 선택한 도서명에 대한 총구입금액을 「구입권수(권)×구입가격」으로 구하시오
　　　　　　(VLOOKUP 함수).

(7) 조건부 서식을 이용하여 구입가격 셀에 데이터 막대 스타일(빨강)을 최소값 및 최대값으로 적용하시오.

➡ **"제1작업"** 시트의 「**B4:H12**」 영역을 복사하여 **"제2작업"** 시트의 「**B2**」 셀부터 모두 붙여넣기를 한 후 다음의 조건과 같이 작업하시오.

≪조건≫
　(1) 목표값 찾기 – 「B11:G11」 셀을 병합하여 "부장 기본급(단위:원)의 전체 평균"을 입력한 후 「H11」 셀에 부장들의 기본급 (단위:원)의 전체 평균을 구하시오. 단, 조건은 입력데이터를 이용하시오 (DAVERAGE 함수, 테두리, 가운데 맞춤).
　　　　　– '부장 기본급(단위:원)의 전체 평균'이 '3,800,000'이 되려면 김영우의 기본급(단위:원)이 얼마가 되어야 하는지 목표값을 구하시오.

　(2) 고급필터 – 직위가 '부장'이 아니면서, 기본급(단위:원)이 '2,000,000' 이상인 자료의 데이터만 추출하시오.
　　　　　– 조건 범위 : 「B14」 셀부터 입력하시오.
　　　　　– 복사 위치 : 「B18」 셀부터 나타나도록 하시오.

➡ **"제1작업"** 시트의 「**B4:H12**」 영역을 복사하여 **"제3작업"** 시트의 「**B2**」 셀부터 모두 붙여넣기를 한 후 다음의 조건과 같이 작업하시오.

≪조건≫
　(1) 부분합 – ≪출력형태≫처럼 정렬하고, 사원명의 개수와 기본급(단위:원)의 평균을 구하시오.
　(2) 개요【윤곽】 – 지우시오.
　(3) 나머지 사항은 ≪출력형태≫에 맞게 작성하시오.

≪출력형태≫

⏴A	B	C	D	E	F	G	H
1							
2	사원명	직위	부서명	기본급(단위:원)	상여비율	호봉	근속기간
3	김영우	부장	총무	3,500,000	50%	29	22년
4	정미영	사원	총무	1,600,000	90%	10	5년
5			총무 평균	2,550,000			
6	2		총무 개수				
7	황노식	과장	서비스	3,000,000	80%	25	18년
8	임미래	사원	서비스	1,800,000	90%	11	6년
9	이동현	부장	서비스	4,000,000	50%	31	26년
10			서비스 평균	2,933,333			
11	3		서비스 개수				
12	박지은	과장	기획	2,700,000	80%	23	16년
13	김숙현	사원	기획	2,300,000	90%	16	12년
14	김은영	부장	기획	3,600,000	50%	29	23년
15			기획 평균	2,866,667			
16	3		기획 개수				
17			전체 평균	2,812,500			
18	8		전체 개수				

03 다음은 '대명레저산업 객실 예약 현황'에 대한 자료이다. 자료를 입력하고 조건에 맞도록 작업하시오.

≪출력형태≫　　　• 소스파일 : [출제유형04]−정복04_문제03.xlsx　　• 정답파일 : [출제유형04]−정복04_완성03.xlsx

관리코드	구분	전국 지점	객실수	성수기 요금	비수기 요금	예약률	순위	구분
			결재	담당	과장	차장		
		대명레저산업 객실 예약 현황						
JP-001	호텔	대명 쏠비치	176	350,000	245,000	85.50%	(1)	(2)
JE-002	리조트	대명 변산	212	275,000	190,000	72.50%	(1)	(2)
SW-001	호텔	대명 제주	125	250,000	175,000	89.70%	(1)	(2)
SW-002	리조트	대명 샤인빌	212	232,000	160,000	81.70%	(1)	(2)
ST-003	펜션	대명 천안	101	295,000	210,000	79.40%	(1)	(2)
ST-002	리조트	대명 거제마리나	353	254,000	180,000	79.10%	(1)	(2)
XQ-001	호텔	대명 송파	198	195,000	130,000	81.40%	(1)	(2)
XV-003	펜션	대명 양평	105	125,000	87,000	79.40%	(1)	(2)
호텔의 객실수 평균			(3)	✕		세 번째로 비싼 성수기 요금		(5)
펜션의 성수기 요금 평균			(4)			관리코드	JP-001	예약률	(6)

≪조건≫

☞ (1)~(6) 셀은 반드시 주어진 함수를 이용하여 값을 구하시오(결과값을 직접 입력하면 해당 셀은 0점 처리됨).

(1) 순위 ⇒ 성수기 요금의 내림차순 순위를 구하시오(RANK.EQ 함수, & 연산자)(예 : 1위).

(2) 구분 ⇒ 관리코드의 마지막 글자가 1이면 '특급', 2이면 '고급', 3이면 '기본'으로 구하시오(CHOOSE, RIGHT 함수).

(3) 호텔의 객실수 평균 ⇒ 내림하여 정수로 구하시오. 단, 조건은 입력데이터를 이용하시오
　　　　　　　(ROUNDDOWN, DAVERAGE 함수)(예 : 123.666 → 123).

(4) 펜션의 성수기 요금 평균 ⇒ (SUMIF, COUNTIF 함수).

(5) 세 번째로 비싼 성수기 요금 ⇒ 정의된 이름(성수기요금)을 이용하여 구하시오(LARGE 함수).

(6) 예약률 ⇒「H14」셀에서 선택한 관리코드에 대한 예약률을 구하시오(VLOOKUP 함수).

(7) 조건부 서식의 수식을 이용하여 성수기 요금이 '270,000' 이상인 행 전체에 다음의 서식을 적용하시오(글꼴 : 파랑, 굵게).

➡️ 다음은 '2020년 상여금 지급 현황'에 대한 자료이다. 자료를 입력하고 조건에 맞도록 작업하시오.

≪출력형태≫

	사원명	직위	부서명	기본급 (단위:원)	상여비율	호봉	근속기간	기본급 순위	지급액
							결재	담당	과장	차장
5	김영우	부장	총무	3,500,000	50%	29	22	(1)	(2)
6	정미영	사원	총무	1,600,000	90%	10	5	(1)	(2)
7	황노식	과장	서비스	3,000,000	80%	25	18	(1)	(2)
8	임미래	사원	서비스	1,800,000	90%	11	6	(1)	(2)
9	박지은	과장	기획	2,700,000	80%	23	16	(1)	(2)
10	이동현	부장	서비스	4,000,000	50%	31	26	(1)	(2)
11	김숙현	사원	기획	2,300,000	90%	16	12	(1)	(2)
12	김은영	부장	기획	3,600,000	50%	29	23	(1)	(2)
13	부장의 최대 호봉			(3)			기본 지급 상여금 총합계		(5)
14	부장들의 평균 근속기간			(4)			사원명	김영우	기본상여금	(6)

≪조건≫

○ 모든 데이터의 서식에는 글꼴(굴림, 11pt), 정렬은 숫자 및 회계 서식은 오른쪽 정렬, 나머지 서식은 가운데 정렬로 작성하며 예외적인 것은 ≪출력형태≫를 참조하시오.

○ 제 목 ⇒ 도형(갈매기형 수장)과 그림자(오프셋 대각선 왼쪽 아래)를 이용하여 작성하고 "2020년 상여금 지급 현황"을 입력한 후 다음 서식을 적용하시오
　　　　　(글꼴-굴림, 22pt, 검정, 굵게, 채우기-주황).

○ 임의의 셀에 결재란을 작성하여 그림으로 복사 기능을 이용하여 붙이기 하시오(단, 원본 삭제).

○ 「B4:J4, G14, I14」 영역은 '주황'으로 채우기 하시오.

○ 유효성 검사를 이용하여 「H14」 셀에 사원명(「B5:B12」 영역)이 선택 표시되도록 하시오.

○ 셀 서식 ⇒ 「H5:H12」 영역에 셀 서식을 이용하여 숫자 뒤에 '년'을 표시하시오(예 : 22년).

○ 「E5:E12」 영역에 대해 '기본급'으로 이름정의를 하시오.

➡️ (1)~(6) 셀은 반드시 **주어진 함수를 이용**하여 값을 구하시오(결과값을 직접 입력하면 해당 셀은 0점 처리됨).

⑴ 기본급 순위 ⇒ 기본급(단위:원)의 내림차순 순위를 1~3까지 구하고, 그 외에는 공백으로 나타내시오
　　　　(IF, RANK.EQ 함수).

⑵ 지급액 ⇒ 「기본급(단위:원)+기본급(단위:원)×상여비율+호봉×10,000+근속기간×5,000」으로 계산한 값을 반올림 하여 십만 단위로 표시하시오(ROUND 함수)(예 : 3,165,000 → 3,200,000).

⑶ 부장의 최대 호봉 ⇒ 조건은 입력데이터를 이용하시오(DMAX 함수).

⑷ 부장들의 평균 근속기간 ⇒ 「부장 근속기간 합계÷부장 인원수」를 버림하여 정수로 구한 결과값 뒤에 '년'을 붙이시오
　　　　(INT, SUMIF, COUNTIF 함수, & 연산자)(예 : 22.6 → 22년).

⑸ 기본 지급 상여금 총합계 ⇒ 「기본급(단위:원)×상여비율」로 구하시오(SUMPRODUCT 함수).

⑹ 기본상여금 ⇒ 「H14」 셀에서 선택한 사원명에 대한 「기본급(단위:원)×상여비율」로 구하시오(VLOOKUP 함수).

⑺ 조건부 서식의 수식을 이용하여 기본급(단위 : 원)이 '3,000,000' 이상인 행 전체에 다음의 서식을 적용하시오
　　(글꼴 : 녹색, 기울임꼴).

다음은 **'양키캔들 판매 현황'**에 대한 자료이다. 자료를 입력하고 조건에 맞도록 작업하시오.

≪출력형태≫ ·소스파일 : [출제유형04]-정복04_문제04.xlsx ·정답파일 : [출제유형04]-정복04_완성04.xlsx

	상품코드	상품명	구분	상품입고일	가격 (단위:원)	전월 판매량	재고수량	전월 판매금 (단위:원)	비고
결재	사원	팀장	사장						
	H3-081	블랙체리	워머용	2020-01-05	37,000	54	27	(1)	(2)
	B5-102	레몬 라벤더	차량용	2019-12-05	14,000	44	13	(1)	(2)
	H7-028	핑크샌드	워머용	2018-01-04	55,000	46	14	(1)	(2)
	N2-102	썸머비치	옷장용	2018-12-05	15,000	36	19	(1)	(2)
	B6-019	유칼립투스	차량용	2020-01-05	13,000	26	15	(1)	(2)
	N7-093	클린코튼	옷장용	2019-12-19	14,000	32	19	(1)	(2)
	N4-077	가든스윗피	옷장용	2018-11-15	15,000	28	17	(1)	(2)
	H1-093	씨에어	워머용	2020-01-05	32,000	22	10	(1)	(2)
	블랙체리 입고 요일			(3)			최소 전월 판매량		(5)
	전월 전체 매출액(단위:원)			(4)		상품명	블랙체리	재고수량	(6)

≪조건≫

☞ (1)~(6) 셀은 반드시 주어진 함수를 이용하여 값을 구하시오(결과값을 직접 입력하면 해당 셀은 0점 처리됨).

(1) 전월 판매금(단위:원) ⇒ 「가격(단위:원)×전월 판매량」으로 계산하고, 올림하여 만원 단위까지 구하시오 (ROUNDUP 함수)(예 : 1,887,000 → 1,890,000).

(2) 비고 ⇒ 상품입고일의 연도가 2020이면 '신상품', 2019년이면 '재고상품' 그 외에는 '이월상품'으로 표시하시오 (IF, YEAR 함수).

(3) 블랙체리 입고 요일 ⇒ 블랙체리 상품입고일의 요일을 구하시오(CHOOSE, WEEKDAY 함수)(예 : 월요일).

(4) 전월 전체 매출액(단위:원) ⇒ 「가격(단위:원)×전월 판매량」으로 구하시오(SUMPRODUCT 함수).

(5) 최소 전월 판매량 ⇒ 정의된 이름(판매량)을 이용하여 구하시오(SMALL 함수).

(6) 재고수량 ⇒ 「H14」 셀에서 선택한 상품명에 대한 재고수량을 구하시오(VLOOKUP 함수).

(7) 조건부 서식의 수식을 이용하여 전월 판매량이 '40' 이상인 행 전체에 다음의 서식을 적용하시오(글꼴 : 파랑, 굵게).

제 04 회　정보기술자격(ITQ) 출제예상 모의고사

과목	코드	문제유형	시험시간	수험번호	성명
한글엑셀	1122	A	60분		

MS오피스

·수험자 유의사항·

● 수험자는 문제지를 받는 즉시 문제지와 **수험표상의 시험과목(프로그램)이 동일한지 반드시 확인**하여야 합니다.

● 파일명은 본인의 "수험번호-성명"으로 입력하여 답안폴더(내 PC₩문서₩ITQ)에 하나의 파일로 저장해야 하며, 답안 문서 파일명이 "수험번호-성명"과 일치하지 않거나, 답안파일을 전송하지 않아 미제출로 처리될 경우 실격 처리합니다 (예 : 12345678-홍길동.xlsx).

● 답안 작성을 마치면 파일을 저장하고, '답안 전송' 버튼을 선택하여 감독위원 PC로 답안을 전송하십시오. 수험생 정보와 저장한 파일명이 다를 경우 전송되지 않으므로 주의하시기 바랍니다.

● 답안 작성 중에도 **주기적으로 저장하고, '답안 전송'**하여야 문제 발생을 줄일 수 있습니다. 작업한 내용을 저장하지 않고 전송할 경우 이전에 저장된 내용이 전송되오니 이점 유의하시기 바랍니다.

● 답안문서는 지정된 경로 외의 다른 보조기억장치에 저장하는 경우, 지정된 시험 시간 외에 작성된 파일을 활용할 경우, 기타 통신수단(이메일, 메신저, 네트워크 등)을 이용하여 타인에게 전달 또는 외부 반출하는 경우는 부정 처리합니다.

● 시험 중 부주의 또는 고의로 시스템을 파손한 경우는 수험자가 변상해야 하며, 〈수험자 유의사항〉에 기재된 방법대로 이행하지 않아 생기는 불이익은 수험생 당사자의 책임임을 알려 드립니다.

● 문제의 조건은 MS오피스 2021 버전으로 설정되어 있으며 MS오피스 2016은 【 】에 표기되어 있습니다. 이와 관련하여 작성한 답안의 출력형태가 문제지와 다를 수 있습니다.

● 시험을 완료한 수험자는 답안파일이 전송되었는지 확인한 후 감독위원의 지시에 따라 문제지를 제출하고 퇴실합니다.

·답안 작성요령·

● 온라인 답안 작성 절차
　수험자 등록 ⇒ 시험 시작 ⇒ 답안파일 저장 ⇒ 답안 전송 ⇒ 시험 종료

● 문제는 총 4단계, 즉 제1작업부터 제4작업까지 구성되어 있으며 반드시 제1작업부터 순서대로 작성하고 조건대로 작업하시오.

● 모든 작업시트의 A열은 열 너비 '1'로, 나머지 열은 적당하게 조절하시오.

● 모든 작업시트의 테두리는 ≪출력형태≫와 같이 작업하시오.

● 해당 작업란에서는 각각 제시된 조건에 따라 ≪출력형태≫와 같이 작업하시오.

● 답안 시트 이름은 "제1작업", "제2작업", "제3작업", "제4작업"이어야 하며 답안 시트 이외의 것은 감점 처리됩니다.

● 각 시트를 파일로 나누어 작업해서 저장할 경우 실격 처리됩니다.

kpc 한국생산성본부

■ 날짜와 시간 함수

DAY	• 기능 : 특정 날짜에서 일 단위(1~31)의 숫자만 추출하는 함수 • 형식 : =DAY(날짜 or 셀 주소) 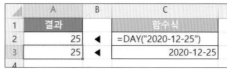
TIME	• 기능 : 특정한 시간을 표시하기 위한 함수 • 형식 : =TIME(시, 분, 초) 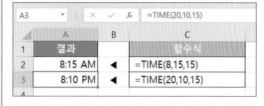
HOUR	• 기능 : '시간(시/분/초)'에서 '시'에 해당하는 값을 구하는 함수 • 형식 : =HOUR(시간 or 셀 주소) 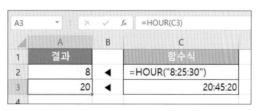
MINUTE	• 기능 : '시간(시/분/초)'에서 '분'에 해당하는 값을 구하는 함수 • 형식 : =MINUTE(시간 or 셀 주소) 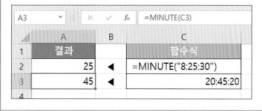
SECOND	• 기능 : '시간(시/분/초)'에서 '초'에 해당하는 값을 구하는 함수 • 형식 : =SECOND(시간 or 셀 주소)

➜ **"제1작업"** 시트를 이용하여 조건에 따라 ≪출력형태≫와 같이 작업하시오.

≪조건≫

(1) 차트 종류 ⇒ 〈묶은 세로 막대형〉으로 작업하시오.

(2) 데이터 범위 ⇒ "제1작업" 시트의 내용을 이용하여 작업하시오.

(3) 위치 ⇒ "새 시트"로 이동하고, "제4작업"으로 시트 이름을 바꾸시오.

(4) 차트 디자인 도구 ⇒ 레이아웃 3, 스타일 1을 선택하여 ≪출력형태≫에 맞게 작업하시오.

(5) 영역 서식 ⇒ 차트 : 글꼴(굴림, 11pt), 채우기 효과(질감-분홍 박엽지)

                   그림 : 채우기(흰색, 배경1)

(6) 제목 서식 ⇒ 차트 제목 : 글꼴(굴림, 굵게, 20pt), 채우기(흰색, 배경1), 테두리

(7) 서식 ⇒ 렌탈기간(년) 계열의 차트 종류를 〈표식이 있는 꺾은선형〉으로 변경한 후 보조 축으로 지정하시오.

             계열:≪출력형태≫를 참조하여 표식(원, 크기 10)과 레이블 값을 표시하시오.

             눈금선 : 선 스타일-파선

             축 : ≪출력형태≫를 참조하시오.

(8) 범례 ⇒ 범례명을 변경하고 ≪출력형태≫를 참조하시오.

(9) 도형 ⇒ '모서리가 둥근 사각형 설명선'을 삽입한 후 ≪출력형태≫와 같이 내용을 입력하시오.

(10) 나머지 사항은 ≪출력형태≫에 맞게 작성하시오.

≪출력형태≫

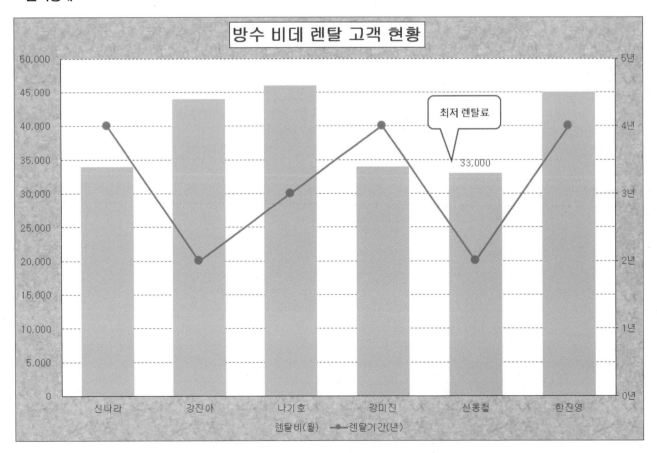

주의 ➜ 시트명 순서가 차례대로 **"제1작업"**, **"제2작업"**, **"제3작업"**, **"제4작업"**이 되도록 할 것.

NOW	• 기능 : 현재 날짜와 시간을 표시해 주는 함수 • 형식 : =NOW() 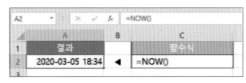

■ 수학/삼각 함수

SUM	• 기능 : 특정 범위(인수)의 합계를 구하는 함수 • 형식 : =SUM(셀 범위) • 사용 예 : 국어, 영어, 수학 점수의 합계를 표시 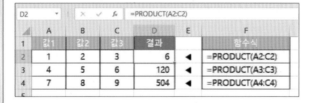

PRODUCT	• 기능 : 인수를 모두 곱한 결과를 표시하는 함수 • 형식 : =PRODUCT(인수1, 인수2...) • 사용 예 : 값1, 값2, 값3을 곱하여 결과를 표시

MOD	• 기능 : 나머지 값을 구하는 함수 • 형식 : =MOD(나머지를 구하려는 수, 나누는 수) • 사용 예 : 합계를 과목수(3)로 나누어 나머지를 표시

ABS	• 기능 : 주어진 인수의 절대값을 구하는 함수 • 형식 : =ABS(인수)

➡️ **"제1작업"** 시트의 「B4:H12」 영역을 복사하여 **"제2작업"** 시트의 「B2」 셀부터 모두 붙여넣기를 한 후 다음의 조건과 같이 작업하시오.

≪조건≫

  ⑴ 고급필터 – 렌탈비(월)가 '40,000' 이상이거나 렌탈기간(년)이 '3'인 자료의 렌탈모델, 고객명, 구분, 렌탈일자, 최근 필터교환의 데이터만 추출하시오.

      – 조건 범위 : 「B13」 셀부터 입력하시오.

      – 복사 위치 : 「B18」 셀부터 나타나도록 하시오.

  ⑵ 표 서식 – 고급필터의 결과셀을 채우기 없음으로 설정한 후 '표 스타일 보통 2'의 서식을 적용하시오.

      – 머리글 행, 줄무늬 행을 적용하시오.

➡️ **"제1작업"** 시트를 이용하여 **"제3작업"** 시트에 조건에 따라 ≪출력형태≫와 같이 작업하시오.

≪조건≫

  ⑴ 렌탈일자 및 구분별 고객명의 개수와 렌탈비(월)의 평균을 구하시오.

  ⑵ 렌탈일자를 그룹화하고, 구분을 ≪출력형태≫와 같이 정렬하시오.

  ⑶ 레이블이 있는 셀 병합 및 가운데 맞춤 적용 및 빈 셀은 '***'로 표시하시오.

  ⑷ 행의 총합계는 지우고, 나머지 사항은 ≪출력형태≫에 맞게 작성하시오.

≪출력형태≫

⯅	B	C	D	E	F	G	H
1							
2		구분	↓				
3		완전방수		생활방수		방수안됨	
4	렌탈일자 ▾	개수 : 고객명	평균 : 렌탈비(월)	개수 : 고객명	평균 : 렌탈비(월)	개수 : 고객명	평균 : 렌탈비(월)
5	2016년	1	44,000	1	33,000	***	***
6	2017년	***	***	2	34,000	1	26,000
7	2018년	2	45,500	***	***	1	29,000
8	총합계	3	45,000	3	33,667	2	27,500

TRUNC	• 기능 : 숫자를 지정한 소수점 이하로 버리고 결과를 표시해 주는 함수
	• 형식 : =TRUNC(지정한 자릿수 아래를 잘라 낼 숫자, 소수점 이하 자릿수 지정)
	  – 소수점 이하 자릿수를 지정하지 않으면 0으로 처리
	  – TRUNC 함수와 INT 함수의 차이점은 처리할 숫자가 양수일 때는 결과가 동일하지만 음수일 때는 다르게 결과가 나타남
	
	A2 fx =TRUNC(12345.789,2)
	
	|
		A	B	C

---	---	---	---
1	결과		함수식
2	12345.78	◀	=TRUNC(12345.789,2)
3	12345.7	◀	=TRUNC(12345.789,1)
4	12345	◀	=TRUNC(12345.789,0)
5	12340	◀	=TRUNC(12345.789,-1)
6	12300	◀	=TRUNC(12345.789,-2)	

COUNTBLANK	• 기능 : 공백 셀의 개수를 구하는 함수 • 형식 : =COUNTBLANK(셀 범위) • 사용 예 : [B2:D6] 범위에서 점수가 없는 비어있는 셀의 개수를 표시 D7 fx =COUNTBLANK(B2:D6) |	A	B	C	D	E
---	---	---	---	---	---
1	이름	국어	영어	수학	
2	김대한	85		80	
3	이민국	70	75	60	
4	홍길동		90	100	
5	유재석	100		100	
6	강호동	90	80		
7	점수가 없는 공백 셀의 개수			4	
8				▲	
9	함수식				
10	=COUNTBLANK(B2:D6)					

MODE	• 기능 : 가장 많이 나오는(빈도수가 높은) 값을 구하는 함수 • 형식 : =MODE(셀 범위) • 사용 예 : 국어, 영어, 수학, 과제물 점수 중 빈도수가 가장 높은 점수를 표시 F2 fx =MODE(B2:E2) |	A	B	C	D	E	F	G	H
---	---	---	---	---	---	---	---	---
1	이름	국어	영어	수학	과제물	최빈값		함수식
2	김대한	85	75	80	80	80	◀	=MODE(B2:E2)
3	이민국	60	75	60	80	60	◀	=MODE(B3:E3)
4	홍길동	100	90	100	100	100	◀	=MODE(B4:E4)	

➡ 다음은 '비데 렌탈 관리 현황'에 대한 자료이다. 자료를 입력하고 조건에 맞도록 작업하시오.

≪출력형태≫

	B	C	D	E	F	G	H	I	J
								담당	과장	차장
			비데 렌탈 관리 현황				결재			
4	렌탈모델	고객명	구분	렌탈일자	최근 필터교환	렌탈비 (월)	렌탈기간 (년)	지역	비고
5	EZ-3B1	신나라	생활방수	2017-12-10	2020-03-05	34,000	4	(1)	(2)
6	BE-2A2	강진아	완전방수	2016-05-20	2020-01-05	44,000	2	(1)	(2)
7	BE-3A2	나기호	완전방수	2018-09-20	2019-12-05	46,000	3	(1)	(2)
8	EZ-1A1	강미진	생활방수	2017-03-10	2019-12-05	34,000	4	(1)	(2)
9	EW-2B3	정영호	방수안됨	2018-10-20	2020-02-05	29,000	3	(1)	(2)
10	ZP-2A1	신동철	생활방수	2016-11-20	2020-01-05	33,000	2	(1)	(2)
11	AG-1B2	한진영	완전방수	2018-07-10	2020-01-05	45,000	4	(1)	(2)
12	WP-1A3	박은주	방수안됨	2017-02-20	2020-04-05	26,000	4	(1)	(2)
13	생활방수 비데 렌탈 개수			(3)		완전방수 렌탈기간 합계			(5)
14	생활방수 렌탈비(월) 평균			(4)		고객명	신나라	렌탈기간(년)	(6)

≪조건≫

○ 모든 데이터의 서식에는 글꼴(굴림, 11pt), 정렬은 숫자 및 회계 서식은 오른쪽 정렬, 나머지 서식은 가운데 정렬로 작성하며 예외적인 것은 ≪출력형태≫를 참조하시오.

○ 제 목 ⇒ 도형(사다리꼴)과 그림자(오프셋 아래쪽)를 이용하여 작성하고 "비데 렌탈 관리 현황"을 입력한 후 다음 서식을 적용하시오 (글꼴-굴림, 24pt, 검정, 굵게, 채우기-노랑).

○ 임의의 셀에 결재란을 작성하여 그림으로 복사 기능을 이용하여 붙이기 하시오(단, 원본 삭제).

○ 「B4:J4, G14, I14」 영역은 '주황'으로 채우기 하시오.

○ 유효성 검사를 이용하여 「H14」 셀에 고객명(「C5:C12」 영역)이 선택 표시되도록 하시오.

○ 셀 서식 ⇒ 「H5:H12」 영역에 셀 서식을 이용하여 숫자 뒤에 '년'을 표시하시오(예 : 4년).
　　　　　　　　　　　　　　　　　　　　　　　　　　└ 차트의 최소값이 '0'으로 나와야 하므로 '#'이
○ 「G5:G12」 영역에 대해 '렌탈비'로 이름정의를 하시오.　　　　　아닌 '0'을 사용

➡ (1)~(6) 셀은 반드시 **주어진 함수를 이용**하여 값을 구하시오(결과값을 직접 입력하면 해당 셀은 0점 처리됨).

(1) 지역 ⇒ 렌탈모델의 마지막 자리 숫자가 1이면 '서울', 2이면 '경기', 3이면 '인천'으로 구하시오 (CHOOSE, RIGHT 함수).

(2) 비고 ⇒ 렌탈비(월)가 40,000 이상이고 렌탈기간(년)이 4 이상이면 'VIP고객' 그 외에는 공백으로 나타내시오 (IF, AND 함수).

(3) 생활방수 비데 렌탈 개수 ⇒ 결과값 뒤에 '개'를 붙이시오(COUNTIF 함수, &연산자)(예 : 1개).

(4) 생활방수 렌탈비(월) 평균 ⇒ 반올림하여 천 단위까지 구하시오. 단, 조건은 입력데이터를 이용하시오 (ROUND, DAVERAGE 함수)(예 : 34,500 → 35,000).

(5) 완전방수 렌탈기간 합계 ⇒ (SUMIF 함수).

(6) 렌탈기간(년) ⇒ 「H14」 셀에서 선택한 고객명에 대한 렌탈기간(년)을 구하시오(VLOOKUP 함수).

(7) 조건부 서식을 이용하여 렌탈비(월) 셀에 데이터 막대 스타일(녹색)을 최소값 및 최대값으로 적용하시오.

■ 찾기/참조 함수

HLOOKUP	<ul><li>표의 첫 번째 행(찾을 값 포함)에서 특정 값을 찾은 후 지정한 행에서 같은 열에 있는 값을 표시하는 함수</li><li>형식 : =HLOOKUP(찾을 값, 셀 범위, 행 번호, 찾을 방법)</li><li>– 찾을 값 : 셀 범위의 첫 번째 행에서 찾을 값(참조 영역, 문자열 등)</li><li>– 셀 범위 : 찾을 값을 검색할 범위(범위 지정 시 찾을 값이 있는 행이 첫 번째 행으로 지정되어야 함)</li><li>– 행 번호 : 셀 범위 내의 행 번호로 값을 추출할 행을 지정(셀 범위 중 첫 번째 행의 값이 1로 기준이 됨)</li><li>– 찾을 방법 : FALSE(또는 0) : 정확하게 일치하는 값을 찾음 TRUE(또는 1) : 비슷하게 일치하는 근삿값을 찾음</li><li>사용 예 : 학생별 과제물 개수에 따른 추가 점수를 표시</li></ul>

G2 × ✓ fx =HLOOKUP(C2,$B$7:$D$8,2,0)

	A	B	C	D	E	F	G	H	I
1	번호	이름	과제물	국어	영어	수학	추가 점수		함수식
2	1	김대한	1개	85	75	80	10	▶	=HLOOKUP(C2,$B$7:$D$8,2,0)
3	2	이민국	3개	70	75	60	30	▶	=HLOOKUP(C3,$B$7:$D$8,2,0)
4	3	홍길동	2개	80	90	100	20	▶	=HLOOKUP(C4,$B$7:$D$8,2,0)
5									
6	과제물 제출에 따른 추가 점수								
7	과제물	1개	2개	3개					
8	점수	10	20	30					

MATCH	<ul><li>기능 : 배열에서 지정된 값과 일치하는 항목의 상대 위치를 표시하는 함수</li><li>형식 : =MATCH(찾을 값, 찾을 범위, 찾을 방법)</li><li>– 찾을 값 : 셀 범위에서 찾을 대상이 되는 값</li><li>– 찾을 범위 : 찾을 값을 기준으로 추출할 값이 있는 범위</li><li>– 찾을 방법 : FALSE(또는 0) : 정확하게 일치하는 값을 찾음 TRUE(또는 1) : 비슷하게 일치하는 근삿값을 찾음</li><li>사용 예 : 점수를 기준으로 상대 위치를 표시</li></ul>

D2 × ✓ fx =MATCH(C2,$B$9:$B$11,0)

	A	B	C	D	E	F
1	이름	봉사횟수	점수	위치		함수식
2	김대한	1	10점	3	◀	=MATCH(C2,$B$9:$B$11,0)
3	이민국	2	20점	2	◀	=MATCH(C3,$B$9:$B$11,0)
4	홍길동	3	30점	1	◀	=MATCH(C4,$B$9:$B$11,0)
5	유재석	1	10점	3	◀	=MATCH(C5,$B$9:$B$11,0)
6						
7	가산점					
8	구분	점수				
9	3회	30점				
10	2회	20점				
11	1회	10점				

INDEX	<ul><li>기능 : 셀 범위에서 행 번호와 열 번호가 교차하는 값을 구해주는 함수</li><li>형식 : =INDEX(셀 범위, 행 번호, 열 번호)</li><li>사용 예 : 학년과 봉사횟수에 따른 가산점을 표시</li></ul>

D2 × ✓ fx =INDEX($B$10:$D$12,B2,C2)

	A	B	C	D	E	F
1	이름	학년	봉사횟수	가산점		함수식
2	김대한	1	2	2점	◀	=INDEX($B$10:$D$12,B2,C2)
3	이민국	2	3	4점	◀	=INDEX($B$10:$D$12,B3,C3)
4	홍길동	3	3	5점	◀	=INDEX($B$10:$D$12,B4,C4)
5	유재석	2	2	3점	◀	=INDEX($B$10:$D$12,B5,C5)
6	강호동	1	1	1점	◀	=INDEX($B$10:$D$12,B6,C6)
7						
8	가산점					
9	구분	1회	2회	3회		
10	1학년	1점	2점	3점		
11	2학년	2점	3점	4점		
12	3학년	3점	4점	5점		

과목	코드	문제유형	시험시간	수험번호	성명
한글엑셀	1122	A	60분		

MS오피스

·수험자 유의사항·

- 수험자는 문제지를 받는 즉시 문제지와 **수험표상의 시험과목(프로그램)이 동일한지 반드시 확인**하여야 합니다.

- 파일명은 본인의 "수험번호-성명"으로 입력하여 답안폴더(내 PC₩문서₩ITQ)에 하나의 파일로 저장해야 하며, 답안 문서 파일명이 "수험번호-성명"과 일치하지 않거나, 답안파일을 전송하지 않아 미제출로 처리될 경우 실격 처리합니다 (예 : 12345678-홍길동.xlsx).

- 답안 작성을 마치면 파일을 저장하고, '답안 전송' 버튼을 선택하여 감독위원 PC로 답안을 전송하십시오. 수험생 정보와 저장한 파일명이 다를 경우 전송되지 않으므로 주의하시기 바랍니다.

- 답안 작성 중에도 **주기적으로 저장하고, '답안 전송'**하여야 문제 발생을 줄일 수 있습니다. 작업한 내용을 저장하지 않고 전송할 경우 이전에 저장된 내용이 전송되오니 이점 유의하시기 바랍니다.

- 답안문서는 지정된 경로 외의 다른 보조기억장치에 저장하는 경우, 지정된 시험 시간 외에 작성된 파일을 활용할 경우, 기타 통신수단(이메일, 메신저, 네트워크 등)을 이용하여 타인에게 전달 또는 외부 반출하는 경우는 부정 처리합니다.

- 시험 중 부주의 또는 고의로 시스템을 파손한 경우는 수험자가 변상해야 하며, 〈수험자 유의사항〉에 기재된 방법대로 이행하지 않아 생기는 불이익은 수험생 당사자의 책임임을 알려 드립니다.

- 문제의 조건은 MS오피스 2021 버전으로 설정되어 있으며 MS오피스 2016은 【 】에 표기되어 있습니다. 이와 관련하여 작성한 답안의 출력형태가 문제지와 다를 수 있습니다.

- 시험을 완료한 수험자는 답안파일이 전송되었는지 확인한 후 감독위원의 지시에 따라 문제지를 제출하고 퇴실합니다.

·답안 작성요령·

- 온라인 답안 작성 절차

  수험자 등록 ⇒ 시험 시작 ⇒ 답안파일 저장 ⇒ 답안 전송 ⇒ 시험 종료

- 문제는 총 4단계, 즉 제1작업부터 제4작업까지 구성되어 있으며 반드시 제1작업부터 순서대로 작성하고 조건대로 작업하시오.

- 모든 작업시트의 A열은 열 너비 '1'로, 나머지 열은 적당하게 조절하시오.

- 모든 작업시트의 테두리는 ≪출력형태≫와 같이 작업하시오.

- 해당 작업란에서는 각각 제시된 조건에 따라 ≪출력형태≫와 같이 작업하시오.

- 답안 시트 이름은 "제1작업", "제2작업", "제3작업", "제4작업"이어야 하며 답안 시트 이외의 것은 감점 처리됩니다.

- 각 시트를 파일로 나누어 작업해서 저장할 경우 실격 처리됩니다.

kpc 한국생산성본부

■ 텍스트 함수

VALUE	• 기능 : 텍스트 문자열 인수를 숫자로 표시해 주는 함수 • 형식 : =VALUE(텍스트) B2 {×✓ fx =VALUE(LEFT(A2,4))} 	A	B	C	D	 |---|---|---|---| | 1	데이터	결과		함수식	 | 2	2020 ITQ 경진대회	2020	◀	=VALUE(LEFT(A2,4))	 | 3	2021 ITQ 경진대회	2021	◀	=VALUE(LEFT(A3,4))	
LEN	• 기능 : 공백을 포함하여 문자의 개수를 표시하는 함수 • 형식 : =LEN(문자열) B2 {×✓ fx =LEN(A2)} | A	B	C	D | |---|---|---|---| | 1	데이터	결과		함수식 | | 2	ABC 초콜릿	7	◀	=LEN(A2) | | 3	2020 ITQ 경진대회	13	◀	=LEN(A3) | | 4	아카데미소프트	7	◀	=LEN(A4)	

■ 논리 함수

NOT	• 기능 : 조건식의 결과값을 반대로 표시하는 함수 • 형식 : =NOT(조건) • 사용 예 : 평균이 80 이상이면 '합격' 그렇지 않으면 '불합격'으로 표시 F2 {×✓ fx =IF(NOT(E2>=80),"불합격","합격")} | A	B	C	D	E	F	G	H | |---|---|---|---|---|---|---|---| | 1	이름	국어	영어	수학	평균	결과		함수식 | | 2	김대한	85	75	80	80	합격	◀	=IF(NOT(E2>=80),"불합격","합격") | | 3	이민국	70	75	60	68	불합격	◀	=IF(NOT(E3>=80),"불합격","합격") | | 4	홍길동	80	90	100	90	합격	◀	=IF(NOT(E4>=80),"불합격","합격") | | 5	유재석	90	90	80	87	합격	◀	=IF(NOT(E5>=80),"불합격","합격")	

➡ **"제1작업"** 시트를 이용하여 조건에 따라 ≪출력형태≫와 같이 작업하시오.

≪조건≫

(1) 차트 종류 ⇒ 〈묶은 세로 막대형〉으로 작업하시오.

(2) 데이터 범위 ⇒ "제1작업" 시트의 내용을 이용하여 작업하시오.

(3) 위치 ⇒ "새 시트"로 이동하고, "제4작업"으로 시트 이름을 바꾸시오.

(4) 차트 디자인 도구 ⇒ 레이아웃 3, 스타일 8을 선택하여 ≪출력형태≫에 맞게 작업하시오.

(5) 영역 서식 ⇒ 차트 : 글꼴(굴림, 11pt), 채우기 효과(질감-파랑 박엽지)

           그림 : 채우기(흰색, 배경1)

(6) 제목 서식 ⇒ 차트 제목 : 글꼴(굴림, 굵게, 20pt), 채우기(흰색, 배경1), 테두리

(7) 서식 ⇒ 할인율 계열의 차트 종류를 〈표식이 있는 꺾은선형〉으로 변경한 후 보조 축으로 지정하시오.

         계열 : ≪출력형태≫를 참조하여 표식(세모, 크기 10)과 레이블 값을 표시하시오.

         눈금선 : 선 스타일-파선

         축 : ≪출력형태≫를 참조하시오.

(8) 범례 ⇒ 범례명을 변경하고 ≪출력형태≫를 참조하시오.

(9) 도형 ⇒ '사각형 설명선'을 삽입한 후 ≪출력형태≫와 같이 내용을 입력하시오.

(10) 나머지 사항은 ≪출력형태≫에 맞게 작성하시오.

≪출력형태≫

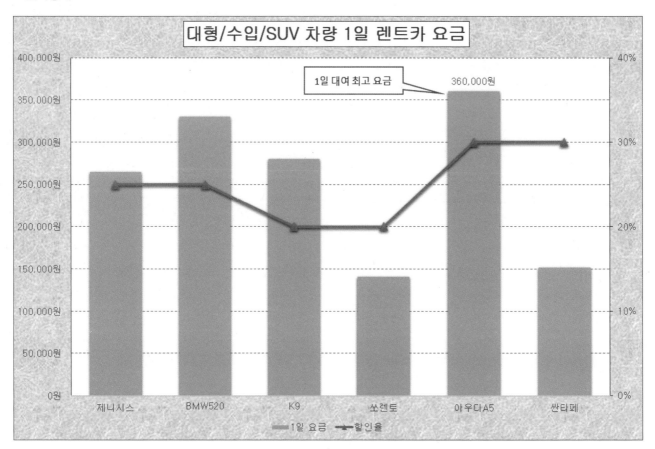

주의 ➡ 시트명 순서가 차례대로 "제1작업", "제2작업", "제3작업", "제4작업"이 되도록 할 것.

[제2작업] 목표값 찾기 및 필터

◎ 함수를 이용하여 목표값 찾기에 필요한 값을 계산한 후 원하는 목표값을 찾음
◎ 고급필터(논리 연산자 및 비교 연산자를 이용)를 이용하여 원하는 데이터를 추출

·문제 미리보기·

· 소스파일 : [출제유형05-1]-유형05-1_문제.xlsx   · 정답파일 : [출제유형05-1]-유형05-1_완성.xlsx

➡ **"제1작업"** 시트의 「B4:H12」 영역을 복사하여 **"제2작업"** 시트의 「B2」 셀부터 모두 붙여넣기를 한 후 다음의 조건과 같이 작업하시오.

◆ ≪조건≫   〈80점〉

(1) 목표값 찾기 – 「B11:G11」 셀을 병합하여 "판매금액(단위:원)의 전체 평균"을 입력한 후 「H11」 셀에판매금액(단위:원)의 전체 평균을 구하시오(AVERAGE 함수, 테두리, 가운데 맞춤).

  – '판매금액(단위:원)의 전체 평균'이 '175,000'이 되려면 욕창예방매트리스의 판매금액(단위:원)이 얼마가 되어야 하는지 목표값을 구하시오.

(2) 고급필터 – 카테고리가 '복지용구'이거나, 구매자수가 '1,000' 이상인 자료의 상품코드, 상품명,판매금액(단위:원), 재고량(단위:EA)의 데이터만 추출하시오.

  – 조건 범위 : 「B14」 셀부터 입력하시오.

  – 복사 위치 : 「B18」 셀부터 나타나도록 하시오.

➡ **"제1작업"** 시트의 「**B4:H12**」 영역을 복사하여 **"제2작업"** 시트의 「**B2**」 셀부터 모두 붙여넣기를 한 후 다음의 조건과 같이 작업하시오.

≪조건≫
　(1) 목표값 찾기 – 「B11:G11」 셀을 병합하여 "1일 요금의 전체 평균"을 입력한 후 「H11」 셀에 1일 요금의 전체 평균을 구하시오(AVERAGE 함수, 테두리, 가운데 맞춤).
　　　– '1일 요금의 전체 평균'이 '210,000'이 되려면 싼타페의 1일 요금이 얼마가 되어야 하는지 목표값을 구하시오.

　(2) 고급필터 – 관리코드가 'L'로 시작하면서, 할인율이 '20%'를 초과한 자료의 모델, 구분, 1일 요금, 2일 요금, 3일 요금의 데이터만 추출하시오.
　　　– 조건 범위 : 「B14」 셀부터 입력하시오.
　　　– 복사 위치 : 「B18」 셀부터 나타나도록 하시오.

➡ **"제1작업"** 시트의 「**B4:H12**」 영역을 복사하여 **"제3작업"** 시트의 「**B2**」 셀부터 모두 붙여넣기를 한 후 다음의 조건과 같이 작업하시오.

≪조건≫
　(1) 부분합 – ≪출력형태≫처럼 정렬하고, 모델의 개수와 1일 요금의 평균을 구하시오.
　(2) 개요【윤곽】 – 지우시오.
　(3) 나머지 사항은 ≪출력형태≫에 맞게 작성하시오.

≪출력형태≫

▲	A	B	C	D	E	F	G	H
1								
2		관리코드	모델	구분	할인율	1일 요금	2일 요금	3일 요금
3		G2-02	쏘렌토	SUV	20%	140,500원	261,000원	360,000원
4		L2-05	싼타페	SUV	30%	152,000원	283,000원	389,000원
5				SUV 평균		146,250원		
6			2	SUV 개수				
7		L3-03	K9	대형	20%	280,000원	521,000원	717,000원
8		L3-01	제니시스	대형	25%	265,000원	493,000원	678,000원
9				대형 평균		272,500원		
10			2	대형 개수				
11		L1-04	레이	소형	25%	70,500원	131,000원	180,000원
12		G1-01	스파크	소형	30%	68,000원	126,000원	174,000원
13				소형 평균		69,250원		
14			2	소형 개수				
15		L3-02	BMW520	수입차	25%	330,000원	614,000원	845,000원
16		G3-03	아우디A5	수입차	30%	360,000원	670,000원	922,000원
17				수입차 평균		345,000원		
18			2	수입차 개수				
19				전체 평균		208,250원		
20			8	전체 개수				

≪조건≫ : "제1작업" 시트의 「B4:H12」 영역을 복사하여 "제2작업" 시트의 「B2」 셀부터 모두 붙여넣기를 한 후 다음의
조건과 같이 작업하시오.

① 유형05-1_문제.xlsx 파일을 불러와 [제1작업] 시트를 선택합니다. 이어서, [B4:H12] 영역을 드래그한 후 [홈] 탭
의 [클립보드] 그룹에서 **복사(📋)([Ctrl]+[C])**를 클릭합니다.

※ 파일 불러오기 : [파일]-[열기]([Ctrl]+[O])-[찾아보기]를 클릭한 후 [열기] 대화상자에서 파일을 선택하여 불러옵니다.

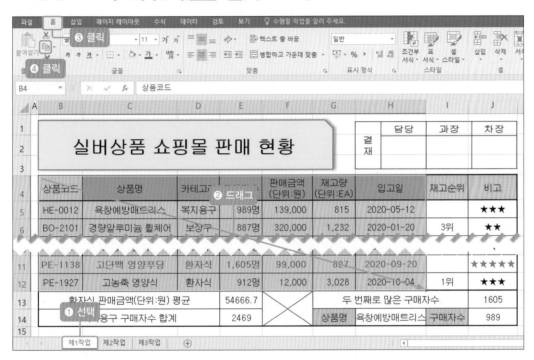

② [제2작업] 시트를 선택한 후 [B2] 셀을 클릭합니다. 이어서, [홈] 탭의 [클립보드] 그룹에서 **붙여넣기(📋)([Ctrl]**
+[V])를 클릭합니다.

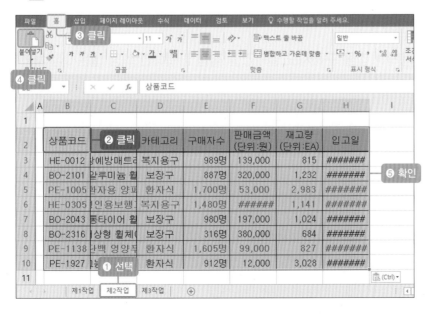

➡ 다음은 '**휴가철 렌트카 요금 현황**'에 대한 자료이다. 자료를 입력하고 조건에 맞도록 작업하시오.

≪출력형태≫

관리코드	모델	구분	할인율	1일 요금	2일 요금	3일 요금	추가비용	비고
L3-01	제니시스	대형	25%	265,000	493,000	678,000	(1)	(2)
G1-01	스파크	소형	30%	68,000	126,000	174,000	(1)	(2)
L3-02	BMW520	수입차	25%	330,000	614,000	845,000	(1)	(2)
L3-03	K9	대형	20%	280,000	521,000	717,000	(1)	(2)
G2-02	쏘렌토	SUV	20%	140,500	261,000	360,000	(1)	(2)
G3-03	아우디A5	수입차	30%	360,000	670,000	922,000	(1)	(2)
L1-04	레이	소형	25%	70,500	131,000	180,000	(1)	(2)
L2-05	싼타페	SUV	30%	152,000	283,000	389,000	(1)	(2)
할인율이 중간값 이상인 차량 대수			(3)			가장 비싼 1일 요금		(5)
대형 차량의 모델 대수			(4)		모델	제니시스	1일요금	(6)

제목 영역 상단에는 "휴가철 렌트카 요금 현황" 제목 도형과 결재란(결재 / 담당 / 팀장 / 부장)이 있음.

≪조건≫

○ 모든 데이터의 서식에는 글꼴(굴림, 11pt), 정렬은 숫자 및 회계 서식은 오른쪽 정렬, 나머지 서식은 가운데 정렬로 작성하며 예외적인 것은 ≪출력형태≫를 참조하시오.

○ 제 목 ⇒ 도형(대각선 방향의 모서리가 잘린 사각형)과 그림자(오프셋 대각선 오른쪽 아래)를 이용하여 작성하고 "휴가철 렌트카 요금 현황"을 입력한 후 다음 서식을 적용하시오 (글꼴–굴림, 24pt, 검정, 굵게, 채우기– 노랑).

○ 임의의 셀에 결재란을 작성하여 그림으로 복사 기능을 이용하여 붙이기 하시오(단, 원본 삭제).

○ 「B4:J4, G14, I14」 영역은 '주황'으로 채우기 하시오.

○ 유효성 검사를 이용하여 「H14」 셀에 모델(「C5:C12」 영역)이 선택 표시되도록 하시오.

○ 셀 서식 ⇒ 「F5:H12」 영역에 셀 서식을 이용하여 숫자 뒤에 '원'을 표시하시오(예 : 265,000원).

○ 「E5:E12」 영역에 대해 '할인율'로 이름정의를 하시오.

➡ (1)~(6) 셀은 반드시 **주어진 함수를 이용**하여 값을 구하시오(결과값을 직접 입력하면 해당 셀은 0점 처리됨).

(1) 추가비용 ⇒ 관리코드의 두 번째 글자가 1이면 '9000', 2이면 '12000', 3이면 '17000'으로 구하시오 (CHOOSE, MID 함수).

(2) 비고 ⇒ 3일 요금의 내림차순 순위를 1~3까지 구한 결과값에 '위'를 붙이고, 그 외에는 공백으로 구하시오 (IF, RANK.EQ 함수, & 연산자).

(3) 할인율이 중간값 이상인 차량 대수 ⇒ 정의된 이름(할인율)을 이용하여 구한 결과값에 '대'를 붙이시오 (COUNTIF, MEDIAN 함수, & 연산자)(예 : 2대).

(4) 대형 차량의 모델 대수 ⇒ 조건은 입력데이터를 이용하시오(DCOUNTA 함수).

(5) 가장 비싼 1일 요금 ⇒ (MAX 함수).

(6) 1일 요금 ⇒ 「H14」 셀에서 선택한 모델에 대한 1일 요금을 구하시오(VLOOKUP 함수).

(7) 조건부 서식을 이용하여 3일 요금 셀에 데이터 막대 스타일(빨강)을 최소값 및 최대값으로 적용하시오.

❸ 데이터가 복사되면 [홈] 탭의 [클립보드] 그룹에서 붙여넣기(📋)의 목록 단추(붙여넣기 ▾)를 눌러 **선택하여 붙여넣기**를 클릭합니다.

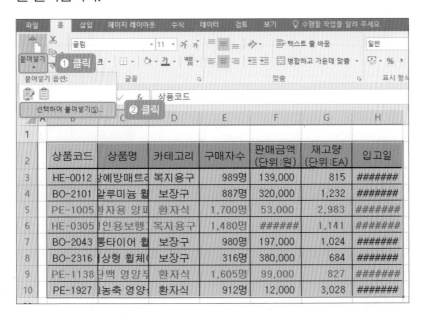

❹ [선택하여 붙여넣기] 대화상자가 나오면 **열 너비**를 선택한 후 〈확인〉 단추를 클릭합니다.

※ 만약, 열의 너비가 조절된 후 [2행]의 행 높이가 좁다고 판단되면 [2행]과 [3행] 머리글 사이를 마우스로 더블 클릭하여 행의 높이를 조절합니다.

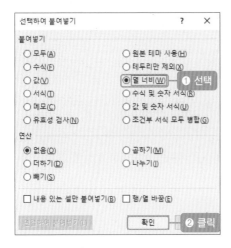

 열 너비 조절

[B:H] 머리글을 드래그한 후 열 머리글 사이를 더블 클릭하여 한 번에 모든 열의 너비를 조절하는 방법도 있습니다.

A	B	C	D	E	F	G	H
	상품코드	상품명	카테고리	구매자수	판매금액 (단위:원)	재고량 (단위:EA)	입고일
	HE-0012	상예방매트리	복지용구	989명	139,000	815	#######
	BO-2101	알루미늄 휠	보장구	887명	320,000	1,232	#######
	PE-1005	환자용 양파	환자식	1,700명	53,000	2,983	#######
	HE-0305	인용보행	복지용구	1,480명	######	1,141	#######
	BO-2043	통타이어 휠	보장구	980명	197,000	1,024	#######
	BO-2316	상형 휠체어	보장구	316명	380,000	684	#######
	PE-1138	단백 영양죽	환자식	1,605명	99,000	827	#######
	PE-1927	농축 영양식	환자식	912명	12,000	3,028	#######

과목	코드	문제유형	시험시간	수험번호	성명
한글엑셀	1122	A	60분		

MS오피스

·수험자 유의사항·

● 수험자는 문제지를 받는 즉시 문제지와 **수험표상의 시험과목(프로그램)이 동일한지 반드시 확인**하여야 합니다.

● 파일명은 본인의 "수험번호−성명"으로 입력하여 답안폴더(내 PC\문서\ITQ)에 하나의 파일로 저장해야 하며, 답안 문서 파일명이 "수험번호−성명"과 일치하지 않거나, 답안파일을 전송하지 않아 미제출로 처리될 경우 실격 처리합니다 (예 : 12345678−홍길동.xlsx).

● 답안 작성을 마치면 파일을 저장하고, '답안 전송' 버튼을 선택하여 감독위원 PC로 답안을 전송하십시오. 수험생 정보와 저장한 파일명이 다를 경우 전송되지 않으므로 주의하시기 바랍니다.

● 답안 작성 중에도 **주기적으로 저장하고, '답안 전송'**하여야 문제 발생을 줄일 수 있습니다. 작업한 내용을 저장하지 않고 전송할 경우 이전에 저장된 내용이 전송되오니 이점 유의하시기 바랍니다.

● 답안문서는 지정된 경로 외의 다른 보조기억장치에 저장하는 경우, 지정된 시험 시간 외에 작성된 파일을 활용할 경우, 기타 통신수단(이메일, 메신저, 네트워크 등)을 이용하여 타인에게 전달 또는 외부 반출하는 경우는 부정 처리합니다.

● 시험 중 부주의 또는 고의로 시스템을 파손한 경우는 수험자가 변상해야 하며, 〈수험자 유의사항〉에 기재된 방법대로 이행하지 않아 생기는 불이익은 수험생 당사자의 책임임을 알려 드립니다.

● 문제의 조건은 MS오피스 2021 버전으로 설정되어 있으며 MS오피스 2016은 【 】에 표기되어 있습니다. 이와 관련하여 작성한 답안의 출력형태가 문제지와 다를 수 있습니다.

● 시험을 완료한 수험자는 답안파일이 전송되었는지 확인한 후 감독위원의 지시에 따라 문제지를 제출하고 퇴실합니다.

·답안 작성요령·

● 온라인 답안 작성 절차

　수험자 등록 ⇒ 시험 시작 ⇒ 답안파일 저장 ⇒ 답안 전송 ⇒ 시험 종료

● 문제는 총 4단계, 즉 제1작업부터 제4작업까지 구성되어 있으며 반드시 제1작업부터 순서대로 작성하고 조건대로 작업하시오.

● 모든 작업시트의 A열은 열 너비 '1'로, 나머지 열은 적당하게 조절하시오.

● 모든 작업시트의 테두리는 ≪출력형태≫와 같이 작업하시오.

● 해당 작업란에서는 각각 제시된 조건에 따라 ≪출력형태≫와 같이 작업하시오.

● 답안 시트 이름은 "제1작업", "제2작업", "제3작업", "제4작업"이어야 하며 답안 시트 이외의 것은 감점 처리됩니다.

● 각 시트를 파일로 나누어 작업해서 저장할 경우 실격 처리됩니다.

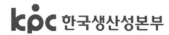

kpc 한국생산성본부

■ 평균 계산 및 서식 지정하기

> **≪조건≫** : 「B11:G11」 셀을 병합하여 "판매금액(단위:원)의 전체 평균"을 입력한 후 「H11」 셀에 판매금액(단위:원)의 전체 평균을 구하시오(AVERAGE 함수, 테두리, 가운데 맞춤).

❶ [B11:G11] 영역을 드래그한 후 [홈] 탭의 [맞춤] 그룹에서 **병합하고 가운데 맞춤(圍)**을 클릭합니다. 셀이 병합되면 **판매금액(단위:원)의 전체 평균**을 입력합니다.

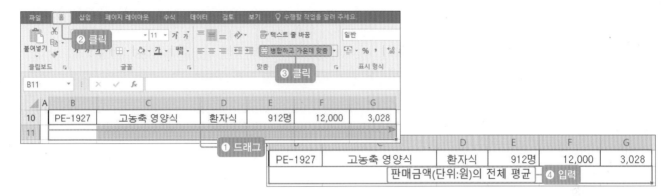

❷ 목표값 찾기에 필요한 평균을 계산하기 위해 [H11] 셀을 선택한 후 수식 입력 줄의 **함수 삽입(𝑓𝑥)(Shift + F3)** 을 클릭합니다.

  ※ 목표값 찾기에서는 'AVERAGE'와 'DAVERAGE' 함수가 번갈아가며 출제되고 있습니다.

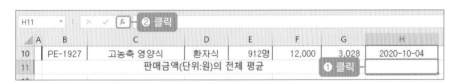

❸ [함수 마법사] 대화상자가 나오면 **AVERAGE** 함수를 찾습니다. [함수 인수] 대화상자의 Number1 입력 칸을 클릭하여 [F3:F10] 영역을 드래그한 후 〈확인〉 단추를 클릭합니다.

  ※ 목표값 찾기를 실행하기 위해서는 [H11] 셀이 반드시 수식으로 계산되어야 합니다.

➜ **"제1작업"** 시트를 이용하여 조건에 따라 ≪출력형태≫와 같이 작업하시오.

≪조건≫

　(1) 차트 종류 ⇒ 〈묶은 세로 막대형〉으로 작업하시오.

　(2) 데이터 범위 ⇒ "제1작업" 시트의 내용을 이용하여 작업하시오.

　(3) 위치 ⇒ "새 시트"로 이동하고, "제4작업"으로 시트 이름을 바꾸시오.

　(4) 차트 디자인 도구 ⇒ 레이아웃 3, 스타일 1을 선택하여 ≪출력형태≫에 맞게 작업하시오.

　(5) 영역 서식 ⇒ 차트 : 글꼴(굴림, 11pt), 채우기 효과(질감-편지지)

　　　　　　　　 그림 : 채우기(흰색, 배경1)

　(6) 제목 서식 ⇒ 차트 제목 : 글꼴(돋움, 굵게, 20pt), 채우기(흰색, 배경1), 테두리

　(7) 서식 ⇒ 계약기간(단위:년) 계열의 차트 종류를 〈표식이 있는 꺾은선형〉으로 변경한 후 보조 축으로 지정하시오.

　　　　　계열 : ≪출력형태≫를 참조하여 표식(네모, 크기 10)과 레이블 값을 표시하시오.

　　　　　눈금선 : 선 스타일-파선

　　　　　축 : ≪출력형태≫를 참조하시오.

　(8) 범례 ⇒ 범례명을 변경하고 ≪출력형태≫를 참조하시오.

　(9) 도형 ⇒ '타원형 설명선'을 삽입한 후 ≪출력형태≫와 같이 내용을 입력하시오.

　(10) 나머지 사항은 ≪출력형태≫에 맞게 작성하시오.

≪출력형태≫

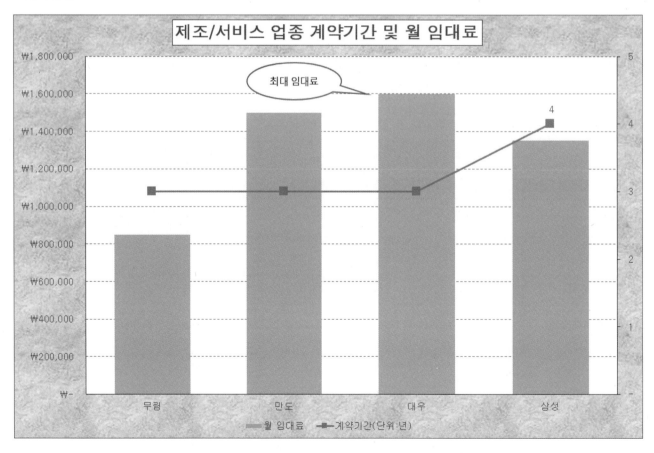

주의 ➜ 시트명 순서가 차례대로 "제1작업", "제2작업", "제3작업", "제4작업"이 되도록 할 것.

④ 평균이 계산되면 [H11] 셀이 선택된 상태에서 [홈] 탭의 [맞춤] 그룹에서 **가운데 맞춤**(≡)을 클릭합니다.

※ [H11] 셀은 함수 계산 결과에 회계 서식이 적용되었기 때문에 가운데 맞춤을 지정해도 변화가 없지만 ≪조건≫에 맞추어 반드시 가운데 맞춤을 적용해야 합니다.

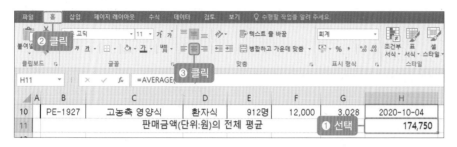

⑤ [B11:H11] 영역을 드래그한 후 [홈] 탭의 [글꼴] 그룹에서 테두리(▦)의 목록 단추(▼)를 눌러 **모든 테두리**(⊞)를 선택합니다.

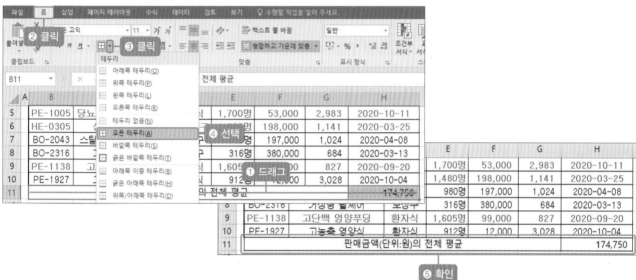

■ 목표값 찾기

≪**조건**≫ : '판매금액(단위:원)의 전체 평균'이 '175,000'이 되려면 욕창예방매트리스의 판매금액(단위:원)이 얼마가 되어야 하는지 목표값을 구하시오.

① 수식이 입력된 [H11] 셀을 클릭한 후 [데이터] 탭의 [예측] 그룹에서 [가상 분석(▦?)]-**목표값 찾기**를 클릭합니다.

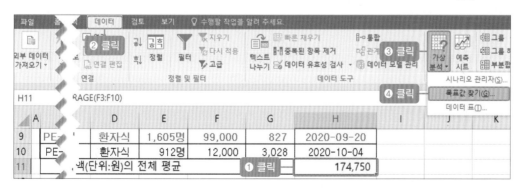

[제2작업] 필터 및 서식

→ **"제1작업"** 시트의 「B4:H12」 영역을 복사하여 **"제2작업"** 시트의 「B2」 셀부터 모두 붙여넣기를 한 후 다음의 조건과 같이 작업하시오.

≪조건≫
   (1) 고급필터 – 업종이 'IT' 이면서, 월 임대료가 '900,000' 이하인 자료의 데이터만 추출하시오.
              – 조건 범위 : 「B13」 셀부터 입력하시오.
              – 복사 위치 : 「B18」 셀부터 나타나도록 하시오.

   (2) 표 서식 – 고급필터의 결과셀을 채우기 없음으로 설정한 후 '표 스타일 보통 6'의 서식을 적용하시오.
              – 머리글 행, 줄무늬 행을 적용하시오.

[제3작업] 피벗 테이블

→ **"제1작업"** 시트를 이용하여 **"제3작업"** 시트에 조건에 따라 ≪출력형태≫와 같이 작업하시오.

≪조건≫
   (1) 입주일 및 업종별 업체명의 개수와 보증금의 평균을 구하시오.
   (2) 입주일을 그룹화하고, 업종을 ≪출력형태≫와 같이 정렬하시오.
   (3) 레이블이 있는 셀 병합 및 가운데 맞춤 적용 및 빈 셀은 '**'로 표시하시오.
   (4) 행의 총합계는 지우고, 나머지 사항은 ≪출력형태≫에 맞게 작성하시오.

≪출력형태≫

	B	C	D	E	F	G	H
1							
2		업종 ▾					
3		IT		제조		서비스	
4	입주일 ▾	개수 : 업체명	평균 : 보증금	개수 : 업체명	평균 : 보증금	개수 : 업체명	평균 : 보증금
5	2015년	1	45,000,000	2	50,000,000	**	**
6	2016년	1	80,000,000	**	**	2	57,500,000
7	2017년	1	95,000,000	**	**	**	**
8	2018년	1	50,000,000	**	**	**	**
9	총합계	4	67,500,000	2	50,000,000	2	57,500,000

❷ [목표값 찾기] 대화상자가 나오면 수식 셀([H11]), 찾는 값(175000), 값을 바꿀 셀([F3])을 각각 입력 및 선택한 후 〈확인〉 단추를 클릭합니다.

※ 값을 바꿀 셀은 원하는 목표값을 찾기 위해서 '욕창예방매트리스의 판매금액(단위:원)'이 얼마가 되어야 하는지 알아야 하기 때문에 [F3] 셀을 클릭합니다.

	B	C	D	E	F 판매금액 (단위:원)	G 재고량 (단위:EA)	H 입고일
2	상품코드	상품명	카테고리	구매자수			
3	HE-0012	욕창예방매트리스	복지용구	989명	139,000	(값을 바꿀 셀)	2020-05-12
4	BO-2101		보장구	887명	320,000	1,232	2020-01-20
5	PE-1005		환자식	1,700명	53,000	2,983	2020-10-11
6	HE-0305			1,480명	198,000	1,141	2020-03-25
7	BO-2043			980명	197,000	1,024	2020-04-08
8	BO-2316		보장구	316명	380,000	684	2020-03-13
9	PE-1138		환자식	1,605명	99,000	827	2020-09-20
10	PE-1927	영양식	환자식	912명	12,000	3,028	2020-10-04
11		판매금액(단위:원)의 전체 평균					174,750 (수식 셀)

목표값 찾기 대화상자
수식 셀(E): H11
찾는 값(V): 175000 ← ❶ 입력 및 선택
값을 바꿀 셀(C): $F$3
확인 취소 ← ❷ 클릭

[목표값 찾기] 대화상자

❶ **수식 셀** : 목표값을 적용시켜 찾고자 하는 결과값을 반환해 주는 셀로 반드시 **수식(=AVERAGE(F3:F10))** 형태로 입력되어 있어야 합니다.

❷ **찾는 값** : 원하는 목표값을 입력합니다.

❸ **값을 바꿀 셀** : 목표값을 찾기 위해 값이 변경되어야 할 셀을 선택 또는 입력합니다.

❸ [목표값 찾기 상태] 대화상자가 나오면 목표값 결과를 확인한 후 〈확인〉 단추를 클릭합니다.

※ 목표값(175,000)을 찾기 위해 [F3] 셀의 값이 '139,000'에서 '141,000'으로 변경된 것을 확인할 수 있습니다.

	B	C	D	E	F 판매금액 (단위:원)	G 재고량 (단위:EA)	H 입고일
2	상품코드	상품명	카테고리	구매자수			
3	HE-0012	욕창예방매트리스	복지용구	989명	141,000	815	2020-05-12
4	BO-21		보장구	887명	320,000	1,232	2020-01-20
5	PE-1		환자식	1,700명		2,983	2020-10-11
6	HE-03		복지용구	1,480명	198,000	1,141	2020-03-25
7	BO-2		보장구	980명	197,000	1,024	2020-04-08
8	BO-23		보장구	316명	380,000	684	2020-03-13
9	PE-11		환자식	1,605명	99,000	827	2020-09-20
10	PE-1927	영양식	환자식	912명	12,000	3,028	2020-10-04
11		판매금액(단위:원)의 전체 평균					175,000

목표값 찾기 상태
셀 H11에 대한 값 찾기
답을 찾았습니다.
목표값: 175000
현재값: 175,000
확인 취소 ← ❸ 클릭
❷ 확인
❶ 확인

유형 03 고급필터

≪조건≫ : – 카테고리가 '복지용구'이거나, 구매자수가 '1,000' 이상인 자료의 상품코드, 상품명, 판매금액(단위:원), 재고량(단위:EA)의 데이터만 추출하시오.
　　　　– 조건 범위 : 「B14」 셀부터 입력하시오.　　　　– 복사 위치 : 「B18」 셀부터 나타나도록 하시오.

➡ 다음은 '2020 임대 계약 현황'에 대한 자료이다. 자료를 입력하고 조건에 맞도록 작업하시오.

≪출력형태≫

업체명	업종	입주층	입주일	계약기간 (단위:년)	보증금	월 임대료	순위	비고
						결재 담당 팀장 부장		
			2020 임대 계약 현황					
무림	제조	3	2015-10-21	3	₩ 40,000,000	₩ 850,000	(1)	(2)
만도	제조	5	2015-03-28	3	₩ 60,000,000	₩ 1,500,000	(1)	(2)
A&T	IT	7	2017-10-21	3	₩ 95,000,000	₩ 2,900,000	(1)	(2)
대우	서비스	1	2016-07-11	3	₩ 70,000,000	₩ 1,600,000	(1)	(2)
M&T	IT	2	2015-10-02	3	₩ 45,000,000	₩ 750,000	(1)	(2)
SK&T	IT	6	2018-12-02	4	₩ 50,000,000	₩ 900,000	(1)	(2)
삼성	서비스	2	2016-07-19	4	₩ 45,000,000	₩ 1,350,000	(1)	(2)
C&C	IT	4	2016-07-20	4	₩ 80,000,000	₩ 2,500,000	(1)	(2)
2016년 이후 입주한 보증금의 평균			(3)		세 번째로 비싼 월 임대료			(5)
제조 업종의 월 임대료 평균			(4)		업체명	무림	계약기간	(6)

≪조건≫
○ 모든 데이터의 서식에는 글꼴(굴림, 11pt), 정렬은 숫자 및 회계 서식은 오른쪽 정렬, 나머지 서식은 가운데 정렬로 작성하며 예외적인 것은 ≪출력형태≫를 참조하시오.
○ 제 목 ⇒ 도형(한쪽 모서리가 잘린 사각형)과 그림자(오프셋 오른쪽)를 이용하여 작성하고 "2020 임대 계약 현황"을 입력한 후 다음 서식을 적용하시오
　　　　　(글꼴-굴림, 24pt, 검정, 굵게, 채우기-노랑).
○ 임의의 셀에 결재란을 작성하여 그림으로 복사 기능을 이용하여 붙이기 하시오(단, 원본 삭제).
○ 「B4:J4, G14, I14」 영역은 '주황'으로 채우기 하시오.
○ 유효성 검사를 이용하여 「H14」 셀에 업체명(「B5:B12」 영역)이 선택 표시되도록 하시오.
○ 셀 서식 ⇒ 「D5:D12」 영역에 셀 서식을 이용하여 숫자 뒤에 '층'을 표시하시오(예 : 1층).
○ 「G5:G12」 영역에 대해 '보증금'으로 이름정의를 하시오.

➡ (1)~(6) 셀은 반드시 **주어진 함수를 이용하여** 값을 구하시오(결과값을 직접 입력하면 해당 셀은 0점 처리됨).
　(1) 순위 ⇒ 입주일의 오름차순 순위를 구한 결과값 뒤에 '위'를 붙이시오(RANK.EQ 함수, & 연산자)(예 : 1위).
　(2) 비고 ⇒ 입주일의 연도를 추출하여 「입주일+계약기간(단위:년)」이 2020 미만이면 '재계약', 그 외에는 공백으로 구하시오(IF, YEAR 함수).
　(3) 2016년 이후 입주한 보증금의 평균 ⇒ 정의된 이름(보증금)을 이용하여 구하시오(SUMIF, COUNTIF 함수).
　(4) 제조 업종의 월 임대료 평균 ⇒ 반올림하여 만 단위까지 구하시오. 단, 조건은 입력데이터를 이용하시오
　　　　　　　　　　(ROUND, DAVERAGE 함수)(예 : 1,235,000 → 1,240,000).
　(5) 세 번째로 비싼 월 임대료 ⇒ 월 임대료를 이용하여 구하시오(LARGE 함수).
　(6) 계약기간 ⇒ 「H14」 셀에서 선택한 업체명에 대한 계약기간(단위:년)을 구하시오(VLOOKUP 함수).
　(7) 조건부 서식의 수식을 이용하여 월 임대료가 '1,600,000' 이상인 행 전체에 다음 서식을 적용하시오(글꼴 : 파랑, 굵게).

① 조건에 사용할 **카테고리([D2])**와 **구매자수([E2])** 필드 제목을 선택한 후 [홈] 탭의 [클립보드] 그룹에서 **복사(📋)**
(**Ctrl**+**C**)를 클릭합니다.

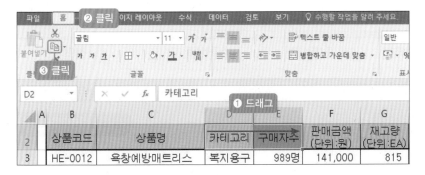

② 조건 범위인 [B14] 셀을 선택한 후 [홈] 탭의 [클립보드] 그룹에서 **붙여넣기(📋)(Ctrl**+**V**)를 클릭합니다.

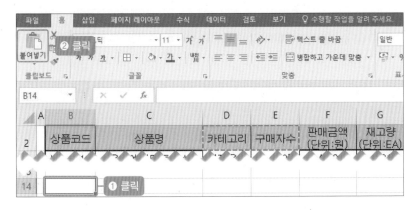

③ 필드명이 복사되면 [B15] 셀과 [C16] 셀에 다음과 같이 조건을 입력합니다.

※ 카테고리가 '복지용구'이거나, 구매자수가 '1,000' 이상인 데이터를 검색하기 위한 조건(OR)

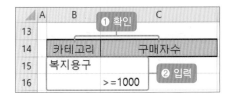

④ 복사 위치로 추출할 데이터 **상품코드([B2])**, **상품명([C2])**, **판매금액(단위:원)([F2])**, **재고량(단위:EA)([G2])**의
필드 제목을 선택한 후 [홈] 탭의 [클립보드] 그룹에서 **복사(📋)(Ctrl**+**C**)를 클릭합니다.

※ 떨어져 있는 셀을 선택할 때는 **Ctrl** 키를 누른 상태에서 선택합니다.

※ 고급 필터의 복사 위치는 특정 필드만 추출하는 것이 아닌 모든 데이터를 추출하는 문제도 출제되고 있으니 참고하시기 바랍니다.

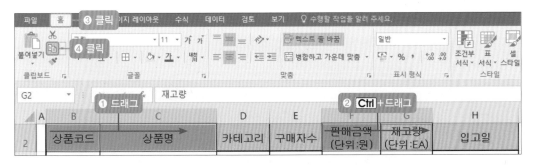

과목	코드	문제유형	시험시간	수험번호	성명
한글엑셀	1122	A	60분		

MS오피스

·수험자 유의사항·

● 수험자는 문제지를 받는 즉시 문제지와 **수험표상의 시험과목(프로그램)이 동일한지 반드시 확인**하여야 합니다.

● 파일명은 본인의 "수험번호-성명"으로 입력하여 답안폴더(내 PC₩문서₩ITQ)에 하나의 파일로 저장해야 하며, 답안 문서 파일명이 "수험번호-성명"과 일치하지 않거나, 답안파일을 전송하지 않아 미제출로 처리될 경우 실격 처리합니다 (예 : 12345678-홍길동.xlsx).

● 답안 작성을 마치면 파일을 저장하고, '답안 전송' 버튼을 선택하여 감독위원 PC로 답안을 전송하십시오. 수험생 정보와 저장한 파일명이 다를 경우 전송되지 않으므로 주의하시기 바랍니다.

● 답안 작성 중에도 **주기적으로 저장하고, '답안 전송'**하여야 문제 발생을 줄일 수 있습니다. 작업한 내용을 저장하지 않고 전송할 경우 이전에 저장된 내용이 전송되오니 이점 유의하시기 바랍니다.

● 답안문서는 지정된 경로 외의 다른 보조기억장치에 저장하는 경우, 지정된 시험 시간 외에 작성된 파일을 활용할 경우, 기타 통신수단(이메일, 메신저, 네트워크 등)을 이용하여 타인에게 전달 또는 외부 반출하는 경우는 부정 처리합니다.

● 시험 중 부주의 또는 고의로 시스템을 파손한 경우는 수험자가 변상해야 하며, 〈수험자 유의사항〉에 기재된 방법대로 이행하지 않아 생기는 불이익은 수험생 당사자의 책임임을 알려 드립니다.

● 문제의 조건은 MS오피스 2021 버전으로 설정되어 있으며 MS오피스 2016은【 】에 표기되어 있습니다. 이와 관련하여 작성한 답안의 출력형태가 문제지와 다를 수 있습니다.

● 시험을 완료한 수험자는 답안파일이 전송되었는지 확인한 후 감독위원의 지시에 따라 문제지를 제출하고 퇴실합니다.

·답안 작성요령·

● 온라인 답안 작성 절차
  수험자 등록 ⇒ 시험 시작 ⇒ 답안파일 저장 ⇒ 답안 전송 ⇒ 시험 종료

● 문제는 총 4단계, 즉 제1작업부터 제4작업까지 구성되어 있으며 반드시 제1작업부터 순서대로 작성하고 조건대로 작업하시오.

● 모든 작업시트의 A열은 열 너비 '1'로, 나머지 열은 적당하게 조절하시오.

● 모든 작업시트의 테두리는 ≪출력형태≫와 같이 작업하시오.

● 해당 작업란에서는 각각 제시된 조건에 따라 ≪출력형태≫와 같이 작업하시오.

● 답안 시트 이름은 "제1작업", "제2작업", "제3작업", "제4작업"이어야 하며 답안 시트 이외의 것은 감점 처리됩니다.

● 각 시트를 파일로 나누어 작업해서 저장할 경우 실격 처리됩니다.

kpc 한국생산성본부

⑤ 복사 위치인 [B18] 셀을 선택한 후 [홈] 탭의 [클립보드] 그룹에서 **붙여넣기**(📋)(**Ctrl**+**V**)를 클릭합니다.

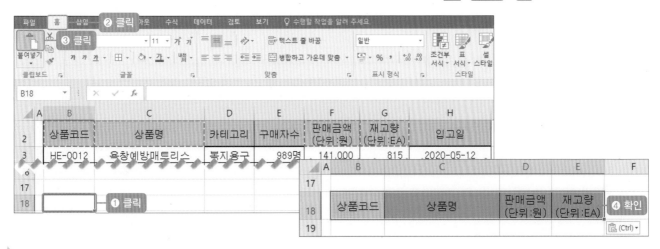

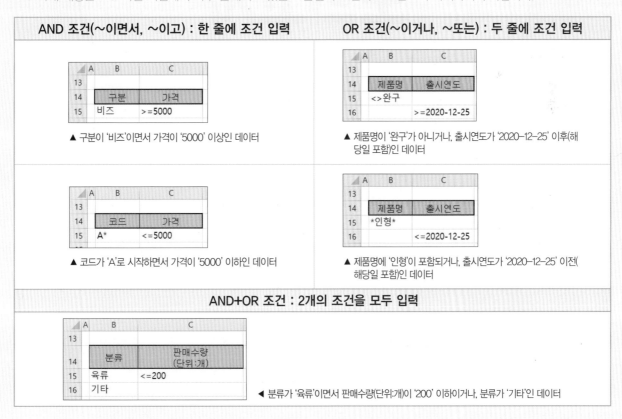

고급 필터 조건 지정

❶ **비교 연산자** : = (같다), < > (같지 않다), >= (~이상), <= (~이하), >(~초과), <(~미만)

❷ **별표(*)** : 특정 문자의 앞 또는 뒤에 붙여 특정 문자가 포함된 문자열을 찾을 수 있습니다.

　– **가*** : 가로 시작하는 문자열 / ***가** : 가로 끝나는 문자열 / ***가*** : 가를 포함하는 문자열

❸ **물음표(?)** : 특정 문자의 앞 또는 뒤에 붙여 특정 문자가 포함된 문자를 글자 수에 맞춰서 찾을 수 있습니다.

　– **가?** : 가로 시작하는 두 글자 / **가??** : 가로 시작하는 세 글자 – **?가** : 가로 끝나는 두 글자 / **??가** : 가로 끝나는 세 글자

❹ **논리 연산자(AND, OR)**

※ 아래 내용은 ITQ 엑셀 시험에서 자주 출제되고 있는 고급필터 조건이므로 반드시 숙지하시기 바랍니다.

AND 조건(~이면서, ~이고) : 한 줄에 조건 입력	OR 조건(~이거나, ~또는) : 두 줄에 조건 입력

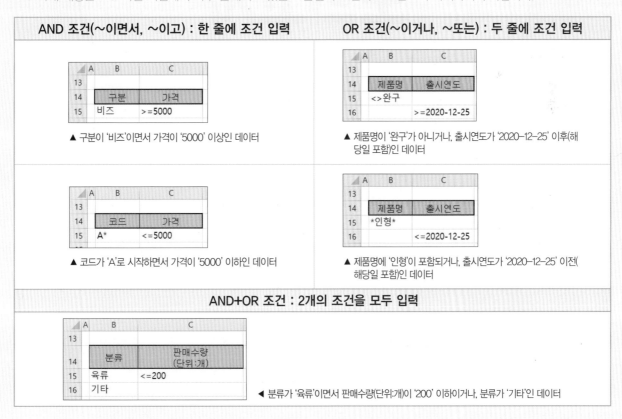

	A	B	C
13			
14		구분	가격
15		비즈	>=5000

▲ 구분이 '비즈'이면서 가격이 '5000' 이상인 데이터

	A	B	C
13			
14		제품명	출시연도
15		<>완구	
16			>=2020-12-25

▲ 제품명이 '완구'가 아니거나, 출시연도가 '2020-12-25' 이후(해당일 포함)인 데이터

	A	B	C
13			
14		코드	가격
15		A*	<=5000

▲ 코드가 'A'로 시작하면서 가격이 '5000' 이하인 데이터

	A	B	C
13			
14		제품명	출시연도
15		*인형*	
16			<=2020-12-25

▲ 제품명에 '인형'이 포함되거나, 출시연도가 '2020-12-25' 이전(해당일 포함)인 데이터

AND+OR 조건 : 2개의 조건을 모두 입력

	A	B	C
13			
14		분류	판매수량(단위:개)
15		육류	<=200
16		기타	

◀ 분류가 '육류'이면서 판매수량(단위:개)이 '200' 이하이거나, 분류가 '기타'인 데이터

PART 03

출제예상
모의고사

⑥ [B2:H10] 영역을 드래그한 후 [데이터] 탭의 [정렬 및 필터] 그룹에서 **고급**(🔽고급)을 클릭합니다.

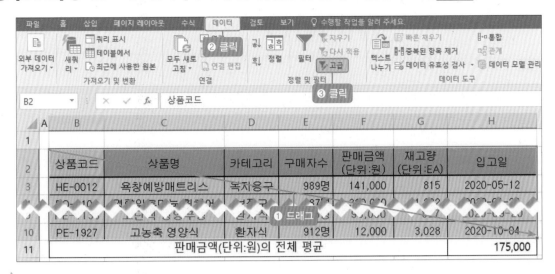

 고급 필터 대화상자

① **현재 위치에 필터** : 원본 데이터 목록에 직접 필터 결과를 표시

② **다른 장소에 복사** : 다른 셀 범위에 필터 결과를 표시

③ **목록 범위** : 필터링할 데이터의 범위를 지정

④ **조건 범위** : 필터 조건(조건식)이 위치한 범위를 지정

⑤ **복사 위치** : '다른 장소에 복사'를 선택했을 경우 필터 결과를 표시할 위치를 지정

   – 만약, 필터 결과가 전체가 아닌 특정 자료만 추출하고자 할 때는 추출할 자료의필드
     명을 셀에 입력한 후 해당 필드명이 입력된 영역을 복사 위치로 지정

⑥ **동일한 레코드는 하나만** : 필터링한 결과 중 같은 레코드가 있을 경우 하나만 표시

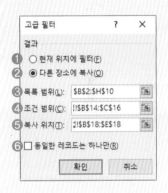

⑦ [고급 필터] 대화상자가 나오면 다음과 같이 각각의 범위를 지정한 후 〈확인〉 단추를 클릭합니다.

  – 결과를 **다른 장소에 복사**로 선택

  – 자동으로 지정된 목록 범위($B$2:$H$10)를 확인

  – 조건 범위 입력 칸을 클릭한 후 [B14:C16]을 영역으로 지정

  – 복사 위치 입력 칸을 클릭한 후 [B18:E18]을 영역으로 지정

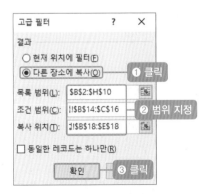

MEMO

8 OR 조건(카테고리, 구매자수)에 맞게 데이터가 추출되었는지 확인한 후 **[파일]-[저장]([Ctrl]+[S])** 또는 [빠른 실행 도구 모음]에서 **저장(📄)**을 클릭합니다.

※ 필터링 된 결과셀이 '###'으로 표시된 경우 열 머리글 사이(예 : [D:E])를 마우스로 더블 클릭하여 열의 너비를 조절합니다.

※ 실제 시험을 볼 때 작업 도중에 수시로(10분에 한 번 정도) 저장을 하는 것이 좋습니다.

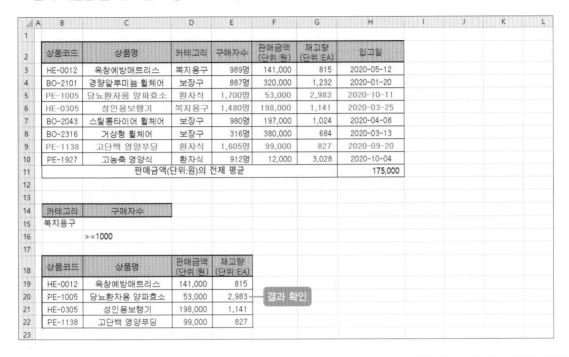

시험 분석

고급필터

- 고급필터를 이용하여 데이터를 추출할 때 조건에 맞는 **모든 데이터**를 추출하는 형태와 **특정 데이터**만 추출하는 형태로 구분되어 출제되고 있습니다.
  - 모든 데이터를 추출하는 문제 예시 : 분류가 '잡곡'이거나, 누적 판매량이 '500' 이상인 자료의 데이터만 추출하시오.
  - 특정 데이터만 추출하는 문제 예시 : 분류가 '잡곡'이거나, 누적 판매량이 '500' 이상인 자료의 상품명, 분류, 생산자만 추출하시오.

▶ 과년도 기출문제를 분석해 보면 조건을 입력할 때 비교 연산자는 '**<>(같지 않다)**, **>=(~이상)**, **<=(~이하)**'가, 와일드 문자로는 **별표(*)**가 자주 출제되었습니다. 아래 내용은 과년도에 출제되었던 고급필터의 조건이니 어떤 조건으로 자주 출제되었는지 확인하시기 바랍니다.

※ 조건을 입력할 때 AND는 한 줄에 입력한 것이며, OR은 두 줄로 구분하여 입력한 것입니다.

AND 조건					
M*	>=4.5	비즈	>=5000	*호텔*	>=2015
>=2017-01-10	<>북	<=6		<>빨강	

OR 조건					
>=60000		M*		잡곡	
	<=3000		>=70		>=500
>=2016-1-1		<>2층			
	북미		<=6000		

"제1작업" 시트를 이용하여 조건에 따라 ≪출력형태≫와 같이 작업하시오.

• 소스파일 : [출제유형07]–정복07_문제04.xlsx   • 정답파일 : [출제유형07]–정복07_완성04.xlsx

≪조건≫

(1) 차트 종류 ⇒ 〈묶은 세로 막대형〉으로 작업하시오.

(2) 데이터 범위 ⇒ "제1작업" 시트의 내용을 이용하여 작업하시오.

(3) 위치 ⇒ "새 시트"로 이동하고, "제4작업"으로 시트 이름을 바꾸시오.

(4) 차트 디자인 도구 ⇒ 레이아웃 3, 스타일 1을 선택하여 ≪출력형태≫에 맞게 작업하시오.

(5) 영역 서식 ⇒ 차트 : 글꼴(굴림, 11pt), 채우기 효과(질감–파랑 박엽지)

　　　　　　　그림 : 채우기(흰색, 배경1)

(6) 제목 서식 ⇒ 차트 제목 : 글꼴(굴림, 굵게, 20pt), 채우기(흰색, 배경1), 테두리

(7) 서식 ⇒ 가격(단위:원) 계열의 차트 종류를 〈표식이 있는 꺾은선형〉으로 변경한 후 보조 축으로 지정하시오.

　　　계열 : ≪출력형태≫를 참조하여 표식(원, 크기 10)과 레이블 값을 표시하시오.

　　　눈금선 : 선 스타일–파선

　　　축 : ≪출력형태≫를 참조하시오.

(8) 범례 ⇒ 범례명을 변경하고 ≪출력형태≫를 참조하시오.

(9) 도형 ⇒ '타원형 설명선'을 삽입하고 ≪출력형태≫와 같이 내용을 입력하시오.

(10) 나머지 사항은 ≪출력형태≫에 맞게 작성하시오.

≪출력형태≫

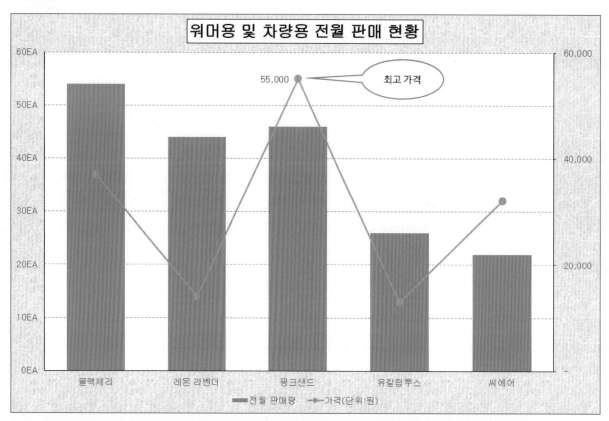

주의 ➡ 시트명 순서가 차례대로 "제1작업", "제2작업", "제3작업", "제4작업"이 되도록 할 것.

[제2작업] 목표값 찾기 및 필터

01 **"제1작업"** 시트의 「B4:H12」 영역을 복사하여 **"제2작업"** 시트의 「B2」 셀부터 모두 붙여넣기를 한 후 다음의 조건과 같이 작업하시오.

• 소스파일 : [출제유형05-1]-정복05-1_문제01.xlsx   • 정답파일 : [출제유형05-1]-정복05-1_완성01.xlsx

≪조건≫

(1) 목표값 찾기 – 「B11:G11」 셀을 병합하여 "예매수량의 전체 평균"을 입력한 후 「H11」 셀에 예매수량의 전체 평균을 구하시오(AVERAGE 함수, 테두리, 가운데 맞춤).

– '예매수량의 전체 평균'이 '2,300'이 되려면 가족의 예매수량이 얼마가 되어야 하는지 목표값을 구하시오.

(2) 고급필터 – 공연장이 '고'로 시작하거나, 관람료(단위:원)이 '6,000' 이상인 자료의 데이터만 추출하시오.

– 조건 범위 : 「B14」 셀부터 입력하시오.

– 복사 위치 : 「B18」 셀부터 나타나도록 하시오.

02 **"제1작업"** 시트의 「B4:H12」 영역을 복사하여 **"제2작업"** 시트의 「B2」 셀부터 모두 붙여넣기를 한 후 다음의 조건과 같이 작업하시오.

• 소스파일 : [출제유형05-1]-정복05-1_문제02.xlsx   • 정답파일 : [출제유형05-1]-정복05-1_완성02.xlsx

≪조건≫

(1) 목표값 찾기 – 「B11:G11」 셀을 병합하여 "라임 출판사 구입가격의 전체 평균"을 입력한 후 「H11」 셀에 라임 출판사 구입가격의 전체 평균을 구하시오. 단, 조건은 입력데이터를 이용하시오(DAVERAGE 함수, 테두리, 가운데 맞춤).

– '라임 출판사 구입가격의 전체 평균'이 '10,500'이 되려면 골드피쉬 보이의 구입가격이 얼마가 되어야 하는지 목표값을 구하시오.

(2) 고급필터 – 구입권수(권)가 '3' 이상이면서, 출판사가 '창비'가 아닌 자료의 데이터만 추출하시오.

– 조건 범위 : 「B14」 셀부터 입력하시오.

– 복사 위치 : 「B18」 셀부터 나타나도록 하시오.

03 **"제1작업"** 시트를 이용하여 조건에 따라 ≪출력형태≫와 같이 작업하시오.

· 소스파일 : [출제유형07]-정복07_문제03.xlsx   · 정답파일 : [출제유형07]-정복07_완성03.xlsx

≪조건≫

(1) 차트 종류 ⇒ 〈묶은 세로 막대형〉으로 작업하시오.

(2) 데이터 범위 ⇒ "제1작업" 시트의 내용을 이용하여 작업하시오.

(3) 위치 ⇒ "새 시트"로 이동하고, "제4작업"으로 시트 이름을 바꾸시오.

(4) 차트 디자인 도구 ⇒ 레이아웃 3, 스타일 1을 선택하여 ≪출력형태≫에 맞게 작업하시오.

(5) 영역 서식 ⇒ 차트 : 글꼴(굴림, 11pt), 채우기 효과(질감-분홍 박엽지)그림 : 채우기(흰색, 배경1)

(6) 제목 서식 ⇒ 차트 제목 : 글꼴(굴림, 굵게, 20pt), 채우기(흰색, 배경1), 테두리

(7) 서식 ⇒ 객실수 계열의 차트 종류를 〈표식이 있는 꺾은선형〉으로 변경한 후 보조 축으로 지정하시오.

　　　　　계열 : ≪출력형태≫를 참조하여 표식(마름모, 크기 10)과 레이블 값을 표시하시오.

　　　　　눈금선 : 선 스타일-파선

　　　　　축 : ≪출력형태≫를 참조하시오.

(8) 범례 ⇒ 범례명을 변경하고 ≪출력형태≫를 참조하시오.

(9) 도형 ⇒ '구름 모양 설명선'을 삽입하고 ≪출력형태≫와 같이 내용을 입력하시오.

(10) 나머지 사항은 ≪출력형태≫에 맞게 작성하시오.

≪출력형태≫

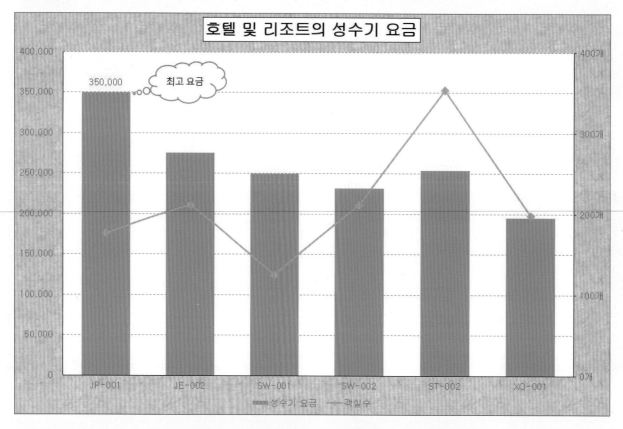

주의 ➡ 시트명 순서가 차례대로 **"제1작업"**, **"제2작업"**, **"제3작업"**, **"제4작업"**이 되도록 할 것.

03 **"제1작업"** 시트의 「B4:H12」 영역을 복사하여 **"제2작업"** 시트의 「B2」 셀부터 모두 붙여넣기를 한 후 다음의 조건과 같이 작업하시오.

· 소스파일 : [출제유형05-1]-정복05-1_문제03.xlsx   · 정답파일 : [출제유형05-1]-정복05-1_완성03.xlsx

≪조건≫

(1) 목표값 찾기 – 「B11:G11」 셀을 병합하여 "성수기 요금의 전체 평균"을 입력한 후 「H11」 셀에 성수기 요금의 전체 평균을 구하시오(AVERAGE 함수, 테두리, 가운데 맞춤).
  – '성수기 요금의 전체 평균'이 '250,000'이 되려면 XV-003의 성수기 요금이 얼마가 되어야 하는지 목표값을 구하시오.

(2) 고급필터 – 관리코드에 'W'가 포함되거나, 성수기 요금이 '200,000' 이하인 자료의 구분, 객실수, 성수기 요금, 예약률 데이터만 추출하시오.
  – 조건 범위 : 「B14」 셀부터 입력하시오.
  – 복사 위치 : 「B18」 셀부터 나타나도록 하시오.

04 **"제1작업"** 시트의 「B4:H12」 영역을 복사하여 **"제2작업"** 시트의 「B2」 셀부터 모두 붙여넣기를 한 후 다음의 조건과 같이 작업하시오.

· 소스파일 : [출제유형05-1]-정복05-1_문제04.xlsx   · 정답파일 : [출제유형05-1]-정복05-1_완성04.xlsx

≪조건≫

(1) 목표값 찾기 – 「B11:G11」 셀을 병합하여 "워머용 전월 판매량의 전체 평균"을 입력한 후 「H11」 셀에 워머용 전월 판매량의 전체 평균을 구하시오. 단, 조건은 입력데이터를 이용하시오 (DAVERAGE 함수, 테두리, 가운데 맞춤).
  – '워머용 전월 판매량의 전체 평균'이 '45'가 되려면 씨에어의 전월 판매량이 얼마가 되어야 하는지목표값을 구하시오.

(2) 고급필터 – 상품입고일이 '2018-12-05' 이후(해당일 포함)이면서, 재고수량이 '15' 이하인 자료의 상품명, 상품입고일, 전월 판매량, 재고수량의 데이터만 추출하시오.
  – 조건 범위 : 「B14」 셀부터 입력하시오.
  – 복사 위치 : 「B18」 셀부터 나타나도록 하시오.

02 **"제작업"** 시트를 이용하여 조건에 따라 ≪출력형태≫와 같이 작업하시오.

• 소스파일 : [출제유형07]-정복07_문제02.xlsx • 정답파일 : [출제유형07]-정복07_완성02.xlsx

≪조건≫

(1) 차트 종류 ⇒ 〈묶은 세로 막대형〉으로 작업하시오.

(2) 데이터 범위 ⇒ "제1작업" 시트의 내용을 이용하여 작업하시오.

(3) 위치 ⇒ "새 시트"로 이동하고, "제4작업"으로 시트 이름을 바꾸시오.

(4) 차트 디자인 도구 ⇒ 레이아웃 3, 스타일 1을 선택하여 ≪출력형태≫에 맞게 작업하시오.

(5) 영역 서식 ⇒ 차트 : 글꼴(굴림, 11pt), 채우기 효과(질감-분홍 박엽지)
　　　　　　　　　그림 : 채우기(흰색, 배경1)

(6) 제목 서식 ⇒ 차트 제목 : 글꼴(굴림, 굵게, 20pt), 채우기(흰색, 배경1), 테두리

(7) 서식 ⇒ 구입권수(권) 계열의 차트 종류를 〈표식이 있는 꺾은선형〉으로 변경한 후 보조 축으로 지정하시오.

　　　　계열 : ≪출력형태≫를 참조하여 표식(세모, 크기 10)과 레이블 값을 표시하시오.

　　　　눈금선 : 선 스타일-파선

　　　　축 : ≪출력형태≫를 참조하시오.

(8) 범례 ⇒ 범례명을 변경하고 ≪출력형태≫를 참조하시오.

(9) 도형 ⇒ '왼쪽 화살표'를 삽입하고 ≪출력형태≫와 같이 내용을 입력하시오.

(10) 나머지 사항은 ≪출력형태≫에 맞게 작성하시오.

≪출력형태≫

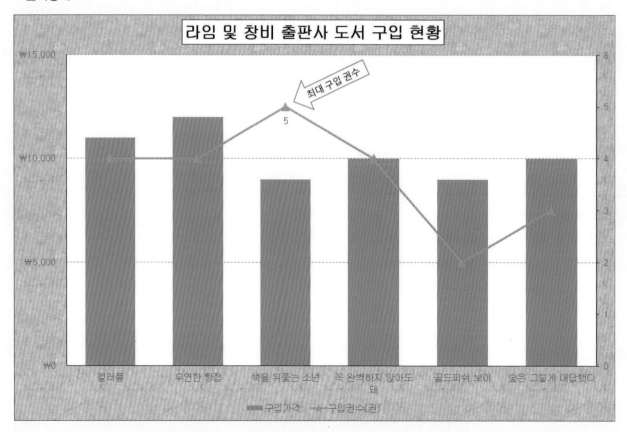

주의 ➡ 시트명 순서가 차례대로 "제1작업", "제2작업", "제3작업", "제4작업"이 되도록 할 것.

[제2작업] 필터 및 서식

◎ 고급필터(논리 연산자 및 비교 연산자를 이용)를 이용하여 원하는 데이터를 추출
◎ 표 스타일을 이용하여 표에 서식을 지정

◆ 문제 미리보기 ◆

• 소스파일 : [출제유형05-2]-유형05-2_문제.xlsx   • 정답파일 : [출제유형05-2]-유형05-2_완성.xlsx

➡ "**제1작업**" 시트의 「**B4:H12**」 영역을 복사하여 "**제2작업**" 시트의 「**B2**」 셀부터 모두 붙여넣기를 한 후 다음의 조건과 같이 작업하시오.

◆ ≪조건≫   〈80점〉

⑴ 고급필터 – 상품코드에 'E'가 포함되면서 입고일이 '2020–05–01' 이후(해당일 포함)인 데이터만 추출하시오.

　　　　– 조건 범위 : 「B13」 셀부터 입력하시오.

　　　　– 복사 위치 : 「B18」 셀부터 나타나도록 하시오.

⑵ 표 서식 – 고급필터의 결과셀을 채우기 없음으로 설정한 후 '표 스타일 보통 7'의 서식을 적용하시오.

　　　　– 머리글 행, 줄무늬 행을 적용하시오.

시험
분석

[제2작업]

• [제2작업]은 '목표값 찾기 및 필터'와 '필터 및 서식' 두 가지 유형의 문제가 번갈아가며 출제되고 있습니다. [제2작업]의 필터(고급필터) 부분은 둘 다 동일한 형태로 출제되지만 '목표값 찾기(출제유형05-1)'와 '표 서식(출제유형05-2)'은 전혀 다른 기능을 사용하기 때문에 두 가지 유형에 대한 학습이 반드시 필요합니다.

[제4작업] 그래프

 "제1작업" 시트를 이용하여 조건에 따라 ≪출력형태≫와 같이 작업하시오.

• 소스파일 : [출제유형07]-정복07_문제01.xlsx　　• 정답파일 : [출제유형07]-정복07_완성01.xlsx

≪조건≫

(1) 차트 종류 ⇒ 〈묶은 세로 막대형〉으로 작업하시오.

(2) 데이터 범위 ⇒ "제1작업" 시트의 내용을 이용하여 작업하시오.

(3) 위치 ⇒ "새 시트"로 이동하고, "제4작업"으로 시트 이름을 바꾸시오.

(4) 차트 디자인 도구 ⇒ 레이아웃 3, 스타일 1을 선택하여 ≪출력형태≫에 맞게 작업하시오.

(5) 영역 서식 ⇒ 차트 : 글꼴(굴림, 11pt), 채우기 효과(질감-파랑 박엽지)그림 : 채우기(흰색, 배경1)

(6) 제목 서식 ⇒ 차트 제목 : 글꼴(굴림, 굵게, 20pt), 채우기(흰색, 배경1), 테두리

(7) 서식 ⇒ 관람료(단위:원) 계열의 차트 종류를 〈표식이 있는 꺾은선형〉으로 변경한 후 보조 축으로 지정하시오.

　　　　계열 : ≪출력형태≫를 참조하여 표식(네모, 크기 10)과 레이블 값을 표시하시오.

　　　　눈금선 : 선 스타일-파선

　　　　축 : ≪출력형태≫를 참조하시오.

└─▶ 바깥쪽 끝에-마우스 드래그

(8) 범례 ⇒ 범례명을 변경하고 ≪출력형태≫를 참조하시오.

(9) 도형 ⇒ '모서리가 둥근 사각형 설명선'을 삽입한 후 ≪출력형태≫와 같이 내용을 입력하시오.

(10) 나머지 사항은 ≪출력형태≫에 맞게 작성하시오.

≪출력형태≫

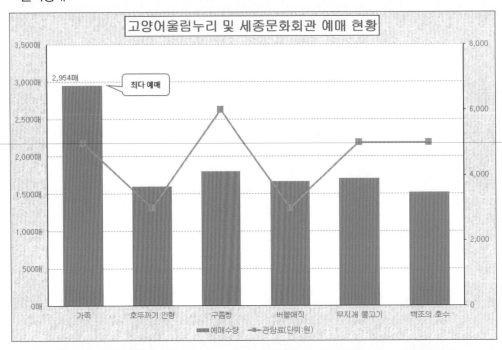

주의 ➡ 시트명 순서가 차례대로 **"제1작업", "제2작업", "제3작업", "제4작업"**이 되도록 할 것.

≪조건≫ : "제1작업" 시트의 「B4:H12」 영역을 복사하여 "제2작업" 시트의 「B2」 셀부터 모두 붙여넣기를 한 후 다음의
조건과 같이 작업하시오.

❶ 유형05-2_문제.xlsx 파일을 불러와 [제1작업] 시트를 선택합니다. 이어서, [B4:H12] 영역을 드래그한 후 [홈] 탭
의 [클립보드] 그룹에서 복사(📋)(**Ctrl**+**C**)를 클릭합니다.

※ 파일 불러오기 : [파일]–[열기]([**Ctrl**]+[**O**])–[찾아보기]를 클릭한 후 [열기] 대화상자에서 파일을 선택하여 불러옵니다.

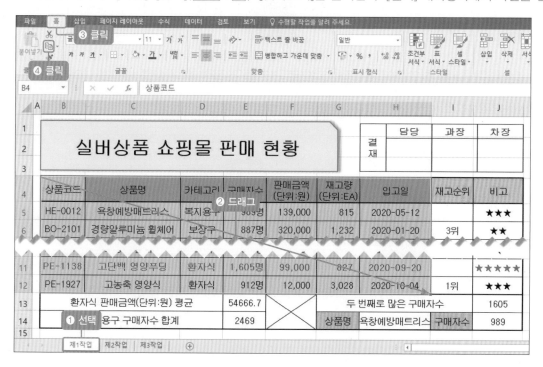

❷ [제2작업] 시트를 선택한 후 [B2] 셀을 클릭합니다. 이어서, [홈] 탭의 [클립보드] 그룹에서 붙여넣기(📋)([**Ctrl**]
+[**V**])를 클릭합니다.

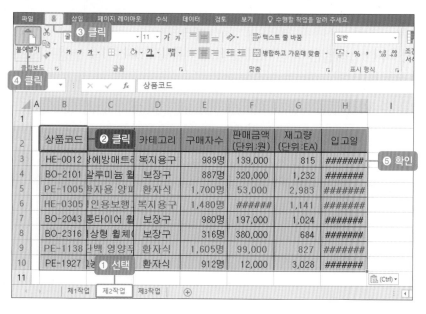

❸ 삽입된 도형의 테두리를 클릭한 후 [홈] 탭의 [글꼴] 그룹에서 **글꼴 색**(검정, 텍스트 1), **채우기 색**(흰색, 배경 1)
을 지정합니다. 이어서, [맞춤] 그룹에서 세로 **가운데 맞춤**(≡)과 가로 **가운데 맞춤**(≡)을 클릭합니다.

※ 글꼴 색과 채우기 색은 목록 단추(▾)를 클릭하여 선택하며, 글꼴(맑은 고딕)과 글꼴 크기(11)는 변경하지 않습니다.

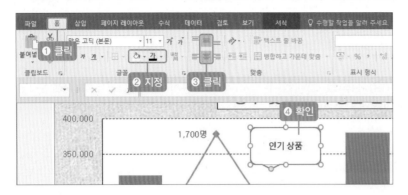

❹ 도형이 완성되면 ≪출력형태≫를 참고하여 **조절점**(○)으로 크기를 조절한 후 위치를 변경합니다.

❺ 이어서, **노란색 조절점**(◎)을 드래그하여 ≪출력형태≫처럼 모양을 변경합니다.

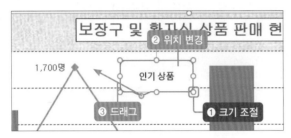
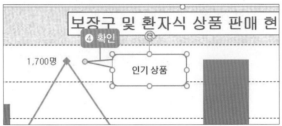

❻ 모든 작업이 끝나면 [파일]-[저장]([Ctrl]+[S]) 또는 [빠른 실행 도구 모음]에서 **저장**(💾)을 클릭합니다.

※ 실제 시험을 볼 때 작업 도중에 수시로(10분에 한 번 정도) 저장을 하는 것이 좋습니다.

**시험
분석**

차트

- **차트 종류** : 과년도 기출문제를 분석한 결과 차트 종류는 '묶은 세로 막대형'으로 출제되었으
며, 특정 계열을 '표식이 있는 꺾은선형'으로 변경하여 보조 축으로 지정하는 문제가 고정적으
로 출제되기 때문에 콤보를 이용하여 차트를 작성하는 것이 편리합니다.

- **눈금선 및 축 변경** : 눈금선의 선 스타일은 '**파선**'으로 고정되어 출제되었으며, 축 변경은 보조
세로 축의 '주 단위' 값을 변경하는 것이 대부분이었습니다.

- **범례** : 범례는 아래쪽에 고정되어 출제되었으며, **범례명(계열 이름)을 변경**하는 문제가 자주
출제되었습니다.

- **도형** : 차트에 삽입하는 도형은 대부분 '**모서리가 둥근 사각형 설명선**'으로 출제되고 있으며,
도형 안에 글자를 입력한 후 글꼴(맑은 고딕)과 글꼴 크기(11)는 별도로 변경하지 않도록 합
니다.

③ 데이터가 복사되면 [홈] 탭의 [클립보드] 그룹에서 붙여넣기(📋)의 목록 단추(붙여넣기▼)를 눌러 **선택하여 붙여넣기**를 클릭합니다.

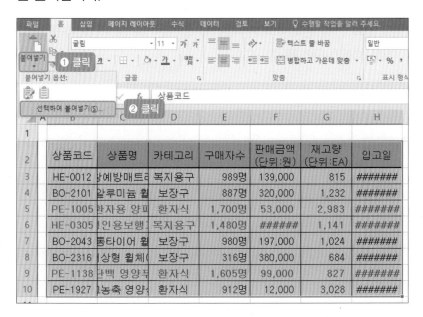

④ [선택하여 붙여넣기] 대화상자가 나오면 **열 너비**를 선택한 후 〈확인〉 단추를 클릭합니다.

※ 만약, 열의 너비가 조절된 후 [2행]의 행 높이가 좁다고 판단되면 [2행]과 [3행] 머리글 사이를 마우스로 더블 클릭하여 행의 높이를 조절합니다.

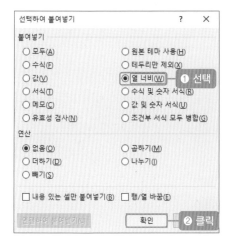

열 너비 조절

[B:H] 머리글을 드래그한 후 열 머리글 사이를 더블 클릭하여 한 번에 모든 열의 너비를 조절하는 방법도 있습니다.

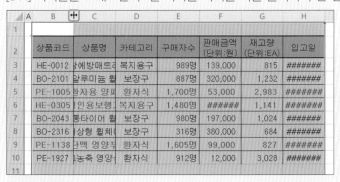

❷ [데이터 원본 선택] 대화상자가 나오면 범례 항목(계열)에서 **판매금액(단위:원)**을 선택한 후 〈편집〉 단추를 클릭합니다.

❸ [계열 편집] 대화상자가 나오면 계열 이름 입력 칸에 **판매금액(단위:원)**을 입력한 후 〈확인〉 단추를 클릭합니다. 이어서, [데이터 원본 선택] 대화상자에서 〈확인〉 단추를 클릭합니다.

※ ≪출력형태≫를 참고하여 동일하지 않은 범례명을 변경하도록 합니다.

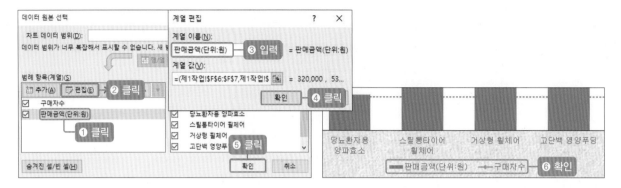

■ 도형 삽입하기

≪**조건**≫ : ⑨ 도형 ⇒ '모서리가 둥근 사각형 설명선'을 삽입한 후 ≪출력형태≫와 같이 내용을 입력하시오.

❶ 차트가 선택된 상태에서 [삽입] 탭의 [일러스트레이션] 그룹에서 [도형(📷)]—설명선—**모서리가 둥근 사각형 설명선(🗨)**을 클릭합니다.

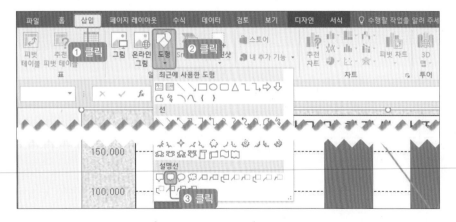

❷ 적당한 위치에 드래그하여 도형을 삽입한 후 **인기 상품**을 입력합니다.

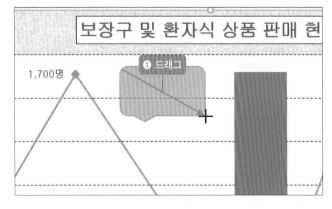
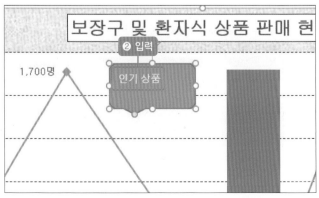

≪조건≫ : – 상품코드에 'E'가 포함되면서 입고일이 '2020–05–01' 이후(해당일 포함)인 데이터만 추출하시오.
– 조건 범위 : 「B13」 셀부터 입력하시오.　　　　– 복사 위치 : 「B18」 셀부터 나타나도록 하시오.

❶ 조건에 사용할 **상품코드**([B2])와 **입고일**([H2]) 필드 제목을 선택한 후 [홈] 탭의 [클립보드] 그룹에서 **복사**(📋)(**Ctrl**+**C**)를 클릭합니다.

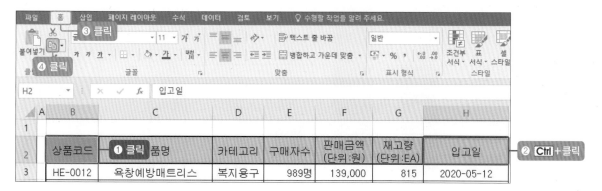

❷ 조건 범위인 [B13] 셀을 클릭한 후 [홈] 탭의 [클립보드] 그룹에서 **붙여넣기**(📋)(**Ctrl**+**V**)를 클릭합니다. 필드명이 복사되면 [14] 행에 다음과 같이 조건을 입력합니다.

※ 상품코드에 'E'가 포함되면서 입고일이 '2020–05–01' 이후(해당일 포함)인 데이터 검색(AND조건)

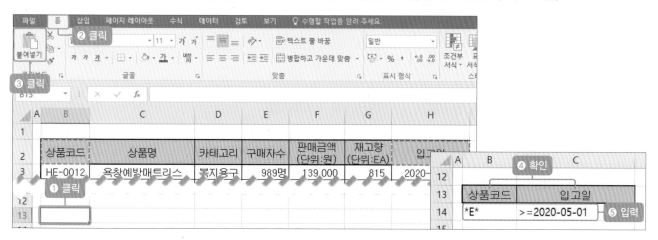

❸ [B2] 셀을 클릭한 후 [데이터] 탭의 [정렬 및 필터] 그룹에서 **고급**(🔽 고급)을 클릭합니다.

※ [B2:H10] 영역을 드래그해도 결과는 동일합니다.

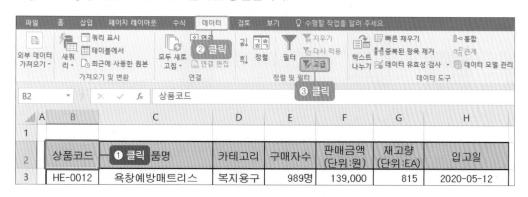

⑤ **Esc** 키를 눌러 모든 선택을 해제한 후 **보조 세로 (값) 축, 세로 (값) 축, 가로 (항목) 축**에 적용된 실선을 확인합니다.

※ 차트의 모든 눈금선의 색상은 《조건》에 명시되지 않았기 때문에 임의의 색(검정 또는 회색 계열)을 선택하더라도 무관합니다.

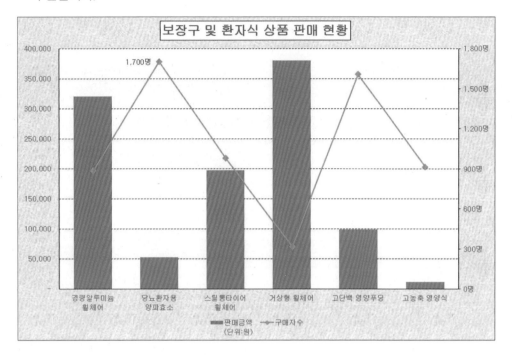

유형 06 범례명 변경 및 도형 삽입하기

■ 범례명 변경

《조건》: ⑻ 범례 ⇒ 범례명을 변경하고 《출력형태》를 참조하시오.

❶ 범례 위에서 마우스 오른쪽 단추를 눌러 바로 가기 메뉴가 나오면 [데이터 선택]을 클릭합니다.

※ [차트 도구]-[디자인] 탭의 [데이터] 그룹에서 '데이터 선택(📊)'을 클릭해도 결과는 동일합니다.

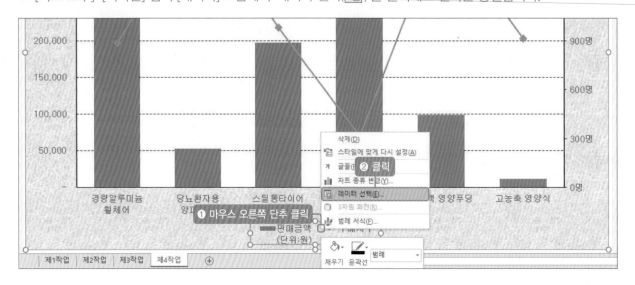

④ [고급 필터] 대화상자가 나오면 다음과 같이 각각의 범위를 지정한 후 〈확인〉 단추를 클릭합니다.

※ 복사 위치는 모든 데이터를 추출해야 하기 때문에 기준 위치인 [B18] 셀을 클릭합니다.

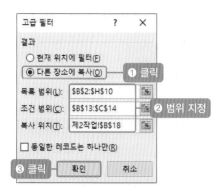

– 결과를 **다른 장소에 복사**로 선택

– 자동으로 지정된 목록 범위(**$B$2:$H$10**)를 확인

– 조건 범위 입력 칸을 클릭한 후 [B13:C14]를 영역으로 지정

– 복사 위치 입력 칸을 클릭한 후 [B18]을 클릭

⑤ AND 조건(상품코드, 입고일)에 맞게 데이터가 추출되었는지 확인합니다.

모든 데이터 추출 (복사 위치)

고급필터를 이용하여 **모든 데이터를 추출**할 때는 별도의 필드명 복사 작업 없이 조건에 맞는 모든 데이터를 한 번에 추출할 수 있습니다. 모든 데이터 추출 시 **복사 위치는 기준 셀([B18])**만 지정합니다.

유형 03 표 서식

≪조건≫ : – 고급필터의 결과셀을 채우기 없음으로 설정한 후 '표 스타일 보통 7'의 서식을 적용하시오.
      – 머리글 행, 줄무늬 행을 적용하시오.

① 고급필터로 추출된 [B18:H22] 영역을 드래그한 후 [홈] 탭의 [글꼴] 그룹에서 채우기 색(🎨)의 목록 단추(▾)를 눌러 **채우기 없음**을 클릭합니다.

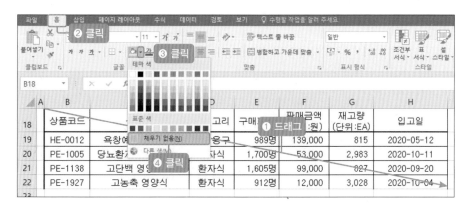

❸ **세로 (값) 축**을 선택한 후 [축 서식] 작업 창에서 **채우기 및 선(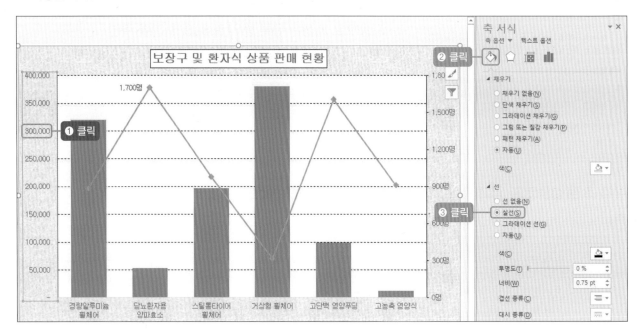)**을 클릭합니다. 이어서, **선–실선**을 클릭합니다.

※ 이전 작업에서 주 눈금선의 색상을 '검정–텍스트1'로 변경하였기 때문에 '선' 또는 '눈금'을 선택하면 색이 검정으로 지정됩니다.

❹ **가로 (항목) 축**을 선택한 후 [축 서식] 작업 창에서 **선–실선**을 클릭합니다. 이어서, 작업 창을 **종료(✕)**합니다.

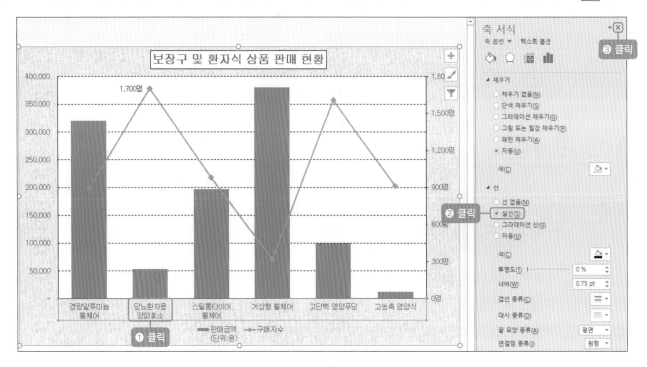

② 표 스타일을 적용하기 위해 [홈] 탭의 [스타일] 그룹에서 [표 서식(▦)]-보통-**표 스타일 보통 7**을 클릭합니다.

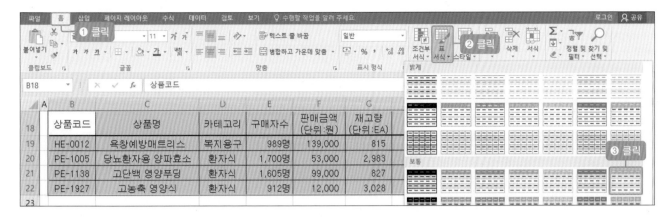

③ [표 서식] 대화상자가 나오면 **표에 사용할 데이터 범위**($B$18:$H$22)를 확인한 후 〈확인〉 단추를 클릭합니다.

④ [B18:H22] 영역에 '표 스타일 보통 7' 서식이 적용된 것을 확인한 후 [표 도구]-[디자인] 탭의 [표 스타일 옵션] 그룹에서 **머리글 행**과 **줄무늬 행**이 체크(✓)되어 있는지 확인합니다.

※ 표 서식을 적용한 후 특정 열이 '###'으로 표시되거나, 열 간격이 너무 좁다고 판단되면 열의 너비를 조절합니다.

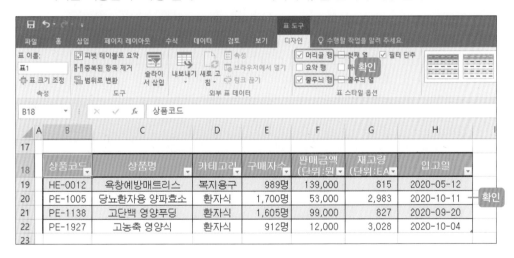

⑤ 모든 작업이 끝나면 [파일]-[저장](**Ctrl** + **S**) 또는 [빠른 실행 도구 모음]에서 **저장**(💾)을 클릭합니다.

※ 실제 시험을 볼 때 작업 도중에 수시로(10분에 한 번 정도) 저장을 하는 것이 좋습니다.

■ 축 서식 변경

> ≪**조건**≫ ⇒ 축 : ≪출력형태≫를 참조하시오.

① 보조 세로 (값) 축을 선택한 후 [축 서식] 작업 창에서 **축 옵션( )**을 클릭합니다.

② **축 옵션**에서 단위−**주(300)** 값을 입력한 후 **눈금**에서 **주 눈금 (바깥쪽)**을 지정합니다.

　※ 주 눈금 '바깥쪽'이 한 번에 지정되지 않을 경우에는 다른 항목(예 : 안쪽)을 한 번 선택한 후 '바깥쪽'을 다시 클릭합니다.

　※ 축의 눈금선을 확인하여 '최소' 및 '최대' 값도 변경할 줄 알아야 합니다.

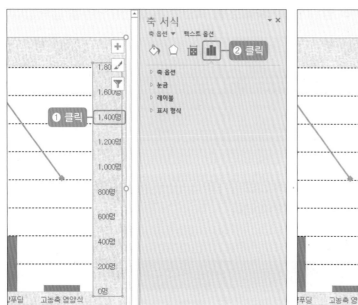
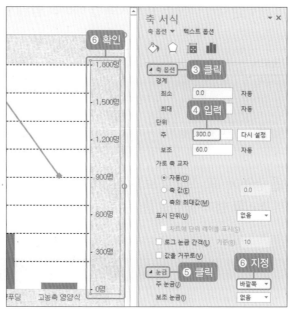

 축 서식

축 서식의 값을 변경하는 부분은 별도의 지시사항이 없기 때문에 ≪출력형태≫를 참고하여 작업합니다. 축 서식 변경은 대부분 오른쪽의 '보조 세로 축'을 변경하지만, 왼쪽의 '세로 축'을 변경하는 문제도 출제되오니 참고하시기 바랍니다.

 축 서식의 표시 형식

① 축의 최소값이 ≪출력형태≫와 다를 경우 [축 서식] 작업 창의 축 옵션( )에서 **표시 형식**을 클릭한 후 범주를 '**숫자**' 또는 '**회계**'로 변경합니다.

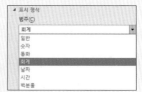

② 축의 최소값이 '**0**'이면 범주를 '**숫자**'로 선택하고, '**−**'이면 범주를 '**회계**'로 선택합니다. 단, 회계를 선택할 때 **기호(없음, ₩)**의 유무를 반드시 확인합니다.

▲ 범주가 '숫자'일 경우　　▲ 범주가 '회계'일 경우

01 **"제1작업"** 시트의 「B4:H12」 영역을 복사하여 **"제2작업"** 시트의 「B2」 셀부터 모두 붙여넣기를 한 후 다음의 조건과 같이 작업하시오.

· 소스파일 : [출제유형05-2]-정복05-2_문제01.xlsx　· 정답파일 : [출제유형05-2]-정복05-2_완성01.xlsx

≪조건≫

(1) 고급필터 - 관람등급이 '9세 이상' 이면서 예매수량이 '2,000' 이상이거나, 관람등급이 '14세 이상'인 자료의 데이터만 추출하시오.

　- 조건 범위 : 「B13」 셀부터 입력하시오.

　- 복사 위치 : 「B18」 셀부터 나타나도록 하시오.

(2) 표 서식 - 고급필터의 결과셀을 채우기 없음으로 설정한 후 '표 스타일 보통 7'의 서식을 적용하시오.

　- 머리글 행, 줄무늬 행을 적용하시오.

02 **"제1작업"** 시트의 「B4:H12」 영역을 복사하여 **"제2작업"** 시트의 「B2」 셀부터 모두 붙여넣기를 한 후 다음의 조건과 같이 작업하시오.

· 소스파일 : [출제유형05-2]-정복05-2_문제02.xlsx　· 정답파일 : [출제유형05-2]-정복05-2_완성02.xlsx

≪조건≫

(1) 고급필터 - 출판사가 '라임' 이면서 구입가격이 '10,000' 이상이거나, 출판사가 '산'으로 끝나는 자료의 데이터만 추출하시오.

　- 조건 범위 : 「B13」 셀부터 입력하시오.

　- 복사 위치 : 「B18」 셀부터 나타나도록 하시오.

(2) 표 서식 - 고급필터의 결과셀을 채우기 없음으로 설정한 후 '표 스타일 보통 3'의 서식을 적용하시오.

　- 머리글 행, 줄무늬 행을 적용하시오.

■ 눈금선 변경

≪조건≫ ⇒ 눈금선 : 선 스타일-파선

❶ [차트 도구]-[서식] 탭의 [현재 선택 영역] 그룹에서 **세로 (값) 축 주 눈금선**을 지정한 후 **선택 영역 서식**()을 클릭합니다.

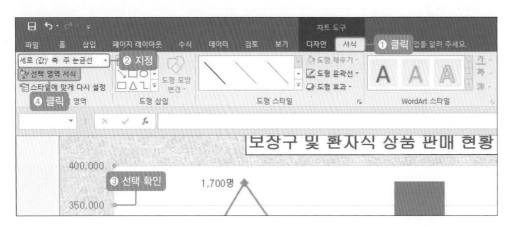

❷ [주 눈금선 서식] 작업 창이 활성화되면 채우기 및 선(🖌)을 확인한 후 **실선-채우기 색**(🖌 ▾)-**검정, 텍스트 1**을 선택합니다. 이어서, **대시 종류**(▭ ▾)-**파선**(▭▭▭▭▭)을 선택합니다.

※ 다음 작업 과정을 위해 오른쪽 작업 창을 종료하지 않도록 합니다.

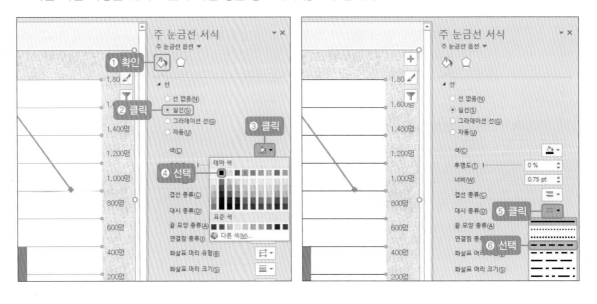

❸ 차트 눈금선의 색상과 대시 종류가 변경된 것을 확인합니다.

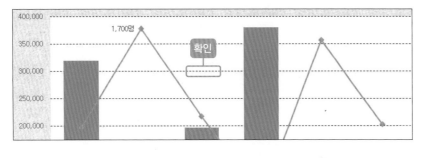

눈금선의 색상

차트 작업 시 모든 눈금선의 색상은 ≪조건≫에 명시되지 않았기 때문에 임의의 색(검정 또는 회색 계열)을 선택하더라도 무관합니다.

03 **"제1작업"** 시트의 「B4:H12」 영역을 복사하여 **"제2작업"** 시트의 「B2」 셀부터 모두 붙여넣기를 한 후 다음의 조건과 같이 작업하시오.

• 소스파일 : [출제유형05-2]-정복05-2_문제03.xlsx • 정답파일 : [출제유형05-2]-정복05-2_완성03.xlsx

≪조건≫

⑴ 고급필터 – 구분이 '호텔'이면서, 성수기 요금이 '250,000' 이상인 자료의 구분, 전국 지점, 객실수, 성수기 요금, 예약률 데이터를 추출하시오.
    – 조건 범위 : 「B14」 셀부터 입력하시오.
    – 복사 위치 : 「B18」 셀부터 나타나도록 하시오.

⑵ 표 서식 – 고급필터의 결과셀을 채우기 없음으로 설정한 후 '표 스타일 보통 4'의 서식을 적용하시오.
    – 머리글 행, 줄무늬 행을 적용하시오.

04 **"제1작업"** 시트의 「B4:H12」 영역을 복사하여 **"제2작업"** 시트의 「B2」 셀부터 모두 붙여넣기를 한 후 다음의 조건과 같이 작업하시오.

• 소스파일 : [출제유형05-2]-정복05-2_문제04.xlsx • 정답파일 : [출제유형05-2]-정복05-2_완성04.xlsx

≪조건≫

⑴ 고급필터 – 구분이 '워머용'이거나, 상품입고일이 '2020-01-05' 이후(해당일 포함)인 자료의 상품명, 구분, 상품입고일, 전월 판매량의 데이터만 추출하시오.
    – 조건 범위 : 「B14」 셀부터 입력하시오.
    – 복사 위치 : 「B18」 셀부터 나타나도록 하시오.

⑵ 표 서식 – 고급필터의 결과셀을 채우기 없음으로 설정한 후 '표 스타일 보통 6'의 서식을 적용하시오.
    – 머리글 행, 줄무늬 행을 적용하시오.

■ 데이터 레이블 표시

≪**조건**≫ ⇒ 계열 : ≪출력형태≫를 참조하여 표식(마름모, 크기 10)과 레이블 값을 표시하시오.

❶ 표식이 있는 꺾은선형(구매자수) 계열을 클릭한 후 다시 **당뇨환자용 양파효소 요소**만 선택합니다.

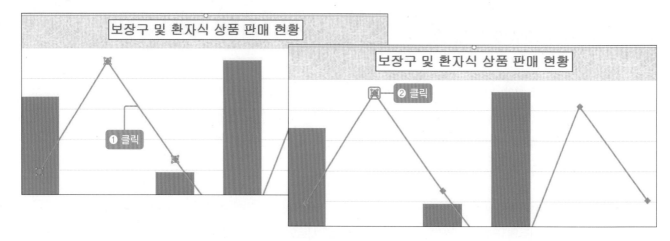

❷ [차트 도구]-[디자인] 탭의 [차트 레이아웃] 그룹에서 [차트 요소 추가(📊)]-데이터 레이블(📈)-**왼쪽**(📉)을 클릭합니다.

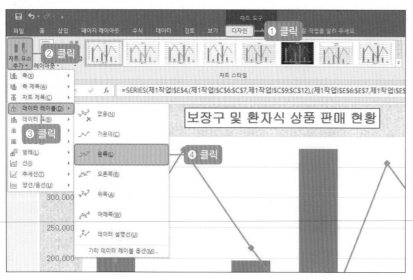

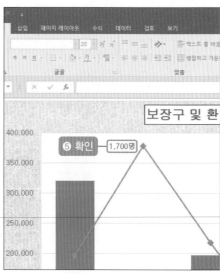

데이터 레이블의 위치

데이터 레이블의 위치는 ≪출력형태≫를 참고하여 지정합니다. 단, 마우스를 이용하여 데이터 레이블의 위치를 이동시키는 문제도 출제될 수 있으니 참고하시기 바랍니다.

'왼쪽'에 데이터 레이블을 지정한 후 마우스로 위치를 이동시킨 결과 ▶

[제3작업] 정렬 및 부분합

출제유형 06-1

○ 출력형태를 참고하여 데이터 정렬
○ 부분합 작성 및 윤곽 지우기

· 문제 미리보기 ·

· 소스파일 : [출제유형06-1]-유형06-1_문제.xlsx　　· 정답파일 : [출제유형06-1]-유형06-1_완성.xlsx

➡ **"제1작업"** 시트의 「B4:H12」 영역을 복사하여 **"제3작업"** 시트의 「B2」 셀부터 모두 붙여넣기를 한 후 다음의조건과 같이 작업하시오.

◆ **≪조건≫** 　새롭게 변경된 부분입니다.
　　　　　　　MS오피스 2021 버전으로 설정되어 있으며, 【 】에 표기된 지시사항은 MS오피스 2016에 해당되는 지시사항입니다.　　　〈80점〉

　(1) 부분합 – ≪출력형태≫처럼 정렬하고, 상품명의 개수와 판매금액(단위:원)의 평균을 구하시오.
　(2) 개요【윤곽】 – 지우시오.
　(3) 나머지 사항은 ≪출력형태≫에 맞게 작성하시오.

◆ **≪출력형태≫**

상품코드	상품명	카테고리	구매자수	판매금액 (단위:원)	재고량 (단위:EA)	입고일
PE-1005	당뇨환자용 양파효소	환자식	1,700명	53,000	2,983	2020-10-11
PE-1138	고단백 영양푸딩	환자식	1,605명	99,000	827	2020-09-20
PE-1927	고농축 영양식	환자식	912명	12,000	3,028	2020-10-04
		환자식 평균		54,667		
	3	환자식 개수				
HE-0012	욕창예방매트리스	복지용구	989명	139,000	815	2020-05-12
HE-0305	성인용보행기	복지용구	1,480명	198,000	1,141	2020-03-25
		복지용구 평균		168,500		
	2	복지용구 개수				
BO-2101	경량알루미늄 휠체어	보장구	887명	320,000	1,232	2020-01-20
BO-2043	스틸통타이어 휠체어	보장구	980명	197,000	1,024	2020-04-08
BO-2316	거상형 휠체어	보장구	316명	380,000	684	2020-03-13
		보장구 평균		299,000		
	3	보장구 개수				
		전체 평균		174,750		
	8	전체 개수				

■ 표식 변경

≪조건≫ : (7) 서식 ⇒ 구매자수 계열의 차트 종류를 〈표식이 있는 꺾은선형〉으로 변경한 후 보조 축으로 지정하시오.
계열 : ≪출력형태≫를 참조하여 표식(마름모, 크기 10)과 레이블 값을 표시하시오.

❶ **구매자수 계열** 위에서 마우스 오른쪽 단추를 눌러 바로 가기 메뉴가 나오면 **[데이터 계열 서식]**을 클릭합니다.

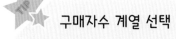

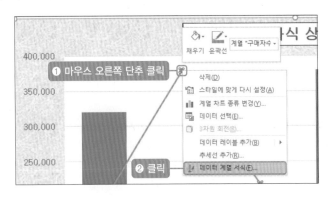

★TIP
구매자수 계열 선택

❶ [차트 도구]-[서식] 탭의 [현재 선택 영역] 그룹에서 계열 "구매자수" 를 지정한 후 [선택 영역 서식( )]을 클릭할 수도 있습니다.

❷ 구매자수 계열을 더블 클릭할 수도 있습니다.

❷ 화면 오른쪽에 [데이터 계열 서식] 작업 창이 활성화되면 **채우기 및 선( )**을 클릭한 후 **표식( )**을 선택합니다. 이어서, **표식 옵션-기본 제공**을 선택하여 **형식((마름모))**과 **크기(10)**를 지정한 후 작업 창을 종료( )합니다.

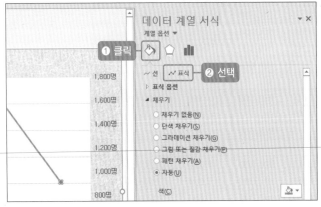

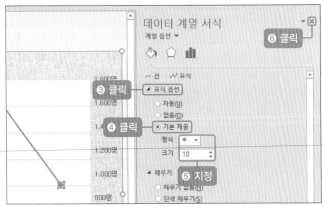

❸ **Esc** 키를 눌러 모든 선택을 해제한 후 구매자수 계열의 표식이 변경된 것을 확인합니다.

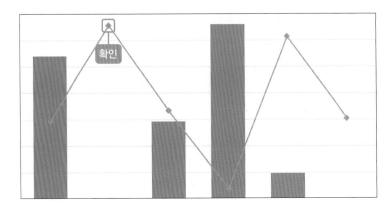

≪**조건**≫ : "**제1작업**" 시트의 「B4:H12」 영역을 복사하여 "**제3작업**" 시트의 「B2」 셀부터 모두 붙여넣기를 한 후 다음의
조건과 같이 작업하시오.

❶ 유형06-1_문제.xlsx 파일을 불러와 [제1작업] 시트를 선택합니다. 이어서 [B4:H12] 영역을 드래그한 후 [홈] 탭
의 [클립보드] 그룹에서 **복사**(📋)(**Ctrl**+**C**)를 클릭합니다.

	상품코드	상품명	카테고리	구매자수	판매금액 (단위:원)	재고량 (단위:EA)	입고일	재고순위	비고
5	HE-0012	욕창예방매트리스	복지용구	989명	139,000	815	2020-05-12		★★★
6	BO-2101	경량알루미늄 휠체어	보장구				2020-01-20	3위	★★
7	PE-1005	당뇨환자용 양파효소	환자식	1,700명	53,000	2,983	2020-10-11	2위	★★★★★
8	HE-0305	성인용보행기	복지용구	1,480명	198,000	1,141	2020-03-25		★★★★
9	BO-2043	스틸통타이어 휠체어	보장구	980명	197,000	1,024	2020-04-08		★★★
10	BO-2316	거상형 휠체어	보장구	316명	380,000	684	2020-03-13		★
11	PE-1138	고단백 영양푸딩	환자식	1,605명	99,000	827	2020-09-20		★★★★★
12	PE-	고농축 영양식	환자식	912명	12,000	3,028	2020-10-0	1위	★★★

제1작업 제2작업 제3작업

❷ [제3작업] 시트를 선택한 후 [B2]을 클릭합니다. 이어서, [홈] 탭의 [클립보드] 그룹에서 **붙여넣기**(📋)(**Ctrl**+**V**)
를 클릭합니다.

제1작업 제2작업 제3작업

❸ 데이터가 복사되면 [홈] 탭의 [클립보드] 그룹에서 붙여넣기(📋)의 목록 단추(붙여넣기▼)를 눌러 **선택하여 붙여넣기**
를 클릭합니다. [선택하여 붙여넣기] 대화상자가 나오면 **열 너비**를 선택한 후 〈확인〉 단추를 클릭합니다.

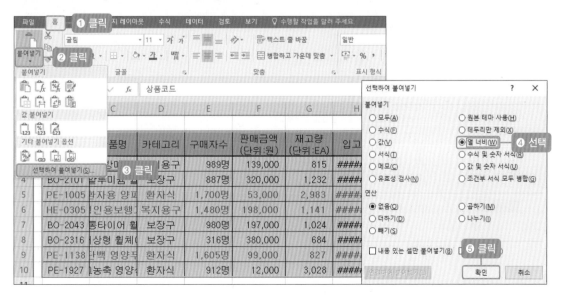

유형 04 차트 제목 입력 및 서식 지정하기

≪**조건**≫ : (6) 제목 서식 ⇒ 차트 제목 : 글꼴(굴림, 굵게, 20pt), 채우기(흰색, 배경1), 테두리

① 차트 제목 위에서 마우스 오른쪽 단추를 눌러 바로 가기 메뉴가 나오면 [**텍스트 편집**]을 클릭합니다. 이어서, 제목 안쪽에 커서가 활성화되면 차트 제목 내용을 수정(**보장구 및 환자식 상품 판매 현황**)한 후 **Esc** 키를 누릅니다.

※ 제목 안쪽을 마우스로 드래그하여 내용을 변경할 수도 있습니다.

② 차트 제목의 테두리가 선택된 상태에서 [홈] 탭의 [글꼴] 그룹에서 **글꼴(굴림), 글꼴 크기(20), 굵게(가), 채우기 색(흰색, 배경 1)**을 각각 지정합니다.

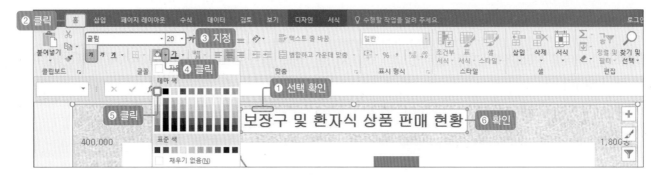

③ 이어서, [차트 도구]-[서식] 탭의 [도형 스타일] 그룹에서 [도형 윤곽선]-**검정, 텍스트 1**을 선택하여 테두리를 지정합니다.

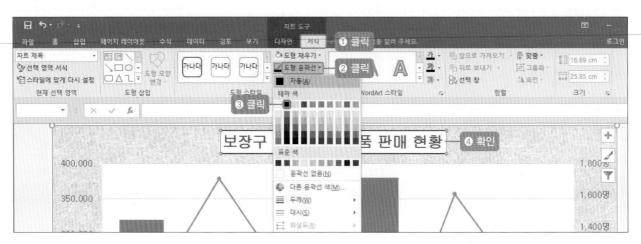

《**조건**》: 부분합 – 《출력형태》처럼 정렬하고, 상품명의 개수와 판매금액(단위:원)의 평균을 구하시오.

❶ [D2] 셀을 클릭한 후 [데이터] 탭의 [정렬 및 필터] 그룹에서 **텍스트 내림차순 정렬(**🔽**)**을 클릭합니다.

　※ 데이터 정렬은 《출력형태》에서 부분합으로 그룹화된 항목(현재는 '카테고리') 부분을 참고하여 '내림차순'인지 아니면 '오름차순'인지 판단합니다.

파일	홈	삽입	페이지 레이아웃	수식	데이터		② 클릭		♀ 수행할 작업을 알려 주세요	

	A	B	C	D	E	F	G	H
1								
2	상품코드	상품명	카테고리	구 ① 클릭	판매금액(단위:원)		재고량(단위:EA)	입고일
3	HE-0012	욕창예방매트리스	복지용구	989명	139,000		815	2020-05-12
4	BO-2101	경량알루미늄 휠체어	보장구	887명	320,000		1,232	2020-01-20
5	PE-1005	당뇨환자용 양파효소	환자식	1,700명	53,000		2,983	2020-10-11
6	HE-0305	성인용보행기	복지용구	1,480명	198,000		1,141	2020-03-25
7	BO-2043	스틸통타이어 휠체어	보장구	980명	197,000		1,024	2020-04-08
8	BO-2316	거상형 휠체어	보장구	316명	380,000		684	2020-03-13

❷ 데이터가 정렬되면 《출력형태》와 비교하여 결과가 같은지 반드시 확인합니다.

　※ 중첩 정렬 확인 : 《출력형태》와 비교할 때 '카테고리' 필드를 기준으로 앞쪽 필드(상품명) 또는 뒤쪽 필드(구매자수)에도 정렬(중첩 정렬)이 적용되어 있는지 반드시 확인합니다.

	A	B	C	D (확인)	E	F	G	H
1								
2	상품코드	상품명	카테고리	구매자수	판매금액(단위:원)		재고량(단위:EA)	입고일
3	PE-1005	당뇨환자용 양파효소	환자식	1,700명	53,000		2,983	2020-10-11
4	PE-1138	고단백 영양푸딩	환자식	1,605명	99,000		827	2020-09-20
5	PE-1927	고농축 영양식	환자식	912명	12,000		3,028	2020-10-04
6	HE-0012	욕창예방매트리스	복지용구	989명	139,000		815	2020-05-12
7	HE-0305	성인용보행기	복지용구	1,480명	198,000		1,141	2020-03-25
8	BO-2101	경량알루미늄 휠체어	보장구	887명	320,000		1,232	2020-01-20
9	BO-2043	스틸통타이어 휠체어	보장구	980명	197,000		1,024	2020-04-08
10	BO-2316	거상형 휠체어	보장구	316명	380,000		684	2020-03-13

기본 데이터 정렬 방법

❶ **오름차순 정렬 순서(내림차순은 반대)** : 숫자(1,2,3...) → 특수문자 → 영문(A→Z) → 한글(ㄱ→ㅎ) → 논리값 → 오류값 → 공백 셀(빈 셀)

❷ **정렬 기준이 하나인 경우** : 정렬 기준이 하나인 경우에는 셀 포인터를 정렬하고자 하는 셀에 위치시킨 후 [데이터] 탭의 [정렬 및 필터] 그룹에서 **텍스트 오름차순 정렬(**🔼**)** 또는 **텍스트 내림차순 정렬(**🔽**)**을 클릭합니다.

❸ 화면 오른쪽에 [차트 영역 서식] 작업 창이 활성화되면 **채우기 및 선(⬙)**을 클릭한 후 **채우기-그림 또는 질감 채우기**를 선택합니다. 이어서, **질감(▦▾)-파랑 박엽지**를 선택합니다.

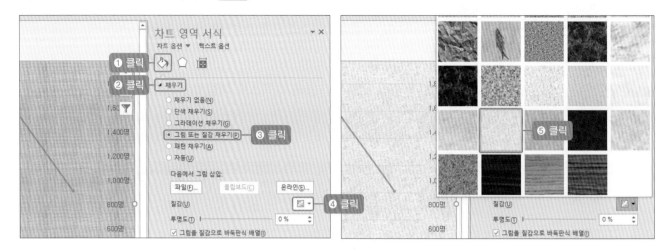

❹ 그림 영역을 클릭한 후 [그림 영역 서식] 작업 창에서 **채우기-단색 채우기**를 선택합니다. 이어서, 채우기 색 (◭▾)-**흰색, 배경 1**을 선택한 후 작업 창을 종료(✕)합니다.

※ 교재에서는 이미지 캡처를 위해 오른쪽 작업 창을 종료(✕)했지만 작업 창을 활성화시킨 채 다음 작업을 진행해도 무관합니다.

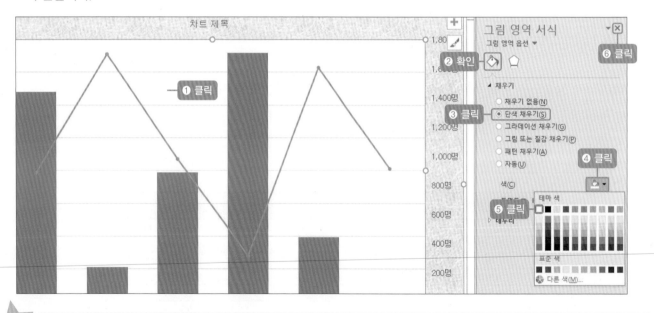

리본 메뉴로 질감 및 채우기 서식 지정하기

리본 메뉴를 이용하여 질감과 채우기를 지정하면 좀 더 빠르게 작업할 수 있습니다.

❶ **질감** : 차트 영역 선택 → [차트 도구]-[서식] 탭의 [도형 스타일] 그룹에서 [도형 채우기(도형 채우기 ▾)]-[질감(▦)]-**파랑 박엽지**를 선택합니다.

❷ **채우기** : 그림 영역 선택 → [차트 도구]-[서식] 탭의 [도형 스타일] 그룹에서 [도형 채우기(도형 채우기 ▾)]-테마 색-**흰색, 배경 1**을 선택합니다.

중첩 데이터 정렬

❶ 정렬 기준이 하나 이상(중첩)인 경우에는 [데이터] 탭의 [정렬 및 필터] 그룹에서 **정렬**(📊)을 이용합니다.

❷ 부분합의 그룹화된 항목을 내림차순 또는 오름차순으로 정렬한 후 결과가 《출력형태》와 다를 경우에는 **실행 취소**(↩)(**Ctrl** + **Z**)를 클릭합니다.

❸ 정렬이 취소되면 [데이터] 탭의 [정렬 및 필터] 그룹에서 **정렬**(📊)을 클릭합니다. 이어서, 《출력형태》를 참고하여 정렬 기준(분류)을 지정한 후 〈기준 추가〉 단추를 클릭하여 다음 기준(지역)을 지정합니다.

※ 정렬 기준을 부분합 그룹 항목(분류)으로 지정한 후 앞쪽과 뒤쪽 필드를 확인하여 다음 기준 정렬을 지정합니다.

《출력형태》

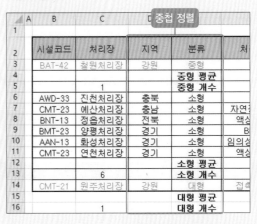

A	B	C	D		처
			중첩 정렬		
시설코드	처리장	지역	분류		처
BAT-42	철원처리장	강원	중형		
			중형 평균		
	1		중형 개수		
AWD-33	진천처리장	충북	소형		
CMT-23	예산처리장	충남	소형		자연
BNT-13	정읍처리장	전북	소형		액상
BMT-23	양평처리장	경기	소형		B
AAN-13	화성처리장	경기	소형		임의상
CMT-23	연천처리장	경기	소형		액상
			소형 평균		
	6		소형 개수		
CMT-21	원주처리장	강원	대형		접촉
			대형 평균		
	1		대형 개수		

유형 03 부분합

≪조건≫ : 부분합 – ≪출력형태≫처럼 정렬하고, 상품명의 개수와 판매금액(단위:원)의 평균을 구하시오.

❶ [B2] 셀을 선택한 후 [데이터] 탭의 [윤곽선] 그룹에서 **부분합**(📊)을 클릭합니다.

※ 부분합 작성 시 데이터 범위([B2:H10])를 드래그하거나, [B2:H10] 영역 안에서 한 개의 셀만 선택한 후 작업합니다.

	A	B	C	D	E	F	G	H
		상품코드	❶ 클릭 품명	카테고리	구매자수	판매금액 (단위:원)	재고량 (단위:EA)	입고일
3		PE-1005	당뇨환자용 양파효소	환자식	1,700명	53,000	2,983	2020-10-11
4		PE-1138	고단백 영양푸딩	환자식	1,605명	99,000	827	2020-09-20
5		PE-1927	고농축 영양식	환자식	912명	12,000	3,028	2020-10-04
6		HE-0012	욕창예방매트리스	복지용구	989명	139,000	815	2020-05-12
7		HE-0305	성인용보행기	복지용구	1,480명	198,000	1,141	2020-03-25
8		BO-2101	경량알루미늄 휠체어	보장구	887명	320,000	1,232	2020-01-20
9		BO-2043	스틸통타이어 휠체어	보장구	980명	197,000	1,024	2020-04-08
10		BO-2316	거상형 휠체어	보장구	316명	380,000	684	2020-03-13

유형 03 영역 서식 지정하기

≪**조건**≫ : ⑤ 영역 서식 ⇒ 차트 : 글꼴(굴림, 11pt), 채우기 효과(질감–파랑 박엽지), 그림 : 채우기(흰색, 배경1)

❶ 차트 영역을 클릭한 후 [홈] 탭의 [글꼴] 그룹에서 **글꼴(굴림)**과 **글꼴 크기(11)**를 지정합니다.

❷ 차트 영역 위에서 마우스 오른쪽 단추를 눌러 바로 가기 메뉴가 나오면 [**차트 영역 서식**]을 클릭합니다.

※ 차트 영역을 더블 클릭해도 결과는 동일합니다.

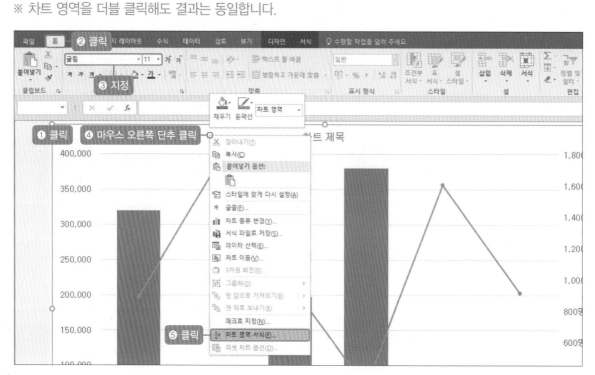

 차트 서식 변경

❶ [차트 도구]–[서식] 탭의 [현재 선택 영역] 그룹에서 서식을 지정할 차트의 구성 요소를 선택합니다.

❷ 서식을 변경할 구성 요소(예 : 차트 영역)가 선택되면 바로 아래쪽에 있는 **선택 영역 서식( )**을 클릭합니다. 이어서, 화면 오른쪽에 [차트 영역 서식] 작업 창이 활성화되면 필요한 서식을 변경합니다.

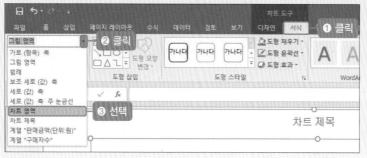

❷ [부분합] 대화상자가 나오면 ≪조건≫ 및 ≪출력형태≫를 참고하여 그룹화할 항목에 **카테고리**, 사용할 함수에 **개수**, 부분합 계산 항목에 **상품명**만 지정한 후 〈확인〉 단추를 클릭합니다.

※ 2차 부분합(중첩 부분합)을 작성할 때는 문제의 ≪조건≫ 순서(상품명의 개수 → 판매금액(단위:원)의 평균)에 맞추어 작성해야 합니다.

※ '부분합 계산 항목'에서 미리 선택된 계산 항목(예 : 입고일)이 있을 경우 부분합 작성 조건을 확인하여 불필요하다면 반드시 체크(✓) 표시를 해제합니다.

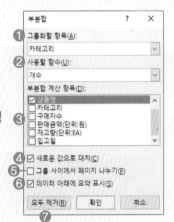

[부분합] 대화상자

❶ **그룹화할 항목** : 데이터를 그룹화할 항목을 선택

❷ **사용할 함수** : 그룹화된 데이터의 계산 방법을 선택

❸ **부분합 계산 항목** : 그룹화된 데이터에서 계산할 항목(필드)을 선택

❹ **새로운 값으로 대치** : 이전 부분합 결과는 없어지고 새롭게 계산된 부분합 결과로 변경하여 표시

❺ **그룹 사이에서 페이지 나누기** : 부분합으로 계산된 그룹을 각 페이지별로 분리

❻ **데이터 아래에 요약 표시** : 부분합 결과 값이 해당 그룹 아래에 표시

❼ **〈모두 제거〉 단추** : 부분합 결과를 모두 제거

❸ 이어서, 2차 부분합을 생성하기 위해 다시 [데이터] 탭의 [윤곽선] 그룹에서 **부분합(**▦**)**을 클릭합니다.

❹ [부분합] 대화상자가 나오면 그룹화할 항목에 **카테고리**, 사용할 함수에 **평균**, 부분합 계산 항목에 **판매금액(단위:원)**만 지정합니다. 이어서, **새로운 값으로 대치** 항목의 체크 표시(✓)를 반드시 해제한 후 〈확인〉 단추를 클릭합니다.

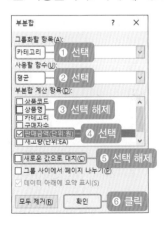

2차 부분합 작업 시 주의사항

2차 부분합(중첩 부분합)을 생성하기 위해서는 1차 부분합 범위 내에서 임의의 셀(예 : [B2])을 하나만 선택한 후 작업해야 하며, 반드시 **'새로운 값으로 대치' 항목의 체크 표시(✓)를 해제**해 주어야 합니다. 만일, 해제하지 않을 경우 1차 부분합 결과는 없어지고 2차 부분합 결과만 표시됩니다.

≪**조건**≫ : ⑷ 차트 디자인 도구 ⇒ 레이아웃 3, 스타일 1을 선택하여 ≪출력형태≫에 맞게 작업하시오.

❶ [차트 도구]―[디자인] 탭의 [차트 레이아웃] 그룹에서 [빠른 레이아웃(⬚)]―**레이아웃 3(⬚)**을 선택합니다.

  ※ 실제 시험지의 ≪출력형태≫와 묶은 세로 막대형의 막대 두께가 다르더라도 ≪조건≫에 맞추어 차트를 작성했다면 감점되지 않습니다.

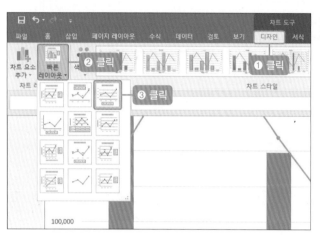 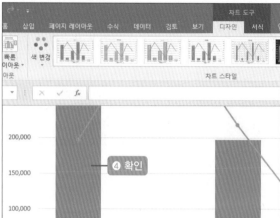

❷ 차트 레이아웃이 변경되면 [차트 도구]―[디자인] 탭의 [차트 스타일] 그룹에서 **스타일 1(⬚)**을 선택합니다.

  ※ 엑셀 2016에서는 차트를 삽입했을 때 기본적으로 '스타일 1(⬚)'이 적용되어 있으며, 문제지 ≪조건≫에 맞추어 알맞은 스타일을 지정하도록 합니다.

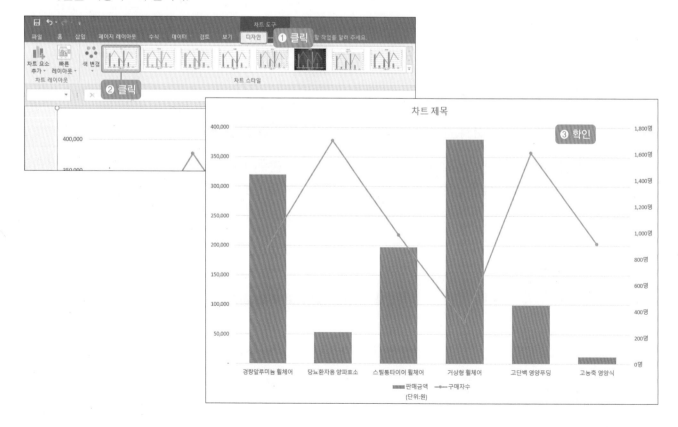

유형 04 윤곽 지우기

≪조건≫ : 개요 【윤곽】 – 지우시오.

① 완성된 부분합을 ≪출력형태≫와 비교하여 결과가 같은지 확인합니다. 이어서, [데이터] 탭의 [윤곽선] 그룹에서 그룹 해제( )의 목록 단추( )를 눌러 **윤곽 지우기**를 선택합니다.

※ 완성된 부분합의 특정 열이 '###'으로 표시되거나, 열 간격이 너무 좁다고 판단되면 ≪출력형태≫를 참고하여 열의 너비를 조절합니다.

상품코드	상품명	카테고리	구매자수	판매금액 (단위:원)	재고량 (단위:EA)	입고일
PE-1005	당뇨환자용 양파효소	환자식	1,700명	53,000	2,983	2020-10-11
PE-1138	고단백 영양푸딩	환자식	1,605명	99,000	827	2020-09-20
PE-1927	고농축 영양식	환자식	912명	12,000	3,028	2020-10-04
		환자식 평균		54,667		
	3	환자식 개수				
HE-0012	욕창예방매트리스	복지용구	989명	139,000	815	2020-05-12
HE-0305	성인용보행기	복지용구	1,480명	198,000	1,141	2020-03-25
		복지용구 평균		168,500		
	2	복지용구 개수				
BO-2101	경량알루미늄 휠체어	보장구	887명	320,000	1,232	2020-01-20
BO-2043	스틸통타이어 휠체어	보장구	980명	197,000	1,024	2020-04-08
BO-2316	거상형 휠체어	보장구	316명	380,000	684	2020-03-13
		보장구 평균		299,000		
	3	보장구 개수				
		전체 평균		174,750		
	8	전체 개수				

부분합 제거

부분합을 잘 못 만들었을 경우 [부분합] 대화상자의 〈모두 제거〉 단추를 클릭한 후 처음부터 다시 작업합니다. 부분합을 처음부터 다시 만들 때는 **정렬 확인 → 1차 부분합 → 2차 부분합** 순서로 작업합니다.

② 모든 작업이 끝나면 [파일]-[저장](Ctrl + S) 또는 [빠른 실행 도구 모음]에서 **저장( )**을 클릭합니다.

※ 실제 시험을 볼 때 작업 도중에 수시로(10분에 한 번 정도) 저장을 하는 것이 좋습니다.

시험 분석

부분합

• **정렬** : 과년도 기출문제를 분석한 결과 정렬 작업은 대부분 기본 정렬(내림차순)로 출제되었지만 가끔씩 2개 이상을 정렬(중첩 정렬)하는 문제도 출제가 되었기 때문에 2가지 모두 사용방법을 알고 있어야 합니다.

• **부분합** : 과년도 기출문제를 분석한 결과 부분합에서 출제되는 함수는 **평균**과 **개수**가 반복적으로 출제되고 있으니 참고하시기 바랍니다.

④ 차트가 삽입된 [제4작업] 시트가 만들어지면 [제3작업] 뒤쪽으로 드래그하여 시트를 이동시킵니다.

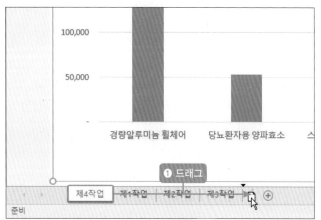

엑셀 2016의 차트의 구성 요소

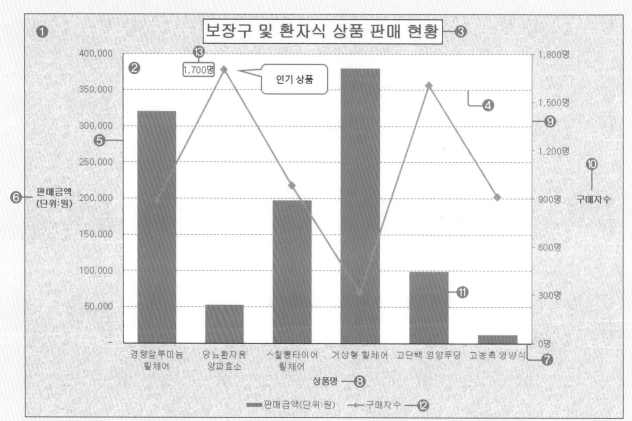

① 차트 영역 ② 그림 영역 ③ 차트 제목 ④ 주 눈금선(기본 주 가로) ⑤ 세로 축

⑥ 세로 축 제목 ⑦ 가로 축 ⑧ 가로 축 제목 ⑨ 보조 세로 축 ⑩ 보조 세로 축 제목

⑪ 데이터 계열 ⑫ 범례 ⑬ 데이터 레이블

01 "제1작업" 시트의 「B4:H12」 영역을 복사하여 "제3작업" 시트의 「B2」 셀부터 모두 붙여넣기를 한 후 다음의 조건과 같이 작업하시오.

· 소스파일 : [출제유형06-1]-정복06-1_문제01.xlsx   · 정답파일 : [출제유형06-1]-정복06-1_완성01.xlsx

≪조건≫

(1) 부분합 – ≪출력형태≫처럼 정렬하고, 관람등급의 개수와 관람료(단위:원)의 평균을 구하시오.
    └─ 공연장, 관람등급

(2) 개요【윤곽】 – 지우시오.

(3) 나머지 사항은 ≪출력형태≫에 맞게 작성하시오.

≪출력형태≫

	A	B	C	D	E	F	G	H
1								
2		관리번호	공연명	공연장	관람등급	공연일	관람료 (단위:원)	예매수량
3		GGM-02	크리스마스 선물	킨텍스	9세 이상	2020-12-25	3,000	2,719매
4		LOM-03	구두쇠 아저씨	킨텍스	14세 이상	2020-12-24	5,000	3,752매
5				킨텍스 평균			4,000	
6				킨텍스 개수	2			
7		SGM-02	구름빵	세종문화회관	7세 이상	2020-12-25	6,000	1,800매
8		BPM-02	버블매직	세종문화회관	7세 이상	2020-12-24	3,000	1,667매
9		HJM-02	무지개 물고기	세종문화회관	14세 이상	2020-12-26	5,000	1,705매
10				세종문화회관 평균			4,667	
11				세종문화회관 개수	3			
12		JSM-03	가족	고양어울림누리	9세 이상	2020-12-25	5,000	2,954매
13		AFM-03	백조의 호수	고양어울림누리	9세 이상	2020-12-26	5,000	1,521매
14		CHM-01	호두까기 인형	고양어울림누리	14세 이상	2020-12-24	3,000	1,598매
15				고양어울림누리 평균			4,333	
16				고양어울림누리 개수	3			
17				전체 평균			4,375	
18				전체 개수	8			

행 기준으로 차트 범위를 지정하는 방법

차트를 만들 때 데이터 범위를 지정하는 방법은 크게 '열 기준'과 '행 기준'이 있습니다. 현재 저희 교재는 '열 기준(위에서 아래)'으로 데이터 범위를 지정하였지만 '행 기준(왼쪽에서 오른쪽)'으로 작업해도 결과는 동일합니다.

※ 엑셀 자동 채점 프로그램은 차트를 채점할 때 열 기준(위에서 아래)을 우선으로 채점하기 때문에 '행 기준(왼쪽에서 오른쪽)'
으로 작업한 차트는 감점됩니다. 하지만 완성된 차트가 《출력형태》와 동일하다면 실제 시험에서는 감점되지 않습니다.

▲ 행 기준(왼쪽에서 오른쪽) 범위 지정

[C4] 셀을 클릭한 후 Ctrl 키를 누른 채 [E4:F4] 영역을 드래그 → [C6:C7] 영역을 드래그 → [E6:F7] 영역을 드래그 → [C9:C12] 영역을 드래그 → [E9:F12] 영역을 드래그

③ 차트가 삽입되면 [차트 도구]-[디자인] 탭의 [위치] 그룹에서 **차트 이동**(📊)을 클릭합니다. [차트 이동] 대화상자가 나오면 **새 시트**를 선택하여 **제4작업**으로 시트 이름을 변경한 후 〈확인〉 단추를 클릭합니다.

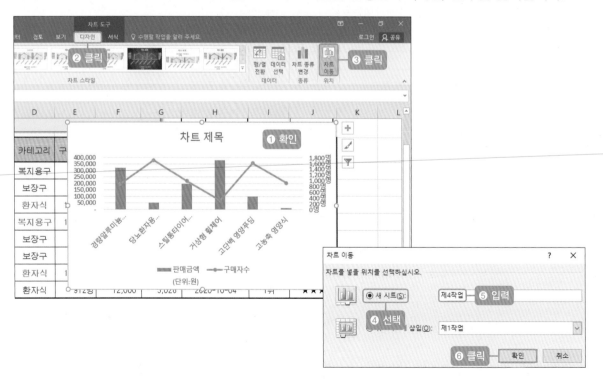

02 "**제1작업**" 시트의 「B4:H12」 영역을 복사하여 "**제3작업**" 시트의 「B2」 셀부터 모두 붙여넣기를 한 후 다음의 조건과 같이 작업하시오.

• 소스파일 : [출제유형06-1]-정복06-1_문제02.xlsx　　• 정답파일 : [출제유형06-1]-정복06-1_완성02.xlsx

≪조건≫

⑴ 부분합 – ≪출력형태≫처럼 정렬하고, 도서명의 개수와 구입가격의 평균을 구하시오.

⑵ 개요【윤곽】– 지우시오.

⑶ 나머지 사항은 ≪출력형태≫에 맞게 작성하시오.

≪출력형태≫

	A	B	C	D	E	F	G	H
1								
2		관리코드	도서명	지은이	구입권수(권)	출판사	구입일자	구입가격
3		A204	우연한 빵집	김혜연	4	창비	2020-07-06	12,000원
4		D141	책을 뒤쫓는 소년	서른	5	창비	2020-09-01	9,000원
5		B204	숲은 그렇게 대답했다	이상권	3	창비	2020-09-02	10,000원
6						창비 평균		10,333원
7			3			창비 개수		
8		D141	컬러풀	모리 에토	4	라임	2020-08-25	11,000원
9		B141	꼭 완벽하지 않아도 돼	엘리 스와츠	4	라임	2020-07-23	10,000원
10		A932	골드피쉬 보이	리사 톰슨	2	라임	2020-08-21	9,000원
11						라임 평균		10,000원
12			3			라임 개수		
13		C323	2미터 그리고 48시간	유은실	5	낮은산	2020-07-21	8,000원
14		A322	세븐 블라인드	문부일	3	낮은산	2020-08-15	12,000원
15						낮은산 평균		10,000원
16			2			낮은산 개수		
17						전체 평균		10,125원
18			8			전체 개수		

≪조건≫ : (1) 차트 종류 ⇒ 〈묶은 세로 막대형〉으로 작업하시오.
　　　　　(2) 데이터 범위 ⇒ "제1작업" 시트의 내용을 이용하여 작업하시오.
　　　　　(3) 위치 ⇒ "새 시트"로 이동하고, "제4작업"으로 시트 이름을 바꾸시오.

❶ 유형07_문제.xlsx 파일을 불러와 [제1작업] 시트를 선택합니다. ≪출력형태≫를 참고하여 아래 그림처럼 차트를 만들 범위를 지정한 후 [삽입] 탭의 [차트] 그룹에서 **추천 차트(▫?▫)**를 클릭합니다.

– [C4] 셀을 클릭한 후 **Ctrl** 키를 누른 채 [C6:C7] 영역을 드래그 → [C9:C12] 영역을 드래그 → [E4:F4] 영역을 드래그 → [E6:F7] 영역을 드래그 → [E9:F12] 영역을 드래그

※ [C4] 셀을 클릭한 후에는 계속 **Ctrl** 키를 누른 상태로 범위를 지정하며, 연속되는 범위는 한 번에 드래그합니다.

※ 차트를 만들 때 가장 중요한 것은 데이터 범위를 지정하는 것으로 ≪출력형태≫의 '가로(항목)축(상품명)'과 '범례(판매금액(단위:원), 구매자수)'를 참고하여 작업합니다.

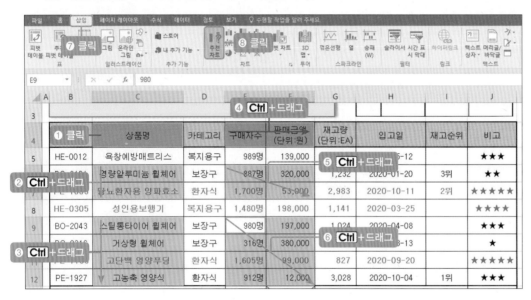

❷ [차트 삽입] 대화상자가 나오면 [모든 차트] 탭에서 [콤보(▫▫)]-**사용자 지정 조합(▫▫)**을 선택합니다. 이어서, **구매자수 계열**과 **판매금액(단위:원) 계열**의 차트 종류와 보조 축을 그림과 같이 지정한 후 〈확인〉 단추를 클릭합니다.

※ [콤보(▫▫)]-사용자 지정 조합(▫▫)을 이용하여 차트를 작성하면 각 계열의 차트 모양과 보조축을 미리 지정할 수 있습니다.

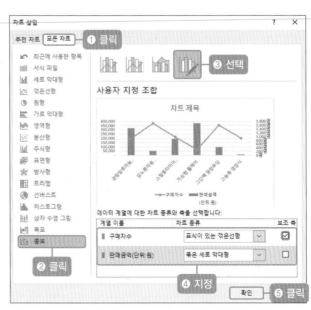

03 **"제1작업"** 시트의 「B4:H12」 영역을 복사하여 **"제3작업"** 시트의 「B2」 셀부터 모두 붙여넣기를 한 후 다음의 조건과 같이 작업하시오.

· 소스파일 : [출제유형06-1]-정복06-1_문제03.xlsx   · 정답파일 : [출제유형06-1]-정복06-1_완성03.xlsx

≪조건≫

(1) 부분합 – ≪출력형태≫처럼 정렬하고, 성수기 요금의 평균과 관리코드의 개수를 구하시오.

(2) 개요【윤곽】 – 지우시오.

(3) 나머지 사항은 ≪출력형태≫에 맞게 작성하시오.

≪출력형태≫

	A	B	C	D	E	F	G	H
1								
2		관리코드	구분	전국 지점	객실수	성수기 요금	비수기 요금	예약률
3		JE-002	리조트	대명 변산	212개	275,000	190,000	72.5%
4		SW-002	리조트	대명 샤인빌	212개	232,000	160,000	81.7%
5		ST-002	리조트	대명 거제마리나	353개	254,000	180,000	79.1%
6		3	리조트 개수					
7			리조트 평균			253,667		
8		ST-003	펜션	대명 천안	101개	295,000	210,000	79.4%
9		XV-003	펜션	대명 양평	105개	125,000	87,000	79.4%
10		2	펜션 개수					
11			펜션 평균			210,000		
12		JP-001	호텔	대명 쏠비치	176개	350,000	245,000	85.5%
13		SW-001	호텔	대명 제주	125개	250,000	175,000	89.7%
14		XQ-001	호텔	대명 송파	198개	195,000	130,000	81.4%
15		3	호텔 개수					
16			호텔 평균			265,000		
17		8	전체 개수					
18			전체 평균			247,000		

[제4작업] 그래프

◎ 차트를 작성할 데이터 범위 지정하기　　◎ 차트를 삽입한 후 레이아웃 변경하기
◎ 차트 요소에 서식 지정하기　　　　　　◎ 도형 삽입하기

• 문제 미리보기 •

• 소스파일 : [출제유형07]−유형07_문제.xlsx　　• 정답파일 : [출제유형07]−유형07_완성.xlsx

➡ **"제1작업"** 시트를 이용하여 조건에 따라 ≪출력형태≫와 같이 작업하시오.

◆ ≪조건≫　　　　　　　　　　　　　　　　　　　　　　　　　　　　　　　〈100점〉

⑴ 차트 종류 ⇒ 〈묶은 세로 막대형〉으로 작업하시오.

⑵ 데이터 범위 ⇒ "제1작업" 시트의 내용을 이용하여 작업하시오.

⑶ 위치 ⇒ "새 시트"로 이동하고, "제4작업"으로 시트 이름을 바꾸시오.

⑷ 차트 디자인 도구 ⇒ 레이아웃 3, 스타일 1을 선택하여 ≪출력형태≫에 맞게 작업하시오.

⑸ 영역 서식 ⇒ 차트 : 글꼴(굴림, 11pt), 채우기 효과(질감−파랑 박엽지), 그림 : 채우기(흰색, 배경1)

⑹ 제목 서식 ⇒ 차트 제목 : 글꼴(굴림, 굵게, 20pt), 채우기(흰색, 배경1), 테두리

⑺ 서식 ⇒ 구매자수 계열의 차트 종류를 〈표식이 있는 꺾은선형〉으로 변경한 후 보조 축으로 지정하시오.

　　　계열 : ≪출력형태≫를 참조하여 표식(마름모, 크기 10)과 레이블 값을 표시하시오.

　　　눈금선 : 선 스타일−파선

　　　축 : ≪출력형태≫를 참조하시오.

⑻ 범례 ⇒ 범례명을 변경하고 ≪출력형태≫를 참조하시오.

⑼ 도형 ⇒ '모서리가 둥근 사각형 설명선'을 삽입한 후 ≪출력형태≫와 같이 내용을 입력하시오.

⑽ 나머지 사항은 ≪출력형태≫에 맞게 작성하시오.

◆ ≪출력형태≫

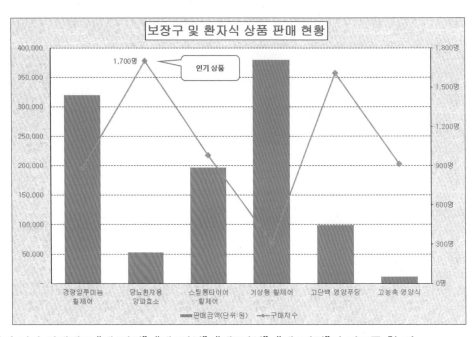

주의 ➡ 시트명 순서가 차례대로 **"제1작업", "제2작업", "제3작업", "제4작업"**이 되도록 할 것.

04 **"제1작업"** 시트의 「B4:H12」 영역을 복사하여 **"제3작업"** 시트의 「B2」 셀부터 모두 붙여넣기를 한 후 다음의 조건과 같이 작업하시오.

· 소스파일 : [출제유형06-1]-정복06-1_문제04.xlsx · 정답파일 : [출제유형06-1]-정복06-1_완성04.xlsx

≪조건≫

(1) 부분합 – ≪출력형태≫처럼 정렬하고, 상품명의 개수와 전월 판매량의 최대값을 구하시오.

(2) 개요【윤곽】– 지우시오. ⌐────•구분, 상품입고일

(3) 나머지 사항은 ≪출력형태≫에 맞게 작성하시오.

≪출력형태≫

	A	B	C	D	E	F	G	H
1								
2		상품코드	상품명	구분	상품입고일	가격 (단위:원)	전월 판매량	재고수량
3		B6-019	유칼립투스	차량용	2020-01-05	13,000	26EA	15EA
4		B5-102	레몬 라벤더	차량용	2019-12-05	14,000	44EA	13EA
5				차량용 최대값			44EA	
6			2	**차량용 개수**				
7		H3-081	블랙체리	워머용	2020-01-05	37,000	54EA	27EA
8		H1-093	씨에어	워머용	2020-01-05	32,000	22EA	10EA
9		H7-028	핑크샌드	워머용	2018-01-04	55,000	46EA	14EA
10				워머용 최대값			54EA	
11			3	**워머용 개수**				
12		N7-093	클린코튼	옷장용	2019-12-19	14,000	32EA	19EA
13		N2-102	썸머비치	옷장용	2018-12-05	15,000	36EA	19EA
14		N4-077	가든스윗피	옷장용	2018-11-15	15,000	28EA	17EA
15				**옷장용 최대값**			36EA	
16			3	**옷장용 개수**				
17				전체 최대값			54EA	
18			8	**전체 개수**				

"제1작업" 시트를 이용하여 **"제3작업"** 시트에 조건에 따라 ≪출력형태≫와 같이 작업하시오.

• 소스파일 : [출제유형06-2]-정복06-2_문제03.xlsx   • 정답파일 : [출제유형06-2]-정복06-2_완성03.xlsx

≪조건≫

⑴ 객실수 및 구분별 전국 지점의 개수와 성수기 요금의 평균을 구하시오.

⑵ 객실수를 그룹화하고, 구분을 ≪출력형태≫와 같이 정렬하시오.

⑶ 레이블이 있는 셀 병합 및 가운데 맞춤 적용 및 빈 셀은 '***'로 표시하시오.

⑷ 행의 총합계는 지우고, 나머지 사항은 ≪출력형태≫에 맞게 작성하시오.

• 시작 : 101, 끝 : 400, 단위 : 100

≪출력형태≫

	A	B	C	D	E	F	G	H
1								
2		구분	↲					
3			호텔		펜션		리조트	
4		객실수 ▼	개수 : 전국 지점	평균 : 성수기 요금	개수 : 전국 지점	평균 : 성수기 요금	개수 : 전국 지점	평균 : 성수기 요금
5		101-200	3	265,000	2	210,000	***	***
6		201-300	***	***	***	***	2	253,500
7		301-400	***	***	***	***	1	254,000
8		총합계	3	265,000	2	210,000	3	253,667

"제1작업" 시트를 이용하여 **"제3작업"** 시트에 조건에 따라 ≪출력형태≫와 같이 작업하시오.

• 소스파일 : [출제유형06-2]-정복06-2_문제04.xlsx   • 정답파일 : [출제유형06-2]-정복06-2_완성04.xlsx

≪조건≫

⑴ 상품입고일 및 구분별 상품명의 개수와 전월 판매량의 평균을 구하시오.

⑵ 상품입고일을 그룹화하고, 구분을 ≪출력형태≫와 같이 정렬하시오.

⑶ 레이블이 있는 셀 병합 및 가운데 맞춤 적용 및 빈 셀은 '***'로 표시하시오.

⑷ 행의 총합계는 지우고, 나머지 사항은 ≪출력형태≫에 맞게 작성하시오.

≪출력형태≫

	A	B	C	D	E	F	G	H
1								
2		구분	↲					
3			옷장용		워머용		차량용	
4		상품입고일 ▼	개수 : 상품명	평균 : 전월 판매량	개수 : 상품명	평균 : 전월 판매량	개수 : 상품명	평균 : 전월 판매량
5		2018년	2	32	1	46	***	***
6		2019년	1	32	***	***	1	44
7		2020년	***	***	2	38	1	26
8		총합계	3	32	3	41	2	35

[제3작업] 피벗 테이블

◎ 피벗 테이블 작성하기　　◎ 필드 함수 지정하기
◎ 피벗 테이블 옵션 지정하기

· 문제 미리보기 ·

· 소스파일 : [출제유형06-2]-유형06-2_문제.xlsx　· 정답파일 : [출제유형06-2]-유형06-2_완성.xlsx

➡ **"제1작업"** 시트를 이용하여 **"제3작업"** 시트에 조건에 따라 ≪출력형태≫와 같이 작업하시오.

◆ ≪조건≫　　　　　　　　　　　　　　　　　　　　　　　　　　　　　　　　〈80점〉

(1) 입고일 및 카테고리별 상품코드의 개수와 판매금액(단위:원)의 평균을 구하시오.

(2) 입고일을 그룹화하고, 카테고리를 ≪출력형태≫와 같이 정렬하시오.

(3) 레이블이 있는 셀 병합 및 가운데 맞춤 적용 및 빈 셀은 '**'로 표시하시오.

(4) 행의 총합계는 지우고, 나머지 사항은 ≪출력형태≫에 맞게 작성하시오.

◆ ≪출력형태≫

A	B	C	D	E	F	G	H
1							
2		카테고리 ▾					
3			환자식		복지용구		보장구	
4	입고일 ▾	개수 : 상품코드	평균 : 판매금액(단위:원)	개수 : 상품코드	평균 : 판매금액(단위:원)	개수 : 상품코드	평균 : 판매금액(단위:원)
5	1월	**	**	**	**	1	320,000
6	3월	**	**	1	198,000	1	380,000
7	4월	**	**	**	**	1	197,000
8	5월	**	**	1	139,000	**	**
9	9월	1	99,000	**	**	**	**
10	10월	2	32,500	**	**	**	**
11	총합계	3	54,667	2	168,500	3	299,000

시험
분석

제3작업

· [제3작업]은 '**정렬 및 부분합**'과 '**피벗 테이블**' 두 가지 유형의 문제가 번갈아가며 출제되고 있습니다. '정렬 및 부분합'과 '피벗 테이블'은 전혀 다른 기능을 사용하기 때문에 두 가지 유형에 대한 학습이 반드시 필요합니다.

[제3작업] 피벗 테이블

01 **"제1작업"** 시트를 이용하여 **"제3작업"** 시트에 조건에 따라 ≪출력형태≫와 같이 작업하시오.

· 소스파일 : [출제유형06-2]-정복06-2_문제01.xlsx · 정답파일 : [출제유형06-2]-정복06-2_완성01.xlsx

≪조건≫

(1) 예매수량 및 공연장별 공연명의 개수와 관람료(단위:원)의 최대값을 구하시오.

(2) 예매수량을 그룹화하고, 공연장을 ≪출력형태≫와 같이 정렬하시오.

(3) 레이블이 있는 셀 병합 및 가운데 맞춤 적용 및 빈 셀은 '**'로 표시하시오.

(4) 행의 총합계는 지우고, 나머지 사항은 ≪출력형태≫에 맞게 작성하시오.

→ 시작 : 1501, 끝 : 4000, 단위 : 500

≪출력형태≫

A	B	C	D	E	F	G	H
1							
2		공연장 ▽					
3		세종문화회관		킨텍스		고양어울림누리	
4	예매수량 ▽	개수 : 공연명	최대값 : 관람료(단위:원)	개수 : 공연명	최대값 : 관람료(단위:원)	개수 : 공연명	최대값 : 관람료(단위:원)
5	1501-2000	3	6,000	**	**	2	5,000
6	2501-3000	**	**	1	3,000	1	5,000
7	3501-4000	**	**	1	5,000	**	**
8	총합계	3	6,000	2	5,000	3	5,000

02 **"제1작업"** 시트를 이용하여 **"제3작업"** 시트에 조건에 따라 ≪출력형태≫와 같이 작업하시오.

· 소스파일 : [출제유형06-2]-정복06-2_문제02.xlsx · 정답파일 : [출제유형06-2]-정복06-2_완성02.xlsx

≪조건≫

(1) 구입일자 및 출판사별 도서명의 개수와 구입권수(권)의 평균을 구하시오.

(2) 구입일자를 그룹화하고, 출판사를 ≪출력형태≫와 같이 정렬하시오.

(3) 레이블이 있는 셀 병합 및 가운데 맞춤 적용 및 빈 셀은 '**'로 표시하시오.

(4) 행의 총합계는 지우고, 나머지 사항은 ≪출력형태≫에 맞게 작성하시오.

≪출력형태≫

A	B	C	D	E	F	G	H
1							
2		출판사 ▽					
3		창비		낮은산		라임	
4	구입일자 ▽	개수 : 도서명	평균 : 구입권수(권)	개수 : 도서명	평균 : 구입권수(권)	개수 : 도서명	평균 : 구입권수(권)
5	7월	1	4	1	5	1	4
6	8월	**	**	1	3	2	3
7	9월	2	4	**	**	**	**
8	총합계	3	4	2	4	3	3

≪조건≫ : "**제1작업**" 시트를 이용하여 "**제3작업**" 시트에 조건에 따라 ≪출력형태≫와 같이 작업하시오.

① 유형06-2_문제.xlsx 파일을 불러와 [제1작업] 시트를 선택합니다. 이어서, [B4:H12] 영역을 드래그한 후 [삽입] 탭의 [표] 그룹에서 **피벗 테이블**(📑)을 클릭합니다.

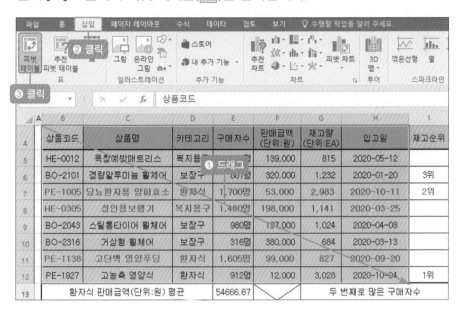

② [피벗 테이블 만들기] 대화상자가 나오면 **표/범위(제1작업!$B$4:$H$12)**를 확인합니다. 이어서, 피벗 테이블 보고 서를 넣을 위치를 **기존 워크시트**로 선택하고, [제3작업] 시트의 [B2] 셀을 선택한 후 〈확인〉 단추를 클릭합니다.

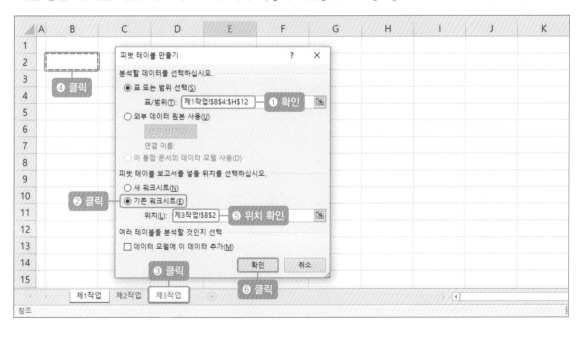

■ 쉼표 스타일 적용 및 가운데 맞춤 후 필드명 변경하기

❶ [C5:H11] 영역을 드래그한 후 [홈] 탭의 [맞춤] 그룹에서 **가운데 맞춤**(≡)을 클릭합니다. 이어서, [표시 형식] 그룹에서 **쉼표 스타일**(,)을 클릭합니다.

   ※ 만약 《출력형태》의 피벗 테이블에서 첫 번째 열의 데이터([B5:B11])가 포함되어 가운데 정렬로 지정되어 있으면 [B5:H11] 영역을 드래그한 후 가운데 맞춤(≡)을 지정합니다.

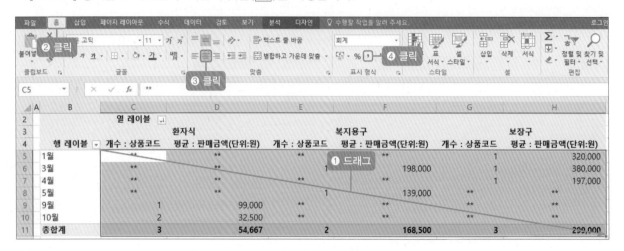

❷ [C2] 셀을 클릭한 후 **카테고리**를 입력합니다. 이어서, [B4] 셀을 클릭한 후 **입고일**을 입력합니다.

❸ 모든 작업이 끝나면 [파일]-[저장](Ctrl + S) 또는 [빠른 실행 도구 모음]에서 **저장**(💾)을 클릭합니다.

   ※ 실제 시험을 볼 때 작업 도중에 수시로(10분에 한 번 정도) 저장을 하는 것이 좋습니다.

시험 분석

피벗 테이블

- **그룹** : 그룹 지정은 다양한 형태로 출제되고 있는데 최근에 출제된 문제들의 그룹을 보면 '작품 제출일(월)', '가격(시작 : 20001, 끝 : 80000, 단위 : 20000)', '완공연도(시작 : 2004, 끝 : 2017, 단위 : 4)', '판매가(시작 : 10001, 끝 : 55000, 단위 : 15000)' '가입일(연)' 등으로 출제되고 있습니다. 그룹 지정은 주로 '시작, 끝, 단위'를 직접 입력하는 문제가 많이 출제되기 때문에 해당 기능에 대한 학습이 필요합니다.

❸ [제3작업] 시트에 빈 피벗 테이블이 만들어지면 화면 오른쪽의 [피벗 테이블 필드] 작업 창에서 '보고서에 추가할 필드 선택:' 항목 중 **입고일** 필드를 **행** 레이블 위치로 드래그 합니다.

※ '입고일' 필드 위에서 마우스 오른쪽 단추를 눌러 [행 레이블에 추가]를 클릭해도 됩니다.

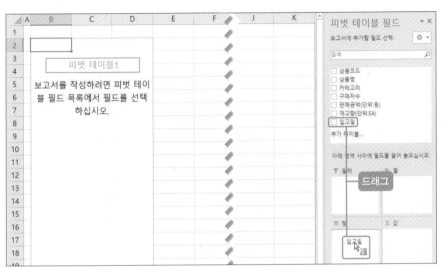

 [피벗 테이블 필드] 작업 창이 사라졌을 경우

[B2] 셀을 클릭한 후 [피벗 테이블 도구]-[분석] 탭의 [표시] 그룹에서 **필드 목록**(🗒)을 클릭하면 다시 활성화됩니다.

❹ 동일한 방법으로 **카테고리** 필드를 **열** 레이블 위치로 드래그 합니다. 이어서, **상품코드**와 **판매금액(단위:원)** 필드를 **Σ 값** 위치로 각각 드래그 합니다.

※ '상품코드'와 '판매금액(단위:원)' 필드를 'Σ 값' 위치로 드래그할 때는 반드시 ≪조건≫과 동일한 순서(상품코드 → 판매금액(단위:원))로 드래그해야 합니다.

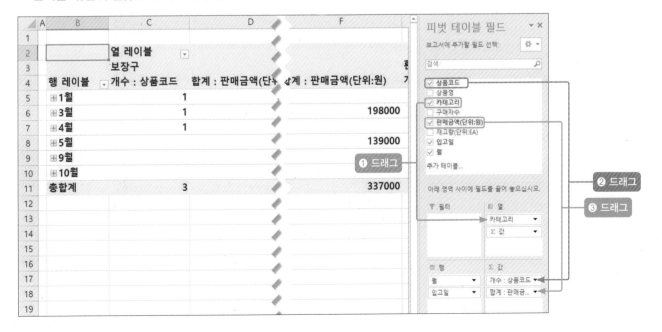

③ 이어서, [요약 및 필터] 탭을 선택하여 **행 총합계 표시**의 선택을 해제한 후 〈확인〉 단추를 클릭합니다.

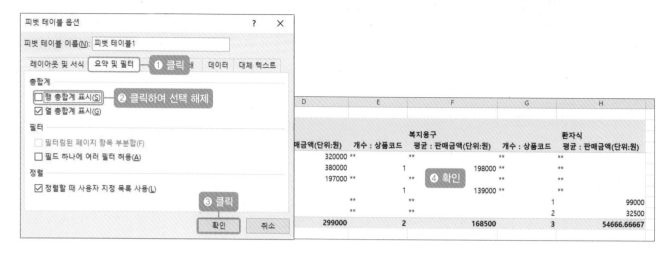

■ 정렬하기

① 정렬 작업을 하기 위하여 기준 열인 **보장구**를 선택한 후 [데이터] 탭의 [정렬 및 필터] 그룹에서 **텍스트 내림차순 정렬(힉↓)**을 클릭합니다.

※ 피벗 테이블의 정렬은 기본 정렬(오름차순/내림차순)과 마우스로 드래그하여 정렬하는 방법으로 문제가 출제됩니다.

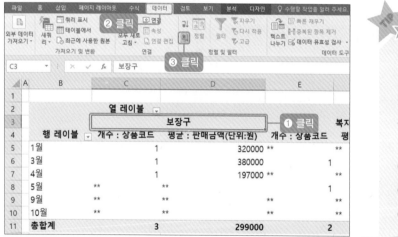

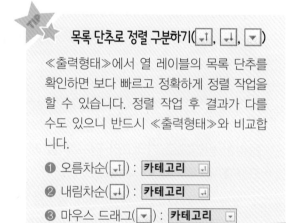

목록 단추로 정렬 구분하기(↓↑, ↓↓, ▼)

《출력형태》에서 열 레이블의 목록 단추를 확인하면 보다 빠르고 정확하게 정렬 작업을 할 수 있습니다. 정렬 작업 후 결과가 다를 수도 있으니 반드시 《출력형태》와 비교합니다.

① 오름차순(↓↑) : **카테고리** ↓↑
② 내림차순(↓↓) : **카테고리** ↓↓
③ 마우스 드래그(▼) : **카테고리** ▼

■ 마우스로 드래그하여 필드 정렬하기

마우스로 드래그할 필드(환자식)를 클릭합니다. 이어서, 테두리 위로 마우스 포인터를 이동시킨 후 원하는 방향(아래 예제는 왼쪽 방향)으로 드래그하여 정렬시킵니다.

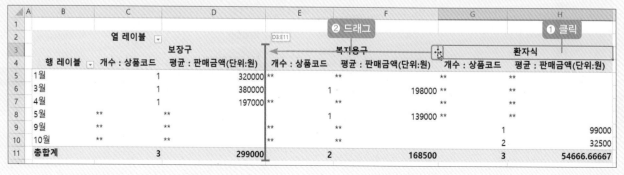

피벗 테이블

❶ ≪출력형태≫를 참고하여 '행 레이블, 열 레이블, Σ 값' 위치에 들어갈 필드를 미리 확인할 수 있습니다.

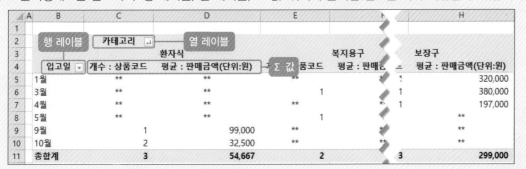

❷ **필드 삭제** : 삭제할 필드를 워크시트 쪽으로 드래그하거나, 필드를 클릭한 후 [필드 제거]를 선택합니다.

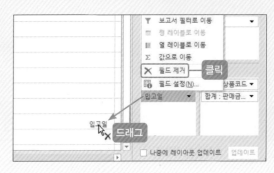

유형 02 값 필드 설정 및 그룹 지정

≪**조건**≫ : (1) 입고일 및 카테고리별 상품코드의 개수와 판매금액(단위:원)의 평균을 구하시오.
　　　　 (2) 입고일을 그룹화하고, 카테고리를 ≪출력형태≫와 같이 정렬하시오.

❶ **Σ 값**에서 합계 : 판매금... ▼ 을 클릭한 후 [**값 필드 설정(📷)**]을 선택합니다.

❷ [**값 필드 설정**] 대화상자가 나오면 [**값 요약 기준**] 탭에서 계산 유형을 **평균**으로 선택합니다. 이어서, 사용자 지정 이름 입력 칸의 맨 뒤쪽(판매금액)을 클릭하여 (**단위:원**)을 입력한 후 〈확인〉 단추를 클릭합니다.

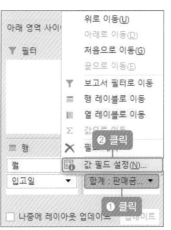

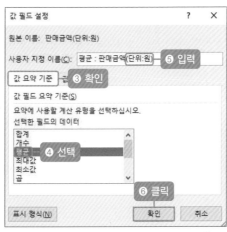

사용자 지정 이름

기본적인 피벗 테이블이 완성되면 필드명이 ≪출력형태≫와 같은지 반드시 확인합니다. 만약 필드명이 다를 경우에는 [값 필드 설정] 대화상자의 사용자 지정 이름 입력 칸에서 필드명을 수정합니다.
평균 : 판매금액 →
평균 : 판매금액(단위:원)

❸ [B5] 셀 위에서 마우스 오른쪽 단추를 눌러 바로 가기 메뉴가 나오면 [**그룹**]을 클릭합니다. [그룹화] 대화상자
가 나오면 단위를 **월**만 선택한 후 〈확인〉 단추를 클릭합니다.

※ 그룹화 작업은 《출력형태》를 참고하여 작업합니다. 그룹화 작업 시 그룹화 작업에 불필요한 단위 항목(예 : 일)은
클릭하여 선택을 해제합니다.

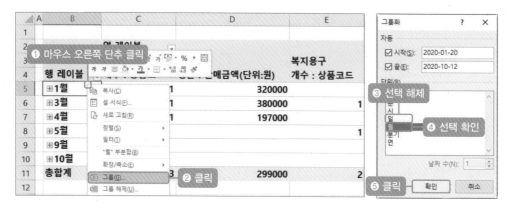

유형 03 옵션 지정 및 《출력형태》에 맞게 작성하기

《**조건**》 : ⑵ 입고일을 그룹화하고, 카테고리를 《출력형태》와 같이 정렬하시오.
⑶ 레이블이 있는 셀 병합 및 가운데 맞춤 적용 및 빈 셀은 '******'로 표시하시오.
⑷ 행의 총합계는 지우고, 나머지 사항은 《출력형태》에 맞게 작성하시오.

■ 옵션 지정

❶ 작성된 피벗 테이블 안에서 마우스 오른쪽 단추를 눌러 바로 가기 메뉴가 나오면 [**피벗 테이블 옵션**]을 클릭합
니다.

❷ [피벗 테이블 옵션] 대화상자가 나오면 [레이아웃 및 서식] 탭을 선택합니다. 이어서, **레이블이 있는 셀 병합 및
가운데 맞춤** 항목을 클릭한 후 빈 셀 표시 입력 칸에 ******을 입력합니다.

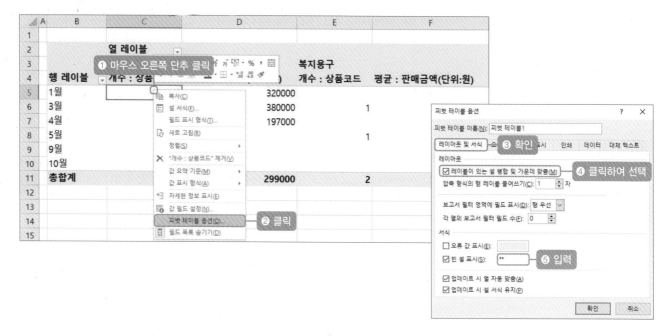

정보기술자격(ITQ) 시험 　　MS오피스

과 목	코 드	문제유형	시험시간	수험번호	성 명
한글엑셀	1122	A	60분		

수험자 유의사항

● 수험자는 문제지를 받는 즉시 문제지와 **수험표상의 시험과목(프로그램)이 동일한지 반드시 확인**하여야 합니다.

● 파일명은 본인의 "수험번호-성명"으로 입력하여 답안폴더(내 PC₩문서₩ITQ)에 하나의 파일로 저장해야 하며, 답안 문서 파일명이 "수험번호-성명"과 일치하지 않거나, 답안파일을 전송하지 않아 미제출로 처리될 경우 실격 처리합니다 (예:12345678-홍길동.xlsx).

● 답안 작성을 마치면 파일을 저장하고, '답안 전송' 버튼을 선택하여 감독위원 PC로 답안을 전송하십시오. 수험생 정보와 저장한 파일명이 다를 경우 전송되지 않으므로 주의하시기 바랍니다.

● 답안 작성 중에도 **주기적으로 저장하고, '답안 전송'**하여야 문제 발생을 줄일 수 있습니다. 작업한 내용을 저장하지 않고 전송할 경우 이전에 저장된 내용이 전송되오니 이점 유의하시기 바랍니다.

● 답안문서는 지정된 경로 외의 다른 보조기억장치에 저장하는 경우, 지정된 시험 시간 외에 작성된 파일을 활용할 경우, 기타 통신수단(이메일, 메신저, 네트워크 등)을 이용하여 타인에게 전달 또는 외부 반출하는 경우는 부정 처리합니다.

● 시험 중 부주의 또는 고의로 시스템을 파손한 경우는 수험자가 변상해야 하며, <수험자 유의사항>에 기재된 방법대로 이행하지 않아 생기는 불이익은 수험생 당사자의 책임임을 알려 드립니다.

● 문제의 조건은 MS오피스 2021 버전으로 설정되어 있으며 MS오피스 2016은 【 】에 표기되어 있습니다. 이와 관련하여 작성한 답안의 출력형태가 문제지와 다를 수 있습니다.

● 시험을 완료한 수험자는 답안파일이 전송되었는지 확인한 후 감독위원의 지시에 따라 문제지를 제출하고 퇴실합니다.

답안 작성요령

● **온라인 답안 작성 절차** : 수험자 등록 ⇒ 시험 시작 ⇒ 답안파일 저장 ⇒ 답안 전송 ⇒ 시험 종료

● 문제는 총 4단계, 즉 제1작업부터 제4작업까지 구성되어 있으며 반드시 제1작업부터 순서대로 작성하고 조건대로 작업 하시오.

● 모든 작업시트의 A열은 열 너비 '1'로, 나머지 열은 적당하게 조절하시오.

● 모든 작업시트의 테두리는 ≪출력형태≫와 같이 작업하시오.

● 해당 작업란에서는 각각 제시된 조건에 따라 ≪출력형태≫와 같이 작업하시오.

● 답안 시트 이름은 "제1작업", "제2작업", "제3작업", "제4작업"이어야 하며 답안 시트 이외의 것은 감점 처리됩니다.

● 각 시트를 파일로 나누어 작업해서 저장할 경우 실격 처리됩니다.

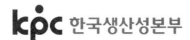

[제1작업] 표 서식 작성 및 값 계산 (240점)

☞ 다음은 '동일 냉방면적 에어컨 비교'에 대한 자료이다. 자료를 입력하고 조건에 맞도록 작업하시오.

≪출력형태≫

	제품코드	제품명	분류	브랜드	냉방능력	소비전력 (kW)	가격 (단위:원)	순위	비고
		동일 냉방면적 에어컨 비교					결재	담당	팀장	본부장
5	SPV-221	시원바람	스탠드	성공전자	6,900	2.10	979,830	(1)	(2)
6	AFF-119	무풍초절전	스탠드	삼별사	6,450	1.88	826,620	(1)	(2)
7	SMA-319	무빙에어컨	이동	신일사	6,162	2.20	1,597,970	(1)	(2)
8	CSV-421	시원캐리어	벽걸이	세계전자	6,550	2.25	407,570	(1)	(2)
9	EPV-120	위니스타워	스탠드	성공전자	6,500	2.10	1,029,270	(1)	(2)
10	SWE-120	회오리바람	벽걸이	엘프사	6,400	2.01	769,350	(1)	(2)
11	WRV-220	위터스월	벽걸이	성공전자	6,500	2.14	853,020	(1)	(2)
12	TPA-322	인디캠핑콘	이동	템피아	6,162	2.40	1,480,000	(1)	(2)
13	이동형 제품의 소비전력(kW) 평균			(3)		두 번째로 높은 소비전력(kW)			(5)
14	스탠드형 최소 가격(단위:원)			(4)		제품코드	SPV-221	냉방능력	(6)

≪조건≫

○ 모든 데이터의 서식에는 글꼴(굴림, 11pt), 정렬은 숫자 및 회계 서식은 오른쪽 정렬, 나머지 서식은 가운데 정렬로 작성하며 예외적인 것은 ≪출력형태≫를 참조하시오.

○ 제 목 ⇒ 도형(양쪽 모서리가 잘린 사각형)과 그림자(오프셋 오른쪽)를 이용하여 작성하고 "동일 냉방면적 에어컨 비교"를 입력한 후 다음 서식을 적용하시오(글꼴-굴림, 24pt, 검정, 굵게, 채우기-노랑).

○ 임의의 셀에 결재란을 작성하여 그림으로 복사 기능을 이용하여 붙이기 하시오(단, 원본 삭제).

○ 「B4:J4, G14, I14」 영역은 '주황'으로 채우기 하시오.

○ 유효성 검사를 이용하여 「H14」 셀에 제품코드(「B5:B12」 영역)가 선택 표시되도록 하시오.

○ 셀 서식 ⇒ 「F5:F12」 영역에 셀 서식을 이용하여 숫자 뒤에 'W'를 표시하시오(예 : 6,900W).

○ 「G5:G12」 영역에 대해 '소비전력'으로 이름정의를 하시오.

☞ (1)~(6) 셀은 반드시 **주어진 함수를 이용**하여 값을 구하시오(결과값을 직접 입력하면 해당 셀은 0점 처리됨).

(1) 순위 ⇒ 냉방능력의 내림차순 순위를 구한 결과에 '위'를 붙이시오(RANK.EQ 함수, & 연산자)(예 : 1위).

(2) 비고 ⇒ 제품코드의 다섯 번째 글자가 1이면 '초절전', 2이면 '인버터', 그 외에는 '기타'로 구하시오 (IF, MID 함수).

(3) 이동형 제품의 소비전력(kW) 평균 ⇒ 분류가 이동인 제품의 소비전력(kW) 평균을 구하시오 (SUMIF, COUNTIF 함수).

(4) 스탠드형 최소 가격(탄위:원) ⇒ 조건은 입력데이터를 이용하시오(DMIN 함수).

(5) 두 번째로 높은 소비전력(kW) ⇒ 정의된 이름(소비전력)을 이용하여 구하시오(LARGE 함수).

(6) 냉방능력 ⇒ 「H14」 셀에서 선택한 제품코드에 대한 냉방능력을 구하시오(VLOOKUP 함수).

(7) 조건부 서식의 수식을 이용하여 소비전력(kW)이 '2.10' 이하인 행 전체에 다음의 서식을 적용하시오 (글꼴 : 파랑, 굵게).

[제2작업] 목표값 찾기 및 필터 (80점)

☞ "제1작업" 시트의 「B4:H12」 영역을 복사하여 "제2작업" 시트의 「B2」 셀부터 모두 붙여넣기를 한 후 다음의
조건과 같이 작업하시오.

《조건》

  (1) 목표값 찾기 - 「B11:G11」 셀을 병합하여 "성공전자의 냉방능력 평균"을 입력한 후 「H11」 셀에 성공전자의
              냉방능력 평균을 구하시오. 단, 조건은 입력데이터를 이용하시오
              (DAVERAGE 함수, 테두리, 가운데 맞춤).

         - '성공전자의 냉방능력 평균'이 '6,634'가 되려면 시원바람의 냉방능력이 얼마가 되어야 하는지
           목표값을 구하시오.

  (2) 고급 필터 - 분류가 '벽걸이'이거나 소비전력(kW)이 '2' 이하인 자료의 제품명, 분류, 브랜드, 가격(단위:원)
           데이터만 추출하시오.

         - 조건 범위 : 「B14」 셀부터 입력하시오.

         - 복사 위치 : 「B18」 셀부터 나타나도록 하시오.

[제3작업] 정렬 및 부분합 (80점)

☞ "제1작업" 시트의 「B4:H12」 영역을 복사하여 "제3작업" 시트의 「B2」 셀부터 모두 붙여넣기를 한 후 다음의
조건과 같이 작업하시오.

《조건》

  (1) 부분합 - 《출력형태》처럼 정렬하고, 제품명의 개수와 가격(단위:원)의 평균을 구하시오.

  (2) 개요【윤곽】- 지우시오.

  (3) 나머지 사항은 《출력형태》에 맞게 작성하시오.

《출력형태》

	제품코드	제품명	분류	브랜드	냉방능력	소비전력 (kW)	가격 (단위:원)
	SMA-319	무빙에어컨	이동	신일사	6,162W	2.20	1,597,970
	TPA-322	인디캠핑콘	이동	템피아	6,162W	2.40	1,480,000
			이동 평균				1,538,985
		2	이동 개수				
	SPV-221	시원바람	스탠드	성공전자	6,900W	2.10	979,830
	AFF-119	무풍초절전	스탠드	삼별사	6,450W	1.88	826,620
	EPV-120	위니스타워	스탠드	성공전자	6,500W	2.10	1,029,270
			스탠드 평균				945,240
		3	스탠드 개수				
	CSV-421	시원캐리어	벽걸이	세계전자	6,550W	2.25	407,570
	SWE-120	회오리바람	벽걸이	엘프사	6,400W	2.01	769,350
	WRV-220	위터스윌	벽걸이	성공전자	6,500W	2.14	853,020
			벽걸이 평균				676,647
		3	벽걸이 개수				
			전체 평균				992,954
		8	전체 개수				

[제4작업] 그래프 (100점)

☞ "제1작업" 시트를 이용하여 조건에 따라 ≪출력형태≫와 같이 작업하시오.

≪조건≫

(1) 차트 종류 ⇒ <묶은 세로 막대형>으로 작업하시오.

(2) 데이터 범위 ⇒ "제1작업" 시트의 내용을 이용하여 작업하시오.

(3) 위치 ⇒ "새 시트"로 이동하고, "제4작업"으로 시트 이름을 바꾸시오.

(4) 차트 디자인 도구 ⇒ 레이아웃 3, 스타일 1을 선택하여 ≪출력형태≫에 맞게 작업하시오.

(5) 영역 서식 ⇒ 차트 : 글꼴(굴림, 11pt), 채우기 효과(질감-파랑 박엽지)
　　　　　　　　그림 : 채우기(흰색, 배경1)

(6) 제목 서식 ⇒ 차트 제목 : 글꼴(굴림, 굵게, 20pt), 채우기(흰색, 배경1), 테두리

(7) 서식 ⇒ 냉방능력 계열의 차트 종류를 <표식이 있는 꺾은선형>으로 변경한 후 보조 축으로 지정하시오.
　　　　　계열 : ≪출력형태≫를 참조하여 표식(마름모, 크기 10)과 레이블 값을 표시하시오.
　　　　　눈금선 : 선 스타일-파선
　　　　　축 : ≪출력형태≫를 참조하시오.

(8) 범례 ⇒ 범례명을 변경하고 ≪출력형태≫를 참조하시오.

(9) 도형 ⇒ '모서리가 둥근 사각형 설명선'을 삽입한 후 ≪출력형태≫와 같이 내용을 입력하시오.

(10) 나머지 사항은 ≪출력형태≫에 맞게 작성하시오.

≪출력형태≫

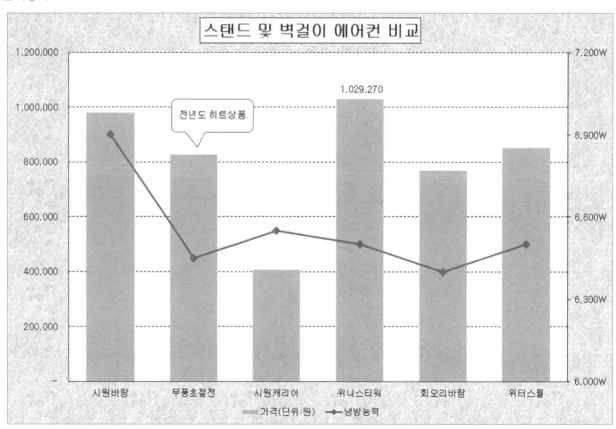

※ 주의 : 시트명 순서가 차례대로 "제1작업", "제2작업", "제3작업", "제4작업"이 되도록 할 것.

정보기술자격(ITQ) 시험 · MS오피스

과목	코드	문제유형	시험시간	수험번호	성명
한글엑셀	1122	B	60분		

수험자 유의사항

● 수험자는 문제지를 받는 즉시 문제지와 **수험표상의 시험과목(프로그램)이 동일한지 반드시 확인**하여야 합니다.

● 파일명은 본인의 "수험번호-성명"으로 입력하여 답안폴더(내 PC\문서\ITQ)에 하나의 파일로 저장해야 하며, 답안문서 파일명이 "수험번호-성명"과 일치하지 않거나, 답안파일을 전송하지 않아 미제출로 처리될 경우 실격 처리합니다 (예:12345678-홍길동.xlsx).

● 답안 작성을 마치면 파일을 저장하고, '답안 전송' 버튼을 선택하여 감독위원 PC로 답안을 전송하십시오. 수험생 정보와 저장한 파일명이 다를 경우 전송되지 않으므로 주의하시기 바랍니다.

● 답안 작성 중에도 **주기적으로 저장하고, '답안 전송'**하여야 문제 발생을 줄일 수 있습니다. 작업한 내용을 저장하지 않고 전송할 경우 이전에 저장된 내용이 전송되오니 이점 유의하시기 바랍니다.

● 답안문서는 지정된 경로 외의 다른 보조기억장치에 저장하는 경우, 지정된 시험 시간 외에 작성된 파일을 활용할 경우, 기타 통신수단(이메일, 메신저, 네트워크 등)을 이용하여 타인에게 전달 또는 외부 반출하는 경우는 부정 처리합니다.

● 시험 중 부주의 또는 고의로 시스템을 파손한 경우는 수험자가 변상해야 하며, <수험자 유의사항>에 기재된 방법대로 이행하지 않아 생기는 불이익은 수험생 당사자의 책임임을 알려 드립니다.

● 문제의 조건은 MS오피스 2021 버전으로 설정되어 있으며 MS오피스 2016은 【 】에 표기되어 있습니다. 이와 관련하여 작성한 답안의 출력형태가 문제지와 다를 수 있습니다.

● 시험을 완료한 수험자는 답안파일이 전송되었는지 확인한 후 감독위원의 지시에 따라 문제지를 제출하고 퇴실합니다.

답안 작성요령

● **온라인 답안 작성 절차** : 수험자 등록 ⇒ 시험 시작 ⇒ 답안파일 저장 ⇒ 답안 전송 ⇒ 시험 종료

● 문제는 총 4단계, 즉 제1작업부터 제4작업까지 구성되어 있으며 반드시 제1작업부터 순서대로 작성하고 조건대로 작업하시오.

● 모든 작업시트의 A열은 열 너비 '1'로, 나머지 열은 적당하게 조절하시오.

● 모든 작업시트의 테두리는 《출력형태》와 같이 작업하시오.

● 해당 작업란에서는 각각 제시된 조건에 따라 《출력형태》와 같이 작업하시오.

● 답안 시트 이름은 "제1작업", "제2작업", "제3작업", "제4작업"이어야 하며 답안 시트 이외의 것은 감점 처리됩니다.

● 각 시트를 파일로 나누어 작업해서 저장할 경우 실격 처리됩니다.

[제1작업] 표 서식 작성 및 값 계산 (240점)

☞ 다음은 '게임 S/W 판매 현황'에 대한 자료이다. 자료를 입력하고 조건에 맞도록 작업하시오.

≪출력형태≫

	제품코드	제품명	개발사	유형	가격	상반기 판매량	하반기 판매량	순위	출시연도
						결재 담당	과장	부장	
			게임 S/W 판매 현황						
	PSE2019	잠수함	아람	액션	32,700	6,820	7,520	(1)	(2)
	SCA2020	좀비5	지성소프트	액션	28,400	4,852	5,180	(1)	(2)
	SAV2017	제로2	지성소프트	어드벤처	32,700	4,501	3,870	(1)	(2)
	SCC2021	골프	아람	스포츠	30,500	4,782	4,820	(1)	(2)
	KAV2018	풋볼	지성소프트	스포츠	34,900	4,890	7,510	(1)	(2)
	SCE2018	릴리 스토리	소리아	액션	32,600	2,570	2,500	(1)	(2)
	PSA2021	다나의 눈	소리아	어드벤처	28,400	3,570	3,790	(1)	(2)
	SAB2019	아소의 나라	소리아	어드벤처	28,400	2,780	2,450	(1)	(2)
	소리아 제품의 평균 가격			(3)		아람 제품의 총 상반기 판매량			(5)
	최대 하반기 판매량			(4)		제품명	잠수함	가격	(6)

≪조건≫

○ 모든 데이터의 서식에는 글꼴(굴림, 11pt), 정렬은 숫자 및 회계 서식은 오른쪽 정렬, 나머지 서식은 가운데 정렬로 작성하며 예외적인 것은 ≪출력형태≫를 참조하시오.
○ 제 목 ⇒ 도형(양쪽 모서리가 잘린 사각형)과 그림자(오프셋 오른쪽)를 이용하여 작성하고 "게임 S/W 판매 현황"을 입력한 후 다음 서식을 적용하시오(글꼴-굴림, 24pt, 검정, 굵게, 채우기-노랑).
○ 임의의 셀에 결재란을 작성하여 그림으로 복사 기능을 이용하여 붙이기 하시오(단, 원본 삭제).
○ 「B4:J4, G14, I14」 영역은 '주황'으로 채우기 하시오.
○ 유효성 검사를 이용하여 「H14」 셀에 제품명(「C5:C12」 영역)이 선택 표시되도록 하시오.
○ 셀 서식 ⇒ 「F5:F12」 영역에 셀 서식을 이용하여 숫자 뒤에 '원'을 표시하시오(예 : 32,700원).
○ 「H5:H12」 영역에 대해 '하반기판매량'으로 이름정의를 하시오.

☞ (1)~(6) 셀은 반드시 **주어진 함수를 이용**하여 값을 구하시오(결과값을 직접 입력하면 해당 셀은 0점 처리됨).

(1) 순위 ⇒ 상반기 판매량의 내림차순 순위를 1~3까지 구하고, 그 외에는 공백으로 표시하시오 (IF, RANK.EQ 함수).
(2) 출시연도 ⇒ 제품코드의 마지막 네 글자를 추출하여 '년'을 붙이시오(RIGHT 함수, & 연산자)(예 : 2019년).
(3) 소리아 제품의 평균 가격 ⇒ (SUMIF, COUNTIF 함수)
(4) 최대 하반기 판매량 ⇒ 정의된 이름(하반기판매량)을 이용하여 구하시오(MAX 함수).
(5) 아람 제품의 총 상반기 판매량 ⇒ 조건은 입력데이터를 이용하시오(DSUM 함수).
(6) 가격 ⇒ 「H14」 셀에서 선택한 제품명에 대한 가격을 표시하시오(VLOOKUP 함수).
(7) 조건부 서식의 수식을 이용하여 가격이 '30,000' 이하인 행 전체에 다음의 서식을 적용하시오 (글꼴 : 파랑, 굵게).

[제2작업] 목표값 찾기 및 필터 (80점)

☞ "제1작업" 시트의 「B4:H12」 영역을 복사하여 "제2작업" 시트의 「B2」 셀부터 모두 붙여넣기를 한 후 다음의 조건과 같이 작업하시오.

≪조건≫

   (1) 목표값 찾기 - 「B11:G11」 셀을 병합하여 "아람 제품의 가격 평균"을 입력한 후 「H11」 셀에 아람 제품의 가격 평균을 구하시오. 단, 조건은 입력데이터를 이용하시오
               (DAVERAGE 함수, 테두리, 가운데 맞춤).
         - '아람 제품의 가격 평균'이 '32,000'이 되려면 잠수함의 가격이 얼마가 되어야 하는지 목표값을 구하시오.
   (2) 고급 필터 - 유형이 '스포츠'이거나 하반기 판매량이 '3,000' 이하인 자료의 제품명, 가격, 상반기 판매량, 하반기 판매량 데이터만 추출하시오.
         - 조건 범위 : 「B14」 셀부터 입력하시오.
         - 복사 위치 : 「B18」 셀부터 나타나도록 하시오.

[제3작업] 정렬 및 부분합 (80점)

☞ "제1작업" 시트의 「B4:H12」 영역을 복사하여 "제3작업" 시트의 「B2」 셀부터 모두 붙여넣기를 한 후 다음의 조건과 같이 작업하시오.

≪조건≫

   (1) 부분합 - ≪출력형태≫처럼 정렬하고, 제품명의 개수와 하반기 판매량의 평균을 구하시오.
   (2) 개요【윤곽】- 지우시오.
   (3) 나머지 사항은 ≪출력형태≫에 맞게 작성하시오.

≪출력형태≫

	B	C	D	E	F	G	H
1							
2	제품코드	제품명	개발사	유형	가격	상반기 판매량	하반기 판매량
3	SAV2017	제로2	지성소프트	어드벤처	32,700원	4,501	3,870
4	PSA2021	다나의 눈	소리아	어드벤처	28,400원	3,570	3,790
5	SAB2019	아소의 나라	소리아	어드벤처	28,400원	2,780	2,450
6				어드벤처 평균			3,370
7		3		어드벤처 개수			
8	PSE2019	잠수함	아람	액션	32,700원	6,820	7,520
9	SCA2020	좀비5	지성소프트	액션	28,400원	4,852	5,180
10	SCE2018	릴리 스토리	소리아	액션	32,600원	2,570	2,500
11				액션 평균			5,067
12		3		액션 개수			
13	SCC2021	골프	아람	스포츠	30,500원	4,782	4,820
14	KAV2018	풋볼	지성소프트	스포츠	34,900원	4,890	7,510
15				스포츠 평균			6,165
16		2		스포츠 개수			
17				전체 평균			4,705
18		8		전체 개수			

☞ "제1작업" 시트를 이용하여 조건에 따라 《출력형태》와 같이 작업하시오.

《조건》

(1) 차트 종류 ⇒ <묶은 세로 막대형>으로 작업하시오.

(2) 데이터 범위 ⇒ "제1작업" 시트의 내용을 이용하여 작업하시오.

(3) 위치 ⇒ "새 시트"로 이동하고, "제4작업"으로 시트 이름을 바꾸시오.

(4) 차트 디자인 도구 ⇒ 레이아웃 3, 스타일 1을 선택하여 《출력형태》에 맞게 작업하시오.

(5) 영역 서식 ⇒ 차트 : 글꼴(굴림, 11pt), 채우기 효과(질감-파랑 박엽지)
　　　　　　　 그림 : 채우기(흰색, 배경1)

(6) 제목 서식 ⇒ 차트 제목 : 글꼴(굴림, 굵게, 20pt), 채우기(흰색, 배경1), 테두리

(7) 서식 ⇒ 하반기 판매량 계열의 차트 종류를 <표식이 있는 꺾은선형>으로 변경한 후 보조 축으로 지정하시오.
　　　　 계열 : 《출력형태》를 참조하여 표식(마름모, 크기 10)과 레이블 값을 표시하시오.
　　　　 눈금선 : 선 스타일-파선
　　　　 축 : 《출력형태》를 참조하시오.

(8) 범례 ⇒ 범례명을 변경하고 《출력형태》를 참조하시오.

(9) 도형 ⇒ '모서리가 둥근 사각형 설명선'을 삽입한 후 《출력형태》와 같이 내용을 입력하시오.

(10) 나머지 사항은 《출력형태》에 맞게 작성하시오.

《출력형태》

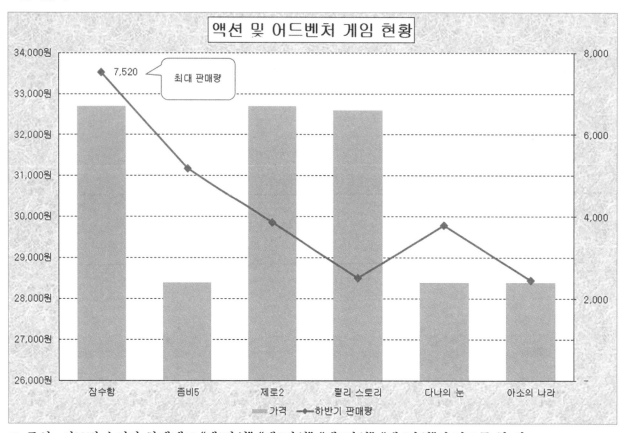

※ 주의 : 시트명 순서가 차례대로 "제1작업", "제2작업", "제3작업", "제4작업"이 되도록 할 것.

정보기술자격(ITQ) 시험 　MS오피스

과 목	코 드	문제유형	시험시간	수험번호	성 명
한글엑셀	1122	C	60분		

수험자 유의사항

● 수험자는 문제지를 받는 즉시 문제지와 **수험표상의 시험과목(프로그램)이 동일한지 반드시 확인**하여야 합니다.

● 파일명은 본인의 "수험번호-성명"으로 입력하여 답안폴더(내 PC\문서\ITQ)에 하나의 파일로 저장해야 하며, 답안 문서 파일명이 "수험번호-성명"과 일치하지 않거나, 답안파일을 전송하지 않아 미제출로 처리될 경우 실격 처리합니다 (예:12345678-홍길동.xlsx).

● 답안 작성을 마치면 파일을 저장하고, '답안 전송' 버튼을 선택하여 감독위원 PC로 답안을 전송하십시오. 수험생 정보와 저장한 파일명이 다를 경우 전송되지 않으므로 주의하시기 바랍니다.

● 답안 작성 중에도 **주기적으로 저장하고, '답안 전송'**하여야 문제 발생을 줄일 수 있습니다. 작업한 내용을 저장하지 않고 전송할 경우 이전에 저장된 내용이 전송되오니 이점 유의하시기 바랍니다.

● 답안문서는 지정된 경로 외의 다른 보조기억장치에 저장하는 경우, 지정된 시험 시간 외에 작성된 파일을 활용할 경우, 기타 통신수단(이메일, 메신저, 네트워크 등)을 이용하여 타인에게 전달 또는 외부 반출하는 경우는 부정 처리합니다.

● 시험 중 부주의 또는 고의로 시스템을 파손한 경우는 수험자가 변상해야 하며, <수험자 유의사항>에 기재된 방법대로 이행 하지 않아 생기는 불이익은 수험생 당사자의 책임임을 알려 드립니다.

● 문제의 조건은 MS오피스 2021 버전으로 설정되어 있으며 MS오피스 2016은 【 】에 표기되어 있습니다. 이와 관련하여 작성한 답안의 출력형태가 문제지와 다를 수 있습니다.

● 시험을 완료한 수험자는 답안파일이 전송되었는지 확인한 후 감독위원의 지시에 따라 문제지를 제출하고 퇴실합니다.

답안 작성요령

● **온라인 답안 작성 절차** : 수험자 등록 ⇒ 시험 시작 ⇒ 답안파일 저장 ⇒ 답안 전송 ⇒ 시험 종료

● 문제는 총 4단계, 즉 제1작업부터 제4작업까지 구성되어 있으며 반드시 제1작업부터 순서대로 작성하고 조건대로 작업 하시오.

● 모든 작업시트의 A열은 열 너비 '1'로, 나머지 열은 적당하게 조절하시오.

● 모든 작업시트의 테두리는 ≪출력형태≫와 같이 작업하시오.

● 해당 작업란에서는 각각 제시된 조건에 따라 ≪출력형태≫와 같이 작업하시오.

● 답안 시트 이름은 "제1작업", "제2작업", "제3작업", "제4작업"이어야 하며 답안 시트 이외의 것은 감점 처리됩니다.

● 각 시트를 파일로 나누어 작업해서 저장할 경우 실격 처리됩니다.

[제1작업] 표 서식 작성 및 값 계산 (240점)

☞ 다음은 '지역 축제 현황'에 대한 자료이다. 자료를 입력하고 조건에 맞도록 작업하시오.

≪출력형태≫

관리코드	축제명	지역	유형	관람객 수	1인당 지출비용 (단위:원)	경제유발효과 (단위:억원)	순위	개최 월
							담당	대리	팀장
SEA-405	송도불꽃축제	인천	문화예술	1,520,000	50,750	131	(1)	(2)
FEA-210	동래읍성축제	부산	전통역사	1,170,000	61,439	186	(1)	(2)
FEC-409	부평풍물대축제	인천	문화예술	190,000	52,720	290	(1)	(2)
AMF-410	탐라문화제	제주	문화예술	1,780,000	32,950	260	(1)	(2)
JSD-210	자갈치축제	부산	지역특산물	750,000	34,705	218	(1)	(2)
FEL-106	마두희축제	울산	전통역사	400,000	64,000	73	(1)	(2)
HED-105	거북선축제	여수	전통역사	680,000	108,345	50	(1)	(2)
NTU-202	군밤축제	공주	지역특산물	820,000	45,060	72	(1)	(2)
전통역사 축제의 1인당 지출비용(단위:원) 평균			(3)		최대 경제유발효과(단위:억원)			(5)
인천지역 축제의 관람객 수 합계			(4)			축제명	송도불꽃축제	관람객 수	(6)

≪조건≫

○ 모든 데이터의 서식에는 글꼴(굴림, 11pt), 정렬은 숫자 및 회계 서식은 오른쪽 정렬, 나머지 서식은 가운데 정렬로 작성하며 예외적인 것은 ≪출력형태≫를 참조하시오.

○ 제 목 ⇒ 도형(양쪽 모서리가 잘린 사각형)과 그림자(오프셋 오른쪽)를 이용하여 작성하고 "지역 축제 현황"을 입력한 후 다음 서식을 적용하시오(글꼴-굴림, 24pt, 검정, 굵게, 채우기-노랑).

○ 임의의 셀에 결재란을 작성하여 그림으로 복사 기능을 이용하여 붙이기 하시오(단, 원본 삭제).

○ 「B4:J4, G14, I14」 영역은 '주황'으로 채우기 하시오.

○ 유효성 검사를 이용하여 「H14」 셀에 축제명(「C5:C12」 영역)이 선택 표시되도록 하시오.

○ 셀 서식 ⇒ 「F5:F12」 영역에 셀 서식을 이용하여 숫자 뒤에 '명'을 표시하시오(예 : 1,520,000명).

○ 「H5:H12」 영역에 대해 '경제유발효과'로 이름정의를 하시오.

☞ (1)~(6) 셀은 반드시 **주어진 함수를 이용**하여 값을 구하시오(결과값을 직접 입력하면 해당 셀은 0점 처리됨).

(1) 순위 ⇒ 관람객 수의 내림차순 순위를 1~3까지 구하고, 그 외에는 공백으로 표시하시오(IF, RANK.EQ 함수).

(2) 개최 월 ⇒ 관리코드의 마지막 두 글자를 추출하여 '월'을 붙이시오
      (RIGHT 함수, & 연산자)(예 : SEA-405 → 05월).

(3) 전통역사 축제의 1인당 지출비용(단위:원) 평균 ⇒ (SUMIF, COUNTIF 함수)

(4) 인천지역 축제의 관람객 수 합계 ⇒ 조건은 입력데이터를 이용하시오(DSUM 함수).

(5) 최대 경제유발효과(단위:억원) ⇒ 정의된 이름(경제유발효과)을 이용하여 구하시오(MAX 함수).

(6) 관람객 수 ⇒ 「H14」 셀에서 선택한 축제명에 대한 관람객 수를 표시하시오(VLOOKUP 함수).

(7) 조건부 서식의 수식을 이용하여 관람객 수가 '1,000,000' 이상인 행 전체에 다음의 서식을 적용하시오
      (글꼴 : 파랑, 굵게).

[제2작업] 목표값 찾기 및 필터 (80점)

☞ "제1작업" 시트의 「B4:H12」 영역을 복사하여 "제2작업" 시트의 「B2」 셀부터 모두 붙여넣기를 한 후 다음의 조건과 같이 작업하시오.

≪조건≫

  (1) 목표값 찾기 - 「B11:G11」 셀을 병합하여 "문화예술 축제의 관람객 수 평균"을 입력한 후 「H11」 셀에 문화 예술 축제의 관람객 수 평균을 구하시오. 단, 조건은 입력데이터를 이용하시오 (DAVERAGE 함수, 테두리, 가운데 맞춤).

           - '문화예술 축제의 관람객 수 평균'이 '1,270,000'이 되려면 송도불꽃축제의 관람객 수가 얼마가 되어야 하는지 목표값을 구하시오.

  (2) 고급 필터 - 지역이 '제주'이거나 경제유발효과(단위:억원)가 '100' 이하인 자료의 축제명, 지역, 관람객 수, 경제유발효과(단위:억원) 데이터만 추출하시오.

           - 조건 범위 : 「B14」 셀부터 입력하시오.

           - 복사 위치 : 「B18」 셀부터 나타나도록 하시오.

[제3작업] 정렬 및 부분합 (80점)

☞ "제1작업" 시트의 「B4:H12」 영역을 복사하여 "제3작업" 시트의 「B2」 셀부터 모두 붙여넣기를 한 후 다음의 조건과 같이 작업하시오.

≪조건≫

  (1) 부분합 - ≪출력형태≫처럼 정렬하고, 축제명의 개수와 관람객 수의 평균을 구하시오.

  (2) 개요【윤곽】- 지우시오.

  (3) 나머지 사항은 ≪출력형태≫에 맞게 작성하시오.

≪출력형태≫

A	B	C	D	E	F	G	H
1							
2	관리코드	축제명	지역	유형	관람객 수	1인당 지출비용 (단위:원)	경제유발효과 (단위:억원)
3	JSD-210	자갈치축제	부산	지역특산물	750,000명	34,705	218
4	NTU-202	군밤축제	공주	지역특산물	820,000명	45,060	72
5				지역특산물 평균	785,000명		
6		2		지역특산물 개수			
7	FEA-210	동래읍성축제	부산	전통역사	1,170,000명	61,439	186
8	FEL-106	마두희축제	울산	전통역사	400,000명	64,000	73
9	HED-105	거북선축제	여수	전통역사	680,000명	108,345	50
10				전통역사 평균	750,000명		
11		3		전통역사 개수			
12	SEA-405	송도불꽃축제	인천	문화예술	1,520,000명	50,750	131
13	FEC-409	부평풍물대축제	인천	문화예술	190,000명	52,720	290
14	AMF-410	탐라문화제	제주	문화예술	1,780,000명	32,950	260
15				문화예술 평균	1,163,333명		
16		3		문화예술 개수			
17				전체 평균	913,750명		
18		8		전체 개수			

[제4작업] 그래프 (100점)

☞ "제1작업" 시트를 이용하여 조건에 따라 ≪출력형태≫와 같이 작업하시오.

≪조건≫

(1) 차트 종류 ⇒ <묶은 세로 막대형>으로 작업하시오.

(2) 데이터 범위 ⇒ "제1작업" 시트의 내용을 이용하여 작업하시오.

(3) 위치 ⇒ "새 시트"로 이동하고, "제4작업"으로 시트 이름을 바꾸시오.

(4) 차트 디자인 도구 ⇒ 레이아웃 3, 스타일 1을 선택하여 ≪출력형태≫에 맞게 작업하시오.

(5) 영역 서식 ⇒ 차트 : 글꼴(굴림, 11pt), 채우기 효과(질감-파랑 박엽지)
    그림 : 채우기(흰색, 배경1)

(6) 제목 서식 ⇒ 차트 제목 : 글꼴(굴림, 굵게, 20pt), 채우기(흰색, 배경1), 테두리

(7) 서식 ⇒ 경제유발효과(단위:억원) 계열의 차트 종류를 <표식이 있는 꺾은선형>으로 변경한 후 보조 축으로 지정하시오.
    계열 : ≪출력형태≫를 참조하여 표식(마름모, 크기 10)과 레이블 값을 표시하시오.
    눈금선 : 선 스타일-파선
    축 : ≪출력형태≫를 참조하시오.

(8) 범례 ⇒ 범례명을 변경하고 ≪출력형태≫를 참조하시오.

(9) 도형 ⇒ '모서리가 둥근 사각형 설명선'을 삽입한 후 ≪출력형태≫와 같이 내용을 입력하시오.

(10) 나머지 사항은 ≪출력형태≫에 맞게 작성하시오.

≪출력형태≫

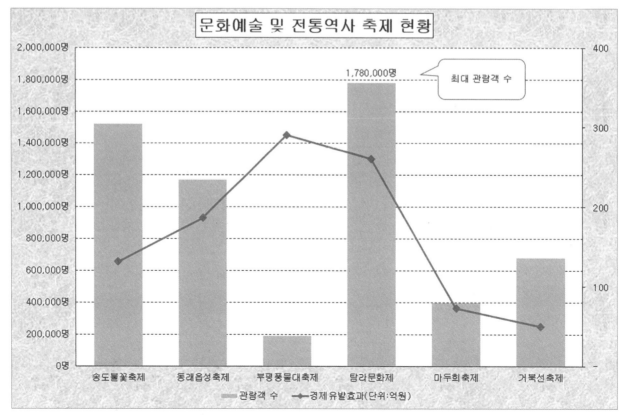

※ 주의 : 시트명 순서가 차례대로 "제1작업", "제2작업", "제3작업", "제4작업"이 되도록 할 것.